中国社会科学院马克思主义理论学科建设与理论研究工程系列丛书

马克思主义专题研究文丛

马克思主义文艺理论研究

（第6辑·2016）

丁国旗 主编

中国社会科学出版社

图书在版编目（CIP）数据

马克思主义文艺理论研究 . 第 6 辑, 2016 / 丁国旗主编 . —北京：中国
社会科学出版社，2018.12

（马克思主义专题研究文丛）

ISBN 978 - 7 - 5203 - 3836 - 3

Ⅰ. ①马…　Ⅱ. ①丁…　Ⅲ. ①马克思主义理论—文艺理论—理论研究
Ⅳ. ①A811.691

中国版本图书馆 CIP 数据核字（2018）第 286361 号

出 版 人　赵剑英
责任编辑　田　文
责任校对　张爱华
责任印制　王　超

出　　版　中国社会科学出版社
社　　址　北京鼓楼西大街甲 158 号
邮　　编　100720
网　　址　http://www.csspw.cn
发 行 部　010 - 84083685
门 市 部　010 - 84029450
经　　销　新华书店及其他书店

印　　刷　北京君升印刷有限公司
装　　订　廊坊市广阳区广增装订厂
版　　次　2018 年 12 月第 1 版
印　　次　2018 年 12 月第 1 次印刷

开　　本　710×1000　1/16
印　　张　24.5
插　　页　2
字　　数　402 千字
定　　价　99.00 元

《马克思主义文艺理论研究》编委会

前　言

以毛泽东、邓小平、江泽民为核心的党的三代领导集体和以胡锦涛同志为核心的党中央始终高度重视党的理论工作，重视全党对马克思主义理论的学习和研究工作。党的十八大以来，以习近平同志为核心的党中央更是把意识形态工作作为党的一项极端重要的工作来抓。

2004年1月，《中共中央关于进一步繁荣发展哲学社会科学的意见》下发，并决定实施马克思主义理论研究和建设工程。为贯彻落实党中央关于把中国社会科学院努力建设成为马克思主义坚强阵地、党和国家的思想库智囊团（智库）、哲学社会科学的最高殿堂的要求，中国社会科学院采取了一系列重要措施。2009年初决定把加强马克思主义理论学科建设与理论研究作为一项重要工作来抓，并成立中国社会科学院马克思主义理论学科建设与理论研究工程领导小组。领导小组成立后，一方面注重抓好马克思主义理论学科组织机构的建设，设立马克思主义理论类别的研究室和中心等；同时又注重马克思主义基础理论研究。

为了推进马克思主义基础理论研究，中国社会科学院决定从2011年开始编辑出版"马克思主义专题研究文丛"，每年收录全国范围内相关学科领域具有代表性的文章，集中展示相关学科研究的优秀成果。

中国社会科学院马克思主义理论学科建设
与理论研究工程领导小组
2015年1月

目 录

新时代文艺理论研究

毛泽东文艺思想研究

马克思主义文论经典问题研究

马克思主义文论中国化研究

西方马克思主义文论研究

新时代文艺理论研究

用习近平总书记重要讲话指导文艺工作
推动我国文艺事业实现新的更大发展[*]

刘云山

  中国文学艺术界联合会第十次全国代表大会、中国作家协会第九次全国代表大会圆满完成各项议程，胜利闭幕了。大会总结过去、规划未来，通过了新的章程，选出了新一届领导机构，是擘画文艺事业新发展的一次盛会，是团结凝聚文艺界开拓奋进的一次盛会。

  党中央对这两个大会高度重视，习近平总书记出席大会开幕式并发表重要讲话。讲话充分肯定文艺战线取得的显著成绩和作出的重要贡献，深刻阐述了文艺在民族复兴历史征程中肩负的重要使命，对做好文艺工作提出明确要求。讲话饱含着对文艺事业发展的深邃思考，饱含着对广大文艺工作者的殷切希望，以一系列富有创见的新思想、新观点、新论断，丰富发展了马克思主义文艺观和党的文艺理论，是继文艺工作座谈会讲话之后的又一篇纲领性文献，对于繁荣发展社会主义文艺、开创文化建设新局面具有重要指导意义，我们要认真学习领会、全面贯彻落实。

  九次文代会、八次作代会以来，特别是党的十八大以来，文艺战线认真贯彻落实党中央部署，坚持社会主义先进文化前进方向，顺应时代发展和人民期待，自觉履职尽责，积极主动作为，推动文艺工作取得丰硕成果，文艺领域呈现出令人欣喜的新变化新气象，呈现出大发展、大繁荣、大团结的良好局面。一是深入学习贯彻习近平总书记系列重要讲话精神，学习贯彻总书记在文艺工作座谈会上的重要讲话精神，学习贯彻党中央关于繁荣发展社会主义文艺的意见，文艺工作的方向导向更加鲜明，有力凝

---

 * 本文为中共中央政治局常委、中央书记处书记刘云山 2016 年 12 月 3 日在中国文联第十届全国委员会、中国作协第九届全国委员会全体会议上的讲话，发表时有删节。

聚了文艺工作者的思想共识。二是围绕实现"两个一百年"奋斗目标和中华民族伟大复兴的中国梦，围绕纪念抗战胜利70周年、中国共产党成立95周年、红军长征胜利80周年和G20杭州峰会等，组织重大题材文艺创作，成功举办一系列影响广泛的文艺活动，弘扬了伟大的民族精神和时代精神。三是服务人民的自觉性、主动性显著提升，"深入生活、扎根人民"主题实践活动持续推进，作家艺术家纷纷到一线采风创作，从群众中汲取营养，给老百姓送文化，增进了群众感情，增强了社会责任。四是精品佳作不断涌现，在文学创作、电影电视、音乐舞蹈、书法美术、曲艺杂技、摄影戏剧、民间文艺等各门类，都推出了许多优秀作品。五是文艺创作环境得到优化，出台对电影、戏曲等扶持政策，文艺评奖改革取得突破，文艺评论展现出新的面貌，整治文艺晚会奢华之风等突出问题效果明显。六是文艺队伍建设得到加强，持续开展马克思主义文艺观教育，深入实施"四个一批"人才暨文化名家工程，组织开展文艺业务骨干和管理干部培训，一批文艺领军人物和青年文艺人才脱颖而出，为文艺繁荣发展提供了有力的人才支撑。

过去五年，中国文联、中国作协认真贯彻党的文艺方针，切实履行自身职能，积极发挥团结引领作用，在组织学习培训、繁荣文艺创作、强化服务管理、开展对外交流、维护文艺工作者权益、加强自身建设等方面做了大量卓有成效的工作，为繁荣发展社会主义文艺、服务党和国家事业作出重要贡献。对中国文联、中国作协过去五年的工作，党中央充分肯定，文艺界普遍认可。

文艺事业是党和人民的重要事业，文艺战线是党和人民的重要战线。与时代发展大势同向同步，与党和人民休戚与共，是我国文艺界的光荣传统，也是文艺繁荣发展的内在要求。现在，我们正在推进伟大事业、建设伟大工程、进行具有许多新的历史特点的伟大斗争，我们比以往任何时候都更加接近中华民族伟大复兴的奋斗目标。国运兴，文运兴。欣逢这样一个伟大的时代，置身当代中国生机勃勃的创造性实践，文化繁荣兴盛正当其时，文艺工作大有可为，我们的作家艺术家应当珍惜这个时代、拥抱这个时代、奉献这个时代，推动我国文艺事业实现更大发展。

第一，自觉用习近平总书记重要讲话指导文艺工作。党的十八大以来，习近平总书记就做好文艺工作作出一系列重要指示，专门主持召开文艺工作座谈会并发表重要讲话，在这次文代会、作代会上又作了重要讲话。短短几年时间，我们党的总书记对文艺工作作出这么多的集中论述，充分体现了对文艺工作的高度重视。学习讲话，我们深深感到，讲话是从历史和时代的高度来把握文艺事业的，是着眼国内国际大局来谋划文艺工作的，深刻阐明了时代发展对文艺工作提出的新要求，深刻回答了事关我国文艺事业长远发展的一系列重大问题，深刻揭示了社会主义文艺发展规律，集中体现了习近平总书记对文艺价值和重要作用的认识。讲话具有很强的政治性、理论性、指导性、针对性，新形势下文艺具有什么样的地位、应当发挥什么样的作用，繁荣发展社会主义文艺的方向目标、基本原则、根本任务是什么，文艺工作的重要着力点和基本政策有哪些，文艺工作者应该做什么、不应该做什么，在习近平总书记讲话中都阐述得非常鲜明透彻。这些年实践表明，我国文艺领域之所以能有这样的新气象新面貌，根本的就在于习近平总书记重要讲话的科学指引。

做好新形势下的文艺工作，首要的是把习近平总书记重要讲话作为总遵循，贯彻到文艺工作方方面面。要通过组织学习研讨、加强培训轮训，推动文艺工作者原原本本学习讲话精神，深入领会讲话的政治意义、时代意义、理论意义、实践意义，深入领会习近平文艺讲话的丰富内涵、基本观点、核心要义，深入领会贯穿其中的马克思主义立场、观点、方法。要把习近平总书记在文艺工作座谈会讲话、在这次文代会作代会讲话和关于文艺工作的一系列重要指示，对照起来学习、贯通起来学习，做到系统领会、整体把握。要以讲话精神指导文艺工作，正确认识文艺工作面临的新形势，研究新情况解决新问题，把讲话精神落实到思想认识提高上，落实到社会责任感增强上，落实到创作水平提升上，落实到多出成果多出人才上。

第二，自觉担负起立心铸魂的文化使命。胸怀天下、家国情怀，是中华民族的文化传统。为国家立心、为民族铸魂，是文艺工作的神圣职责。履行好这样的职责和使命，首先应树立高度的文化自信，保持对自身文化理想、文化价值的高度信心，保持对自身文化生命力、创造力的高度信心。这是事关国运兴衰、事关文化安全、事关民族精神独立性的大问题。要把坚定文化自信作为安身立命之本，高扬我们的文化旗帜，坚守我们的文化立场，彰显我们的文化优势，以文化的自信来建设自信的文化，更好汇聚实现中华民族伟大复兴的精神力量。

文化自信，本质上是价值观自信。文化力量，最根本是贯穿其中的思想、价值和精神。要坚持用社会主义核心价值观引领文艺创作生产，聚焦中国特色社会主义共同理想，弘扬以爱国主义为核心的民族精神和以改革创新为核心的时代精神，把中国道路、中国理念、中国价值转化为精彩的中国故事、丰满的艺术形象，感召和推动全社会树立正确的价值追求。要坚持不忘本来、吸收外来、面向未来，大力弘扬中华优秀传统文化，弘扬党和人民创造的革命文化和社会主义先进文化，积极借鉴世界一切有益文明成果，推动中华文化创造性转化、创新性发展，最好用文化来滋养和提升民族凝聚力。文艺作品能不能正确反映历史，关系到民族精神家园的构建。要树立正确的历史观、民族观、国家观、文化观，正确把握历史发展的主流，保持对历史的尊重和敬畏，以文艺家应有的史识、史才、史德，运用各种艺术形式，形象客观反映中华民族文明史、中国共产党带领人民奋斗史、当代中国改革开放史。要旗帜鲜明地反对历史虚无主义和文化虚无主义，反对贬损经典、亵渎英雄的行为，反对以洋为尊、唯洋是从的现象，引导人们珍视中华民族长期奋斗的心路历程，礼敬我们的英雄人物和时代先锋，增强做中国人的骨气和底气。

　　第三，自觉树立以人民为中心的创作导向。源于人民，为了人民，是社会主义文艺最根本的立场和最鲜明的特征。心中有人民，笔下有百姓，文艺才会有力量。要牢记人民群众是我们的根、我们的本，站稳群众立场、增进群众感情，观照人民的生活、命运、情感，表达人民的心愿、心情、心声，切实解决好"为了谁、依靠谁、我是谁"的问题。几年前，作家柯岩在她从事创作 60 周年座谈会上说过这么一段话：在党的培养下，自己由一个小知识分子成长为人民作家，漫长岁月和经历，实质上就是懂得了一个问题，就是"我是谁"，懂得了自己是水滴，群众是大海，离开了群众，自己就会瞬间被蒸发得无影无踪。其实何止是作家艺术家，对于我们每个人来说都是如此。

　　坚持以人民为中心，还要把人民群众当作文艺表现的主体，让人民群众成为文艺作品的主角，把更多的舞台交给群众，把更多的镜头对准群众，多刻画基层的先进典型，多展示一线的普通劳动者，自觉抵制那些脱离大众、脱离现实的东西，抵制那些刻意追求奢华奢靡、无病呻吟的东西。要坚持走与人民结合之路，迈出书斋阁楼，走出方寸天地，经常在路上、在基层、在现场，用体验生活的硬功夫助长文艺创作的真功夫，使我们的文艺作品多些泥土味、多些百姓情，更接地气、更有生气。这两年，文艺界普遍开展了"深入生活、扎根人民"主题实践活动，取得很好社会效果。要总结成功经验，健全相关制度，推动形成常下基层、常在基层的长效机制。

第四，自觉聚力精品佳作的创作生产。精品力作标注着时代的艺术高度，衡量一名文艺工作者的艺术成就最终要靠作品说话。习总书记在这次文代会、作代会讲话中，期望文艺工作者立志创作出在人民中传之久远的精品力作，写出中华民族新史诗。这是一个很高的要求，需要我们的作家、艺术家付出不懈努力。要把创作作为中心任务，把作品作为立身之本，努力推出更多有筋骨、有道德、有温度的文艺作品，推动实现从"高原"到"高峰"的突破。要围绕实现中华民族伟大复兴的中国梦，运用各种艺术形式演绎伟大时代、反映多彩生活，讲好恢宏大气的国家故事、感人肺腑的社会故事、励志进取的百姓故事，充分挖掘和展示中国道路、中国制度背后的精神意蕴，更好地为国家写史、为民族塑像、为人民立传。

文艺创作是艰辛的创造性劳动，打造精品力作尤其需要凝心聚力。如果心浮气躁、急功近利，是不可能创作出好作品的。所以，还是要把功夫下在提高作品质量上，稳得住心神、耐得住寂寞、经得住诱惑，花更多的时间和精力去提纯酿造，潜心打造思想精深、艺术精湛、制作精良的作品。要发挥我们的制度优势、组织优势，加强文艺创作规划和选题策划，组织实施中国当代文学艺术创作工程，发挥各种基金、专项资金的扶持作用，突出抓好现实题材、重大革命和历史题材、农村题材、少数民族题材、少儿题材的创作生产。要深入推进文艺评奖制度改革，提高奖项的权威性和公信力，加强马克思主义文艺理论与评论建设，倡导有原则、有锋芒、有战斗性的批评，营造出精品、出人才的良好氛围。

第五，自觉提升文艺创新创造的能力。文艺之树要常青，必须弘扬创新精神，大力推进文艺内容形式、体裁题材、手段方法、业态样式等的创新创造。要把提高文艺原创力摆在突出位置，鼓励原创独创，加大对文学、剧本、词曲等基础性环节的扶持力度，加大对文艺作品知识产权的保护力度，培育有利于原创的良好环境，推出更多富有创意、具有个性的原创作品。要适应互联网快速发展的实际，深入把握网络文艺发展的特点和规律，以实施网络文艺创作传播工程为龙头，鼓励推出更多优秀网络原创作品，推动新兴文艺类型有序发展。

创新是不断发现问题、解决问题的过程。要增强问题意识、坚持问题导向，通过深化改革着力破解工作中存在的突出问题。比如，如何有效完善文艺创作引导机制，更好坚持文艺创作的正确方向导向；如何科学配置创作资源，更好保障重点文艺项目顺利实施；如何增强文化单位和文化企业自身活力，更好调动文艺工作者积极性；如何完善和落实文艺扶持政策，更好释放助推文艺创作的政策效应；如何建立新型文艺业态管理引导机制，更好促进健康有序发展等，都需要我们去探索去实践。

第六，自觉履行文艺工作者的社会责任。文艺工作者是人类灵魂的工程师，以文化人、责任为大。鲁迅先生在《坟》一书出版时曾写过一篇文章，讲了这样一件事，一个学生买他的书，从衣袋里掏出来的钱还带着体温。鲁迅说，"这体温便烙印了我的心，至今要写文字时，还常使我怕毒害了这类的青年，迟疑不敢下笔"，"就怕我未熟的果实偏偏毒死了偏爱我的果实的人"。这充分体现了一个伟大文学家的社会责任感。我们的作家艺术家，许多都是公众人物，是名人名家、明星名流，一言一行都备受社会关注。越是有知名度，越要重视公信度，倍加珍惜党和人民给予的荣誉和关爱，自觉履行好应尽的社会责任。

立业先立德，为文先为人。我们的文艺工作者除了要有良好的专业素养外，还应注重人格修为、追求德艺双馨。要弘扬崇高的艺术理想，把崇德尚艺作为一生的功课，无论时代如何变迁、社会怎么发展，都要不忘初心、坚守正道。要带头践行社会主义核心价值观，带头遵守社会公序良俗，弘扬真善美、传播正能量，做到言为士则、行为世范，成为引领时代风气的先行者。要严肃认真地考虑作品的社会效果，讲品位、讲格调、讲操守，敢于向炫富竞奢的浮夸说"不"，向低俗媚俗的炒作说"不"，向见利忘义的陋行说"不"，自觉抵制不分是非、颠倒黑白的错误倾向，自觉反对拜金主义、享乐主义、极端个人主义的腐朽思想。要正确认识和处理社会效益和经济效益的关系，坚持把社会效益放在首位，不能搞唯票房、唯收视率、唯发行量、唯点击率，不能让文艺成为市场的奴隶，不能让廉价的笑声、无底线的娱乐、无节操的垃圾淹没我们的生活。

中国文联、中国作协是党和政府联系广大文艺工作者的桥梁纽带。面对新的形势和任务，要认真贯彻习近平总书记提出的要求，保持和增强政治性、先进性、群众性，切实履行团结引导、联络协调、服务管理、自律维权的职能，更好推动社会主义文艺事业繁荣发展。

要加强对文艺工作者的思想政治引领。组织文艺工作者深入学习习近平总书记系列重要讲话精神，学习党中央治国理政新理念新思想新战略，增强"四个意识"特别是核心意识、看齐意识，坚定道路自信、理论自信、制度自信、文化自信。要全面落实党的文艺方针政策，引导文艺工作者更好服务党和国家中心工作。要持续抓好马克思主义文艺观教育培训，加大全国文艺家协会会员和文艺骨干培训轮训力度，引导文艺工作者坚定正确的政治立场和创作方向。

要提高联系服务文艺工作者的能力水平。拓宽工作视野、延伸工作手臂，创新工作思路、机制、方式，把千千万万文艺从业者、爱好者凝聚起来，使文联、作协真正成为文艺工作者事业上的好伙伴、生活中的真朋友，成为文艺工作者的温馨之家。要抓好新的文艺组织和文艺群体的联系服务工作，使他们更好地发挥作用。要积极维护文艺工作者合法权益，做好文艺人才培养举荐、优秀作品扶持等工作。要加强行业管理和行业自律，完善文艺界自我约束、自我监督制度，健全文艺从业人员准入和退出机制，发挥好道德建设委员会的作用，树立文艺队伍良好形象。

要扎实推进文联、作协改革。中国文联、中国作协要认真贯彻党中央关于深化群团改革的决策部署，进一步明确改革的方向、目标和重点任务，细化责任分工和具体举措，加快推进组织体制、运行机制、服务方式改革，切实转变职能、增强组织活力。要找准改革的聚焦点，着力解决突出矛盾和问题，确保在重要方面和关键环节取得实质性进展。同时注意指导好地方文联、作协的改革。地方文联、作协也要参照中国文联、中国作协的做法，结合自身实际，做好深化改革的工作。

要切实抓好文联、作协自身建设特别是党的建设。深入学习贯彻党的十八届六中全会精神，落实党中央关于全面从严治党的部署要求，结合自身特点加强党建工作，抓好班子和队伍建设。要深入开展"两学一做"学习教育，加强和规范党内政治生活，从严教育、管理、监督党员干部，抓好"三会一课"、民主生活会和组织生活会等制度落实。要加强调查研究，及时掌握文艺领域的新情况新问题，完善各方面的制度机制，提高工作科学化规范化水平。

各级党委和宣传部门要加强对文联、作协工作的领导和指导，选优配强领导班子，关心文联、作协干部成长，加大政策支持和保障力度，帮助解决工作中的实际困难和问题，为文联、作协开展工作创造更加有利的条件。

中国文联、中国作协新一届全国委员会委员，是文艺界的优秀代表。希望大家珍惜荣誉、牢记使命，带头贯彻党中央决策部署，带头履行文联、作协章程，带头执行工作安排，成为党的文艺方针政策的坚定贯彻者、文艺事业发展的积极推动者、行业行风建设的有力引领者。

做好新形势下的文艺工作，责任重大、使命光荣。让我们紧密团结在以习近平同志为核心的党中央周围，锐意进取、扎实工作，以优异成绩迎接党的十九大胜利召开，为决胜全面建成小康社会作出更大贡献。

（原载《中国艺术报》2016 年 12 月 7 日）

以《讲话》精神引领和推进
当代中国马克思主义文论研究

党圣元

2014年10月，习近平总书记在北京主持召开文艺工作座谈会并发表重要讲话。2015年10月，时值文艺工作座谈会召开一周年之际，新华社又发布了习近平同志《在文艺工作座谈会上的讲话》（以下简称《讲话》）全文。《讲话》从强烈的问题意识出发，全面总结了改革开放以来我国文艺发展的现状、取得的成绩以及存在的问题，深刻阐述了文艺和文艺工作在推进中国特色社会主义事业进程中的重要地位和历史使命，创造性地回答了事关社会主义文艺繁荣发展的一系列根本性、方向性问题，体现了当前时代对于社会主义文艺性质、地位、功能等方面的最高认识，开启了中国形态化马克思主义文艺理论发展的一个新的历史时期，成为继毛泽东同志《在延安文艺座谈会上的讲话》之后，当代马克思主义文艺理论中国化的最新理论成果，是马克思主义中国化，尤其是马克思主义文艺理论中国化历史进程中具有里程碑式意义的重要文献，必将载入史册。文艺工作座谈会的召开和《讲话》的全文发布，不仅是我国文艺界的盛事，也是文艺理论界，特别是马克思主义文艺理论界的盛事。

当代中国的马克思主义文论研究，承担着探讨、阐述、构建、创新马克思主义文艺思想的学术使命，肩负着活跃、拓展、深化当代中国文艺理论与批评的现实任务。作为当下中国国家意识形态创新性建构的有机组成部分，马克思主义文论中国形态化建设，是中国经济崛起后对文化崛起的渴望与布局所提出的文化主张的重要组成部分。在当前新的历史处境和时代格局中，我国的马克思主义文论研究要以习近平总书记《讲话》为思想和行动指南，强化意识形态责任，认真研究、深入领悟、积极宣传，紧紧抓住这一新的历史契机和思想起点，推动、深化中国形态化马克思主义文论研究。为此，我们需要坚持守正与创新的辩证统一，始终面向不断变动中的文艺、文化和社会现实，在充分重视马克思主义文论与中国传统文论、儒家文学思想会通的同时，主动借鉴国外马克思主义文论与文化研究发展中取得的最新理论成果，进一步推动和深化马克思主义文论研究，使我国的马克思主义文论学术研究和学科建设在中华民族伟大复兴中国梦实现过程中承担起应尽的使命和职责。

一 开展马克思主义文论研究，必须坚持守正与创新的辩证统一

当前，马克思主义文论研究中面临的重要时代课题，是探索如何实现富于时代特征与民族精神的理论创新和话语创新，构建出富有时代特色、适应当前政治、经济和文化现实需求的马克思主义文论"当代话语"，推动实现"马克思主义文论的中国当代形态化"。对此，一个重要的前提是：加强对马克思主义原典著作的重读、细读，准确把握马克思主义的思想真谛和精神实质，努力在马克思文论研究与文艺批评中通过向"回到马克思"借力，达到实现"发展马克思"文论学术创新与学科推进的目的。有鉴于此，必须正确处理好"守正"与"创新"之间的辩证统一关系，在"守正"中坚持"创新"，在"创新"中做好"守正"。

反思几十年来我国马克思主义文论研究中曾经走过的弯路，在处理"守正"与"创新"的关系上存在着两种片面倾向：一是教条地"屈从、顺从原典"，抛开了新的历史条件下实现马克思主义文论创新的时代要求和时代课题，拘泥于马克思主义经典作家在特定历史条件下、针对具体情况做出的某些个别论断和具体行动纲领，过度依赖于对马克思主义经典作家文本内涵的解读与阐释，把马克思主义文论变成了一种与现实生活、社会实践、时代精神相脱离的"文本解释学"；二是抛开马克思主义"原典"著作而片面地强调所谓的马克思主义文论的理论创新，抛弃马克思主义文论研究中有关马克思主义经典作家在特定时代和实践背景下的原有理论判断，认为"回到原典"只能把马克思主义变成一种缺乏"现实观照"的、"为文本而文本"的经院哲学。以上两种倾向的共同缺陷在于，它们均割裂了"守正"与"创新"的辩证统一关系。事实上，在马克思主义文论研究乃至全部马克思主义研究领域，"守正"都是"创新"的必要前

提。所谓"守正"，"最重要的是坚持马克思主义基本原理和贯穿其中的立场、观点和方法。这是马克思主义的精髓和活的灵魂"①。只有"守正"才能正本清源，深入开掘马克思主义"原典"的源头活水；没有"守正"而空谈"创新"的马克思主义，必然导向"虚无主义"和"修正主义"。同时，"创新"才是"守正"的目标，只有"守正"而没有"创新"的马克思主义，容易走向"教条主义"和"本本主义"。因此，"守正"或者说"回到原典"，决不是仅仅为了简单地"回到马克思"，而是服务于更为深远的理论目标——"发展马克思"，恢复马克思主义与时俱进的创新精神，回答新的时代课题。

今天，在我国经济发展进入"新常态"的时代背景之下，推进马克思主义文论研究的根本途径，更应当努力做到"守正"与"创新"的统一，实现"回到马克思"与"发展马克思"的统一。那么，应该如何通过"回到马克思"实现最终"发展马克思"的目的呢？我们知道，早在20世纪70年代，匈牙利著名的马克思主义理论家乔治·卢卡奇（George Lukacs，1885—1971）就在其《关于社会存在的本体论》一书中首次倡导要"返回到马克思自身"："在马克思主义的术语中，产生了一种十足的和完全任意的主观主义……但如果今天马克思主义要再次成为一种哲学发展的活力，那么必须在所有问题上返回到马克思自身。"②卢卡奇所谓的"返回到马克思自身"，目的是重建马克思在其著作中所阐述的本体论，这在当时西方修正马克思主义和苏联模式风行的时代具有强烈的现实针对性和合理意义。然而，我们这里所说的"回到马克思"，与四十年前卢卡奇所谓的"返回到马克思自身"不同，它有着更为丰富的思想内涵："回到马克思"并不是简单地回到马克思、恩格斯等经典作家当年的文本和思想，而是立足于当前新的经济社会状况、时代精神和实践需要，以马克思主义"原典精神"切入中国的"当下现实"，为创造性地发展"马克思主义文论的当代中国形态化"提供坚实有力的理论基础和科学方法。换言之，我们所说的"回到马克思"是一种当代语境下的"回到马克思"，是站在当代思想的前沿阵地和理论高点去回溯历史，或者说，"回到马克思"是与

---

① 习近平：《在哲学社会科学工作座谈会上的讲话》，新华网（http://news.xinhuanet.com/politics/2016-05/18/c_1118891128.htm）。

② ［匈］卢卡奇著、［德］本泽勒编：《关于社会存在的本体论·上卷——社会存在本体论引论》，白锡堃等译，重庆出版社1993年版，第659页。

"发展马克思"紧密联系、有机统一的。当代中国的马克思主义文论研究，必须将"回到原典"和"切入现实"相结合，"把坚持马克思主义和发展马克思主义统一起来，结合新的实践不断做出新的理论创造，这是马克思主义永葆生机活力的奥妙所在"①，也是马克思主义文论研究中在赋予原典著作以新的生命力的同时，不断进行富有时代特色的理论和话语创新的题中应有之义。

二 开展马克思主义文论研究，要始终面向动态中的文艺、文化和社会现实

理论的生命来自现实。是否对现实具有阐释效力，是判定一种理论有效与否的根本准则。这对致力于强调不能"只是用不同的方式解释世界，问题在于改变世界"②的马克思主义者而言更是如此。马克思曾经断言："理论在一个国家实现的程度，总是决定于理论满足这个国家的需要的程度。"③ 从发展的角度看，产生于欧洲的马克思主义之所以于 20 世纪初逐渐在中国大地上生根、发芽、开花、结果，并最终成为我们党和国家的根本指导思想，就在于马克思主义通过不断地面对当时的"中国经验""中国问题""中国现实"，满足了中国的现实需要，即在学习西方的过程中抵御了西方列强的侵略，实现了中华民族的救亡图存和现代国家建设。就像毛泽东在《反对本本主义》中阐述对马克思主义应该采取正确的态度时所说："我们说马克思是对的，决不是因为马克思这个人是什么'先哲'，而是因为他的理论，在我们的实践中，在我们的斗争中，证明了是对的。我们的斗争需要马克思主义。我们欢迎这个理论，丝毫不存什么'先哲'一类的形式的甚至神秘的念头在里面。"由此，毛泽东同志总结的结论是："马克思主义的'本本'是要学习的，但是必须同我国的实际情况相结合。"④ 经过几代中国共产党人的不懈探索，现在，我们中国的共产党人已

① 习近平：《在哲学社会科学工作座谈会上的讲话》，新华网（http://news.xinhuanet.com/politics/2016-05/18/c_1118891128.htm）。

② ［德］马克思：《关于费尔巴哈的提纲》，中共中央马克思恩格斯列宁斯大林著作编译局：《路德维希·费尔巴哈和德国古典哲学的终结》，人民出版社 2005 年版，第 55 页。

③ 《马克思恩格斯选集》第 1 卷，人民出版社 1995 年版，第 11 页。

④ 《毛泽东选集》第 1 卷，人民出版社 1966 年版，第 111—112 页。

经熟练掌握了这一马克思主义发展的基本规律：坚持马克思主义不能抛开中国问题、中国经验和中国现实，要始终根据不断变化的实际运用和发展马克思主义。

正是由于坚持马克思主义不能脱离中国现实，而要根据不断变化的实际运用和发展马克思主义，中国形态化的马克思主义才在不同的历史阶段和时代条件下呈现出了不同的话语体系和阐释方法。近代以来，民族独立、人民解放的历史任务为"革命的马克思主义话语"提供了现实基础。社会主义建设时期到来以后，"革命的马克思主义话语"逐渐失去了与现实、实践相结合的条件，马克思主义话语随之根据新的社会现实条件，实现了从"革命"到"建设"话语的转换。当前，随着社会主义市场经济体制改革的逐步深入，中国经济发展步入"新常态"这一新的历史阶段，面对这一新的时代条件和现实状况，许多曾经适应于革命或计划经济条件下的概念、范畴、命题已经过时，那种曾经盛行的匍匐在经典之下的经学阐释方法必须放弃。新的状况迫切需要在既不违原典精神，又能体现传承创新精神的前提下，创生、形成一批符合当今时代之现实需求、具有思想深度与理论内涵的话语系统和阐释方法。也就是说，当前，马克思主义要继续获得蓬勃的生命活力，唯一的出路是不断正视和面对现实中出现的各种问题，努力将当下中国社会思想、文化和文艺实践过程中的"中国经验"实现马克思主义哲学化，体现出马克思主义的实践品格。此处，"中国经验"的提法，本身即意味着我国在现实层面还处于探索发展的过程之中，在理论层面尚没有上升到哲学高度，尚具有理论和实践的双重不确定性。因此，自觉地将"中国经验"马克思主义哲学化仍然当成当前学科性研究中的一个重大问题。具体到马克思主义文论而言，要实现马克思主义文论的中国当代形态化，不能仅仅依靠学术史的撰写，也不能单纯存在于对理论的推演之中，而必须化入中国当代文艺文化的具体实践之中，在具体介入当代文艺实践的过程中实现，从具体的文学文化现象中提炼和生发。也就是说，当代中国的马克思主义文论研究，必须见证中国的现实，向当下中国的社会现实、思想文化现实、文学艺术现实充分敞开，在关注现实的过程中，强化与当代中国现实密切相关的问题意识，呼应时代主题，在研究中增强对现实中的思想文化和文学艺术现象的介入、反思和批判。由此，始终直接面向中国经验进行哲学层面的提炼和升华，是马克思主义文论中国化研究中提问方式转型的一项基本原则，也是其最直接的理论资源和内容，这不仅是当下思想文化建设、文艺理论批评学科发展的需要，也是增强马克思主义文论研究之阐释有效性和现实发言权的必然所在。

三 开展马克思主义文论研究，必须充分重视与中国传统文化的会通

如何处理马克思主义与中国传统文化两种思想资源之间的关系，是当前马克思主义文论研究中另一个亟待解决的核心问题。作为两种不同的文化意识形态，马克思主义与中国传统文化既有"相异性"，亦有"相通性"。二者的"相异性"主要表现为：中国传统文化是在我国传统农业社会环境中形成且适应于中国传统社会之政治、经济状况的思想文化形态；马克思主义是在自由资本主义获得较快发展、欧洲工业革命基本完成、社会大生产发展到较高阶段后所产生的思想体系。迥异的产生环境、滋生土壤，使得建立在对资本主义发展历史、现状和未来趋势进行深刻认识和把握基础之上的马克思主义能够为近现代中国提供中国传统文化所无法提供的新东西。但马克思主义与中国传统文化之间在具有"相异性"的同时，也在许多方面具有"相通性"：比如，关于天下为公、大同世界的思想，关于以民为本、安民富民乐民的思想，关于苟日新日日新又日新、革故鼎新、与时俱进的思想，关于脚踏实地、实事求是的思想，关于经世致用、知行合一、躬行实践的思想，以及在对待人类社会的发展上所持有的历史的、辩证的态度等。事实上，也正是二者之间的这些"相通性"，才构成了近代以来不断发展中的马克思主义中国形态化的内在基础和逻辑依据。

近现代以来，中国改革和现代化建设的伟大实践既有马克思主义的指导，也有中国传统文化智慧的支持。但是，马克思主义和中国传统文化这两大思想资源并不是互不影响地、平行地起作用的，而是互补、共生和会通的。可以说，正是二者在中国的大地上的互补、共生和会通，才最终形成了具有生机和活力的中国化马克思主义，构成了中国特色社会主义的实践逻辑，指导中国革命和建设取得一个又一个伟大胜利。由此，我们的当务之急，同样是要努力把这两大思想资源有机地结合在一起，以形成一种新的思想文化。我们知道，包括儒家思想在内的中国优秀传统文化中蕴藏着解决当代人类所面临难题的重要启示，中国优秀传统文化的丰富哲学思

想、人文精神、教化思想、道德理念等，可以为人们认识和改造世界提供有益启迪，可以为治国理政提供有益启示，也可以为道德建设提供有益启发。但是，作为主要适应中国传统社会政治和经济状况的文化形态，不可能也不应简单地直接移植；要使之成为能够指导当前中国人民实现民族振兴的思想资源，必须"坚持取长补短、择善而从"，对其"去粗取精、去伪存真"，进行科学的改造和扬弃。① 我们在这样做的时候，应当以马克思主义为指导，用马克思主义的方法，采取马克思主义的态度，坚持古为今用、推陈出新，有鉴别地加以对待，有扬弃地予以继承，既不能片面地厚古薄今，也不能片面地厚今薄古。就像习近平总书记所指出的："优秀传统文化是一个国家、一个民族传承和发展的根本，如果丢掉了，就割断了精神命脉。我们要善于把弘扬优秀传统文化和发展现实文化有机统一起来，紧密结合起来，在继承中发展，在发展中继承。"② 当年，以毛泽东为代表的中国老一代共产党人，在思想文化方面所做的主要工作就是在马克思主义的指导下使中国传统文化当代化，从而形成了"新民主主义文化"。就像毛泽东同志所说，"我们信奉马克思主义是正确的思想方法，这并不意味着我们忽视中国文化遗产……的价值"③；"学习我们的历史遗产，用马克思主义的方法给以批判的总结"④，这是我们的一项重要任务。今天，我们同样需要在马克思主义的指导下通过实现中国传统文化的当代化，以形成"中国特色社会主义文化"。在一定意义上，"中国特色社会主义文化"就是当代中国的马克思主义。我们能否真正实现中国梦，能否真正在民族解放的基础上推进民族振兴，在很大程度上取决于此。

具体到中国当代马克思主义文论研究，其中国式提问的基本原则之一，就是要继续大胆吸收中国传统哲学智慧和传统文化精华，这不仅要求中国化的马克思主义、马克思主义文论应该具有中国作风和中国气派，更为重要的是，要始终突出实践逻辑，运用中国哲学和文化智慧来解决实践提出的中国问题。以此出发，需要我们拆除马克思主义文学观与中

---

① 习近平：《在纪念孔子诞辰 2565 周年国际学术研讨会暨国际儒学联合会第五届会员大会开幕会上的讲话》（2014 年 9 月 24 日），见新华网（http：//news. xinhuanet. com/politics/2014 - 09/24/c_1112612018. htm）。

② 中共中央宣传部：《习近平总书记系列重要讲话读本》第六部分，节选自《创造中华文化新的辉煌——关于建设社会主义文化强国》，学习出版社、人民出版社 2014 年版。

③ 《毛泽东文集》第 3 卷，人民出版社 1996 年版，第 191 页。

④ 《毛泽东选集》第 2 卷，人民出版社 1991 年版，第 533 页。

国传统文论、儒家文学思想精华之间的文化意识形态阻隔，打通马克思主义文论与中国传统文论、儒家文学思想的对话途径，实现马克思主义文学观与中国传统文论、儒家文学思想精华的会通。由此，我们所面对的，就不是马克思主义与中国优秀传统文化之会通"是否可能"的问题，而是二者之间之会通"如何可能"的问题。或者说，"如何"认识马克思主义与中华传统思想文化之间在思想和价值分野方面之异同、"如何"打破历史形成的两者之间的意识形态阻隔、"如何"超越以往研究中"体用论"窠臼的束缚、"如何"在马克思主义与中华优秀思想文化对话过程中实现互容互看、互济相成，这不仅直接关系着当代中国马克思主义文论研究之未来，更是马克思主义文论中国形态化研究的题内应有之意。

实现马克思主义同中国优秀传统思想文化互诠互释的会通，既要反对把马克思主义文论中国化的过程视为向中国传统文论的完全复归，即所谓在核心价值理念方面完全复古化、儒家化；更要反对把马克思主义文论当代化的过程视为对中国传统文论的又一次抛弃，以致当代文论在思想文化血脉上与传统文论更加隔膜甚至彻底断裂。具体来说，实现马克思主义文论与中国传统文论、儒家文学思想之间的"会通"，要注重在以下三个层面进行努力：第一是"互通"，即发掘二者在辩证思维、民本观念、知行合一、注重实践、强调集体等方面的相通性，这是实现马克思主义文论当代中国形态化的基础；第二是"互补"，即充分挖掘二者的相异性，努力推动二者在社会功能、学科视野、研究方法等方面的相互补充，这是推动实现马克思主义文论当代中国形态化的关键所在；第三是"互融"，即在互通、互补的基础上，实现二者的综合创新，建构出中国形态化的马克思主义文论。在此互通、互补、互融三个环节构成的"会通"过程中，既要以历时性的方法探寻马克思主义文论中国化的时代背景、历史进程、理论前提与内在机理，又要以共时性的方法探究马克思主义文论中国化与马克思主义文论苏俄化、西方化之间的根本差异和共同规律，明了哪些是马克思主义文论中国化的特殊规律、哪些是普遍规律，明辨哪些问题可以进入马克思主义文论中国形态化的问题域，又有哪些异域的方法路径、经验教训可以为我们所借鉴和吸收。

四 开展马克思主义文论研究，必须借鉴 国外马克思主义发展的理论成果

当前我国的马克思主义文论研究，整体而言仍然存在着偏重本土视角的研究倾向，而在通过着眼于比较、共时地关注国外马克思主义相关研究成果方面还相对缺乏。马克思主义文论研究要应对全球化趋势给我们带来的挑战，必须积极学习、借鉴国外马克思主义发展的最新成果，"既要立足本国实际，又要开门搞研究。对人类创造的有益的理论观点和学术成果，我们应该吸收借鉴"①。这是因为，其一，当前我们依然处于中国与世界互为方法的时代，不同国别、地域的马克思主义对我们来说仍旧是一个不可或缺的视角，我们在现实关怀、文化意识、问题意识、批判意识、方法论哲学等方面仍然需要国外马克思主义的启发和借鉴。其二，从世界范围来看，当代西方马克思主义文论和文化研究，已经成为西方学术研究中的显学，他们在关于文学批评、文艺理论、文化研究与美学等方面所取得的令人瞩目的研究成就及他们在研究中所形成的方法论，对于我国的马克思主义文论研究具有重要的借鉴意义。因此，在强调本土视域必不可缺的同时，及时掌握、积极借鉴不同国别、地域马克思主义文论与文化研究的最新成果，对于我国当代文论和美学建设具有重要的启发意义，是当代中国马克思主义文论研究需要高度重视的问题。

在借鉴国外马克思主义发展的理论成果的过程中，要特别注意以德国法兰克福学派、英国伯明翰学派为代表的"文化马克思主义"和发端于美国的生态马克思主义（the Ecological Marxism）、有机马克思主义（the Organic Marxism）为代表的"新马克思主义"对我国马克思主义文论研究的借鉴和启发意义。② 就西方"文化马克思主义"而言，它把文化视为社会

---

① 习近平：《在哲学社会科学工作座谈会上的讲话》，新华网（http：//news. xinhuanet. com/politics/2016 – 05/18/c_1118891128. htm）。

② "生态马克思主义"和"有机马克思主义"两个概念均发端于美国。美国得克萨斯州立大学教授阿格尔在其《西方马克思主义概论》一书中第一次运用了"生态马克思主义"这一概念；美国学者克莱顿和海因泽克则在他们合著的同名著作中最早提出并阐述了"有机马克思主义"的概念。前者详见本·阿格尔《西方马克思主义概论》，中国人民大学出版社 1991 年版；后者详见〔美〕菲利普·克莱顿和贾斯廷·海因泽克《有机马克思主义》，孟献丽等译，人民出版社 2015 年版。

结构整体中的一部分，重视环境因素之于文学和文化产品的作用和影响，并将其关注的议题扩展到阶级、种族、性别、身体、话语、权力、大众传媒、日常生活、流行文化、视觉图像流等领域，这启发我们：文学研究也可以接过文学作品中触及的许多现实问题，像文学创作那样直接对"社会"说话；文学和文化研究中强调社会、环境等因素，不仅不会丢掉文学，反而更可能在文化、社会、政治、现实等多重关系网络中精确地定位文学。就生态马克思主义和有机马克思主义而言，它们通过揭示当代人类整体生态环境面临的严重危机，打破了"生态殖民主义""生态帝国主义"、当代西方社会依存的"无极限增长"理念以及西方传统绿色理论中强调人与自然之二元对立的思维结构，把实现人与人关系的变革同实现人和自然关系的变革有机地结合起来，提出了"以人为本"的生态理论和融合马克思主义和西方过程哲学思想的有机马克思主义这种新的思维方式。这不仅有助于丰富我们的马克思主义文论研究，启发我们重新思考人和自然在世界中的位置，而且教会了我们如何充分发挥马克思主义文论和美学的批判精神以帮助提升人们的审美意识，推动了我国马克思主义文论视域中生态美学学科的形成。

中国马克思主义文论研究在借鉴当代西方文化马克思主义的思想、观点、方法和经验的同时，"对国外的理论、概念、话语、方法，要有分析、有鉴别，适用的就拿来用，不适用的就不要生搬硬套"①，要注意规避它们在发展过程中遭遇的问题和教训。比如，法兰克福学派仅仅注意到了中心化的、霸权式的一体化力量，却忽视了大众在规避、抵抗资本主义文化工业操控的努力；若非英国伯明翰学派对法兰克福学派精英主义倾向的纠正，我们可能至今仍难以注意到大众在接受、消费和使用大众文化产品过程中的主动性以及大众文化积极的政治意义。伯明翰学派的局限性也非常显著：他们过分强调文化的改造而忽视了社会制度的变革；他们对民众的反抗能力过于自信，却忽视了现实中民众的真正素质和资本主义制度威力的强大；他们过于强调跨学科研究，却一定程度上忽视了学科分类的合理性。这是我们今天在马克思主义文论研究中需要特别注意的地方。这就要求我们要注意明辨存在于西方及其他第三世界国家马克思主义文论研究的

---

① 习近平：《在哲学社会科学工作座谈会上的讲话》，新华网（http://news.xinhuanet.com/politics/2016－05/18/c_1118891128.htm）。

方法路径、成功经验、失败教训。我们相信，将世界马克思主义文学批评、文艺理论、文化研究、美学等领域的最新研究成果"拿来"为我所用，以一种宽大的胸襟、宏阔的视野，在马克思主义文论研究中引入"共时视角""世界视域"和"比较方法"，有助于深化我们对于马克思主义文论中国形态化的学理认识，拓宽当代马克思主义文论研究的问题域。

马克思主义文论的中国形态化，实际上是一个同中国经济社会和思想文化发展并行前进的过程。作为当下中国国家意识形态创新性建构的有机组成部分，马克思主义文论中国形态化建设，是中国经济崛起后对文化崛起的渴望与布局所提出的文化主张的一部分。置身于这一全新的历史处境和时代格局，马克思主义文论研究要坚持以习近平总书记《在文艺工作座谈会上的讲话》为思想和行动指南，坚持回归原典、立足现实、紧跟时代、面向世界，为推动和深化中国当代马克思主义文论研究、开辟当代中国马克思主义文论研究新境界作出新的更大的贡献！

（原载《社会科学家》2016 年第 9 期）

新时代文艺发展的两个理论支点[*]

丁国旗

党的十八大以来，围绕建设中国特色社会主义这一主线，习近平发表了一系列重要讲话，在这些讲话中，重视文艺在社会主义建设道路上的重要作用，所涉及的主要内容有：推动物质文明与精神文明协调发展，培育和践行社会主义核心价值观，传承和弘扬中华优秀传统文化，提高国家文化软实力，改造国人精神世界，实现民族伟大复兴中国梦，等等。综观习近平有关文艺的具体论述，其中蕴含着深厚的中华传统文化的智慧结晶，同时也是对马克思主义文艺理论基本思想的继承和发展，这使习近平对于文艺问题的认识不仅有着坚实的民族文化根基，也闪耀着马克思主义文艺理论的思想光辉，是当代中国马克思主义文艺理论的最新成果。

汲取中华传统文论智慧

习近平对传统文化尤为重视，2014年10月，他在文艺工作座谈会上的讲话中所讲的第一个问题就是"实现中华民族伟大复兴需要中华文化繁荣兴盛"。在具体论述中，他谈到了我国优秀传统文化"为中华民族提供了丰厚滋养"，"为世界文明贡献了华彩篇章"；谈到了中华民族强大的"文化创造力"，以及在重大关头所起到的"为亿万人民、为伟大祖国鼓与呼"的历史作用；谈到了中华文化使中华民族"保持了坚定的民族自信和强大的修复能力，培育了共同的情感和价值、共同的理想和精神"[①] 这一

---

[*] 本文系国家社科基金重点项目"习近平总书记文艺工作座谈会讲话的理论突破研究"（项目编号：15AZW002）的阶段性成果。

① 《习近平总书记在文艺工作座谈会上的重要讲话学习读本》，学习出版社2015年版，第5页。

强大的凝聚力量。习近平对文化强国作用的认识与其对于作为文化重要形式的文艺的认识是一致的，他认为，"举精神之旗、立精神支柱、建精神家园，都离不开文艺"。① 习近平关于文艺的论述有着深厚的中国传统文学观念的思想资源。

在中国传统的文学观念中，文学艺术从来都不是一个独立的存在，而总是被文人们赋予诸多的任务与使命。在被认为保存着中国最早诗学观念的《尚书·尧典》中，记载着帝舜与夔论"乐"的文字，"命汝典乐"的直接目的是"教胄子"，也就是使这些身负重任的帝王或贵族子孙通过音乐的陶染"直而温，宽而栗，刚而无虐，简而无傲"，如此才能塑造出传统的理想人格，才能行使邦国治理的大任。这也就意味着，文学艺术在发生之初，就肩负着"教育"的使命。关于这一点，孔子也有过类似的表达。孔鲤两次"趋而过庭"，孔子都分别交代了学习任务，即"不学诗，无以言"和"不学礼，无以立"，于是孔鲤"退而学诗""退而学礼"。（《论语·季氏篇》）这一典故成为当时及后世文人们效仿的对象，"兴于诗，立于礼，成于乐"也成为判断古代男子人格修养的标准。由此可以看出，在这一时期，文艺是个体的人走向社会，成为"社会人"的一座必不可少的桥梁，担负着"化人"的重任，或者说一个出身高贵的人，必须经过诗礼乐的熏陶之后才是一个完整的人，才能被上层社会所接受。

在此之后，文人们也注意到了文艺在宣泄情感、舒缓压力方面的功效，亚里士多德将文艺的这种效用称为"卡塔西斯"，即"净化"作用，而用我们东方的术语则将之称为"陶冶"。"净化"在西方语境中，既可以指创作主体，也可以指欣赏主体。而"陶冶"所针对的则主要是欣赏者，这大概是二者在东西方语境所表现出的不同之处。司马迁的"发愤著书说"开启了净化或陶冶的先声，让人们首次注意到了文学在育人之外，其实也关涉着创作个体的生命情感。然而这些似乎还是不够，曹丕在《典论·论文》中提出了"盖文章，经国之大业，不朽之盛事"的观点，将文学的作用和地位提高到了治理国家的伟大功业、流传不朽的盛大事业这样一个前所未有的高度。唐代白居易则提出了"文章合为时而著，歌诗合为事而作"的口号，从写作内容上将文学与时代和社会现实结合了起来，包

---

① 《习近平总书记在文艺工作座谈会上的重要讲话学习读本》，学习出版社 2015 年版，第 7 页。

含了作者对所处时代的关注，对现实社会生活的关切，以及对于文艺改造社会、促进社会进步的一种责任感和使命感。

正是由于前人对于文艺作用的以上认识，又经唐代韩愈等古文运动家提出的"文以贯道""文以明道"等思想的过渡，宋代理学家周敦颐最终提出了"文以载道"的主张，至此关于文艺作用的看法，在我国已基本成熟和定型。近代以来，随着中国逐渐沦为半殖民地半封建社会，民族觉醒与民族解放的意识呼之欲出。与之相适应，如何发挥文艺的作用，使之为思想启蒙服务，就成为许多先进知识分子的革新之途。他们提出了许多有价值的文艺观点，这其中比较有代表性的就是戊戌变法主将之一梁启超在1902年所提出的"小说界革命"和新文化运动的领袖人物陈独秀于1917年所提出的"文学革命论"。两人的政治理想与思想观念虽然不同，但在通过文学教育人民、变革社会方面却有相同之处，可以看成是我国古代"文道"观在近代的赓续与发展。

习近平有关文艺的论述深植于中国古代文论的土壤之中，在文艺工作座谈会上的讲话中，他引用《论语》和《毛诗序》中的话，引用《文心雕龙》中的句子，引用白居易的"文章合为时而著，歌诗合为事而作"，列举了黄庭坚等许多古代文人的诗词歌赋，以及很多的古代谚语、成语、俗语等，以论证文艺与时代和生活的关系、与人民的深厚情怀，文艺的创新精神，文艺如何反映生活，以及文艺的化人、育人等作用，体现出中国古代文论鲜明的文化诗学特征与诗学智慧。这些充分证明，习近平对文艺问题的认识与我国古代文学思想的基本理念一脉相承。

马克思主义文艺观的启迪意义

2016年5月，在哲学社会科学工作座谈会上的讲话中，习近平指出："当代中国哲学社会科学是以马克思主义进入我国为起点的，是在马克思主义指导下逐步发展起来的。"① 这就是说，马克思主义的指导是中国哲学社会科学存在的前提，我们片刻不能离开或丢掉马克思主义。时至今日，马克思主义文艺理论在我国的发展已有近百年时间。整个20世纪，我国文艺理论发展的基本轨迹就是马克思主义文艺理论逐渐占据主体并居于指

---

① 习近平：《在哲学社会科学工作座谈会上的讲话》，人民出版社2016年版，第5—6页。

导地位的过程。事实证明，我们只有坚持马克思主义的理论指导，并在实践中使之不断丰富和发展，才能保持马克思主义理论指导的持久活力。习近平指出："只有牢固树立马克思主义文艺观，真正做到了以人民为中心，文艺才能发挥最大正能量。"① 中共中央宣传部在组织编写的《习近平总书记在文艺工作座谈会上的重要讲话学习读本》"前言"中认为，习近平在文艺工作座谈会上的讲话"与我们党的文艺思想一脉相承又与时俱进，充分体现马克思主义认识论和方法论"。②

马克思主义经典作家为我们留下了大量有关文艺的理论论述。马克思、恩格斯在《德意志意识形态》中提出了"语言是思想的直接现实"③的观点，作为以文字为工具的文学，自然也就成为传达思想、表现情感的重要渠道。在《德意志意识形态》这一标志着马克思、恩格斯所创立的历史唯物主义趋于成熟的著作，以及马克思后来撰写的《〈政治经济学批判〉序言》中，马克思、恩格斯反复申说了这样一种思想，"不是意识决定生活，而是生活决定意识"④，"不是人们的意识决定人们的存在，相反，是人们的社会存在决定人们的意识"。⑤ 马克思、恩格斯所要表达的这种思想具体到现实社会中，就是"宗教、家庭、国家、法、道德、科学、艺术等等，都不过是生产的一些特殊的方式，并且受生产的普遍规律的支配"。⑥由此来看，包括文学在内的艺术，作为上层建筑一部分的"意识形态的形式"⑦，在马克思、恩格斯所发现的"经济基础"与"上层建筑"的关系框架中，被安置在一个合适的位置并发挥着重要作用，这也成为判定是不是马克思主义文艺观的标准和出发点。从 19 世纪四五十年代《神圣家族》中对欧仁·苏《巴黎的秘密》的创作观念与创作倾向的分析，《德意志意识形态》中对文艺创作"出发点"的确立，《政治经济学批判》"序言""导言"中关于物质生产与艺术生产发展关系的论述，以及在《致拉萨

---

① 《习近平总书记在文艺工作座谈会上的重要讲话学习读本》，学习出版社 2015 年版，第 15 页。

② 《习近平总书记在文艺工作座谈会上的重要讲话学习读本》"前言"，学习出版社 2015 年版。

③ 《马克思恩格斯全集》第 3 卷，人民出版社 1965 年版，第 525 页。

④ 《马克思恩格斯选集》第 1 卷，人民出版社 1995 年版，第 73 页。

⑤ 《马克思恩格斯选集》第 2 卷，人民出版社 1995 年版，第 32 页。

⑥ 马克思：《1844 年经济学哲学手稿》，人民出版社 2000 年版，第 82 页。

⑦ 《马克思恩格斯选集》第 2 卷，人民出版社 1995 年版，第 33 页。

尔》的信中关于"艺术真实""悲剧"等问题的探讨,至八九十年代《致敏·考茨基》《致玛·哈克奈斯》《致保尔·恩斯特》等通信中对于典型的塑造、倾向性与真实性的关系、现实主义、艺术使命等问题的论述与分析来看,马克思、恩格斯对于文艺创作、文艺思潮、文艺规律的思考与阐释从没有停止过,并逐渐形成了马克思主义文艺理论的思想体系。在这一基本体系中,虽然他们所提出的文艺见解针对的对象不同、研究的问题有别,但他们始终坚守这样一种文艺信仰,这就是始终把无产阶级的"自由"与"解放"放在首位,并希望文艺为无产阶级的革命事业摇旗呐喊。

习近平有关文艺的论述与马克思主义文艺理论有着不可分割的理论联系

恩格斯曾经提出文艺创作的"倾向性"概念,他在《诗歌和散文中的德国社会主义》的文章中提出了文学应该"歌颂倔强的、叱咤风云的和革命的无产者"[1] 的看法。接续这一文艺"倾向性"思想的指导,列宁完成了其著名的《党的组织与党的出版物》这一光辉著作,提出了"写作事业应当成为整个无产阶级事业的一部分"[2] 的观点。毛泽东同志认为,"作为观念形态的文艺作品,都是一定的社会生活在人类头脑中的反映的产物"。[3] 通过对以往马克思主义文艺思想的理论继承,在延安文艺座谈会上的讲话中,他更加明确地提出了"我们的文学艺术都是为人民大众的,首先是为工农兵的"[4] 主张,并且认为,做好这种服务"必须站在无产阶级的立场上,而不能站在小资产阶级的立场上"。[5] 由此,作为马克思主义文艺理论的重要命题,即"为什么人的问题"和"如何服务的问题",便一直成为我们判断文艺"倾向性"与文艺作品存在价值的重要标杆。新时期之后,我们党提出的文艺"为人民服务、为社会主义服务"的方针,以及在坚持这一方针的前提下,进一步提出的"以人民为中心的创作导向"的思想,作为马克思主义历史唯物主义精神在文艺工作中的具体落实与表

---

① 《马克思恩格斯全集》第4卷,人民出版社1958年版,第224页。
② 《列宁全集》第12卷,人民出版社1987年版,第93页。
③ 《毛泽东选集》第3卷,人民出版社1991年版,第860页。
④ 同上书,第863页。
⑤ 同上书,第856页。

现，非常清楚地论述了当代中国特色社会主义文艺的根本性质与特征，以及社会主义文艺所载负的使命与责任。

习近平有关文艺的论述与马克思主义文艺理论有着不可分割的理论联系，如他提出的"文艺不能在市场经济大潮中迷失方向，不能在为什么人的问题上发生偏差"的问题，这与恩格斯的文艺"倾向性"以及列宁和毛泽东提出的文艺为谁服务的问题相关联；在文艺工作座谈会上的讲话中，他立足于"全球化"视角，多次谈到通过文艺加强各国的认同和理解的问题，这既是全球化时代的必然要求，也与马克思在《共产党宣言》中所表达的关于形成一种"世界的文学"① 的基本主张相吻合；而强调"用现实主义精神和浪漫主义情怀观照现实生活"的主张则是马克思主义文艺创作现实主义方法的创新性运用；在文学批评方面，他强调"要以马克思主义文艺理论为指导"，并提出文学批评标准的"历史的、人民的、艺术的、美学的观点"，则直接是对恩格斯所提出的"美学的、历史的"标准的继承与发展；在探讨"坚持以人民为中心的创作导向"这一问题时，他引用列宁、毛泽东、邓小平等人的论述以深刻阐述社会主义文艺与人民的关系，等等。这些都充分证明：习近平有关文艺的论述结合我国文艺的现实状况、现实问题，立足于实现民族伟大复兴中国梦，实现"两个一百年"的奋斗目标，是对马克思主义文艺理论在继承前提下的进一步发展，是有关文艺问题的新思想、新理念、新战略、新实践。在庆祝中国共产党成立95 周年纪念大会上的讲话中，习近平指出："中国共产党之所以能够完成近代以来各种政治力量不可能完成的艰巨任务，就在于始终把马克思主义这一科学理论作为自己的行动指南，并坚持在实践中不断丰富和发展马克思主义。"② 他这样讲了，也这样做了。

（原载《人民论坛》2016 年第 11 期）

---

① 《马克思恩格斯选集》第 1 卷，人民出版社 1995 年版，第 276 页。
② 《习近平在庆祝中国共产党成立 95 周年大会上的讲话》，中国网（http://house.chinanews.com/gn/2016/07－01/7924310.shtml）。

用文艺弘扬中国精神[*]

泓　峻

2013年3月，习近平总书记在十二届全国人大一次会议闭幕式上的讲话中就指出，实现中国梦必须走中国道路，弘扬中国精神，凝聚中国力量。2014年10月，在文艺工作座谈会上发表重要讲话时，"中国精神"更是使用频率很高的几个关键词之一。在这篇重要文献中，习近平总书记第一次明确地把中国精神的弘扬与文艺问题联系了起来。公开发表的习近平总书记《在文艺工作座谈会上的讲话》文本，不仅在第四部分谈到文艺创作与社会主义核心价值观的关系时，其标题直接使用了"中国精神是社会主义文艺的灵魂"这一表述，而且，讲话中还有四处文字用到"中国精神"这个概念。这些论述，涉及用文艺作品塑造当代中国精神、通过弘扬中国精神凝聚中国力量，鼓舞各族人民、通过文艺创作对包含中国精神在内的中国形象进行推广，让国际社会更好地了解中国等文艺功能论层面的内容；以及中国精神与当代中国人的精神风貌、社会主义核心价值观、中华民族的历史、中国传统文化、中华美学精神等之间的内在联系，具有十分丰富的思想内涵。

"用文艺弘扬中国精神，凝聚中国力量"是习近平总书记在文艺工作座谈会上讲话的重要主题之一，同时也是以习近平同志为核心的党中央在新的历史条件下，赋予中国当代文艺工作者的光荣历史使命。习近平总书记在文艺工作座谈会上的讲话中明确指出，"弘扬中国精神、传播中国价值、凝聚中国力量，是文艺工作者的神圣职责"，号召广大文艺工作者努

＊ 本文为国家社科基金项目"十八大以来党中央治国理政新理念新思想新战略研究专项工程：习近平治国理政新思想研究"（16ZZD001）和国家社科规划项目"传统文学观念对中国化马克思主义文论的影响"（16BZW003）的阶段性成果。

力"让中国精神成为社会主义文艺的灵魂";2015 年 9 月 11 日,中共中央政治局会议审议通过的《关于繁荣发展社会主义文艺的意见》,再一次强调了"弘扬中国精神"这一重要命题,并把"弘扬中国精神"具体到"聚焦中国梦的时代主题","培育和弘扬社会主义核心价值观","唱响爱国主义主旋律","传承和弘扬中华优秀传统文化"这样几个方面,对当代文艺工作提出了更加切实的要求。①

因此,围绕《在文艺工作座谈会上的讲话》中的有关论述,结合习近平总书记其他重要讲话以及中共中央发布的《关于繁荣发展社会主义文艺的意见》等文献,联系中国当代文艺工作的实际,认真领会"用文艺弘扬中国精神"这一命题的深刻内涵,是深入理解与把握以习近平同志为核心的党中央治国理政思想的一个重要突破口。

一 用文艺弘扬中国精神,要求文艺工作者讲好中国故事、传播好中国声音、展现中国风貌,为实现"中国梦"作出自己的贡献

《在文艺工作座谈会上的讲话》中,习近平总书记对文艺与时代的关系进行了论述,认为"文艺是时代前进的号角,最能代表一个时代的风貌,最能引领一个时代的风气"。②他一方面要求全党"把文艺工作提高到民族复兴、文化繁荣、中国和平崛起的高度上来认识";另一方面要求广大文艺工作者"必须把创作生产优秀作品作为文艺工作的中心环节,努力创作生产更多传播当代中国价值观念、体现中华文化精神、反映中国人审美追求,思想性、艺术性、观赏性有机统一的优秀作品,形成'龙文百斛鼎,笔力可独扛'之势"③。

从中华民族伟大复兴的角度讲,当今国际社会国家与民族之间的竞争,不仅体现在经济实力与科学技术水平的竞争上,同时也体现在文化软实力的竞争上。没有先进文化的积极引领,没有人民精神世界的极大丰富,没有民族精神力量的不断增强,一个国家、一个民族不可能屹立于世

① 参见《中共中央关于繁荣发展社会主义文艺的意见》,人民出版社 2015 年版。
② 习近平:《在文艺工作座谈会上的讲话》,《人民日报》2015 年 10 月 15 日第 2 版。
③ 同上。

界民族之林。而一个国家的文化软实力，集中体现为是否有一套为本国人民所认同、遵循，为世界人民所接受、所尊重的话语体系、价值理念、思维方式、生活方式等。可以说，文化软实力体现的是一个国家由共同的文化形成的凝聚力和生命力，以及由此而在国际社会所能够产生的吸引力和影响力。文艺作品，是一个国家文化软实力的重要载体。中国的文艺工作者对于当代中国话语体系、价值理念、思维方式、生活方式等的生产与传播，负有重要的历史使命。

一个国家特定历史时期的文艺作品，应该能够反映这个国家特定历史时期物质生活与精神生活的基本风貌。在人类历史上，大发展、大变革的时代，对文艺创作而言，往往构成难得的契机。敏锐的艺术家往往能够精准地把握住时代脉搏，创作出惊心动魄的伟大作品。改革开放以来，短短三十多年的时间里，中国人的经济活动方式、社会组织方式、人际交往方式、情感表达方式乃至于最深层的思想价值观念都发生了深刻的变化。这些变化，即使放在中华民族五千年的历史长河中去观察，也称得上波澜壮阔。我们正在进行的中国特色社会主义建设的伟大实践，实际上就是当今最激动人心的"中国故事"。因此，习近平总书记指出，"推动文艺繁荣发展，最根本的是要创作生产出无愧于我们这个伟大民族、伟大时代的优秀作品"①。通过文艺作品反映中国社会过去几十年发生的重大变化，展示中华民族未来的发展前景，让国际社会听到中国声音，了解中国道路，既是中国当代文艺工作者义不容辞的伟大历史使命，也是中国文艺发展与繁荣的千载难逢的机遇。

然而，由于种种原因，能够深刻地反映当代中国社会的巨大变迁、全面展示当代中国社会发展进程、很好地阐释中国精神与中国道路、极大地鼓舞全国人民斗志、凝聚中华民族力量的伟大作品，在近几十年来的文艺创作中还比较少见。

文学批评家白烨曾说："我记得前些年，在一些研讨会和座谈会上，理论批评界想举出一些相对完整地追踪与记述改革开放三十多年历史发展进程，并具有较高文学性与较大影响力的小说作品，但想来想去，举出的作品都不甚理想。我们还缺少与这个伟大时代相称的精品力作，确是不争

---

① 习近平：《在文艺工作座谈会上的讲话》，《人民日报》2015年10月15日第2版。

的事实。"① 中国当代文艺之所以会出现习近平总书记所说的有高原无高峰现象，这应当是重要原因之一。正因为如此，中共中央 2015 年 10 月发布的《关于繁荣发展社会主义文艺的意见》号召文艺工作者投身当代中国的文化建设，"聚焦中国梦的时代主题，深入开展中国梦主题文艺创作活动，生动反映改革开放和社会主义现代化建设的伟大实践，全面展示中国特色社会主义发展前景，着力书写人们寻梦的理想和追梦的奋斗，汇聚起同心共筑中国梦的强大精神力量"，"推出更多无愧于民族、无愧于时代的文艺精品"。②

习近平总书记还指出，"实现中华民族伟大复兴的中国梦，就是要实现国家富强、民族振兴、人民幸福"③。在这里，习近平总书记通过"中国梦"这个概念，把国家的追求、民族的向往、人民的期盼融为了一体。按照这种理解，中国梦所体现出的，实际上是中华民族同中国人民的整体利益，表达的是每一个中华儿女的共同愿望，是家国情怀、民族情怀、人民情怀的统一。在文艺工作者座谈会上的重要讲话中，习近平总书记进一步讲到，文艺要"深深融入人民生活，事业和生活、顺境和逆境、梦想和期望、爱和恨、存在和死亡，人类生活的一切方面，都可以在文艺作品中找到启迪"④。因此，"优秀作品并不拘于一格、不形于一态、不定于一尊，既要有阳春白雪、也要有下里巴人，既要顶天立地、也要铺天盖地。只要有正能量、有感染力，能够温润心灵、启迪心智，传得开、留得下，为人民群众所喜爱，这就是优秀作品。"⑤《中共中央关于繁荣发展社会主义文艺的意见》也要求文艺工作者在书写中国梦时，能够"不断丰富拓展中国梦的表现内容，既讲好国家民族宏大故事，又讲好百姓身边日常故事，用生动的艺术形象和叙事体现中国梦的丰富内涵，见人、见事、见精神"⑥。

国家、民族其实都是由一个个具体的人组成的，中国梦，归根结底是每一个中国人的梦想。文艺作品中表现的中国梦，既应该涉及民族复兴、国家强盛这样的"宏大叙事"，也应该涉及作为一个中国人具体的梦想，

---

① 张江主编：《原点、焦点与热点——"文学观象"系列论评》，人民出版社 2015 年版，第 148 页。

② 《中共中央关于繁荣发展社会主义文艺的意见》，人民出版社 2015 年版，第 7 页。

③ 《习近平谈治国理政》，外文出版社 2014 年版，第 39 页。

④ 习近平：《在文艺工作座谈会上的讲话》，《人民日报》2015 年 10 月 15 日第 2 版。

⑤ 同上。

⑥ 《中共中央关于繁荣发展社会主义文艺的意见》，人民出版社 2015 年版，第 4 页。

反映这个时代普通中国人的追求。而对一个普通的中国人而言，中国梦可能具体到上学就业、住房的改善、医疗的保障、生活的尊严、事业的成功、人生价值的实现，等等。因此，讲中国故事，传递中国声音，体现中国精神，需要艺术家深入每一个中国人的具体生活中，了解普通中国人的心灵世界，反映普通中国人的生活愿望，表现这个时代普通中国人为实现自己的人生梦想而奋斗的历程与不懈追求的精神。

习近平总书记在谈到他对河北作家贾大山的印象时，曾深情地讲，"文艺工作者要想有成就，就必须自觉与人民同呼吸、共命运、心连心，欢乐着人民的欢乐，忧患着人民的忧患，做人民的孺子牛"①，只有这样，我们的艺术家才能真正创造出"有筋骨、有道德、有温度"的文艺作品。有作家也指出，贾大山的成功，正在于他多年来深深扎根于基层，扎根于群众生活，"这使他的写作洋溢着人民性，在日常化的细节描写中折射世情百态与社会万象，同时又以幽默的情趣表达臧否。这样的文学，以群众喜闻乐见的方式，反映人民的心声与时代的情绪，正是人民所需要和喜欢的"②。贾大山的成功证明，作家离地面越近，离泥土越近，离百姓越近，他的创作就越容易找到力量的源泉。

而在我们近些年的文艺作品中，有不少作品要么充斥着作家本人自恋的话语，要么醉心于展示"中产阶级趣味"；有些作品靠乱伦、偷窥、阴谋、仇杀等极端叙事吸引眼球，还有的作品则追求脱离自身民族传统、脱离读者的技术性实验与文字游戏。有些文艺作品中也会出现普通的农民、工人形象，以及农村、工厂、家居等日常生活劳动场景，但却往往流于概念化、表面化，故事情节也基本上是闭门造车的产物，距离普通人的生存状态与真实的现实生活十分遥远，最终沦为类型化、娱乐化的文化泡沫。作家这样去从事文艺创作，不仅使自己的作品缺乏大胸怀、大视野、大境界，而且也缺乏真情、缺乏温度、缺乏令人感动的细节、缺乏优秀文艺作品应该具有的内在的道德力量。习近平总书记的系列重要讲话，以及《中共中央关于繁荣发展社会主义文艺的意见》都要求文艺工作者在书写中国梦时，关注普通人的生活与命运，正是为了克服当前文艺作品中存在的这

① 习近平：《在文艺工作座谈会上的讲话》，《人民日报》2015年10月15日第2版。
② 张江主编：《原点、焦点与热点——"文学观象"系列论评》，人民出版社2015年版，第188页。

种现象。一个艺术家也只有向着人类最先进的方面注目，同时真诚直面当下中国人的生存现实，才能为人类提供中国经验，同时，我们的文艺才能为世界贡献特殊的声响和色彩。

二 用文艺弘扬中国精神，要求文艺工作者用文艺创作培育社会主义核心价值观，维护与发扬以爱国主义为核心的民族精神

习近平总书记十分重视核心价值观对一个民族生存与发展的重要意义。2014 年 2 月，在主持十八届中共中央政治局第十三次集体学习时，习近平总书记从治国理政的高度对核心价值观的重要性进行了强调。他说，"核心价值观是文化软实力的灵魂、文化软实力建设的重点。这是决定文化性质和方向的最深层次要素。一个国家的文化软实力，从根本上说，取决于其核心价值观的生命力、凝聚力、感召力。培育和弘扬核心价值观，有效整合社会意识，是社会系统得以正常运转、社会秩序得以有效维护的重要途径，也是国家治理体系和治理能力的重要方面。历史和现实都表明，构建具有强大感召力的核心价值观，关系社会和谐稳定，关系国家长治久安"①。2014 年 5 月 4 日，习近平总书记在同北京大学师生座谈时，又谈到核心价值观对民族、国家认同的重要性。他说，"人类社会发展的历史表明，对一个民族、一个国家来说，最持久、最深层的力量是全社会共同认可的核心价值观。核心价值观，承载着一个民族、一个国家的精神追求，体现着一个社会评判是非曲直的价值标准"②。

正因为如此，习近平总书记号召文化工作者"运用各类文化形式，生动具体地表现社会主义核心价值观"，"把培育和弘扬社会主义核心价值观作为凝魂聚气、强基固本的基础工程，继承和发扬中华优秀传统文化和传统美德，广泛开展社会主义核心价值观宣传教育，积极引导人们讲道德、尊道德、守道德，追求高尚的道德理想，不断夯实中国特色社会主义的思想道德基础"③。

---

① 《习近平谈治国理政》，外文出版社 2014 年版，第 163 页。
② 同上书，第 168 页。
③ 同上书，第 163 页。

《在文艺工作座谈会上的讲话》中，习近平总书记一方面重申了核心价值观的重要性，强调"核心价值观是一个民族赖以维系的精神纽带，是一个国家共同的思想道德基础。如果没有共同的核心价值观，一个民族、一个国家就会魂无定所、行无依归"；另一方面又对广大文艺工作者提出了更加具体的要求，希望他们"高扬社会主义核心价值观的旗帜，充分认识肩上的责任，把社会主义核心价值观生动活泼、活灵活现地体现在文艺创作之中，用栩栩如生的作品形象告诉人们什么是应该肯定和赞扬的，什么是必须反对和否定的，做到春风化雨、润物无声"①。习近平总书记还要求文艺工作者，尤其是知名的艺术家，不仅要通过自己的文艺创作宣传社会主义核心价值观，而且还要在思想道德修养上追求卓越，身体力行地践行社会主义核心价值观，努力做到"言为士则、行为世范"。

社会主义核心价值观，被中共中央的有关文件概括为富强、民主、文明、和谐、自由、平等、公正、法治、爱国、敬业、诚信、友善这二十四个字。习近平总书记在系列重要讲话中，尤其是涉及文化工作、文艺工作时，十分强调这二十四个字背后所包含的爱国主义内容。这种强调，与习近平总书记对中国当代文化现状与文艺现状的了解与判断有关，具有很强的针对性。

习近平总书记多次强调，以爱国主义为核心的民族精神，是社会主义核心价值观的重要内容。2013 年 3 月，在第十二届全国人民代表大会第一次会议上讲话时，他说，"实现中国梦必须弘扬中国精神。这就是以爱国主义为核心的民族精神，以改革创新为核心的时代精神。这种精神是凝心聚力的兴国之魂、强国之魂"②。《在文艺工作座谈会上的讲话》这篇重要文献中，习近平总书记强调"中国精神是社会主义文艺的灵魂"，"在社会主义核心价值观中，最深层、最根本、最永恒的是爱国主义"。而要通过文艺作品弘扬爱国主义，则必须正确看待中华民族的历史、中国共产党的历史以及中国当代社会正在发生的巨大变革。他说，"中华民族 5000 多年的文明进步，近代以来中国人民争取民族独立、人民解放的浴血斗争，中国共产党领导人民进行的革命、建设、改革的伟大历程，古老中国的深刻变化和13 亿中国人民极为丰富的生产生活，为文艺创作提供了极为肥沃的土壤"。

---

① 习近平：《在文艺工作座谈会上的讲话》，《人民日报》2015 年 10 月 15 日第 4 版。
② 《习近平谈治国理政》，外文出版社 2014 年版，第 40 页。

在列举了范仲淹、陆游、岳飞、文天祥、林则徐、方志敏这些"以全部热情为祖国放歌抒怀的"著名文学家之后，习近平总书记指出，"我们当代文艺更要把爱国主义作为文艺创作的主旋律，引导人民树立和坚持正确的历史观、民族观、国家观、文化观，增强做中国人的骨气和底气"①。

《中共中央关于繁荣发展社会主义文艺的意见》不仅再次强调了爱国主义是中国精神最深层、最根本的内容，是文艺创作的永恒追求，而且也重点强调提倡爱国主义，首先应当坚持唯物史观，认为"不管历史条件发生任何变化，凡是为中华民族作出历史贡献的英雄，都应得到尊敬、受到颂扬，被人民记忆、由文艺书写"；要求文艺界组织和支持爱国主义题材文艺创作，大力讴歌民族英雄，倾诉家国情怀，弘扬集体主义精神，不断增强做中国人的骨气和底气。正确反映中华民族五千多年文明史、中国人民近代以来斗争史、中国共产党奋斗史、中华人民共和国发展史、当代中国改革开放史。②

习近平总书记的讲话与《中共中央关于繁荣发展社会主义文艺的意见》对以爱国主义为核心的民族精神的强调，特别是对爱国主义文艺作品的创作与艺术家正确的历史观之间关系的强调，为纠正中国当代文艺创作与批评中，在对待中华民族过去的历史，特别是近代以来中国革命史问题上的不良倾向，提供了重要的理论依据。

在过去一段时间里，国内文艺界存在一种"去历史化"的观点与创作倾向。有些艺术家在自己的作品中，声称要以个人化、性别化、家族化、地域化的"小历史"视角，消解民族、国家、启蒙、革命等"大历史"叙事，这种主张也得到了一些批评家与理论家的呼应。还有一些作品，打着"玄幻""穿越""戏说"，或者是"青春写作"的旗号，将历史主观化、碎片化、虚无化、荒诞化，变成一片废墟。正如有学者尖锐地指出的那样，上述对待历史的虚无主义态度，其实质是"有意阉割历史"，"通过历史的碎片化否定历史发展规律和中华民族的基本诉求；或以偏概全，即抓住片面和细节否定全面和整体，丑化、抹黑历史人物；甚至有意张冠李戴、以讹传讹，以达到歪曲历史之目的"③。尤其是当一些作品对历史的

---

① 习近平：《在文艺工作座谈会上的讲话》，《人民日报》2015年10月15日第4版。
② 《中共中央关于繁荣发展社会主义文艺的意见》，人民出版社2015年版，第8—9页。
③ 张江主编：《原点、焦点与热点——"文学观象"系列论评》，人民出版社2015年版，第2页。

"颠覆"主要针对一些著名的革命领袖、民族英雄时，其负面的影响尤其不容低估。任由这种倾向发展下去，将会对中华民族的自信心起到瓦解的作用。习近平总书记在文艺工作座谈会上的重要讲话中所批评的"调侃崇高、扭曲经典、颠覆历史、丑化人民群众和英雄人物"，指的正是近些年来文艺界存在的这种不良倾向。

习近平总书记在文艺工作座谈会上的重要讲话不仅对近年来文艺界的不良倾向进行了批评，而且还对一些作品中存在的"以洋为尊""以洋为美""唯洋是从"，"把作品在国外获奖作为最高追求，跟在别人后面亦步亦趋、东施效颦"的"去中国化"倾向进行了批评。

中国现代文艺无论是形式还是内容，都曾受到西方文艺十分深刻的影响。20 世纪 80 年代以后，中国文艺界许多人更是把模仿西方现代主义、后现代主义各流派的创作风格，当成走向艺术成功的灵丹妙药，而放弃了对自己民族文艺传统的研究与借鉴，放弃了对艺术活动至关重要的文化主体性。一味地模仿西方艺术给中国当代艺术带来很多负面影响，其最为直接的后果就是使得一些文艺作品的人物、故事、背景、语言、结构、风格完全脱离了中国社会，脱离了中国人的生活经验，脱离了中华民族的审美习惯。这些作品不仅不能被多数中国的受众所接受与认可，而且其艺术价值也大打折扣。有学者在对中国文学中的这一现象进行反思时十分深刻地指出："拾人牙慧解决不了中国文学走向世界的问题。追随和摹仿，即便达到了同步和逼真的效果，充其量也只能是再造一部中国版的西方文学。提供不了新的经验和启示，这样的文学对世界没有意义。在此过程中，本土文学的鲜明特征反而日渐淡漠。其结果，不但未能实现'从边缘到中心的位移'，反而是更加严重地被边缘化。"作家们"唯一可以秉持的是民族性的文学和文学的民族性。丧失了民族性，迎合想象中的他者趣味，不仅会在文学中丧失了自我，也不可能真正地走进世界。民族性才是中国文学登上国际舞台的独特资本，是中国文学在世界文坛畅行无阻的通行证"①。其实，不仅文学如此，各种艺术也都如此。一方面，中国当代艺术家有责任用自己的作品去记录当代中国人的生活、情感与梦想；另一方面，也只有深入当代中国社会当中，体现中国精神、具有中国特色的艺术品，才能

---

① 张江主编：《原点、焦点与热点——"文学观象"系列论评》，人民出版社 2015 年版，第 64 页。

够代表中国走向世界，被其他国家的受众所接受，并受到应有的尊重。"去中国化"对艺术家而言意味着失去自己的艺术个性，在艺术上是没有出路的。

三　弘扬中国精神，要求文艺工作者继承中国优秀传统文化，展现中华美学精神，积极参与当代中国的道德建设

2014 年 9 月 24 日，在纪念孔子诞辰 2565 周年国际学术研讨会暨国际儒学联合会第五届会员大会开幕会上发表讲话时，习近平总书记全面论述了中华民族优秀传统文化对中国和世界历史发展与文明进步曾经发挥过的巨大作用。他说，从历史的角度看，包括儒家思想在内的中国传统思想文化中的优秀成分，对中华文明形成并延续发展几千年而从未中断，对形成和维护中国团结统一的政治局面，对形成和巩固中国多民族和合一体的大家庭，对形成和丰富中华民族精神，对激励中华儿女维护民族独立、反抗外来侵略，对推动中国社会发展进步、促进中国社会利益和社会关系平衡，都发挥了十分重要的作用。在长期演化过程中，中华文明从与其他文明的交流中获得了丰富营养，也为人类文明进步作出了重要贡献。[1] 2013 年 11 月在山东考察时，习近平总书记就已经明确地指出，"一个国家、一个民族的强盛，总是以文化兴盛为支撑的，中华民族伟大复兴需要以中华文化发展繁荣为条件"[2]。同时，他还重点强调了传统文化与当代中国的关系，认为当代中国是历史中国的延续和发展，当代中国思想文化也是中国传统思想文化的传承和升华，要认识今天的中国、今天的中国人，就要深入了解中国的文化血脉，准确把握滋养中国人的文化土壤。[3]

在论述社会主义核心价值观的内涵时，习近平总书记除了强调其中所包含的爱国主义内容外，也一再强调其与中华优秀传统文化之间不可分割

---

① 参见习近平《在纪念孔子诞辰 2565 周年国际学术研讨会暨国际儒学联合会第五届会员大会开幕会上的讲话》，人民出版社 2014 年版。

② 《习近平在山东考察》（http：//cpc.people.com.cn/n/2013/1129/c64094 –23694123.html）。

③ 参见习近平《在纪念孔子诞辰 2565 周年国际学术研讨会暨国际儒学联合会第五届会员大会开幕会上的讲话》，人民出版社 2014 年版。

的联系。他认为，"培育和弘扬社会主义核心价值观必须立足中华优秀传统文化。牢固的核心价值观，都有其固有的根本。抛弃传统、丢掉根本，就等于割断了自己的精神命脉"。"中华文化源远流长，积淀着中华民族最深层的精神追求，代表着中华民族独特的精神标识，为中华民族生生不息、发展壮大提供了丰厚滋养。"①《在文艺工作座谈会上的讲话》也十分明确地指出，"中华优秀传统文化是中华民族的精神命脉，是涵养社会主义核心价值观的重要源泉，也是我们在世界文化激荡中站稳脚跟的坚实根基。增强文化自觉和文化自信，是坚定道路自信、理论自信、制度自信的题中应有之义"。习近平总书记引用唐代魏徵在《谏太宗十思疏》中说的"求木之长者，必固其根本；欲流之远者，必浚其泉源"这句话，把中华优秀传统文化比喻为中国精神之根本，中国文艺之泉源，要求"文艺创作不仅要有当代生活的底蕴，而且要有文化传统的血脉"，要求当代中国的文艺工作者"必须把创作生产优秀作品作为文艺工作的中心环节，努力创作生产更多传播当代中国价值观念、体现中华文化精神、反映中国人审美追求，思想性、艺术性、观赏性有机统一的优秀作品"，"结合新的时代条件传承和弘扬中华优秀传统文化，传承和弘扬中华美学精神"。②

值得注意的是，《在文艺工作座谈会上的讲话》中，习近平总书记在谈到用文艺作品传承与弘扬中华优秀传统文化的同时，还涉及了文艺活动中如何体现中华美学精神这一更为具体的问题。

对于中华优秀传统文化与中华美学精神这两个概念，习近平总书记在他的系列讲话中都有论述。

关于中华优秀传统文化，习近平总书记在 2014 年 5 月 4 日与北京大学师生座谈时谈到，它是一个涵盖内容十分广泛的概念，包括强调"民惟邦本""天人合一""和而不同"，强调"天行健，君子以自强不息"，"大道之行也，天下为公"；强调"天下兴亡，匹夫有责"，主张以德治国、以文化人；强调"君子喻于义""君子坦荡荡""君子义以为质"；强调"言必信，行必果"，"人而无信，不知其可也"；强调"德不孤，必有邻"，"仁者爱人"，"与人为善"，"己所不欲，勿施于人"，"出入相友，守望相助"，"老吾老以及人之老，幼吾幼以及人之幼"，"扶贫济困"，"不患寡

---

① 《习近平谈治国理政》，外文出版社 2014 年版，第 163—164 页。
② 习近平：《在文艺工作座谈会上的讲话》，《人民日报》2015 年 10 月 15 日第 2、4 版。

而患不均", 等等。①《在文艺工作座谈会上的讲话》中, 习近平总书记又对中华优秀传统文化作出了进一步概括, 认为它指的是中华民族在长期实践中培育和形成的独特的思想理念和道德规范, 其中包括崇仁爱、重民本、守诚信、讲辩证、尚和合、求大同等思想, 包括自强不息、敬业乐群、扶正扬善、扶危济困、见义勇为、孝老爱亲等传统美德。②

习近平总书记对中华优秀传统文化的列举与总结, 实际上涉及中华民族在长期发展过程中形成的包括生活方式、行为规范、道德伦理、思维方式、理想信念等在内的许多层面的内容, 这些文化传统是基于本民族的自然条件与社会状况, 融汇了多种文化、思想和智慧形成的, 曾经在过去几千年的时间里, 维持着中华民族文化的独特性、丰富性及内在统一性, 为持续推进民族发展发挥了积极的作用。

而中华美学精神不仅是中华民族优秀传统文化的重要组成部分, 而且也是中华优秀传统文化艺术性地再现时的表现方式, 同样具有强烈的民族色彩。习近平总书记认为中华美学精神的核心是"讲求托物言志、寓理于情, 讲求言简意赅、凝练节制, 讲求形神兼备、意境深远"③。对于这一概括, 有学者认为它"提摄了中华美学精神的主要内核, 有着深刻的内在逻辑关联", 具体地讲, "'讲求托物言志、寓理于情', 是中国的文学艺术创作中审美运思的独特方式; '讲求言简意赅、凝练节制', 是中国的文学艺术创作中审美表现的独特方式; '讲求形神兼备、意境深远', 是中国的文学艺术作品审美存在的独特方式"。因此, 中华美学精神实际上"是中国精神的审美层面, 是中华民族审美意识的集中体现。……中华美学精神的根基源自中国精神, 同时, 又通过具体的文学艺术活动, 传递和展示了中国精神"④。

中华美学精神不仅对中国传统的文学艺术曾经产生过十分深刻、十分内在的影响, 同时对当代文艺的发展仍然具有重要的价值。如果说中华民族优秀传统文化为当代的文学艺术弘扬中国精神提供了可以表现的丰富内容的话, 那么中华美学精神则为当代的文学艺术弘扬中国精神提供了可以选择的具有强烈民族特征的艺术方式。正因为如此, 习近平总书记要求当

---

① 《习近平谈治国理政》, 外文出版社 2014 年版, 第 170 页。
② 习近平:《在文艺工作座谈会上的讲话》,《人民日报》2015 年 10 月 15 日第 2 版。
③ 习近平:《在文艺工作座谈会上的讲话》,《人民日报》2015 年 10 月 15 日第 4 版。
④ 张晶:《三个"讲求":中华美学精神的精髓》,《文学评论》2016 年第 3 期。

代文艺工作者"坚守中华文化立场、传承中华文化基因，展现中华审美风范"。

《在文艺工作座谈会上的讲话》在中国精神、中华优秀文化传统这两个概念的基础上，引入"中华美学精神"这一概念，对当代文艺工作者的创作与批评活动具有重要的指导意义。有学者在学习《讲话》时对此有十分深入的体会，认为"'中华美学精神'作为习近平总书记在文艺工作座谈会重要讲话中提出的一个重大命题，一方面明确地把当代中国文艺的发展，同新的时代、新的条件下大力传承与弘扬'中华美学精神'联系在一起，突出强调了当代中国文艺创作与理论批评在精神层面所应持守的中华立场，也就是把中华优秀传统文化作为我们'在世界文化激荡中站稳脚跟的坚实根基'；另一方面，这一命题在赋予'中华美学精神'以深刻而现实的价值生命的同时，对当代中国文艺内在的美学追求也作出了规定，从实践层面进一步明确、强化了对文艺创作与理论批评的价值构建要求"①。

中华优秀传统文化的另一方面内容是中华传统美德，而建立在中华传统美德基础上的道德重建，也是一个与中国当代文艺创作与批评密切相关的问题。习近平总书记强调，倡导社会主义核心价值观，是进行道德建设，以德治国的重要举措，中国传统道德经过现代转化，将为中国当代的道德建设提供重要资源。文艺工作者不可放弃自己在道德建设中的责任，而应当通过自己的创作，积极为道德建设作出自己的贡献。

在 2014 年 5 月 4 日同北京大学师生座谈时，习近平总书记就明确地讲，"核心价值观，其实就是一种德，既是个人的德，也是一种大德，就是国家的德、社会的德。国无德不兴，人无德不立"②。而中华文明绵延数千年，有其独特的价值体系，对诸如自强不息、敬业乐群、扶正扬善、扶危济困、见义勇为、孝老爱亲、诚实守信等个人道德修养的重视，以及建立在个人道德修养基础上的以德治家、以德治国、以德服天下的思想，在这套价值体系中占有十分重要的位置。因此，习近平总书记在文艺工作座谈会上的重要讲话中谈道，"阐释中华民族禀赋、中华民族特点、中华民族精神，以德服人、以文化人是其中很重要的一个方面"③。以中华传统美

---

① 孙书文：《以中华美学精神为文艺固基铸魂》，《百家评论》2016 年第 1 期。
② 《习近平谈治国理政》，外文出版社 2014 年版，第 168 页。
③ 习近平：《在文艺工作座谈会上的讲话》，《人民日报》2015 年 10 月 15 日第 2、4 版。

德为核心内容的中华优秀传统文化已经成为中华民族的基因，植根在中国人内心，潜移默化地影响着中国人的思想方式和行为方式。提倡和弘扬社会主义核心价值观，必须从中汲取丰富营养。

《在文艺工作座谈会上的讲话》中，习近平总书记对中国当下的道德状况及其产生的后果表现出了极大的忧虑。他说，"我国社会正处在思想大活跃、观念大碰撞、文化大交融的时代，出现了不少问题。其中比较突出的一个问题就是一些人价值观缺失，观念没有善恶，行为没有底线，什么违反党纪国法的事情都敢干，什么缺德的勾当都敢做，没有国家观念、集体观念、家庭观念，不讲对错，不问是非，不知美丑，不辨香臭，浑浑噩噩，穷奢极欲。现在社会上出现的种种问题病根都在这里。这方面的问题如果得不到有效解决，改革开放和社会主义现代化建设就难以顺利推进"①。正是基于这一判断，习近平总书记对文艺工作者提出了通过文艺作品参与当代中国社会道德建设的要求："我们要通过文艺作品传递真善美，传递向上向善的价值观，引导人们增强道德判断力和道德荣誉感，向往和追求讲道德、尊道德、守道德的生活。只要中华民族一代接着一代追求真善美的道德境界，我们的民族就永远健康向上、永远充满希望。"②

其实，习近平总书记在文艺工作座谈会上的重要讲话，不仅表达了对当下中国道德状况及其产生的不良后果的担忧，而且对有些文艺作品在道德滑坡过程中推波助澜也提出了批评。他所说的文艺作品中"调侃崇高、扭曲经典、颠覆历史，丑化人民群众和英雄人物"；"是非不分、善恶不辨、以丑为美，过度渲染社会阴暗面"；"搜奇猎艳、一味媚俗、低级趣味，把作品当作追逐利益的'摇钱树'，当作感官刺激的'摇头丸'；胡编乱写、粗制滥造、牵强附会，制造了一些文化'垃圾'"，凡此种种现象，其实大多都与作家自身的道德修养不够，或者是在利益引诱下丧失道德立场有关。而且，这类作品公开发表后，不仅对文艺是一种伤害，对整个社会的精神更是一种污染，是导致当今社会价值混乱与伦理道德失衡的一个重要因素。

在文艺作品中出现这种乱象，一方面与一些人过度夸大文艺市场化、娱乐化的性质，单纯追求商业利益，不顾作品的社会效益有关；另一方面

---

① 习近平：《在文艺工作座谈会上的讲话》，《人民日报》2015年10月15日第2、4版。

② 同上。

也与文艺界曾经一度流行的"去道德化"主张有关。这种"去道德化"的主张在审美的名义下，反对中国文学中"文以载道"的传统，把作家的道德修养与应当对社会道德建设承担的责任与义务，看成是对作家个性、作家创作自由的一种束缚；把突破道德底线，看成是文艺家的一种"勇气"；把在作品中集中展示丑陋、渲染暴力说成是思想内容的深刻或艺术风格上的创新，其对文艺、对社会的负面影响的确应当引起重视。

　　文艺与道德之间的关系问题，是一个涉及艺术本质的问题。否定了艺术与道德的关联，否定了艺术家对社会的道德建设所应当承担的责任，艺术便很难健康发展，艺术活动存在的价值也将大打折扣。如果说艺术创作行为可以表现为一种孤独的精神历险，带有个体性特征的话，那么艺术作品一旦发表，就完全进入了公共领域，具有了强烈的公共性。一个真诚而有良知的艺术家，一方面要通过创作活动满足自己精神探索与自我表达的需要；另一方面又要使自己的表达与他人的存在具有相关性，并帮助他人更好地生存，这就要求艺术家在把自己的作品交给公众时，必须考虑可能给社会带来的后果。一部艺术作品的道德境界，实际上代表着一个艺术家的胸怀、视野。缺乏内在道德力量的作品，很难真正地打动读者；创造了这些作品的艺术家，当然也就很难像许多公认的艺术大师那样，在读者心目中树立起伟大的道义形象。因此，有学者说："文学要想表达对人性的理解，需要有强大的道德伦理构建力，文学与道德密不可分。企图在文学中消解道德，是对文学的社会功能的背离，也在根本上瓦解了文学。对于一个民族而言，文学这门艺术的文化选择，审美或审丑，与民族的道德伦理取向是一致的。消解道德，就消解了美，消解了文学自身。"① 文学如此，其他艺术活动也同样如此。

　　正因为文艺活动与一个社会的道德建设之间有着密不可分的联系，所以习近平总书记在文艺工作座谈会上讲话时反复强调，文艺工作者"不仅要在文艺创作上追求卓越，而且要在思想道德修养上追求卓越"，要创作出"能够启迪思想、温润心灵、陶冶人生，扫除颓废萎靡之风"的作品，"用栩栩如生的作品形象告诉人们什么是应该肯定和赞扬的，什么是必须反对和否定的，做到春风化雨、润物无声"。《中共中央关于繁荣发展社会

---

① 张江主编：《原点、焦点与热点——"文学观象"系列论评》，人民出版社 2015 年版，第 11 页。

主义文艺的意见》也强调，要"大力支持文艺单位和作家艺术家从社会生活、当代人物中挖掘题材，讴歌真善美，贬斥假恶丑，彰显信仰之美、崇高之美，引导人们向往和追求讲道德、尊道德、守道德的生活"①。这些要求，值得每一个文艺工作者认真领会，自觉践行。

而文艺家要参与中国当代的道德建设，还是要回到认真学习中华优秀传统文化，加强传统道德修养，把传统道德与建设中国特色社会主义这一伟大实践相结合，进行创造性的转化这样的问题上来。它首先要求文艺工作者对中华优秀传统文化与传统美德有主动的认同感、敬畏感，认识到离开了自己本民族的优秀文化传统，背离了自己本民族的传统美德，一个人很难成为成功的艺术家。在谈到有些文学对道德的消解问题时，有学者曾经这样讲道："中华民族有自己优良的道德传统，这种传统历经千年、源远流长，一些基本的道德准则不可逾越。有人在文学中有意消解这些道德准则，当下看，人民群众不接受；长远看，此类作品一定会被历史淘汰。奢望借此博得眼球，甚至在文学史上留下名字，是十分幼稚的。这是古往今来文学得以存留和传播的基本规律。"② 而要想在文艺作品中表现中国传统道德理想，阐释中国传统道德精神，使之与自己作品的主题、故事、人物性格融为一体，除了艺术素养方面的要求外，没有对中华传统文化的深入了解，没有对中国传统道德的主动认同与自觉践行作基础，是很难做到的。

习近平总书记的系列重要讲话，特别是《在文艺工作座谈会上的讲话》关于文艺问题的有关论述，作为当代中国马克思主义文艺理论的指导性文献，既有对之前中国马克思主义文艺理论成果的继承，也结合新的国内、国际形势，结合中华民族发展的新的历史阶段，对马克思主义文艺理论进行了创造性的发展。如果说"坚持以人民为中心的创作导向""党的领导是社会主义文艺发展的根本保证"等观点，更多地体现的是以习近平同志为核心的党中央在文艺观念上对中国共产党一贯的方针路线的继承的话，"让中国精神成为社会主义文艺的灵魂"，以及对文艺与中华优秀传统文化、中华美学精神、中华民族传统美德等之间关系的论述，则更多地体

---

① 《中共中央关于繁荣发展社会主义文艺的意见》，人民出版社2015年版，第8页。
② 张江主编：《原点、焦点与热点——"文学观象"系列论评》，人民出版社2015年版，第16页。

现了对中国马克思主义文艺理论的发展与创新。从毛泽东提出以"民族形式"为核心的"中国作风与中国气派",到习近平提出包含了中华优秀文化传统、中华美学精神、中国传统道德、当代中国人的中国梦、社会主义核心价值观等内容的"中国精神",马克思主义文艺理论在中国化的过程中,朝着与中国的历史传统与社会现实相结合的方向又迈出了关键性的一步,步入了一个全新的历史阶段。其对中国当前及以后相当长一段时间内的文学艺术、政治文化以及整体社会的发展,都将产生巨大的影响。

(原载《中国文学批评》2016 年第 4 期)

文艺精品和艺术生产机制创新

范玉刚

习近平总书记在文艺工作座谈会重要讲话（以下简称《讲话》），对中国当代文艺精品发出了深情的召唤并期待艺术高峰的出现，通过优秀文艺作品来高扬中国价值、弘扬中国精神、凝聚中国力量，为中华民族的伟大复兴蓄积力量，提供助跑的精神动力，从而彰显文艺的先导作用和精神感召力。在当代，中国要成为世界大国和文化强国，必须要通过更多有筋骨、有道德、有温度的文艺精品，书写和记录人民的伟大实践、时代的进步要求，以优秀作品来彰显信仰之美、崇高之美，弘扬中国精神、凝聚中国力量，鼓舞全国各族人民朝气蓬勃迈向未来。在《讲话》中习近平总书记还深刻阐发了在文艺创作与社会化大生产融会互动的市场条件下，文艺应成为市场的主人，也就是自己的主人。对此，我们必须在一种深刻性上予以领会，并在实践中通过艺术生产机制创新激发文艺精品不断涌现。

一 对文艺精品创造的深情召唤

在《讲话》中习近平总书记表达了对当代文艺工作者的殷切期望，对文艺精品创造的深切呼唤，伟大事业需要伟大精神，实现这个伟大事业，文艺的作用不可替代，文艺工作者大有可为。习总书记寄望广大文艺工作者要从这样的高度认识文艺的地位和作用，认识自己所担负的历史使命和责任。鲁迅先生说，要改造国人的精神世界，首推文艺。举精神之旗、立精神支柱、建精神家园，都离不开文艺。文艺是时代前进的号角，最能代表一个时代的风貌，最能引领一个时代的风气。从个体的成长和社会风气的养成来看，文艺是铸造灵魂的工程，文艺工作者是灵魂的工程师。好的文艺作品就应该像蓝天上的阳光、春季里的清风一样，能够启迪思想、温润心灵、陶冶人生，能够扫除颓废萎靡之风。今天，中华民族已经站到了实现伟大历史复兴的"拐点"，满足人民精神文化需求已成为文艺和文艺工作的出发点和落脚点，面对人民多样化的精神需求和有效供给不足的问题，更多的是需要有创造性、创新性、创意性的文艺精品，以文艺的"高峰"迎接伟大历史时刻的到来，以文艺的高度繁荣契合世界史的"中国时刻"。

（一）深刻理解《讲话》的时代语境

为什么要高度重视文艺和文艺工作？这个问题，首先要放在国内和国际发展大势中来审视。从全球视野来看，21世纪以来文化的地位和作用全球凸显，各发达国家高度重视文化和文化产业的发展，并以其文化实力占据了全球文化市场的制高点（同时也是全球文化价值传播的制高点）。文化产业已成为许多发达国家的支柱产业。美国、英国、日本、韩国等文化产业发达国家，正引领国际经济贸易、产业结构升级以及文化思潮的流动，占据了国际经济、文化、政治等重要而有利的位置，制约着发展中国家国际地位与作用的提升。与之相应，全球范围内的资源配置出现了前所未有的分化和重组，对文化资源和话语权的争夺成为全球性资源重组的重要内容，越来越多的文化产品进入全球市场，越来越多的区域文化经济融入现代世界市场体系。随着文化的地位和作用的全球凸显，文化领域的扩张和反扩张、渗透和反渗透作为国际政治经济竞争的内容之一，大多是经由文化产业来实现的。文化产业越来越成为全球政治、经济、文化战略格局重组，各种力量博弈的一条中轴线。在发达国家，文化产业是文化的别称，文化产业之间的博弈其实是整个国家文化发展体系的竞争，是文化产品（文艺精品）和版权的竞争，是作品的精神感召力和所传播的价值观的竞争，是市场上流行的文化精品（如《大河之舞》《猫》《云南映象》《战马》等）之间的竞争。

从国内现实境遇来看，随着"五个文明"的统筹发展和"四个全面"战略构想的深入推进，人们对文化的地位和作用的认知越来越深刻，文化越来越成为民族凝聚力和创造力的重要源泉、越来越成为综合国力竞争的重要因素、越来越成为经济社会发展的重要支撑，丰富精神文化生活越来越成为我国人民的热切愿望。当前，人民日益增长的物质文化需要同落后的社会生产之间的矛盾仍然是社会主要矛盾，特别是文化领域成为我国总供给难以满足总需求的少数几个领域之一。随着文化市场的丰富，文化的有效供给问题凸显，文化市场的结构性矛盾突出，更好地满足人民精神需求、丰富人民精神世界、增强人民精神力量，是摆在执政党面前的一道难题。

其次，实现中华民族伟大复兴，是中华民族迈入现代化进程以来中国人民最伟大的梦想。今天，我们比历史上任何时期都更接近中华民族伟大复兴的目标，比历史上任何时期都更有信心、有能力实现这个目标。而要实现这个目标，必须高度重视和充分发挥文艺和文艺工作者的重要作用。时代的历史机遇（中国的全面崛起）和全球文化思潮的相互激荡，迫使我们必须深刻阐释中华民族禀赋、中华民族特点、中华民族精神，以文化的柔性的和平的方式诠释中国崛起的世界意义，以中国精神的感召力获得世界的理解和认可，以对世界共同价值的追求和传播来获得普遍的文化认同，实现以德服人、以文化人的诉求。事实上，对中国精神和中国价值最好的阐释方式就是文艺精品，因此，习近平总书记深情召唤广大艺术家要创作出无愧于时代的优秀作品。可以说，"精品"意识是贯穿《讲话》的最强音。

随着全球文化竞争的加剧，我们看到文化精品不仅占据着价值传播的制高点，更是思想创造的高位，也是处于国际文化产业分工体系的价值链高端，从而主导整个国际文化产业分工布局。从世界文明发展大势来看，哪一种文明来引领人类向更高一层次的文明跃升，不仅关乎文明发展的话语权，更关乎主导文明进程的民族文化的全球位态及其领导地位，从而影响全球政治、经济、文化发展战略格局重组。这是习近平总书记《讲话》的深刻时代背景，我们要对此有所领会和洞察。

（二）如何理解精品和多出精品？

可以说，"精品"意识是贯穿《讲话》的最强音，也是《讲话》的逻辑起点，这是由文艺的时代使命担当所赋予的。"创作无愧于时代的优秀作品"，多出精品，繁荣文艺创作，满足人民群众精神文化需求，推动民族文艺的经典化，是习近平总书记《讲话》的基本精神和核心内容。

1. 如何理解精品？

习近平总书记在《讲话》中指出："推动文艺发展繁荣，最根本的是要创作出无愧于我们这个伟大民族、伟大时代的优秀作品。文艺工作者应该牢记，创作是自己的中心任务，作品是自己的立身之本，要静下心来、精益求精搞创作,把最好的精神食粮奉献给人民。必须把创作生产优秀作品作为文艺工作的中心环节,努力创作出更多传播当代中国价值观念、体现中华文化精神、反映中国人审美追求,思想性、艺术性、观赏性有机统一的优秀作品。"精品是一个时代的精神高标,它满足的是一个时代民众审美与哲理性的精神和情感需求,代表的是一个国家、一个民族文艺的最高水平,是一个民族能够在世界文艺舞台竞技的能力。对精品的塑造、培育和政策引导与消费时代大众文化的流行并不矛盾,它们共同构成一个国家健全的文化生态系统,共同形构一个国家的文化软实力和整体竞争力,它们的健康良好有序运行符合文化的发展规律。

何为精品?精品首先要有时代的温度和人的温情。所谓"文章合为时而著,歌诗合为事而作"(白居易语)。当今时代正处于中华民族伟大历史复兴的拐点时刻,伟大的时代召唤伟大的作品。时代要求艺术家要创作生产出无愧于我们这个伟大民族、伟大时代的优秀作品。习近平总书记指出:没有优秀作品,其他事情搞得再热闹、再花哨,那也只是表面文章,是不能真正深入人民精神世界的,是不能触及人的灵魂、引起人民思想共鸣的。优秀文艺作品反映着一个国家、一个民族的文化创造能力和创造想象水平。当今世界是开放的世界,艺术要在国际市场上竞争,没有竞争就没有生命力。习近平总书记曾提到在电影领域,经过市场竞争,国外影片并没有把我们的国产影片打垮,反而刺激了国产影片提高质量和水平,在市场竞争中发展起来了,具有了更强的竞争力。同样电影市场大了,数量和规模扩张了,但更要注重质量和效益,通过内涵式发展多出精品!文艺工作者要讲好中国故事、传播好中国声音、阐发中国精神、展现中国风貌,让外国民众通过欣赏中国作家艺术家的作品来深化对中国的认识、增进对中国的了解。

2. 如何多出精品?

如何出文艺精品、出文艺大师和文艺大家?其根本是要牢固树立以人民为中心的工作导向和创作导向,增强文艺创作主体的使命感。

首先,要在全社会营造理解文艺和尊重文化发展规律的氛围。

所谓文化发展规律是指:文化及其艺术表现形式的多样性和大众文化消费的多层次性,以及文艺既有门类(如文学、戏曲、音乐、美术、电影等)的分别,也有质的区分,不能笼统一概而论价值高低的特性。今天,"随着人民生活水平不断提高,人民对包括文艺作品在内的文化产品的质量、品位、风格的要求也更高了"。从消费的多层次性来看，诚如习近平总书记指出的：优秀作品并不拘于一格、不形于一态、不定于一尊，既要有阳春白雪，也要有下里巴人，既要顶天立地，也要铺天盖地。只要有正能量、有感染力，能够温润心灵、启迪心智，传得开、留得下，为人民群众所喜爱，这就是优秀作品。从创作主体的多元化来看更是如此，不能总是一个模子来创作，现实中不仅有大量国有文艺单位，还有民营文化工作室、民营文化经纪机构、网络文艺社群等新的文艺组织大量涌现，网络作家、签约作家、自由撰稿人、独立制片人、独立演员歌手、自由美术工作者等新的文艺群体（文化产业视野中的创意阶层）十分活跃，主体多元化必然带来创作及其表现形式的多样化，这样才能满足大众消费的多层次性。培育文艺精品就要从创作、生产和传播与消费都尊重文化的发展规律，通过长期积累、打磨慢慢养成，不可急功近利。其实，文艺可以通俗、可以流行，但不可过度商业化和娱乐化，更不可以粗鄙来迎合市场口味。那类无聊的戏说、无内涵的无厘头、自我复制的调侃是不会成为优秀作品的。人类文艺发展史表明，急功近利，竭泽而渔，粗制滥造，不仅是对文艺的伤害，也是对社会精神生活的伤害。因而，习近平总书记指出：低俗不是通俗，欲望不代表希望，单纯感官娱乐不等于精神快乐。

其次，对文艺创作（生产）主体来讲，其自身要力戒浮躁耐得住寂寞，心中要有定力。

精品之所以"精"，就在于其思想精深、艺术精湛、制作精良。"充实之谓美，充实而有光辉之谓大。"（《孟子·尽心下》）从历史上看，文艺巨制无不是厚积薄发的结晶，这已成为古今中外伟大艺术生成的一条铁律。其实，无论是创作还是做学问，都要耐得住寂寞、坐得住冷板凳，只有孜孜以求、精益求精，才能创作出好作品。因此，文艺工作者要志存高远，要有"望尽天涯路"的追求，耐得住"昨夜西风凋碧树"的清冷和"独上高楼"的寂寞，即便是"衣带渐宽"也"终不悔"，即便是"人憔悴"也心甘情愿，最后达到"众里寻他千百度"，"蓦然回首，那人却在，灯火阑珊处"的领悟。同时，文艺工作者还要自觉坚守艺术理想，不断提高自身的学养、涵养、修养，加强思想积累、知识储备、文化修养、艺术训练，努力做到"笼天地于形内，挫万物于笔端"（晋·陆机《文赋》）。除了要有好的专业素养之外，更要有高尚的人格修为，有"铁肩担道义"

的社会责任感。有这样淡然的心态、超越的境界追求，文艺精品才会不断涌现。

再次，在创作方法上要扎根人民、扎根生活，牢牢把握文艺创作的源头活水。

习近平总书记指出：能不能搞出优秀作品，最根本的决定在于是否能为人民抒写、为人民抒情、为人民抒怀。人类文艺发展史表明，唯有人民是文艺创作的源头活水。一旦离开人民，文艺就会变成无根的浮萍、无病的呻吟、无魂的躯壳。历史上任何一部伟大的作品，无不体现着人民性的情怀。创作出人民的文艺，最根本、最关键、最牢靠的办法就是扎根人民、扎根生活。只有走进生活深处，在人民中体悟生活本质、吃透生活底蕴，才能创造出深刻的情节和动人的形象，其作品才能激荡人心。也就是说，人民生活是一切文学艺术取之不尽、用之不竭的创作源泉，这已成为文艺发展的一条规律。

何谓文艺创作的源头活水？生生不息的中华文明传承、中国人民争取民族解放斗争和奋起抵抗外辱的历程、改革开放的伟大实践，这些人民的生活实践不仅是文艺创作的源头活水，也是中国精神得以形成和传扬的永恒滋养。具体地说，中华民族 5000 多年的文明进步，近代以来中国人民争取民族独立、人民解放的浴血斗争，中国共产党领导人民进行的革命、建设、改革的伟大历程，古老中国的深刻变化和 13 亿中国人民极为丰富的生产生活，都是当代民族文艺创作的土壤、素材和优秀文艺生长的环境，其中流淌着的就是以爱国主义为核心的中国精神，就是人民性的文艺精神。这种精神要求文艺工作者不仅要在创作上追求卓越，而且要在思想道德上追求卓越，要身体力行地践行社会主义核心价值观。文艺精品必然能反映出时代要求和人民心声。文艺只有植根现实生活、紧随时代潮流，才能发展繁荣；只有顺应人民意愿、反映人民关切，才能充满活力。只要中华民族一代接着一代追求真善美的道德境界，中国就永远健康向上、永远充满希望。

最后，创造文艺精品、铸就文艺高峰要不断创新。

创造文艺精品、铸就文艺高峰需要不断创新，只有把创新精神贯穿文艺创作生产全过程，才能增强文艺原创能力。因此，在文艺发展中要坚持百花齐放、百家争鸣的方针，发扬学术民主、艺术民主，营造积极健康、宽松和谐的氛围，提倡不同观点和学派充分讨论，提倡体裁、题材、形式、手段充分发展，推动观念、内容、风格、流派切磋互鉴。作家、诗人、艺术家要随着时代生活创新（对时代变化和艺术形式要有敏感性），以自己的艺术个性进行创新。唐代书法家李邕说："似我者俗，学我者死。"只有在艺术交流中不断克服盲目跟风、模仿、山寨之风，加强对文化创新创意的保护，才能推动文艺的创新。

当前阻碍艺术创新最大的问题就是艺术创作中的浮躁情绪，不仅文艺院团内部，整个社会都弥漫着浮躁的氛围。名利欲望主导下的社会价值取向如何使艺术创作者沉下来？从艺术生产的最基本规范来讲，作为文艺工作者要有最基本的艺术职业态度和操守，即使不追求艺术上的精益求精和卓越性，也要有一个基本的爱岗敬业的价值规范，艺术生产需要完善科学化的评价标准，文化产品应有基本的品格和品质，但这起码的一点都被当下急功近利的浮躁氛围淹没了。传统艺术的发展固然要适应新的消费者，但在传承中要坚持"移步不换形"的特点，唯此才能守住文艺的根和神韵。如果单纯为"获奖"而排戏是不会有生命力的，即便是艺术实验，其在理论预设中也要有市场受众的考量，其成果经过孵化要有经济效益。在根本点上，市场是最好的检验石，能获得大众普遍认可的作品才是人民真正需要的，只有被大众消费才能产生文化影响力，才有成为艺术精品的可能性。

二　精品不断涌现是一个时代文艺繁荣的标志

基于当下全球文化思潮相互激荡的现实，推动中华文化"走出去"必须有好的作品。事实上，只有文艺精品才能在全球文艺交流、竞争中形成"走出去"的"高标"。因此，习近平总书记在《讲话》中指出必须把创作生产优秀作品作为文艺工作的中心环节，努力创作生产更多传播当代中国价值观念、体现中华文化精神、反映中国人审美追求，思想性、艺术性、观赏性有机统一的优秀作品，形成"龙文百斛鼎，笔力可独扛"之势。《讲话》一再告诫我们：中华优秀传统文化是中华民族的精神命脉，是涵养社会主义核心价值观的重要源泉，也是我们在世界文化激荡中站稳脚跟的坚实根基。因此，精品之作一定要立足中华优秀传统文化，立足中华民族伟大历史复兴的探索进程，只有精品不断涌现才能增强民族的文化自觉和文化自信。在文艺发展中，如果"以洋为尊""以洋为美""唯洋是从"，把作品在国外获奖作为最高追求，跟在别人后面亦步亦趋、东施效颦，热衷于"去思想化""去价值化""去历史化""去中国化""去主流化"那一套，绝对是没有前途的！在全球化日益深入的今天，我们必须有文艺精品参与世界文明的互鉴，有为世界文明提升做贡献的能力，而不是单纯跟在后面"借光"，更不是依附于强势文化充当其"爬虫"。事实上，中华文化在历史上一直既坚守本根又不断与时俱进，从而使中华民族保持了坚定的民族自信和强大的修复能力，培育了共同的情感和价值、共同的理想和精神。其中依靠的正是文化经典的传承和创造——无数的文艺精品力作，可谓一代有一代的文艺。

就当前文艺发展现状而言，习近平总书记指出：我国文艺园地百花竞放、硕果累累，呈现出繁荣发展的生动景象。我国文艺创作生产活跃，内容形式丰富，风格手法多样，涌现了一大批人民喜爱的优秀作品，呈现出百花竞放、蓬勃发展的生动景象。正是这些丰富的文艺产品极大地满足了人民群众的精神文化消费需求，有效地缓解了文化市场的结构性矛盾，但文艺精品之作太少、文艺质量整体不够高，是当前文艺发展中的结构性矛盾的症结点。事实上，真正代表一个国家和民族参与世界文化交流和竞争的恰恰是精品，它不仅标志着一个民族所达到的文艺生产的时代高度，更表征着一个国家文艺经典化的程度，它以涌现诸多艺术大师和高峰之作为标志，是衡量一个国家文艺是否真正繁荣的尺度，由此这个民族才能比肩世界民族之林。正是在这个意义上，我们才会对那些有创造力的民族投以敬佩的目光。

文艺的发展繁荣不能闭门造车——历史和现实都表明，人类文明是由世界各国各民族共同创造的。习近平总书记指出：古希腊产生了对人类文明影响深远的神话、寓言、雕塑、建筑艺术，埃斯库罗斯、索福克勒斯、欧里庇得斯、阿里斯托芬的悲剧和喜剧是希腊艺术的经典之作。俄罗斯有普希金、果戈理、莱蒙托夫、屠格涅夫、陀思妥耶夫斯基、涅克拉索夫、车尔尼雪夫斯基、托尔斯泰、契诃夫、高尔基、肖洛霍夫、柴可夫斯基、里姆斯基·科萨科夫、拉赫玛尼诺夫、列宾等大师。法国有拉伯雷、拉·封丹、莫里哀、司汤达、巴尔扎克、雨果、大仲马、小仲马、莫泊桑、罗曼·罗兰、萨特、加缪、米勒、马奈、德加、塞尚、莫奈、罗丹、柏辽兹、比才、德彪西等大师。英国有乔叟、弥尔顿、拜伦、雪莱、济慈、狄更斯、哈代、萧伯纳、透纳等大师。德国有莱辛、歌德、席勒、海涅、巴赫、贝多芬、舒曼、瓦格纳、勃拉姆斯等大师。美国有霍桑、朗费罗、斯托夫人、惠特曼、马克·吐温、德莱赛、杰克·伦敦、海明威等大师。我最近访问了印度，印度人民也是具有非凡文艺创造活力的，公元前1000年前后就形成了《梨俱吠陀》《阿达婆吠陀》《娑摩吠陀》《夜柔吠陀》四种本集，法显、玄奘取经时，印度的诗歌、舞蹈、绘画、宗教建筑和雕塑就达到了很高的水平，泰戈尔更是产生了世界性的影响。我国就更多了，从老子、孔子、庄子、孟子、屈原、王羲之、李白、杜甫、苏轼、辛弃疾、关汉卿、曹雪芹，到"鲁郭茅巴老曹"（鲁迅、郭沫若、茅盾、巴金、老舍、曹禺），到聂耳、冼星海、梅兰芳、齐白石、徐悲鸿，从《诗经》、《楚辞》到汉赋、唐诗、宋词、元曲以及明清小说，从《格萨尔王传》《玛纳斯》到《江格尔》史诗，从五四时期新文化运动、新中国成立到改革开放的今天，产生了灿若星辰的文艺大师，留下了浩如烟海的文艺精品，不仅为中华民族提供了丰厚滋养，而且为世界文明贡献了华彩篇章。

社会主义文艺的繁荣发展，必须认真学习借鉴世界各国人民创造的优秀文艺。只有坚持洋为中用、开拓创新，做到中西合璧、融会贯通，文艺才能更好地发展起来。其实，自现代以来，我国文艺创作和世界文艺的交流互鉴就一直在进行着。白话文、芭蕾舞、管弦乐、油画、电影、话剧、现代小说、现代诗歌等都是借鉴国外又进行民族创造的成果。鲁迅等进步作家当年就大量翻译介绍国外进步文学作品。新中国成立后，我们学习借鉴苏联文艺，如普列汉诺夫的艺术理论、斯坦尼斯拉夫斯基的表演体系，苏联的芭蕾舞、电影等，苏联著名舞蹈家乌兰诺娃以及一些苏联著名演员、导演当年都来过中国访问。这种学习借鉴对新中国成立初期社会主义文艺发展起到了促进作用，为"十七年"文艺的繁荣奠定了基础。事实上，中华民族能够跻身世界民族之林不正是靠着这些优秀文艺作品吗？正是优秀文艺作品架起了沟通世界的桥梁，充当了心灵倾诉的大使。

一定意义上说，没有文化精品作为多元文化竞争中的"压舱石"就没有正确的价值导向，精品是一个国家、一个时代精神文化水平的集中反映，对精神产品生产具有重要的影响和示范作用。同时，作为一个国家文化软实力的基础，要培育能够欣赏文艺精品的大众，注重对文化产品品位的提高和大众鉴赏能力的引导，使文化发展规律、市场经济发展规律和"两个效益"统一于文化产品的质量，实现于文化的市场价值。正如习近平总书记所说，一部好的作品，应该是经得起人民评价、专家评价、市场检验的作品，应该是把社会效益放在首位，同时也应该是社会效益和经济效益相统一的作品。优秀的文艺作品，最好是既能在思想上、艺术上取得成功，又能在市场上受到欢迎。可以说，精品是意识形态性、文化性（新闻性、艺术性）和市场性的有机统一。市场经济条件下，对文化产品（产业）的意识形态性（导向性）、经济性（商业性、娱乐性）应统一于文化性（新闻性、艺术性）的实现（欣赏性）要有辩证理解：三者的统一程度影响到文化精品的生产、文化产业发展和文化的宏观管理（总量和结构的调控）。对此认知的深化有助于对文化和文化产业特殊性的深刻理解，有利于在实践中尊重文化的发展规律和遵循市场经济规律。三者相互辩证统一的一个重要变量是社会的参与度和对高雅艺术创造的保护程度，一定程度上社会担负着文艺发展中除了政府调节、市场调节外的道德调节功能，因此社会组织的发育度影响着一个国家的文化发展态势。

就现实性而言，在全球化文化竞争的舞台上，对文化精品的塑造、培育和政策引导与消费时代大众文化的流行并不矛盾，它们共同构成一个国家健全的文化生态系统，共同形构一个国家的文化软实力和整体竞争力，它们的健康良好有序运行符合文化的发展规律。

三　完善市场条件下对高雅艺术创作的保护机制

习近平总书记在《讲话》中指出，文艺不能在市场经济大潮中迷失方向，不能在为什么人的问题上发生偏差，否则文艺就没有生命力。对此，我们必须在一种深刻性上予以领会。

（一）文艺不能做市场的奴隶

不可否认，当下的文艺市场和文化产业发展，确实使一部分文艺工作者沦为市场的奴隶，从而滋生一种只问经济效益、不问社会效益的唯市场化乱象。一些文艺创作出现过度娱乐化倾向，在文艺创作中一味迎合某些受众的感官欲望需求，在扰乱视听中使大众眼花心乱，使"文以化人"迷失在欲望追逐中。对此，习近平总书记告诫我们：艺术不能做市场的奴隶，不要沾满了铜臭气，过度娱乐化和商业化。事实上，一些有名望的艺术家之所以取得斐然的成就，就是在思想上分得清艺术和娱乐之别。如著名戏曲艺术家裴艳玲曾拒绝与张国荣同台演出《霸王别姬》、老艺术家盖叫天断腿后依然坚持在舞台上表演，正是老艺术家们懂得艺术归艺术，娱乐归娱乐，心有敬畏，坚守戏比天大的艺术表演理念，才成就了他们的艺术声誉。可见，只有敬畏舞台，敬畏艺术，注重内心的修行，才能有艺术精品的生成。

市场经济条件下，文艺发展离不开市场，但不是依附于市场。当前，在市场经济不断完善和不断提高文化开放水平的语境下，需要正确理解文艺与市场的关系。文艺不能做市场的奴隶，但其价值的实现主要是通过消费者的市场购买，这在很大程度上离不开健全的现代文化市场，其实从艺术创作到艺术生产越来越是一个不断延伸和拓展的产业链，随着每一环节上专业化水平的提高，艺术产业的大发展才能托起文艺繁荣的高地，有了文艺的繁荣才能使消费者有更多文化消费的自主选择，这一切都离不开现代文化市场这一基本性前提。

（二）文艺不能与市场对立

现代市场条件下，文艺首先不能成为市场的"敌人"，事实上没有受众的作品很难成为好作品，只是当下的受众更多的是文化市场的消费者，市场接受度与积极反应已成为艺术价值生成的重要参照系！文艺的繁荣离不开文艺市场，市场需求对文艺创作有巨大的召唤和激发作用，在不断满足大众日常需求的同时，对文艺创作产生巨大的推动作用。现在越来越清楚，文艺市场是文艺繁荣的基础，也是其可持续发展的持久动力之一。当下，市场已成为评价文艺活动与作品的一个重要维度，甚至在很多时候成为一种主导性力量，市场的建构力量已介入文艺评价与文艺价值生成的全过程。因此，文艺不能与市场对立，完全忽视市场需求，而是既要坚守文艺的审美理想、保持文艺的独立价值，又要合理设置反映市场接受程度的发行量、收视率、点击率、票房收入等量化指标，既不能忽视和否定这些指标，又不能把这些指标绝对化，被市场牵着鼻子走。前提是建立健全现代文化市场体系，不能使市场成为一个被人为地扭曲的市场。要明白文艺不能做市场的奴隶，更不能做政治的附庸。文艺只有在独立自主的创作空间和自由想象力的飞翔中才能为中华民族的伟大复兴提供助跑的动力，进而在文艺经典的建构中张扬中华民族的审美个性和美学底蕴。

当下，文艺发展的环境、业态、格局深刻调整，创作、传播、消费深刻变化，新的文艺组织和文艺群体大量出现，引导、管理、服务的体制机制、手段方法亟须改革创新。文艺工作的对象、方式、手段、机制出现了许多新情况、新特点，文艺创作生产的格局、人民群众的审美要求发生了很大变化，文艺产品传播方式和群众接受欣赏习惯发生了很大变化。这些变化确实向执政党对文艺的领导提出了挑战。其实，不仅艺术创作要创新，文艺的组织方式和管理方式更要创新，尤其是引导文艺生产与消费的政策要创新。

（三）建构市场条件下对高雅艺术创作的保护机制

市场经济条件下，某些"思想精深、艺术精湛、制作精良"的文艺作品不一定马上就会受到消费者的热捧，有时甚至会遭受市场的冷遇，这是在任何国家都会遇到的一道难题，是文艺发展中的正常现象。问题是作为国家和政府或者社会来讲，要鼓励艺术创作对卓越性的追求，要有对艺术实验、艺术创新的激励，要保护艺术经典的传承和高雅艺术的创作，就必须完善市场条件下对高雅艺术的对位性保护机制，不断健全文艺生态。现实中，在艺术创作（包括经典传承）和市场的流行商品之间存在一个"隔离带"，市场作为交易（交换、传播）的平台，它本身有着趋利的动力机制，必须有一定数量的批量化生产来满足大众的需求，才能实现盈利的目标诉求。这就是说在艺术创作与市场上的流行文化之间存在一个"隔离带"，这个"隔离带"就是一个市场价值实现的"鸿沟"，也许很多艺术创作始终难以完成那断崖式的"惊险的一跳"，而永远留在彼岸，有的则可能合乎机缘地完成了"惊险的一跳"，实现了"华丽转身"成为流行的文化商品。无论是留在彼岸还是"华丽转身"，对一个国家和民族的文艺发展来讲都是至关重要的，它们共同托起了一个民族文艺发展的高度，但只有完成了那"惊险的一跳"，才能真正转化为文化生产力，为文化市场提供高质量的文艺商品。决定其成败的恰是中间的"隔离带"，这个"隔离带"是原有的文化事业单位无力担当，也做不好和低效率的，更是商业企业不愿做的（无利可图就没有动力和可持续性），因此，必须把这个"隔离带"建成艺术"保护区"，由社会合力通过完善相应机制来保护文艺生产力（培育大量的文化非营利组织），实际上保护的是一个民族的文化创造力，健全的是一个社会的文化生态。也就是说个性化（追求艺术风格）的高雅艺术创作（包括艺术经典的传承）并不直接面向市场，其创作的产品只有经过"保护区"的孵化和培育之后才能转化为市场上的商品，成为大众消费的对象。通过保护性机制就保护了艺术家对艺术卓越性的追求，就保护了民族艺术经典的传承，也保护了艺术实验及其多元化创新的冲动。这样看，一个国家文化实力的构成不仅有商业娱乐文化，更有艺术精品力作的提升引航，这样的保护性机制才能在文艺"高原"的基础上催生艺术"高峰"之作。只有从机制上理顺了艺术创作的个性化与文化产业的社会化之间的关系，才能使整个文艺生产朝着有利于精品生成的方向转化。鲁迅先生说，从血管里流出的都是血，从水管里淌出的都是水。无论血和水对文艺生态健康的机体都是必需的，但要有所区分，尤其要有"保护区"意识，不能笼统地一概而论。

完善对高雅艺术的保护机制旨在探索市场条件下如何出伟大艺术家和艺术精品。在文艺与市场关系中，如何使文艺创作的个性化追求与文化生产的社会化相协调，既保持文艺的艺术水准和卓越性的价值追求，又能生产出为大多数人所接受从而产生社会影响力的产品，就必须尊重文艺发展规律。从高雅艺术追求的小圈子到大众文化的市场消费的中间地带要有保护性隔离带，即建立市场经济条件下高雅艺术的对位性保护机制。通过建立"保护区"和对位性保护机制，维护高雅艺术创作的独立性、自主性不受市场侵蚀，在文艺生态健全中孵化和解放文化生产力。伟大的艺术当然承载普世价值或体现主流价值观的追求，但在文艺表现形式或者艺术表达上必然有其个性化张扬，从而在艺术价值追求上体现了最大程度的文化包容性。市场逻辑使文艺生产有可能沦为市场逐利的奴隶，为此要建立"保护区"机制，不能把什么都交给商业机构或企业进行市场化运作。因为在市场运作中，资本（投资人）、运营商（发行商、院线经理人）等拥有话语权，艺术家在其中的话语权很少，很难对一个产品的运作有自主权。在文艺与市场的平衡机制中，有竞争力的作品（包括有市场号召力的题材）可以直接交给市场进行商业运作和产业发展，塑造成文化产业的拳头产品；而那些创新性、实验性、另类价值追求的精英化创作，要通过"保护区"中的文化非营利组织进行艺术培育和商业孵化，在产品成熟有一定受众后再交给市场。这样，既杜绝商业机构的市场逐利行为对艺术个性化创作的伤害，又防止因没有市场效益使企业行为难以可持续而中断艺术生产力的培育！所谓"两个效益"的统一，不是空话和套话，而是要有现实保障机制来落实。个性化的高雅艺术创作不能直接在市场上进行社会化生产，正是对此规律和认知的肤浅理解或误读，使得文艺在当前即使处于文化发展最好的时期，也只有"高原"而没"高峰"。中间的"保护区"一手托着艺术创作的个性化追求，一手托着文艺生产的社会化及文化产业发展诉求，这是当前文艺生产要遵循的规律。它从根本上决定着一个国家和民族的艺术理想及其卓越性价值追求，也关乎一个国家和民族的文化生产力水平。在高雅艺术创作领域，它可以追求创新、实验、多元甚至另类等艺术价值，体现着越是民族的越是世界的追求，这是商业化的文化企业不愿也无力持续担当的；而在文化产业领域，商业性的大众娱乐文化追求的是大众化、平面化，为满足大众的消费需求它往往要稀释民族的或地域的特殊性，传播为社会普遍接受的大众价值观，这与艺术的卓越性追求遵循两种逻辑。本文提出在文艺与市场之间设置"隔离带""保护区"和完善保护机制，旨在通过文化制度创新——大量培育文化非营利组织，来保护全民族文化创造活力和文艺创新的动力。国际经验表明，中间的"隔离带"通常由文化非营利机构和公益性机构发挥调节功能，旨在健全良好的文化生态系统，既培育文化艺术的创造活力，又实现了文艺的自主性、独立性和民主化追求。因此，保障机制的完善需要厘清政府与市场和文艺的边界，维护文艺发展的独立性、公共性、自治性，以激发全民族的文化创造活力，从而夯实伟大艺术"高峰"之作生成的基础！

我们提出对市场条件下高雅艺术创作的对位性保护机制，是针对当前文化体制改革走在途中的现状进行的制度设计，旨在通过体制机制创新为伟大艺术高峰的出现奠定基础。从现实性来看，"隔离带""保护区"的形成确实需要打破现有政策的条条框框，这有赖于政府文艺管理部门与文艺创作者的积极互动与使命担当，在政策创新中激发文艺创作的活力，培育市场经济时代体现中国主流文艺作品的竞争力和高雅艺术对卓越性的追求。若此，习近平总书记在《讲话》中所深情召唤的文艺精品以及所期待的艺术"高峰"，也就指日可待了！

（原载《百家评论》2016 年第 1 期）

社会主义文艺精品本质论[*]

董希文

卡尔维诺在《为什么读经典》中曾给文学经典做过十四种解释，经典是那些你经常听人家说"我正在重读"而不是"我正在读"的书。"经典作品是一些产生某些特殊影响的书，它们要么本身以难忘的方式给我们的想象力打下印记，要么乔装成个人或集体的无意识隐藏在深层记忆中。""一部经典作品是一本每次重读都像初读那样带来发现的书。"[①] 总之，文学经典具有影响大、流传长、创新强、思想内容丰富而深刻的特征。就内在品质而言，文艺经典一定是文艺精品，否则，它不会有长久生命力，不能称为经典；而就外在诉求来说，文艺精品一定不会只活在当下，必定会成为文学史上的经典之作。就此而言，文艺精品应当是经典作品，具有蕴含丰富、创新性强、影响深远的特点。

任何时代都提倡创作文艺精品，社会主义时期更是呼唤文艺精品。"只要有正能量、有感染力，能够温润心灵、启迪心智，传得开、留得下，为人民群众所喜爱，这就是优秀作品。"[②] 优秀作品就是文艺精品。就本质而言，社会主义文艺精品具有传播正向能量、创作精益求精、思想性艺术性观赏性有机统一等突出特征。深入学习习近平关于文艺精品本质的论述，对于研究新时代文艺思想体系具有重要意义。

---

[*] 本文为国家社科基金项目"十八大以来党中央治国理政新理念新思想新战略研究专项工程：习近平治国理政新思想研究"（16ZZD001）阶段性成果。

①　［意］卡尔维诺：《为什么读经典》，黄灿然、李桂蜜译，译林出版社2006年版，第1—10页。

②　习近平：《在文艺工作座谈会上的讲话》，《人民日报》2015年10月15日第2版。

一　传播正向能量

习近平总书记指出，"我国作家艺术家应该成为时代风气的先觉者、先行者、先倡者，通过更多有筋骨、有道德、有温度的文艺作品，书写和记录人民的伟大实践、时代的进步要求，彰显信仰之美、崇高之美，弘扬中国精神、凝聚中国力量，鼓舞全国各族人民朝气蓬勃迈向未来"①。这是对社会主义时期文艺精品创作内容与主题提出的最基本要求。社会主义时期文艺精品必须坚持"为人民服务，为社会主义服务"的根本方向，旗帜鲜明地维护社会主义核心价值观，做到有筋骨、有道德、有温度，传播正能量。

第一，有筋骨。文艺作品要表现出崇高的理想信念和浩然正气，并用这种凛然正气感染大众，培养大众正确的世界观、人生观和价值观，挺起民族和国家脊梁。有筋骨的作品一般透露出昂扬向上的气概，最能鼓舞和激励人民；"风清骨峻，篇体光华"（刘勰：《文心雕龙·风骨》），有筋骨的作品一般具有刚健、豪放风格，最符合崇高是时代主旋律的社会主义文艺发展根本要求，最能"彰显信仰之美、崇高之美"，最能使人"警醒起来，感奋起来"，达到"以优秀的作品鼓舞人"的功效。毛泽东在《新民主主义论》中曾说："鲁迅的骨头是最硬的，他没有丝毫的奴颜和媚骨，这是殖民地半殖民地人民最可宝贵的性格。鲁迅是在文化战线上，代表全民族的大多数，向着敌人冲锋陷阵的最正确、最勇敢、最坚决、最忠实、最热忱的空前的民族英雄。鲁迅的方向，就是中华民族新文化的方向。"②鲁迅就是最有筋骨之人，其作品《为了忘却的纪念》《中国人失掉自信力了吗？》《药》等就具有这种品质。阎肃老人作词《红梅赞》，"红岩上红梅开，千里冰霜脚下踩，三九严寒何所惧，一片丹心向阳开"，也有这种力量。评书《杨家将》《岳飞传》，小说《沉重的翅膀》《乔厂长上任记》，电视剧《松花江上》《长沙保卫战》等各类文艺作品都起到了上述鼓舞人心的作用。有筋骨是社会主义时期文艺精品内在本质属性之一。

第二，有道德。"文之为德也大矣，与天地并生者何哉？"（刘勰：《文

---

① 习近平：《在文艺工作座谈会上的讲话》，《人民日报》2015年10月15日第2版。
② 《毛泽东选集》第2卷，人民出版社1991年版，第698页。

心雕龙·原道》）所谓有道德，是指文艺作品通过人物形象、情节和场景表现作者对社会人生的"善"意评价，展现高尚的价值追求，传达积极向上的人生理想、健康的生活情趣和道德观念，激发人们自觉追求真善美、远离假恶丑，树立正确的道德观念和人生理想。亦即作品要表露出作家对笔下社会生活的正确判断。一部文艺精品应该自觉选择道德标尺，并以此作为参照烛照，评价笔下生活，或放大或缩小其中蕴含的价值观念，潜移默化地影响大众，促使大众树立正确的道德观念，达到"经夫妇，成孝敬，厚人伦，美教化，移风俗"（《诗经·毛诗序》）的功能。社会主义时期文艺精品的道德诉求体现在两个方面。宏观方面就是弘扬社会主义核心价值观，包括国家层面的富强、民主、文明、和谐，社会层面的自由、平等、公正、法治，公民基本规范层面的爱国、敬业、诚信、友善。微观方面就是倡导积极健康的生活理念，维护和巩固和谐的人际关系，包括对追求自由美好爱情的褒扬，对朋友之间真挚友谊的维护，对恪守忠孝节义行为的赞叹，对履行尊老爱幼准则的肯定，以及对乡情、亲情的珍惜等。当然，也包括对上述两个层面负价值和倒行逆施行为的讽刺、批判和鞭挞，因为它能从反面告诉人们追求真善美的意义。"茅盾文学奖"获奖作品《平凡的世界》就很好地阐释了社会主义文艺精品的道德内涵，这里既有宏观社会层面的有关社会主义政治路线方面的斗争，也有微观生活层面对不同人生价值追求的书写。前者体现在田福堂、田福军兄弟的仕途升迁、官场沉浮；后者则通过少安、少平的爱情追求加以展示。其中阴差阳错、悲欢离合的故事中凝结着作家对新时期城乡社会问题的多重思考，并对各主要人物进行道德考量，使读者受到了深刻的人生理想教育。

第三，有温度。所谓有温度，是指文艺精品应该"贴近现实、贴近生活、贴近群众"，"接地气"地反映人民群众生活，表现人民日常生活中各种情愫，并用作品蕴含的热情和温度提升社会生活的温度，用作品特有的情感净化和抚慰读者的心灵，使读者的精神境界得到提升，使作品的潜在教化功能得以实现。即文艺精品要深入挖掘人性、人情成分，作品要展示浓厚的人文精神，具有深切的人文关怀。作品的温度产生于作家对生活的热爱，源于作家对人民的深情。作家唯有饱蘸情感去书写生活才能赢得人民的同情共感，才能产生共鸣。一部文艺精品，应该以其特有的温度温暖人心、关心人民。"朱门酒肉臭，路有冻死骨""安得广厦千万间，大庇天下寒士俱欢颜""横眉冷对千夫指，俯首甘为孺子牛"等无一不体现了这种温度，这就是对人民深深的爱。考量作品温度，对古代文艺作品来说，就是作品中蕴含的"人民性"成分及其表现；对当前文艺作品来说，就是其中贴近生活程度及其艺术表现状况。20 世纪 80 年代末，电视剧《渴望》轰动一时，曾创下万人空巷的收视神话，根本原因就在于其剧情贴近人民实际生活，用人间真情感动观众，有温度、暖人心。在一个玄幻、戏说、穿越盛行的时代，当前文艺创作尤其需要增加温度。

创作精品必须协调处理有筋骨、有道德、有温度三者之间的关系，力争做到三者有机统一。其中，有道德是前提，有温度是基础，有筋骨是最高要求。有道德决定作品价值指向，一部作品若颠倒黑白、是非不明或没有任何价值判断，有温度、有筋骨便成为奢谈。有温度决定作品与生活、大众的距离和关系，一部作品若不贴近生活、不关心大众、缺少人文关怀，便失去了接受可能。有筋骨决定作品思想高度和社会担当，一部作品若无精深思想，便如人失去脊梁，不能挺拔直立，更会失去社会影响。因此，在一部作品具体创作过程中仅有其一，而无其二，便不能成为精品；唯有三者水乳交融，才有可能完成精品创作。

二　创作精益求精

在坚持正确舆论导向的基础上，精品创作还需要在文本构成方面下大功夫，精心创作，精益求精。那么社会主义时期文艺精品"精"在何处？习近平总书记将其概括为三个方面，"精品之所以'精'，就在于其思想精深、艺术精湛、制作精良"[1]。可谓一语中的。习近平总书记这一认识是对经典马克思主义文艺理论的深化和发展。1859 年，恩格斯在致拉萨尔的信中就指出评论作品应该从美学与历史相统一的视角加以展开，并认为优秀的作品应该是精深内容与完美形式的有机结合。"您不无理由地认为德国戏剧具有的较大的思想深度和自觉的历史内容，同莎士比亚剧作的情节的生动性和丰富性的完美融合，大概只有在将来才能达到，而且也许根本不是由德国人来达到的。无论如何，我认为这种融合正是戏剧的未来。"[2] 20世纪 40 年代，毛泽东也指出，"我们的要求则是政治和艺术的统一，内容

---

① 习近平：《在文艺工作座谈会上的讲话》，《人民日报》2015 年 10 月 15 日第 2 版。
② 《马克思恩格斯选集》第 4 卷，人民出版社 2012 年版，第 440 页。

和形式的统一，革命的政治内容和尽可能完美的艺术形式的统一"①。习总书记则结合当前视觉文化转向特别是媒介技术发展实际，又指出文艺制作本身对于精品创作的重要性，"制作精良"应是创作精品的必要条件。三"精"理论是习总书记对经典马克思主义文艺精品理论的推进和发展。

第一，思想精深。所谓思想精深，是就作品创作内容而言，指作品具有较高思想性和深刻洞察力。思想精深体现在作品能够站在一定高度揭示社会发展的本质规律和真相，能够运用理想烛照生活，体现出对人生价值的积极追寻，作品不仅具有较高认识价值，同时具有较高教育价值。欣赏文艺作品，人们在获得一定历史知识的同时，还能受到思想启迪，领悟人生哲理。艺术家创作思想精深的作品不能脱离先进世界观的指导，还需要有一定的思想准备，当然最重要的是源于一定知识积累和对社会生活的深刻观察与思考。鲁迅在经历留学日本、弃医从文后，对中国现实进行了认真反思，创作了揭示"国民劣根性"——精神胜利法的《阿Q正传》，小说《药》对辛亥革命不彻底性的批判、《孔乙己》对封建科举制度的辛辣嘲讽也都基于对现实中国社会的深入思考。同样，茅盾的《子夜》深刻反映了旧中国半殖民地社会中民族资产阶级及其革命的局限性，陈忠实的《白鹿原》则通过家族恩怨展现了中国近代以来社会历史的复杂变迁，而莫言的《蛙》则揭示了新中国成立60年来农村计划生育中出现的矛盾、问题与危机。离开作家对社会生活的认真反思，上述深刻认识几无可能产生。思想精深基于对生活的严肃思考，当前文艺精品创作不够丰富与娱乐化、浅表化创作现状不无联系，要多出精品，必须改变娱乐至上的文艺生态。

第二，艺术精湛。所谓艺术精湛，是就作品艺术品位而言，作品应该具有较高艺术性和审美价值。艺术精湛体现在作品能够按照审美规律、运用审美方式或塑造栩栩如生的人物形象，或创造韵味无穷的意境，或构思蕴含哲理的审美意象，以此观照生活、把握世界、传达思想，并寄希望以审美理想烛照生活，使人们在感受形象、获得美感的同时，潜移默化地受到教育，思想境界得以提升。真正做到作品艺术精湛，需要艺术家积极吸收传统审美思想，注意借鉴当代西方审美理论，在融会贯通中将两者有机结合起来；同时注重艺术探索，将创新精神融会于创作实践过程中，反复

①《毛泽东选集》第3卷，人民出版社1991年版，第869—870页。

摸索，直至成功。京剧表演艺术大师梅兰芳借鉴古典传统审美思想，巧用意境"虚实相生"理论将眼神、手指、甩袖等程式化动作与其丰富的意指内容结合起来，精确地表现人物内心复杂矛盾与感受，表演可谓精湛。在《生死疲劳》中，莫言借鉴魔幻现实主义手法，以"西门闹"生死轮回进程揭示新中国成立以来风风雨雨斗争历程，视角独特，反思深刻，可谓艺术精湛。艺术精湛源于艺术家自身修养及艺术实践训练，对于当前文艺创作群体来说，提高艺术修养尤为重要。

第三，制作精良。所谓制作精良，是就文艺作品形式而言。制作精良意味着艺术家以严肃的态度、按照严格的艺术标准创作作品。制作精良包括两个方面：（1）在作品构思过程中，对作品内容如何起承转接、如何过渡与照应、如何详略得当、如何跌宕起伏都有仔细斟酌；在作品表达阶段，对作品整体布局反复思考，认真推敲其中每一个情节、每一个角色、每一句话、每一个词，并将其准确传达出来。总之，将作品精心打磨。（2）作品完成过程中的技术处理，包括作品纸张选择、封面设计、色彩处理，以及发行、传播渠道的选控、消费心理的调查与预测，等等。总之，做好作品宣传与流通。在当前消费语境中，后者已是作品创作不可缺少的一个环节。尤其是对于绘画雕塑摄影等造型艺术、音乐舞蹈小品等表演艺术而言，后期制作至关重要，甚至起着决定作用。就此而言，离开光与影的配合，就没有杨丽萍《两棵树》的成功；若无宣纸及工匠裱糊，就没有那些流芳青史的书法精品。

思想精深、艺术精湛和制作精良是创作艺术精品的必要条件，缺一不可。若有深刻思想，却无形象鲜明的艺术表达，那是思想说教，还不是艺术；同样，若有华丽的艺术形式，却无深刻的思想内容，那是华而不实的形式主义；只有精良制作，却无深刻内容及艺术表现，那是恶意炒作。只有精深的思想内容、精湛的艺术表现与精良的形式制作达到完美统一，才有文艺精品。

三 思想性、艺术性、观赏性有机统一

这是就文艺作品价值属性而言，文艺精品思想价值、艺术价值、观赏价值应该有机结合。习近平总书记《在文艺工作座谈会上的讲话》（以下简称《讲话》）中明确指出，要实现中华民族伟大复兴的中国梦，我们必

须"努力创作生产更多传播当代中国价值观念、体现中华文化精神、反映中国人审美追求，思想性、艺术性、观赏性有机统一的优秀作品"①，这是文艺的历史使命所在。

第一，"三性统一"属性提出过程。关于文艺作品的价值属性，马克思主义经典理论家多有分析。最早讨论这一问题的是恩格斯，他早在1859年写给拉萨尔的信中提道，"您看，我是从美学观点和史学观点，以非常高的亦即最高的标准来衡量您的作品的，而且我必须这样做才能提出一些反对意见"②。恩格斯认为文艺作品最主要的价值在于审美和认识。1942年，毛泽东指出文艺批评有两个标准：政治标准和艺术标准，最高要求是"革命的政治内容和尽可能完美的艺术形式的统一"。1979年，邓小平在第四次文代会祝词中强调，在迈向四个现代化征程中，文艺作品可以挖掘多种题材，采用多种表现手法，形式可以更为丰富多样，但"作品的思想成就和艺术成就，应当由人民来评定"③。即文艺作品的价值主要从思想成就和艺术成就两个方面进行判断。自此，文艺作品价值属性及评判标准基本确定为"思想性"和"艺术性"两个方面，并长期影响文艺批评活动。进入21世纪，文艺批评的"三性统一"标准提法得到中央领导层认可，并进入各类中央文件，成为党和政府文艺思想重要组成部分。而习近平总书记《讲话》中对"三性统一"标准的论述最深刻、最辩证，他不仅指出文艺精品应该做到三种属性的有机统一，而且强调在当前市场经济和文化市场大发展阶段，应当充分考虑文艺的观赏性以及由此带来的经济效益。这是对经典马克思主义文艺理论的发展。

第二，思想性、艺术性、观赏性之关系。习近平总书记强调指出："文艺不能当市场的奴隶，不要沾满了铜臭气。优秀的文艺作品，最好是既能在思想上、艺术上取得成功，又能在市场上受到欢迎。要坚守文艺的审美理想、保持文艺的独立价值，合理设置反映市场接受程度的发行量、收视率、点击率、票房收入等量化指标，既不能忽视和否定这些指标，又不能把这些指标绝对化，被市场牵着鼻子走。"④ 习总书记辩证地分析了"三性统一"标准的重要性，为当前精品文艺发展指明了方向。新中国成

---

① 习近平：《在文艺工作座谈会上的讲话》，《人民日报》2015年10月15日第2版。
② 《马克思恩格斯选集》第4卷，人民出版社2012年版，第443页。
③ 《邓小平文选》第2卷，人民出版社1994年版，第212页。
④ 习近平：《在文艺工作座谈会上的讲话》，《人民日报》2015年10月15日第2版。

立以来，受计划经济影响，判断文艺作品价值高低的标尺只有两个方面：思想成就和艺术成就。因为，在那个政治大于一切的年代，文艺不需要市场，只需按计划批量生产，由国家统配发行。直至"拨乱反正"后的20世纪80年代中期，这一状况并没得到真正改变。随着改革开放进一步深化，市场经济迅速发展，文化市场得到了进一步发展，书店、影院、出版社、影业公司、文化公司、签约作家大量涌现，文艺产品逐步推向市场。20世纪80年代末90年代初，在市场经济催生下，文艺作品的观赏性被提上日程，其作用被放大和凸显，"观赏性"及由此带来的经济效益成为评判作品价值的重要标准。进入21世纪，随着市场功能放大，文化产业快速发展，文艺商品属性日渐突出，而其特有的精神文化属性渐趋弱化，文艺沦为一般日用消费品。欲望写作、包装推销、快餐消费等迎合市场的做法占据上风，精品创作、精心阅读被挤出主流。在这一文化语境中，习总书记提出"三性统一"标准至关重要。

第三，"三性统一"属性的意义。文艺精品"三性统一"的思想精髓体现在以下方面：(1)品位至上。文艺精品要有较高品位，思想精深、艺术精湛，给人以真善美的熏陶，给人以心灵的慰藉，给人以人生的启迪，能够培养积极向上的理想信念。(2)重视作品的观赏性和市场价值。在一个市场经济时代，在文艺作品具有一般商品属性得以确认之后，观赏性便成为谈论文艺价值属性不能绕过的问题。作品只有被接受、欣赏，其蕴含的社会意义才能得以挖掘，其社会价值才能实现；相应地，才能获得可观的经济效益。当然，不能为了迎合大众趣味，创作媚俗之作，以获得市场占有率。习总书记讲得清楚，通俗不是低俗，欲望不代表希望，文艺活动更不能沾满铜臭气，沦为市场的奴隶。(3)"三性统一"是当前文艺精品必须具备的品格。消费时代的文艺精品不能仅仅满足于内容斟酌、形式锤炼，而且应该被大众所喜爱、接受，真正满足大众审美文化需要，并实现其自身流通价值。当然，这需要处理以下两个问题。一方面，作品创作不必刻意回避市场，仿佛与市场沾边，就会影响其成为精品的可能。事实上，在很多情况下创作精品过程早已与市场联姻。"文艺精品当然可以成为市场宠儿，这大多是思想情怀、艺术格调、独特匠心、市场意识、传播技能等的综合体。"① 另一方面，观赏性和占有市场并不是评判作品是否为

---

① 何龙：《文艺精品的度量衡》，《人民日报》2010年7月6日第24版。

精品的首要条件，被大众一时喜爱、占有当下市场的也许并不是精品，只有经过时间淘洗，精品品质才能得到认可。"艺术作品只有受到受众的喜爱，具有接受上的优势和强劲的市场号召力，才能成为精品"，但"既然是文艺精品，就不能只是拥有当下的市场，而一定是也要拥有未来的市场。只有当下的市场而没有未来的市场，是不可能成为文艺精品的"。① 社会主义文艺精品应该接地气、雅俗共赏，具有人们喜闻乐见的形式和较高艺术感染力。特别是在市场经济环境中，不能不重视作品的消费性及经济效益，应该在市场竞争中，锻造文艺精品。

　　综上所述，社会主义文艺精品应该思想精深、艺术精湛、制作精良，能够将思想性、艺术性和观赏性有机统一起来，具有较高教育价值和示范作用，能够引领时代风气之先。尽管习近平总书记主要是就社会主义文艺精品本质进行阐释，但其高屋建瓴的理论视野和精辟深入的观点剖析对所有文艺精品乃至整个文艺活动研究都有重要启发价值。习近平关于文艺精品本质的论述是对经典马克思主义文艺创作理论的推进和发展，是当代中国特色马克思主义文艺理论的新创见，对于繁荣和规范当前文艺创作与批评具有重要指导意义。

（原载《中国文学批评》2016 年第 4 期）

---

① 张晶：《文艺精品与市场》，《人民日报》2010 年 6 月 29 日第 24 版。

习近平文艺座谈会讲话的哲学思考

王　鞳

习近平总书记 2014 年 10 月 15 日在北京亲自主持且召开了文艺座谈会。2015 年 10 月 14 日几近一年全文公之于众。笔者作为一名文艺工作者，研读完总书记的讲话后，收获颇丰、感慨良多，令人拱手加额。其高屋建瓴的讲话，不为虚、只为实，深入生活、接地气，为我们文艺工作者指明了今后工作的方向。此声音令人发聩，震耳欲聋。全文共计 14000 余字，言简意赅，阐明了诸多文艺界当下的思想工作问题。有褒扬、有批评，有鼓励、有教诲，有指引、有鞭策……，其讲话是马克思主义文艺理论中国化的最新阐发，也是继 1942 年 5 月毛泽东同志延安文艺座谈会召开以后，我党又一次撼动文艺界的精神、思想工作的大会。研读后笔者有如下所感：

一　指明了文艺创作中艺术的社会效益
与经济效益的辩证关系

文艺创作中以社会效益，或者说以精神效益为主、为先，是社会主义文化建设中必须遵守的原则，也是坚守精神家园的重要意义所在。但是随着改革开放的浪潮，以经济建设为中心的确定，很多文艺工作者忽略了社会效益、精神价值的重要意义。一味的迎合市场，所谓的影视追求票房、收视率，著作注重码洋，创作了大量庸俗、低俗、媚俗甚至恶俗的文艺作品来进行大肆传播，以期得到所谓商业上、经济上的"成功"。完全把文艺的社会效益抛之脑后。例如：《香水有毒》《独自去偷欢》《王八蛋》等歌曲，虽然利用一些著名歌星的演唱，经济上得到了创收，但是其歌曲的内容，甚至歌手的演唱对听众并无任何身心上的审美愉悦，文化上的引领，精神上的启迪。完全是一种娱乐至死、哗众取宠的低俗、庸俗之作。再如电影方面，像《泰囧》《捉妖记》等作品，完全是胡编乱造，靠一些色情、搞怪、无厘头、歇斯底里等劣质手段来吸引观众的胃口，达到了票房上的赢利，但是艺术本体上的精神价值趋近于零。这次文艺座谈会上，总书记指出，"一部好的作品，应该是经得起人民评价、专家评价、市场检验的作品，应该是把社会效益放在首位，同时也应该是社会效益和经济效益相统一的作品"①。这其中有两层含义：第一，社会效益与经济效益之比，社会效益为先、为重。第二，让我们的文艺工作者要坚持辩证，也就是中华传统哲学中所讲"执其两端，而用其中"，要把握好"度"，要将社会效益与经济效益相统一。列宁也曾指出，"真理向前一步即为谬误"。我们的文艺工作者不能一味地追求经济效益，把市场列为第一位，丢掉且丧失艺术的本质属性——审美性，而艺术的审美性又是超功利的，去商品化、经济化的。

　　另外，总书记又在这一点上深刻指出，"在发展社会主义市场经济的条件下，许多文化产品要通过市场实现价值，当然不能完全不考虑经济效益。然而，同社会效益相比，经济效益是第二位的，当两个效益、两种价值发生矛盾时，经济效益要服从社会效益，市场价值要服从社会价值"②。这种针砭时弊，明确地让"市场服从于社会"的观点，从国家的层面与意义提出，这对文艺的发展方向是具有重大作用的。这也对很多以经济为创作原点，打政策、思想"擦边球"的文艺工作者给予了警示。这点也是马克思文艺理论的当下发展与新的阐释、发展、继承，马克思在所著的《剩余价值理论》篇中就曾深刻地指出"资本主义生产就同某些精神生产部门如艺术和诗歌相敌对"③。折射且表明了文艺的社会精神效益与经济效益的关系。可以说，习近平总书记的此次阐述更加具象化、当代化。习近平总书记的讲话全文中，依不同语境"精神"提及45次、"价值"提及32次、"思想"提及21次、"审美"提及9次、"美学"提及3次，而对"文化产业"未提及。这也从一个侧面反映出总书记对文艺的社会价值、精神价值力倡力荐。社会价值中的精神意义更是总书记文艺讲话的核心理念，他

---

① 习近平：《习近平同志 2014 年 10 月 15 日在北京召开的文艺座谈会讲话》，《人民日报》2015 年 10 月 14 日。

② 同上。

③ 《马克思恩格斯全集》第 26 卷第 1 册，人民出版社 1972 年版，第 296 页。

列举了古今中外的诸多文艺名家以及作品，列数这些作品的意义、目的，即是让我们明晓，中华文明、世界文明的流传都是这些具有较高精神价值、审美价值的文艺作品，这些文艺作品才是各个时代的风向标，对丰富人类的精神世界产生了重大的影响和意义。这些阐述的意义在于让我们对祖国的历史、文化有充分的文化自信，进而才能更具文化自觉。

二 再次重申且阐明了文艺的重要意义与价值

习总书记匡正了诸多文艺创作以经济为核心的错误路线，进一步重申了文艺的重要意义与价值。其强调了文艺"化人""修德"等作用。他指出，"古往今来，中华民族之所以在世界有地位、有影响，不是靠穷兵黩武，不是靠对外扩张，而是靠中华文化的强大感召力和吸引力"①。这就要求我们的文艺工作者重视文艺的重要意义，靠自己的创作以及优秀的文艺表演，传播且传承好中华民族的优秀文艺作品，一定要靠我们自身优秀的文艺作品内涵来影响我国的人民大众，甚至还要影响辐射其他国家和民族。弘扬中华民族的传统文化内蕴，作品应该深入汲取中华民族的审美基因，把世世代代令人称颂的高质量、经典文化通过新时代的手段传播出去，并且利用自己的文艺特长，创作、演绎出更多优秀的作品，以此发出掷地有声的中国声音、塑造好历史悠久的中国形象、传播出坚强不屈的中国精神。也正是达到"文化如水，润物无声"②，"文化化人，艺术养心，重在引领，贵在自觉"③ 的效果及意义，充分发挥且彰显文艺的正向价值与效果。

三 深刻解读了本土文化与外来文化的
各自内涵以及相互关系

习总书记透彻解读了中华民族传统文化的博大精深，这从其大量引用中国古代文论就可看出。而且第一次以领导人的高度向世界人民阐述了弘扬中国文化一定要褒扬中华美学精神。其精辟论析，深深抓住了文艺的本

---

① 《习近平同志 2014 年 10 月 15 日在北京召开的文艺座谈会讲话》，《人民日报》2015 年 10 月 14 日。

② 此言为文化部孙家正部长所讲。

③ 仲呈祥：《仲呈祥演讲录》，作家出版社 2013 年版，第 168 页。

质审美属性，这也是其在通晓文艺审美规律基础上提升出来的。我国的诸多文艺作品中的寓意也的确如此，例如：我国的"厚德载物""天人合一""中庸之道"等都有着极其深刻的哲学、美学思想蕴藏其中。因此，总书记指出，"中华优秀传统文化是中华民族的精神命脉，是涵养社会主义核心价值观的重要源泉，也是我们在世界文化激荡中站稳脚跟的坚实根基。增强文化自觉和文化自信，是坚定道路自信、理论自信、制度自信的题中应有之义"①。同时，他进一步驳斥了一味地崇洋媚外、全盘西化的错误思想，其指出，"如果'以洋为尊''以洋为美''唯洋是从'，把作品在国外获奖作为最高追求，跟在别人后面亦步亦趋、东施效颦，热衷于'去思想化''去价值化''去历史化''去中国化''去主流化'那一套，绝对是没有前途的"②。此话深刻、精辟。这就不免让我们审视当下，例如：一些导演为了将中国古典名著搬上荧幕，一味地对其进行"好莱坞式"的西化创作就是最悲哀的文艺创作。亵渎历史、消解经典意境、错失作品的审美意味等都是文艺工作者常常陷入的泥潭和深渊。此时的讲话正是悬崖勒马，及时到位之时。另外，总书记还辩证阐明了我国本土文化与他国、他民族外来文化的关系。"我们社会主义文艺要繁荣发展起来，必须认真学习借鉴世界各国人民创造的优秀文艺。只有坚持洋为中用、开拓创新，做到中西合璧、融会贯通，我国文艺才能更好发展繁荣起来。"③ 这点也是对毛泽东同志延安文艺座谈会精神的深化，更是对马克思文艺理论的延展。

四　诠释了文艺创作的人民性、时代性

关于文艺创作的人民性，毛泽东同志很早就有阐述。习总书记此次讲话的阐述更加具体、细致且具有时代性。在此问题上他提出了三点：第一，人民需要文艺；第二，文艺需要人民；第三，文艺要热爱人民。总书记深刻强调了一切文艺创作一定要围绕人民来进行，其核心强调了人民性。人民性源自马克思主义理论，"人民历来就是什么样的作者'够资格'

① 《习近平同志2014年10月15日在北京召开的文艺座谈会讲话》，《人民日报》2015年10月14日。
② 同上。
③ 同上。

和什么样的作者'不够资格'的唯一判断者"①。马克思、恩格斯在其合著的《神圣家族》一书中强调"历史活动是群众的事业，随着历史活动的深入，必将是群众队伍的扩大"②。人民性的核心观点的确立具有非同寻常的意义，它坚守了社会主义的中心原则，与资本主义所倡导的所谓"自由论""人性论""物质论"是相斥的。所谓"人民性"就是指要坚守文艺为人民服务，坚守文艺的精神价值、正向价值、审美价值。一心为公，而非只为他己。

"时代性"也可以理解为"历史性"，其也是马克思、恩格斯文艺批评的灵魂。恩格斯在文艺批评上曾指出要用历史的、美学的观点来进行。其时代性与历史性是一脉相承、异曲同工之意。总书记强调要创作无愧于时代的优秀作品。这里的寓意深刻，"时代性"就要求我们的文艺工作者的创作要深入生活、走进群众、用本时期本时代的笔触来讴歌人民，而不是天马行空、主观臆造，一味地脱离现实的无聊穿越。这也正是体现了马克思主义文艺理论最基本的观点之一——艺术源于生活，又影响且作用于生活。同时，具有时代性的优秀文艺作品是对国家意志的强化和助力。

五　文艺评论要坚守"激浊扬清，褒扬正义"的道德操守

文艺评论是文艺创作的反馈系统，是文艺作品优良拙劣的晴雨表。那么，作为我们的文艺评论者更要实事求是，是其所是、非其所非，坚守良性、客观、正义的评论立场对文艺作品进行评说。总书记指出，"文艺批评是文艺创作的一面镜子、一剂良药，是引导创作、多出精品、提高审美、引领风尚的重要力量"③。这就要求我们的评论者要有不虚美、不掩恶，激浊扬清，褒扬正义的评论勇气和精神。不能成为经济的反叛者，纵容"红包有多厚，评论就有多高"的怪象、丑态。要有与邪恶、反道德、反审美的低俗文艺现象相斗争的胆量。文艺评论的坚守精神是对一名评论者的重要考验。

---

① 《马克思恩格斯全集》第 1 卷上，人民出版社 1995 年版，第 195—196 页。
② 《马克思恩格斯全集》第 2 卷，人民出版社 1957 年版，第 104 页。
③ 《习近平同志 2014 年 10 月 15 日在北京召开的文艺座谈会讲话》，《人民日报》2015 年 10 月 14 日。

六 对文艺工作者自身的素养、学养、修养提出了高要求

总书记指出，"文艺对年轻人吸引力最大，影响也最大"①。文艺工作者在社会中有着极强的影响力、感召力，尤其是对青少年人群。例如：很多知名的歌星、影星，他们的一言一行、一举一动甚至影响且负载许多青少年的人生观、价值观。这就要求我们的文艺工作者要注意自己的言行，做到身先士卒，在自己业务不断提高的情况下，更要对自身的素养、学养、修养提出高标准。为此，总书记还指出，"文艺界知名人士很多，社会影响力不小，大家不仅要在文艺创作上追求卓越，而且要在思想道德修养上追求卓越，更应身体力行践行社会主义核心价值观，努力做到言为士则、行为世范"②。这一点也是尤为重要的，因为现在诸多演艺界的人士出名了，商业上成功了，经济富足了；但是对自身相关素养的要求反而降低了、松懈了。某某歌星的吸毒事件、不雅照片视频事件等等都是文化明星偶像对自身素质放松要求，甚至违反道德、法律，不注意公众形象、不洁身自好的结果。这也表明了文艺工作者具有非常强烈的引领作用。近代中国的全民文化偶像是"鲁郭茅巴老曹"③，而到了当下的今天变成了"赵小李"④。我们不得不承认，赵本山、小沈阳、李宇春在致力于全民娱乐上作出的贡献，但是从另一个层面上去思考，一个国家的文化偶像从"鲁郭茅巴老曹"这样的文化巨人，突然巨变到"赵小李"这样的娱乐明星，全民的精神文化偶像层次落差是何等之大。一个国家、民族的文化偶像、精神偶像的树立应该是文化巨人。文化巨人的艺术作品往往给人以精神上的启迪，思想上的净化，修养上的提升……大多是长久的、永恒的、经典的；而娱乐明星带给人的往往是感官生理刺激层面上的，大多是短暂的、转瞬即逝的。同时，总书记还指出，"广大文艺工作者要高扬社会主义核心价值观的旗帜，充分认识肩上的责任，把社会主义核心价值观生动活

---

① 《习近平同志2014年10月15日在北京召开的文艺座谈会讲话》，《人民日报》2015年10月14日。

② 同上。

③ "鲁郭茅巴老曹"是指六位文化名人——鲁迅、郭沫若、茅盾、巴金、老舍、曹禺。

④ "赵小李"是指三位演艺界名人——赵本山、小沈阳、李宇春。

泼、活灵活现地体现在文艺创作之中，用栩栩如生的作品形象告诉人们什么是应该肯定和赞扬的，什么是必须反对和否定的，做到春风化雨、润物无声"①。因此，我们的文艺工作者要谨记自己的历史使命、文化使命，自觉地传播传承优秀的、充满正能量的文艺作品，在广大人民群众中身先士卒、起到积极的引领作用，真正地为我国的文艺事业作出积极且应有的贡献。以自己高质量、有思想、有品位的文艺作品来引领、引导、影响人民，启迪人民大众的精神世界、精神蕴含，提高他们的审美品位，达到孔子所说的"移风易俗，莫善于乐"的文化治国效果，真正地做到文化如水、滋润万物、悄然无声的理想生态境界。

总之，习近平总书记的讲话，是马克思主义文艺理论中国化的最新继承与发展。讲话内容不仅彰显出其政治家高超的政治智慧与勇气，而且蕴含着丰富的学术营养与方法，对于匡正当前文艺界的诸多不良风气，有着重要的意义和价值，正骨正心。

[原载《当代音乐》2016 年 8 月号（上）]

---

① 《习近平同志 2014 年 10 月 15 日在北京召开的文艺座谈会讲话》，《人民日报》2015 年 10 月 14 日。

"中国梦"视域下新时代文艺理论研究[*]

陈　霞　刘海燕

党的十八大以来，以习近平同志为核心的党中央着眼世情、国情、党情的深刻变化，将实现中华民族伟大复兴的"中国梦"确立为自身的重要施政目标。"中国梦"的最终实现，需要依赖政治、经济、文化、社会、生态文明"五位一体"的建设。而这其中，文化建设作为关乎国民素养品位提升、关乎核心价值体系与核心价值观养成的基础工程，也就处在了极为重要和极为特殊的位置。因此，党的十八届三中全会通过的《中共中央关于全面深化改革若干重大问题的决定》拿出专门篇幅来讨论文化体制机制的创新问题，提出要从完善管理体制、健全文化市场体系、构建现代公共文化服务体系、提高文化开放水平等多方面着手，建设社会主义文化强国，增强国家的文化软实力。如果说文化体制机制的改革创新着重解决的是文化建设的外部环境问题，那么在优化外部环境的同时，加强内核建设就是一项同等重要，甚至更为根本的任务。所谓"内核建设"，归根结底，就是要回答"文化建设应该依靠什么样的人""文化建设必须走什么样的路""文化建设需要依托什么样的作品"这三个基础问题。2014年10月15日，习近平总书记在京主持召开文艺工作座谈会并发表重要讲话，着眼"文艺"这个文化大世界中的重要分领域，深刻阐述了新时期人民文艺工作的路线、方针、政策。总书记的重要讲话契合当前的时代、国情背景，具有深厚的思想理论渊源，对于我们做好当前和今后一个时期的人民文艺工作具有重要的指导作用。

---

* 基金项目：本文系首都大学生思想政治教育研究课题资助项目（编号 BJSZ2014ZC151）及北京语言大学院级科研项目（中央高校基本科研业务专项资金资助）（编号 15YJ130002）的研究成果。

一　讲话的提出背景

（一）文化对于国家综合实力的提升作用日益彰显

当前，国家综合实力的竞争，已经不仅是经济、科技、国防这种硬实力层面的对抗，还包括价值观、制度这种文化软实力层面的较量。文化软实力的提升，对国内国外都具有积极的作用。对内而言，文化作为一种精神性力量，是各民族和睦团结、共同奋斗的精神纽带，是国家认同感得以建立的情感基石，是增强政治共同体凝聚力、向心力的重要抓手。对外而言，优秀的文化往往更能为外部世界所接受，这一方面可以拉近自身与外部世界之间的距离，吸引更多的外部关注和外部资源，为本国发展提供更为宽松、更为有利的外部环境；另一方面，也可以使根植于本国文化的发展道路、思想理论、政治制度在国际竞争中获得更多的认同，在对外交流中产生更大的影响力。

（二）全球化背景下，国家间围绕文化输出而开展的产业竞争日趋激烈

英国学者汤姆林森指出："全球化处于现代文化的中心地位。"① 这句话，言简意赅地指出了在当今社会，全球化的辐射力已经由经济领域延伸到文化领域，世界各国、各民族的文化在相互碰撞与融合中共同走向世界。但是，从全球文化市场的发展状况来看，我国的文化输出仍处于逆差状态，文化产业的竞争力亟待增强。一系列事实和数据表明，我国在文化输出上仍处于明显的弱势地位，文艺创作的水平、文化产业的发展仍有较大的提升空间。

（三）全面深化改革时期和全媒体时代的社会思潮呈现出日趋复杂的面向

当前，我国正处在全面深化改革的关键时期，巨大的利益调整和不断拉大的贫富差距，容易在一些社会群体中造成较为严重的心理落差，从而影响他们看待个人境遇和各种社会问题的角度。与此同时，全媒体时代的

---

① ［英］约翰·汤姆林森：《全球化与文化》，郭英剑译，南京大学出版社 2002 年版，第 1 页。

到来，尤其是依托于移动互联网而蓬勃发展的各种社交网络平台的出现，使得公共话语权呈现出极度分散的状态；而互联网的串联作用与社会群体心理无理性的倾向结合在一起，容易给各种错误思潮的流行提供土壤。因此，意识形态和思想宣传工作所面临的这种复杂局面，迫切需要文艺、文化工作队伍积极作为，承担起正本清源的时代使命。

二　讲话的思想理论渊源

（一）马克思主义经典作家关于文化主体性的论述

马克思主义经典作家围绕文明与文化的问题展开了诸多论述，其中，对习近平影响较深的就是关于文化主体性的阐发。马克思认为，与日常的生产实践一样，文化的创造主体也是人类，它产生于人类改造自然的实践过程。在被人创造出来之后，文化的价值又在"为人所用"的过程中得以彰显、传承。由此，我们可以得出一个基本结论：人的主体性贯穿于文化的产生发展与作用发挥的全过程，在文化生成的进程中，人作为主体处于核心位置，自然作为客体处于从属位置，而劳动实践则是作为中介而存在的。习近平同志提出的文艺工作的人民导向和实践导向的观点，就与马克思主义经典作家的这条基本结论有着深厚的关联。

（二）毛泽东同志的文艺思想

毛泽东同志的文艺思想，集中体现在其1942年5月在延安文艺座谈会上的讲话中。在这次座谈会上，大家围绕文艺工作者的立场、态度、工作对象、学习等关系革命文艺发展的重要问题展开讨论；在发表总结讲话时，毛泽东针对"文艺为了群众"和"文艺如何为群众"两个核心论点进行了深刻的阐发。首先，毛泽东认为，文艺应该为谁服务的问题，早在列宁的论述中就已经被阐明；既然"现阶段的中国新文化，是无产阶级领导的人民大众的反帝反封建的文化"，那么这样的定性就决定了新文化中的新文学新艺术，自然也应该是无产阶级领导的真正地为了人民大众的东西。其次，毛泽东提出，为了更好地"为群众"，文艺既要努力于提高，更要努力于普及；要扎根于人民大众和社会生活，让作为观念形态的文艺作品真切体现人民生活，使人民生活成为文学艺术原料的矿藏，成为一切文学艺术的取之不尽、用之不竭的唯一的源泉。① 毛泽东同志的上述观点，与习近平同志对文艺问题的认识存在着诸多前后照应的联系，例如习近平同志围绕文艺创作导向的精辟论述，就与毛泽东同志关于"文艺为了群众"的观点一脉相承。

（三）中国传统文化中的优秀部分

文艺创作除了需要扎根于生活、扎根于实践，还需要对人类已有的文明成果加以吸收借鉴。这里面就包括两个基本问题，如何看待我国的传统文化和如何看待外来文化。作为有着悠久历史与璀璨文化的文明古国，习近平同志有关文艺的论述尤其注重从传统文化中汲取营养和力量。在 2013 年 11 月考察山东曲阜时，总书记就提出了"国无德不兴，人无德不立"的论断，认为一个国家、一个民族的强盛，总是以文化兴盛为支撑的，中华民族伟大复兴需要以中华文化发展繁荣为条件。因此在文艺座谈会上，当谈到"中国精神是社会主义文艺的灵魂"时，总书记强调"文艺创作不仅要有当代生活的底蕴，而且要有文化传统的血脉"②，这就是要求文艺工作者认真审视历史文化特别是先人传承下来的道德规范、价值观念，坚持古为今用、推陈出新，有鉴别地加以对待，有扬弃地予以继承，避免陷入"去历史化""去中国化"的误区，用中华优秀传统文化这个中华民族的精神命脉，来涵养社会主义核心价值观，来夯实我们在世界文化激荡中站稳脚跟的坚实根基。

三　讲话的主要内容

（一）党在文艺工作领域的基本方针

自 1943 年，毛泽东同志主持召开延安文艺座谈会以来，每一代党和国家领导人都极其重视党对文艺工作的领导，先后提出"二为"方向、"双百"方针等基本原则。在 2014 年 10 月 15 日文艺工作座谈会上，习近平继承与发展了毛泽东的文艺思想，提出了一系列加强和改进党对文艺工

---

① 中共中央文献研究室、中国延安干部学院：《延安时期党的重要领导人著作选编》上，中央文献出版社 2014 年版，第 204—210 页。

② 《习近平在文艺座谈会上的讲话首次公开发表》，凤凰网（http://news.ifeng.com/a/20151014/44928424_0.shtml，2016 - 03 - 31）。

作领导的方法和措施。习近平在讲话中要求各级党委把文艺工作纳入重要的议事日程，贯彻好党的文艺方针政策，把握文艺发展的正确方向。同时，他特别强调，文艺单位的党政领导在努力提高政治素质、巩固群众路线教育实践活动成果、转变作风的同时，要努力提高自己的文化修养、艺术修养。文化工作在实践中努力坚持正确导向，正确认识和处理新的历史条件下的文化和文艺的"双重属性""两个效益"的关系，围绕繁荣发展文艺事业的时代命题，深入推进艺术工作，推动文化产品评价体系、提高艺术创作水平。广大的文艺工作者坚持以弘扬社会主义核心价值观为己任，创作出一大批思想性、艺术性、观赏性俱佳，为人民群众喜闻乐见的优秀作品，为百花齐放作出应有的贡献。

（二）文艺领域的服务对象和创作源泉

在文艺工作座谈会中，习近平将"人民"作为"讲话"的核心，强调在艺术创作中，要根植于人民、根植于生活，为人民服务，为人民抒写，才能得到人民的真正认可。习近平指出，社会主义文艺，从本质上讲是人民的文艺，文艺要反映好人民心声，就要坚持为人民服务、为社会主义服务这个根本方向。讲话重申了文艺创作的人民取向，定位了文艺发展的坐标，并提出了艺术"真善美"的要求。他指出，艺术的最高境界就是让人心动，人们的灵魂经受洗礼，让人们发现自然的美、生活的美、心灵的美。这些论述，进一步继承和发扬了毛泽东在延安文艺座谈会上的讲话精神，同时又充满了改革开放背景下的时代精神，为新时期的文艺工作指明了方向。"二为"方针要落实到创作、表演、研究、传播各个环节，人民是文艺表现的主体，要把满足人民的精神文化需求作为文艺工作的出发点和落脚点，艺术家的创作要深入生活、深入基层、深入群众，了解现实，虚心地向人民学习、向生活学习，从人民的伟大实践和丰富多彩的生活中汲取营养，不断进行生活和艺术的积累，不断进行美的创造和美的发现。

（三）文艺作品的缺陷短板和目标方向

在社会主义文化的建设过程中，受多种社会思潮以及外来文化的冲击影响，我国的文艺发展呈现出复杂多元的面向。一方面，受社会主义市场经济大潮的影响，部分作品呈现出以经济效益为主导的倾向，以致淡化了为人民服务的宗旨，使艺术变成了为人民币服务的工具。另一方面，部分文艺工作者忽视人民群众的需要，生活在自己的"象牙塔"中"为艺术而艺术"。在这样的背景下，习近平总书记强调，文艺不能在市场经济大潮中迷失方向，不能在为什么人的问题上发生偏差，否则文艺就没有生命力。低俗不是通俗，欲望不代表希望，单纯感官娱乐不等于精神快乐。精品之所以"精"，就在于其思想精深、艺术精湛、制作精良。文艺工作者要志存高远，随着时代生活创新，以自己的艺术个性进行创新。要坚持百花齐放、百家争鸣的方针，发扬学术民主、艺术民主，营造积极健康、宽松和谐的氛围，提倡不同观点和学派充分讨论，提倡体裁、题材、形式、手段充分发展，推动观念、内容、风格、流派切磋互鉴。

四 讲话对于当前我国文艺工作和 文化建设的启示

（一）为文艺工作者指明了前进方向

德艺双馨的文艺名家是推动创作的基础性力量。习近平认为，"我国作家、艺术家应该成为时代风气的先觉者、先行者、先倡者，通过更多有筋骨、有道德、有温度的文艺作品，书写和记录人民的伟大实践、时代的进步要求，彰显信仰之美、崇高之美"①。目前，一些文艺工作者在名利面前放弃了做人的基本原则，迎合低级趣味的群体需求，以娱乐成为文艺作品的创作导向。面对这种情况，文艺工作者要自觉坚守艺术理想，加强思想积累、知识储备、文化修养和艺术训练，认真严肃地考虑作品的社会效果，讲品位、重艺德，要为历史存正气，为世人弘美德，努力以高尚的职业操守、良好的社会形象、文质兼美的优秀作品赢得人民喜爱和欢迎。

（二）为文艺创作提供了正确指向

改革开放以来，我国文艺创作迎来了新的春天，产生了大量脍炙人口的优秀作品。同时，也不能否认，在文艺创作方面，也存在着有数量缺质量、有"高原"缺"高峰"的现象，存在着抄袭模仿、千篇一律的问题，存在着机械化生产、快餐式消费的问题。人民的文艺创作方法，最根本、

---

① 习近平：《我国作家艺术家应该成为时代风气的先觉者、先行者、先倡者》，中国共产党新闻网（http://cpc.people.com.cn/n/2014/1016/c164113 - 25844953. html）。

最关键、最牢靠的办法是扎根人民、扎根生活，要把满足人民精神文化需求，作为文艺和文艺工作的出发点和落脚点，把人民作为文艺表现的主体，把人民作为文艺审美的鉴赏家和评判者，把为人民服务作为文艺工作者的天职。文艺工作者也只有志存高远，牢记创作是自己的中心任务，把作品作为自己的立身之本，才能真正做到不追风、不留俗，从而打造出精品力作，树立起艺术"高峰"。

（原载《学校党建与思想教育》总第 528 期）

毛泽东文艺思想研究

人民性:《在延安文艺座谈会上的讲话》之文化建构

郭世轩

1942 年 5 月 23 日,毛泽东在延安文艺工作者座谈会上发表了重要讲话。1943 年 10 月 19 日《解放日报》以《在延安文艺座谈会上的讲话》(以下简称《讲话》) 为题公开发表。从此,这篇讲话不仅掀起了解放区文学解放运动的序幕,而且波及全国,影响并制约着新中国的文艺政策,直接决定着新中国文艺的发展命脉和文学理论的兴衰走向。可以说,《讲话》是 20 世纪中国文学理论的经典文本,与 20 世纪中国文学创作的发展和文学理论的兴衰结下了不解之缘,体现出鲜明的共生性与互动性。不管人们如何评说,作为一个"历史的流传物"①,它在不同的历史时空都散发着难以遮蔽的理论光辉和不可忽视的历史影响。本文就人民性的生成历史、文化建构及其对 20 世纪后半叶以来中国文学理论的影响等问题进行深入探讨,以求教于方家。

一 人民性:《讲话》的价值诉求

《讲话》的价值诉求何在? 如果深入研读《讲话》文本,我们就会发现其核心可以归结为文艺应该"为什么人"和"如何为"两大问题。"为什么人"直接涉及文学的服务对象——应该为什么人服务的问题。文学服务于富人、权贵还是穷人、平民,这是一个值得思考的问题。它不仅直接关系到文学的基本性质和文艺工作者的世界观,而且还会涉及文学应该

---

① 〔德〕汉斯-格奥尔格·加达默尔:《真理与方法》,洪汉鼎译,上海译文出版社 1999 年版,第 173 页。

"写什么人"和"写给什么人看"的文学观。"如何为"则涉及作家以什么样的手段和途径来为其服务对象提供满意的阅读文本。结合当时严酷的抗日局势，我们不难发现这一问题的严峻性远非今天的读者接受效果和作品流通市场这么简单。在当时敌强我弱、生死存亡的语境下，争取最广大人民群众的支持是抗战胜利的必要前提。

若从文学生产与消费的视野来看，那就是文学生产与消费目的的确立与确证问题。作为文学生产主体的作家，为谁生产？为谁写作？其生产与消费的目的和对象如何？这些都应该是值得追问的大问题，古今中外的优秀作家必须作出正面回答。

即使在作家尚未独立产生的时代，这个问题依然存在。原始时代，人们面对难以把握的自然生存环境，以载歌载舞的群体舞蹈表达着对自然神或人格神的恐惧与期盼，以实现物质或精神的适度满足，减缓严酷的生存压力和死亡焦虑。此时文艺生产的主要功能是娱神，服务对象是不可捉摸的神灵，而娱人、自娱则是从属的、寄生的。进入阶级社会之后，文艺活动一直由精神贵族所掌控，其服务对象自然是特权阶层。德谟克利特说过，音乐产生于奢侈。[1] 孟子也说过："劳心者治人，劳力者治于人；治于人者食人，治人者食于人，天下之通义也。"[2] 由此可见，在物质极端匮乏的时代，物质生产与精神生产分离的前提，就是多数人创造的物质财富供少数人消费，从而使少数人专享或创造更多的精神财富。大凡参与文学创作的作家都是掌握文化特权或垄断文化财富的特殊人士，不论他是采诗的乐官、祭祀的巫师、失意的政客、落魄的贵族，还是天才作家、桂冠诗人、沙龙主持、御用文人、文坛翘楚，一旦进入主流社会并为国家意识形态所认可，都是统治阶级阵营中的参与者、同谋者与合作者。

可以说，在阶级社会，受剥削与受压迫的劳苦大众永远处于社会的边缘，是被侮辱与被损害的对象，同时因文化资源的稀缺而使自己成为文化的弱势群体和"沉默的大多数"，很少有文化人愿意成为他们名副其实的代言人。而他们所拥有的只能是自娱自乐的、下里巴人式的文娱活动，比如民歌、俚曲、舞蹈、杂耍等。这些来自民间的文艺形式一旦为失意受挫的文人所萃取，便自然成为疏离于自身乡土气息的珍贵玩物——逐渐变成

---

① 伍蠡甫：《西方文论选》上卷，上海译文出版社 1979 年版，第 6 页。
② 杨伯峻：《孟子译注》，中华书局 1960 年版，第 124 页。

了越做越难懂、"僵石"一般的、阳春白雪式的贵族文艺或高雅文艺。①

而毛泽东则站在历史与现实的制高点上，史无前例地提出了较为系统的远见卓识：建立为千千万万人民大众服务的无产阶级文艺。可以说，《讲话》精神就是文学的人民本位精神。这一思想为后来国家文艺政策的制定提供了重要的参照系统，至今仍有不可忽视的现实意义。

二　人民性：源于中国的历史与现实

《讲话》所提倡的文学人民性或人民本位精神并非毛泽东的突发奇想。"人们自己创造自己的历史，但是他们并不是随心所欲地创造，并不是在他们自己选定的条件下创造，而是在直接碰到的、既定的、从过去继承下来的条件下创造。"②《讲话》精神的形成充分体现了毛泽东文艺思想的渐进性和进步文艺理论家辛勤探索的结晶。③其生成过程远可上溯到中国古典文化传统，近可追寻到20世纪上半叶的中国文学现实。"天才不可能完全逃避传统。他必须在盛行的或者说现有的文化传统中发挥想象和语言表达的天赋；这一传统为他提供了文化资源的弹性极限。"④

中国古典文学传统虽然强调"言志""言情"，但占主导地位的却是"载道"。所载之"道"多为属于官方意识形态的儒家传统价值观。"发愤以抒情"（屈原）、"究天人之际，成一家之言"（司马迁）、"致君尧舜上，再使风俗淳"（杜甫）、"文章合为时而著，歌诗合为事而作"（白居易），传达的都是中国传统士大夫忧国忧民的情怀。其中的"忠君"思想则为家国同构的中国传统社会所决定。即使美学风格也不例外。沉郁顿挫的杜甫之所以成为彪炳千秋的"诗圣"，是因为他所代表的儒家积极入世情怀显然高于李白所代表的飘逸潇洒的道家精神和王维所代表的空灵虚静的禅宗精神。⑤

《讲话》则将传统文学的"道"转化成无产阶级文学的、人民本位的"工农兵"之"道"。这恰恰说明了深谙古典精髓的毛泽东对传统文化的

---

① 《鲁迅全集》第12卷，人民文学出版社1981年版，第339页。
② 《马克思恩格斯选集》第1卷，人民出版社1995年版，第585页。
③ 马龙生、李宗强、冯光：《党的文艺政策八十年》，《理论导刊》2001年第9期。
④ ［美］E. 希尔斯：《论传统》，傅铿、吕乐译，上海人民出版社1991年版，第208—209页。
⑤ 叶朗：《美学原理》，北京大学出版社2009年版，第374页。

继承与创新。事实上，具有"天才"品格的毛泽东不仅对古典文化精神进行创造性的转化，而且对同时代革命先驱者的文艺思想同样采取"为我所用"的兼容姿态。

五四以来，无产阶级进步文艺理论家对文学的服务对象、服务方式进行了不懈的探索。李大钊在《我的马克思主义观》等文章中表述了经济基础决定上层建筑、文艺起源于劳动等思想。针对"国语的文学，文学的国语"① 等文学革命主张，他认为新文学不是外在的新奇，而是内在的新奇，即为社会写实、博爱心为基础、为文学而创作，必须具备"宏深的思想、学理，坚信的主义，优美的文艺，博爱的精神"②。把马克思主义的革命内容与新文学的白话形式有机统一起来的用意具有现实主义文学的倾向。

针对为艺术而艺术的观点，邓中夏等分别撰文予以批驳。邓中夏认为文学能够让被压迫的劳苦大众具有革命的自觉、勇气和激情，其中声调抑扬、辞意生动、拨人心弦、发人情绪、励人兴趣、张人精神的诗歌又是最佳选择。③ 恽代英则认为："先有革命的感情，才会有革命文学的。""倘若你希望做一个革命文学家，你第一件事是要投身于革命事业，培养你的革命的感情。"④ 萧楚女则认为个人无法超越于时代与生活的局限，来源于生活的艺术只能表现一切，却不能创造一切。⑤

"左联"时期，中共相继开展三次规模较大的文艺大众化研讨与争鸣。冯雪峰认为，只有亲近社会、走与工农大众相结合之路，才能充分发挥自己的聪明才智，成为一个较新或全新的作家。⑥ 瞿秋白则从"用什么话写""写什么""为什么写""怎么写"和"要干什么"五个方面较为系统全面地论述了文艺大众化与新文艺为谁服务的关系问题；建设大众文艺就是为了创造为千千万万劳动者服务的新文艺，就是要在思想意识情绪和一般文化问题上武装无产阶级和劳动大众。⑦ 阳翰笙强调了与工农大众结合的紧迫性和重要性："我们最最重要的是要到大众中去，特别是要到无产阶级的队伍中去充实我们的战斗生活……应该面向大众……应该参加在大众的

---

① 王运熙：《中国文论选·现代卷》上册，江苏文艺出版社 1996 年版，第 35 页。
② 同上书，第 142 页。
③ 同上书，第 353 页。
④ 同上书，第 367—368 页。
⑤ 同上书，第 374 页。
⑥ 王运熙：《中国文论选·现代卷》中册，江苏文艺出版社 1996 年版，第 118—124 页。
⑦ 同上书，第 147—166 页。

斗争中去用批判的眼光去学习大众所需要的作品的内容与形式。"①

1938 年，中华全国文艺界抗敌协会首倡"三坚持"（抗战、团结与进步）方针，提出"文章下乡，文章入伍"，号召文艺家深入基层、奔赴前线和服务抗战，体现出党对文艺统一战线的充分领导。1941 年 7 月 17—19 日，《解放日报》发表周扬的署名文章《文学与生活漫谈》，明确指出解放区的农村到处充满了新鲜的生活和斗争的故事，值得进行艺术反映；号召作家"走出窑洞，到老百姓中间去跑一趟，去生活一下，是一定会有益处的"②。

此外，邓小平谆谆告诫晋冀鲁豫地区的文艺工作者，要为广大群众服务就必须了解群众的生活文化需求，只有接近群众才能提高群众。陈毅也号召广大文艺工作者要倍加珍惜创作既有的大好时机，同时要求党要特别以宽容和善意批评的态度去对待作家及其创作。

至此，文艺为什么人和如何为的问题已经充分地浮出水面，并得到相当充分的讨论。《讲话》的精神内涵已水到渠成。

三　人民性：文化建构与文化领导权

从毛泽东本人文艺思想的发展来看，《讲话》人民本位精神的形成也是很自然的。有人认为，毛泽东始终以一位普通文化人的身份介入和影响了当代中国文化建设事业，而不仅仅是作为党的领袖在发挥作用。③ 对此我们应加以甄别。毛泽东在早期的革命活动中主要以普通文化人的身份介入中国文化建设，而在即将掌握文化领导权之际，他则以党的领袖身份来重视文化建设的。

据史料记载，20 世纪 20 年代初，毛泽东所经营的文化公社的原则就是清除陈旧的思想，确保湖南人的思想进步以孕育出新的文化。④"识字倡学，扫除文盲，在很长一段时间都成为毛泽东文化工作的重心。夜校、识字班、补习学校、星期学校、半日学校、读报组、列宁室等成为革命时期

---

① 王运熙：《中国文论选·现代卷》中册，江苏文艺出版社 1996 年版，第 175 页。
② 王运熙：《中国文论选·现代卷》下册，江苏文艺出版社 1996 年版，第 146 页。
③ 陈晋：《毛泽东与文艺传统》，中央文献出版社 1992 年版，第 30 页。
④ 《毛泽东早期文稿》，湖南出版社 1990 年版，第 543 页。

行之有效的群众教育方式。"① 1929 年古田会议期间,他明确提出必须重视文艺形式的准确运用以适应教育士兵和发动群众的迫切需要。1936 年到达陕北后,他呼吁作家要发扬工农大众文艺,发扬民族革命战争的抗日文艺,要从"文的方面"说服那些不愿抗日者、宣传教育全民团结抗日。在此前后,他还特别强调要充分重视知识分子和文化领军人物在改造国民旧思想等方面的重要作用。"现在国民性惰,虚伪相崇,奴隶性成,思想狭隘",需要托尔斯泰式的文化巨人来冲刷国民思想中的陈迹以开发新境界。② 1937 年,在陕北公学鲁迅逝世周年纪念大会上,他给予鲁迅以崇高评价:"我们纪念鲁迅,就是要学习鲁迅的精神,把它带到全国各地的抗战队伍中去,使用为中华民族的解放而奋斗。"③ 在《中国共产党在民族革命中的地位》等系列文章中,他系统探索党的文艺政策,尤其明确了新民主主义文化就是无产阶级领导的人民大众的反帝反封建的文化,是人民大众的文化,是为全民族百分之九十以上的工农劳动大众服务的;强烈要求广大文艺工作者创造出新鲜活泼的、为中国老百姓所喜闻乐见的中国作风和中国气派以最大限度地满足人民的文化需求。可以说,《讲话》的人民本位精神是全党智慧的结晶和毛泽东思想的有机组成部分。

《讲话》之所以成为 20 世纪中国文学理论的经典,除了它空前的大众文化精神价值追求与文化转型之外④,还与毛泽东文化领导权的建构追求密切相关。尽管学界多从思想史、美学价值、文艺政策和艺术家的职责等方面进行探讨,但《讲话》文化领导权的建构追求尚未引起学界的重视。

文化领导权为葛兰西所首倡。他认为,马克思创立的实践哲学的基本特点主要体现为理论与实践的统一、历史的辩证法、自身的批判性。⑤ 他之所以强调哲学的批判性,恰恰是为了引导人民群众建立文化的批评意识和批评能力,强化人民群众进行新文化建设与传播的真正活力与凝聚力。无产阶级通过建立自己的文化阵地而逐步渗透、宣传和教育,使受教育的广大人民群众自觉接受自己的文化与生活方式,最终和平取得革命政权。

---

① 邓亦林、郭文亮:《价值重构与文化转型:毛泽东大众文化观探析》,《湘潭大学学报》(哲学社会科学版)2011 年第 6 期。

② 《毛泽东早期文稿》,湖南出版社 1990 年版,第 639 页。

③ 王运熙:《中国文论选·现代卷》下册,江苏文艺出版社 1996 年版,第 3 页。

④ 邓亦林、郭文亮:《价值重构与文化转型:毛泽东大众文化观探析》,《湘潭大学学报》(哲学社会科学版)2011 年第 6 期。

⑤ 马驰:《马克思主义美学传播史》,漓江出版社 2001 年版,第 259—261 页。

为此，他提出了"文化霸权"，又译为"文化领导权"，以减少霸气成分。① 无产阶级夺取政权的模式可分为用于经济落后国家的运动战与用于经济发达国家的阵地战两种。在市民发达的社会，国家与市民相互独立，主要运用阵地战。"政治艺术和科学也遵守同样的变化，只是在最先进的国家如此。"② 在市民社会，有机知识分子通过建立"需要把自己的根子扎在实实在在的人民文化的沃土之中"③ 的"民族—人民"新文学来掌握文化领导权。无产阶级要进行伟大的革命事业就必须占领文化的制高点，建立自己的文化阵地以取得文化的领导权。这种文学充分体现并代表本国人民的民族性，处处为人民着想，自觉承担起"民族教育者"的光荣使命，体验并与人民的感情融为一体，以期培育出人民的思想感情。④

相比较而言，毛泽东则创造性地在经济落后、半殖民地半封建社会的中国语境中，不仅采取有别于苏联的方式来夺取政治领导权，而且还通过建立新民主主义文化的方式来掌握文化领导权。如前所述，《讲话》的核心问题就是如何为工农兵服务。可以说，政治领导权通过"枪杆子"来建立，文化领导权则通过"笔杆子"来巩固。作为一代雄才大略的革命领袖，毛泽东将政治与文化、革命与文学、战争与和平、意识形态与审美情趣天才地"整合"起来，最终实现了无产阶级的文化领导权。

四　人民性：贡献与回响

若从当时救亡图存的语境考量，《讲话》人民本位精神的确立具有明确的政治合法性和历史合理性。凡是有利于人民团结、抗战胜利的都值得肯定。党对人民军队的绝对领导成为革命胜利的坚强保障，革命的主力就应该受到最大的尊重。有鉴于此，对待革命主力除了物质上的优先保障外，还应在精神文化上予以优先表彰。广大文艺工作者就应该无条件地为革命主力、为以工农兵为主体的人民大众服务，自觉进行"角色"转换，与他们打成一片，拜工农兵为师，进一步了解、热爱、学习、歌颂、表现他们，使自己从内到外都具有地道的工农兵"本色"。事实上，最终的问

---

① 陈燕谷：《Hegemony（霸权/领导权）》，《读书》1995 年第 2 期。

② ［意］葛兰西：《狱中札记》，曹雷雨等译，中国社会科学出版社 2000 年版，第 190 页。

③ ［意］葛兰西：《论文学》，吕同六译，人民文学出版社 1983 年版，第 17 页。

④ 同上书，第 47 页。

题都集中在歌颂农民上。因为在阶级力量的对比上，农民成为中国人口的绝大多数，而绝大多数的工人和士兵也来自"三农"。

《讲话》的精神实质与"五四"新文学的精神追求基本一致，由启蒙、教育民众发展到鼓舞、歌颂民众。《讲话》也由解放区暂时较为成功的文艺政策而成为新中国制定文艺政策的"原典"，人民本位精神对新中国成立后的中国文艺创作和理论探讨产生了不可忽视的影响。这种深远影响主要体现为知识分子话语与政治家话语的相互制衡与认同。而在具体的文艺实践中，知识分子话语逐渐式微与边缘化，而政治家话语却日趋强大与中心化。创作主题与表现主体也表现为一元与多元的徘徊。最终的表现主体只能聚焦于既定的工农兵。作家的任务就是只能歌颂而不能暴露。此时的作家就不再是真正意义上的创作主体。[1] 这样一来，最终形成的创作模式只能是"三结合"[2]。

粉碎"四人帮"后，文艺界迎来了真正的春天。邓小平高瞻远瞩，拨乱反正，提出实践是检验真理的唯一标准。《在第四次文艺工作者代表大会上的祝词》认为："党对文艺工作的领导，不是发号施令，不是要求文学艺术从属于临时的、具体的、直接的政治任务，而是根据文学艺术的特征和发展规律，帮助文艺工作者获得条件来不断繁荣文学艺术事业，提高文学艺术水平，创作出无愧于我们伟大人民、伟大时代的优秀的文学艺术作品和表演艺术成果。"[3] 后来，《人民日报》社论正式提出了"二为"口号，并认为这一提法更具科学性和时代意义。[4] 邓小平从创作实际和艺术规律出发，对文艺方针做了很大调整，将文艺为政治、工农兵服务改换成文艺为社会主义、人民服务。就弹性与包容性而言，《祝词》是对《讲话》精神与时俱进的发展。《讲话》的理论光芒穿透着 20 世纪以来的中国文学，并与 20 世纪中国文艺创作和理论发展具有鲜明的互动性与共生性，其精神范式必将继续指导和启发着 21 世纪的中国文学。

2014 年 10 月 15 日，习近平发表了对文艺工作的重要讲话，再次高举"人民性"的伟大旗帜，为 21 世纪的文学创作指明了新的方向。在不足 3000 字的报道中，仅"人民"就出现了 41 次。"人民"的高频出现，充

---

① 童庆炳：《文学理论教程》，高等教育出版社 2007 年版，第 117—120 页。
② 《党和国家领导人论文艺》，文化艺术出版社 1982 年版，第 114 页。
③ 《邓小平文选》第 2 卷，人民出版社 1994 年版，第 213 页。
④ 《文艺为人民服务，为社会主义服务》，《人民日报》1980 年 7 月 20 日。

分说明习总书记对 21 世纪文学本质的深度探讨和人民文学主体地位的高度强调。

事实上，"人民性"永远是衡量文艺健康发展的试金石。抗战时期，它是对抗战主力的呼唤，是对国家利益和人民利益的最大捍卫。20 世纪五六十年代，它是对社会主义建设主力军的歌颂与赞美。随着新时期改革开放和经济发展的趋新求异，"人民性"因过度泛化而成为边缘。真正的工农兵被边缘化，富商、大款、大腕成为文艺界的新宠。一切向钱看使为人民服务蜕变成为人民币服务，消费英雄取代了生产英雄，工农兵成为真正被遗忘的旧主人。因此，文学界呈现出"有数量而缺质量、有高原而缺高峰"的表面繁荣，这是铜臭气在文艺界作怪的结果。铜臭气使文学服务对象发生了潜在的转移：为官员、富商和有钱人服务，"人民"的外延与内涵都大为缩水。历史和现实都在证明着："大众文化"不等于人民性，"大众"不等于人民。"文艺不能沾满铜臭气""文艺不能在市场经济大潮中迷失方向"，"坚持以人民为中心的创作导向，创作更多无愧于时代的优秀作品"。① 这是习总书记对当前文艺现状的认真梳理和当头棒喝，既是对《讲话》的回应与继承，也是对现实问题的针砭与警醒。

实事求是、群众路线和独立自主是毛泽东思想活的灵魂，这是习近平总书记在纪念毛泽东同志诞辰 120 周年座谈会上的讲话中所提出的。事实证明，《讲话》就是当时从文艺创作实际出发、实事求是的成果，既是对五四以来无产阶级文艺思想实事求是的总结，也是群众路线在文艺思想上的充分体现。"不论过去、现在和将来，我们都要坚持一切从实际出发，理论联系实际，在实践中检验真理和发展真理。"② "坚持群众路线，就是要坚持人民是决定我们前途命运的根本力量。坚持人民主体地位，充分调动人民积极性，始终是我们党立于不败之地的强大根基。"③ 习近平《坚持和运用好毛泽东思想活的灵魂》这篇讲话就是对毛泽东思想的继承与发展，《在文艺工作座谈会上的讲话》则是对 72 年前《讲话》的积极回应与升华。

（原载《江西社会科学》2016 年第 1 期）

---

① 《习近平文艺座谈：文艺不能沾满铜臭气》（http://news.xinhuanet.com/politics/2014-10/15/c_1112840544.htm）。

② 《习近平谈治国理政》，外文出版社 2014 年版，第 25 页。

③ 同上书，第 27 页。

试论毛泽东文艺思想中的
第三"为"观念[*]

王宗峰

在毛泽东文艺思想中，文艺服务的对象问题至为关键，因为它表征着文艺的基本方向。基于此，在对毛泽东文艺思想的研究中，这一问题备受关注，被不断地"厚描"，而在对《在延安文艺座谈会上的讲话》（下文简称《讲话》）的各种纪念活动中，这一点也是被作为核心部分加以反复强调和传扬的，而对此的质询和考证却极为鲜见，尤其是规正性的见解至今未见，本文拟对此进行旨在归正的努力，希望能够抛砖引玉，见教于方家。

一 关于毛泽东文艺"二为"思想的知识考古

毛泽东在其被视为文艺理论经典文本的《讲话》中提出，革命的文艺应该为工农兵和城市小资产阶级劳动群众及知识分子这几种人服务，也就是为"最广大的人民"① 服务。这一提法通常被整理、简化为"文艺为工农兵服务"。而同样在《讲话》中，毛泽东又指出："文艺是从属于政治的"，"文艺服从于政治"②，这一说法被阐发并定格为"文艺为政治服务"。于是，文艺的服务对象问题便被整合为"文艺为工农兵服务，文艺为政治服务"，并被尊为当代中国文艺"二为"方针的缘起，曾一度作为

* 基金项目：国家社科基金青年项目"当代中国'革命集体记忆'书写史研究"（项目批准号：12CZW017）；安徽省 2014 年度高等教育振兴计划人才基金（皖教秘〔2014〕181 号）；安徽省人力资源和社会保障厅省学术和技术带头人及后备人选资助项目（项目批准号：2015H048）。

① 毛泽东：《在延安文艺座谈会上的讲话》，人民出版社 1975 年版，第 13 页。
② 同上书，第 27—28 页。

不可逾越的标准和圭臬规约着文艺活动的里里外外。

从《讲话》的文本可知，关于革命文艺服务的对象，毛泽东所指认的"最广大的人民大众"不仅仅指作为革命战争主力的"工农兵"，还包括作为革命同盟者的"城市小资产阶级劳动群众和知识分子"；而关于毛泽东文艺思想中"二为"的惯常说法却显然把这部分给遗漏了，并且这种惯常说法已成共识，也就是说，这一共识罔顾历史常识。何以如此？这是一个值得认真探究的论题，并非本文意旨；但本文以为此后几十年（下至20世纪80年代初）小资产阶级和知识分子逐渐被妖魔化（归罪）和边缘化的时代命运导致了这一奇怪现象。

《讲话》中，毛泽东并没有直接说"文艺为政治服务"；但是，这一推论倒是很简单：既然如上所述，"文艺是从属于政治的"，"文艺服从于政治"，话都说到这个份上了，"文艺为政治服务"就不是问题了，分明为题中应有之义。就语境而论，召开这次座谈会的目的非常明确，就是奠定文艺界整风的基础，指引文艺方向，将小资产阶级知识分子改造为无产阶级，以使文艺界这条"阵线"更有利于革命斗争，政治目的性非常明确而强烈。依据当年参加座谈会的胡乔木的回忆，毛泽东当年在座谈会会场上说得很风趣，"我们有两支军队，一支是朱总司令的，一支是鲁总司令的"，后来正式发表时，才改成了"手里拿枪的军队"和"文化的军队"这种语言。① 不论哪种表述，都毫不掩饰政治性和功利性，而是直截了当，也就在这篇讲话中，毛泽东公开张扬"我们是无产阶级的革命的功利主义者"，"革命文艺是整个革命事业的一部分，是齿轮和螺丝钉"。② 基于这种情形，从毛泽东文艺思想中推断出"文艺为政治服务"的说法就水到渠成，非如此不可地自然而然了。

众所周知，召开延安文艺座谈会时，中国共产党及其所领导的力量明显处于弱势，命运相当凶险，斗争异常艰难，依据经典马克思主义理论将无产阶级革命世界化的构想还只能是远景和奢望，就是说，尽管无产阶级政治理论上需要这种规划，但此时此地却无力谋求。基于这种现实情况，毛泽东在《讲话》中还是着眼于中华民族，他所说的"最广大的人民大

---

① 胡乔木：《回忆毛泽东在延安文艺座谈会上的讲话》，《中华魂》2006年第5期。
② 毛泽东：《在延安文艺座谈会上的讲话》，人民出版社1975年版，第27页。

众"就是指"中华民族的最大部分"①。应当指出的是，这里没有提倡，并非毛泽东没有无产阶级革命世界化的意识，实际上，他的这种意识是非常强烈的（下文将论及），只是世界化的无产阶级革命暂时潜隐了，只能伺机待发。因此，在《讲话》版的"二为"中，"服从于政治"的文艺也还无能为力于无产阶级世界革命之维，只待将来壮大了才能如愿，也就是本文将要论述的文艺第三"为"情况。

二 关于"三为"的推断

（一）周恩来的传达

1964年6月23日，周恩来在京剧现代戏观摩演出大会座谈会上曾这样说："（现代戏）具体的内容，就是为工农兵服务、为社会主义服务。还有第三句，就是主席最近讲的，还要为世界上最大多数人服务，加一个世界性。"② 这里对"世界性"的强调实质上就是将无产阶级革命世界化，这种做法顺应当时"反帝反修"的政治任务，因此，具有政治意义和"世界意义"。周恩来以转述的口吻传达道："主席最近说，在战略方面，我们总是要为最大多数的人，首先是工农兵，其他只要是受压迫的，包括民族资产阶级、爱国的知识分子在内，都要组织到反帝统一战线中来，加在一起就是百分之九十以上的人了。当然，最基本的群众还是工农兵。所以，为绝大多数人着想，那就有了世界意义了。"③ 根据周恩来转述的毛泽东的这种说法，阶级革命已经跨越国界，走向世界，关于"反帝统一战线"的建构鲜明而强烈。于是，按照毛泽东的指示，周恩来指出："为了为工农兵服务、为社会主义服务、为世界最大多数人民服务这三个目标，我们要把我们的东西拿出去给国际友人看。"④ 尽管是就京剧话题展开，却适用于各种文艺活动，甚至当时被统一于政治之下的方方面面的活动，这三个目标可以理解为文艺的"三为"，在惯常所认知的"二为"基础上又增添了"世界性"这一维度，即无产阶级文艺的第三"为"。

周恩来当时并没有指出毛泽东讲这些话的时间和地点，从现有的材料

① 毛泽东：《在延安文艺座谈会上的讲话》，人民出版社1975年版，第13页。
② 文化部文学艺术研究院编：《周恩来论文艺》，人民文学出版社1979年版，第198页。
③ 同上。
④ 同上书，第199页。

也没能查到这种确定的信息，但是从相关材料及信息推断出毛泽东应该说过这些话，而且有文艺"三为"的思想。

周恩来作为当时国务院总理这种二号人物的特殊身份及其与一号人物毛泽东的关系使其成为毛泽东思想、观念甚至具体话语的最直接也最具权威性的接受者和传达者，而作为毛泽东的亲密战友和忠诚伙伴，周恩来所传达的毛泽东思想和言论的真实性应该是可靠的，这是以身份及关系所传达的信息可资求证的。

作为毛泽东思想最直接、最权威的接受者和传达者的周恩来还在许多场合多次宣传过文艺第三"为"的观念，而且话里话外洋溢着毛泽东思想。1963 年 4 月 19 日，在全国文联三届全委会二次扩大会议上发言时，周恩来说："在世界范围，把亚洲、非洲、拉丁美洲的民族民主革命，西方国家的人民民主革命，都包括在革命阵营中。文艺工作者要把自己放在这样一个革命范围里，为我国社会主义革命服务，为世界革命服务。"① 此处"为世界革命服务"就道出了文艺的第三"为"功能，也就是无产阶级革命世界化的话语转述。同样在这次发言中，周恩来依据毛泽东的"六项政治标准"而对"革命的文艺工作者"提出"五项基本要求"，其中"树立远大理想"这一项要求文艺工作者"要有共产主义理想、世界革命理想"，这样才能创造伟大的艺术成就，并举例证，山水画《江山如此多娇》，之所以使人看了感到山河壮丽，祖国可爱，要在这个江山上树立红旗，走上共产主义，并且，在这个江山上支援世界革命，就是因为有毛主席的思想气魄作依据。② 这种"远大理想"和"世界革命"密切相连，文艺工作者"看到中国革命成功，还要想到支援世界革命成功"；"要在将来取得世界革命胜利，进而消灭国家，消灭政党"；"中国革命胜利，还必须支援世界革命的胜利"，等等。③ 在这篇面对文艺工作者的讲话中可以看出"世界革命"字眼频繁出现，其意旨已经比较明确了，就是依据毛泽东思想要求文艺工作者放眼世界，践行文艺第三"为"，"不仅要为国内的革命斗争服务，而且为世界革命斗争服务"④，"投身国际的阶级斗争"⑤；基于

---

① 文化部文学艺术研究院编：《周恩来论文艺》，人民文学出版社 1979 年版，第 149 页。
② 同上书，第 153 页。
③ 同上书，第 152—153 页。
④ 同上书，第 160 页。
⑤ 同上书，第 158 页。

此，"我们在国际阶级斗争中的责任，就是把世界两大历史潮流更加推向前进，使自己更加强大，团结马克思列宁主义的力量和世界革命的力量。团结占全世界人口百分之九十以上的人民，包括工人、农民、知识分子、爱国的资产阶级，甚至爱国的封建王公，对他们的进步斗争加以支持"①。既然"团结占全世界人口百分之九十以上的人民"是责任，那么，文艺工作者就大有必要"为世界最大多数人民服务"。

1963 年 8 月 16 日，在音乐舞蹈座谈会上，面对音乐舞蹈界的艺术工作者，周恩来又谈到艺术与世界革命的话题，鼓励他们"一定要把自己搞好，并且不断地援助世界革命"，艺术"要以六亿人民为出发点"，"其他也不排除"。② 这就是说，就艺术服务对象而论，六亿中国人民只是出发点，而"世界最大多数人民"才是目标。

（二）毛泽东的相关表述

如果说，从周恩来这个视角的查证说服力还不足够的话，那么，关于毛泽东本人的材料倒是可以证实毛泽东对文艺与世界革命之密切关系的确认甚至张扬。

大量的材料可以佐证毛泽东对无产阶级政治的世界维度的在意和重视，而这一维度往往是以国际主义的面目出现的，而在政治大一统体系笼罩下的文艺，当然作为"齿轮和螺丝钉"别无选择地跟着政治进行世界化。在毛泽东著名的"老三篇"（新中国成立后曾一度成为家喻户晓的经典名篇）之一《纪念白求恩》中，毛泽东传扬列宁主义路线："列宁主义认为：资本主义国家的无产阶级要拥护殖民地半殖民地人民的解放斗争，殖民地半殖民地的无产阶级要拥护资本主义国家的无产阶级的解放斗争，世界革命才能胜利。"③ 毛泽东引述列宁这种关于世界革命的言论是为使其对于国际主义的阐释及倡导更具合法性和权威性。毛泽东教导每一个中国共产党党员都要学习国际主义的精神，像白求恩同志那样践行这种列宁主义路线，"要和一切资本主义国家的无产阶级联合起来"，"解放我们的民族和人民，解放世界的民族和人民。这就是我们的国际主义，这就是我们

---

① 文化部文学艺术研究院编：《周恩来论文艺》，人民文学出版社 1979 年版，第 157 页。
② 同上书，第 181 页。
③ 《毛泽东选集》第 2 卷，人民出版社 1991 年版，第 659 页。

用以反对狭隘民族主义和狭隘爱国主义的国际主义"。①

在《关于正确处理人民内部矛盾的问题》中，毛泽东提出了辨别香花和毒草的六条政治标准，并强调指出，"这六条政治标准对于任何科学艺术的活动也都是适用的"。其中第六条便是"有利于社会主义的国际团结和全世界爱好和平人民的国际团结，而不是有损于这些团结"②，逻辑上可推知，文艺也要"有利于社会主义的国际团结和全世界爱好和平人民的国际团结"，这个世界维度的标准与文艺"为世界最大多数人民服务"的说法是相通并一致的。

在苏联最高苏维埃庆祝十月革命40周年会上，毛泽东强调了"国际主义和爱国主义相统一的原则"，并指出马克思九十多年前在国际工人协会成立宣言中关于国际工人阶级团结起来的指示，"对于我们永远不会过时"③。可见其对无产阶级国际主义的重视，而这种国际主义也当然是文艺的目标。

（三）其他佐证

对于毛泽东文艺思想中第三"为"的论证，其他相关的佐证材料非常丰富，例如从新中国成立后"十七年"间能够较为直接且较具权威性地传达毛泽东文艺思想的人物话语中就能钩沉出许多能够佐证文艺第三"为"的材料，郭沫若、茅盾、周扬都是值得这方面研究的人物，但鉴于本文篇幅所限，加之上文已从周恩来这位比他们更直接更具权威性的人物角度探究过，在此就不赘述了。倒是1962年《人民日报》社论《为最广大的人民群众服务》和李准、丁振海这两位深度亲历过毛泽东时代又在"后毛泽东时代"研究毛泽东文艺思想的成果《毛泽东文艺思想新论》值得作为佐证材料认真探析。

1962年，为纪念《讲话》发表20周年，《人民日报》发表社论《为最广大的人民群众服务》。对于被视为文艺理论圭臬和文艺活动法典的《讲话》而言，周年庆典是年年岁岁常有的事，相当于文艺界的"过大年"（喜庆）；可依据中国文化惯性，逢十大庆的事可就至关重要了。在这

---

① 《毛泽东选集》第2卷，人民出版社1991年版，第659页。
② 《毛泽东文集》第7卷，人民出版社1999年版，第234页。
③ 毛泽东：《在苏联最高苏维埃庆祝十月革命四十周年会议上的讲话》，《人民日报》1957年11月7日第1版。

样十年一遇的重大节日里，作为中国共产党的"喉舌"媒体的核心阵地的《人民日报》发表的这篇社论的分量非同小可，高层授意且严格把关是必不可少的，对于尤其酷爱文艺并对文艺动向情有独钟的毛泽东来说，这篇社论应该有其参与，甚至是深度介入。这篇社论被命名为《为最广大的人民群众服务》肯定大有名堂，《讲话》内容丰富，所涉宽泛，单挑出"服务对象"问题作题，足见中共高层尤其是毛泽东当时对此内容的特别重视，不仅仅是为了强调，关键是增添了新的元素，或者说把原先潜隐的东西晾晒出来，这就是"最广大"这个关键字眼所释放的信息，就是将世界人民也作为文艺服务对象了，文艺的第三"为"得以彰显。

这篇社论认为我国文艺工作者当时最根本的政治任务就是"团结全国人民建设先进的富强的社会主义祖国，团结全世界人民进行反对帝国主义、争取世界持久和平和人类解放的斗争"，为此，要"鼓舞世界人民反对帝国主义、反对殖民主义、争取民族解放和世界和平的斗争"。基于此，"我国文艺工作者还应当团结世界各国一切可以团结的文艺家，建立最广泛的统一战线"。依据社论，我国文艺要把培养共产主义新人、用高度的爱国主义和国际主义精神教育青年一代作为特别重要的使命，应该帮助青年们了解世界各国人民的斗争，使他们更深刻地认识全世界人民在斗争中的团结合作、相互支持的伟大意义。[①] 由此不难看出，该社论对文艺第三"为"的重视和青睐。这篇社论发表在中苏关系破灭之后，周恩来明确"三为"之前不久，苏联被中共判为修正主义，在毛泽东的视域中是没有资格领导世界人民解放运动的，那么谁来领导呢？显然只能是毛泽东和中国共产党了，这是当仁不让的历史使命。

之所以选择李准、丁振海二人的合著《毛泽东文艺思想新论》作为佐证材料，主要基于这样的考虑：二人均于1964年毕业于重点大学较为活跃而敏感的中文系，而且毕业后都曾供职于得风气之先且感知敏锐的党和国家的重量级宣传媒体（《光明日报》和《人民日报》），因此，对党和国家的文艺动向应该有能力并有渠道感知。而依据上文所述周恩来的转达，毛泽东表达文艺"三为"思想的时间，李准和丁振海应该都还在活跃而敏感的中文系接受教育（而不是如许多知识分子那样被劳动改造），时间上

---

① 《人民日报》社论：《为最广大的人民群众服务——纪念毛泽东同志〈在延安文艺座谈会上的讲话〉发表二十周年》，《人民日报》1962年5月23日第1版。

应该有机会感知领袖的文艺气息的。再者，二人是在痛定思痛的"后毛泽东时代"舆论相对宽松的情况下从事毛泽东思想研究的，故而，理应较为客观冷静、真实可靠。

《毛泽东文艺思想新论》如此评述毛泽东思想："无产阶级革命代表着人类历史的发展方向，只有解放全人类，才能最后解放无产阶级自己。从这种意义上说，无产阶级革命实践的需要也就是绝大多数人根本利益的需要，是人类历史不断向前发展的需要。无产阶级革命实践需要作为批判继承和借鉴的标准，是最符合绝大多数人的根本利益的，也是最科学的。"①这也就是经典的马克思主义思想，而依据马克思主义毛泽东思想，无产阶级文艺活动显然属于无产阶级革命，正如毛泽东在《讲话》中所说，"无产阶级的文学艺术是无产阶级整个革命事业的一部分"②。依据这种评述，"全人类""绝大多数人"作为革命预设的惠及对象都是牵涉世界范围的概念，远不止中国内部的工农兵。鉴于此，作为革命事业"齿轮"和"螺丝钉"的无产阶级文学艺术也理所当然地要服务于全人类中的绝大多数人了，这也就是无产阶级文艺的第三"为"。

《毛泽东文艺思想新论》还从革命文艺的无产阶级性质出发，推导出文艺应当为最广大的人民群众服务的结论，这也是毛泽东文艺思想的题中应有之义。依据毛泽东思想，既然革命文艺（即无产阶级文艺）必然为无产阶级和人民群众服务，而无产阶级又是人类历史上最先进最伟大的阶级，它没有任何的阶级私利，其目标是解放全人类，因此，革命文艺的服务对象就必然是全人类中需要解放的绝大多数人了，因此，无产阶级文艺第三"为"是必然的，合乎逻辑的。

三　无产阶级政治世界化

毛泽东文艺思想的文艺第三"为"，即文艺"为世界上最大多数人服务"，也就是文艺的"世界性"问题，实际上正是马克思主义毛泽东思想在文艺领域的演绎和实践。这种思想就是无产阶级革命的世界化。

依据马克思主义的经典性设计，无产阶级革命应该也必须是世界性

---

① 李准、丁振海：《毛泽东文艺思想新论》，文化艺术出版社1983年版，第181页。
② 毛泽东：《在延安文艺座谈会上的讲话》，人民出版社1975年版，第27页。

的，因为无产阶级革命的目标是解放全人类，因此，"全世界无产者联合起来"成为激励无产阶级革命的经典口号。坚定的马克思主义者毛泽东笃信此道，对马克思曾经力倡的关于各国工人阶级加强团结的宣言，毛泽东极力推崇，对九十几年前马克思的这个指示，他认为"永远不会过时"①。1957 年，毛泽东在参加苏联最高苏维埃庆祝十月革命 40 周年的盛会上曾高举马克思列宁主义的伟大旗帜，强调并呼吁世界人民的大团结，他说："从世界各国来的工人阶级和广大人民的代表今天在这里参加苏联最高苏维埃庆祝十月革命四十周年的盛会，这个事实本身就说明了世界人民力量的伟大团结，就象征了国际社会主义运动的兴旺发达。让我们继续努力增强社会主义各国的团结，增强全世界劳动人民和被压迫民族的团结，去迎接新的更伟大的胜利！伟大的十月社会主义革命万岁！以苏联为首的社会主义各国的团结和友谊万岁！马克思列宁主义的伟大的国际主义旗帜万岁！全世界无产者和爱好和平的人民联合起来！"② 如此激昂的话语展示了宏大书写的豪迈气势，世界一家的愿景因无产阶级革命的关联而富有质感，似乎触手可及。全世界劳动人民为何要团结起来呢？目标很明确：团结起来以革命的力量打碎万恶的旧世界，建设一个新世界，即建立新的秩序。在这个世界里，穷人翻身做主人。这就意味着，只要世界还有穷人，革命就将生生不息。在世界的划分标准上阶级政治更优胜于国别和地缘政治。基于这种思维，革命不仅仅是个别国族的事情，更是全世界的事情；只有世界革命成功了，无产阶级革命事业才算真正成功。而这一过程是漫长的，因此，就需要继续革命，不断革命，即使是中国的民族民主革命完成了，依然还有新中国成立后的社会主义革命（依然与无产阶级革命息息相通并延续其血脉）。这种无产阶级革命世界化的理念使毛泽东并不局限于自己国族的革命事业，而是由此出发，放眼世界。对苏联的深情厚谊（后来关系破裂）、对众多弱小国家的倾力相助（以人民的名义）、对世界人民的关切和热爱（即便是对美国、日本的人民，毛泽东都依然如此），等等，都可见出毛泽东对无产阶级革命（当然这种革命有时也可能以文化政治的方式进行）世界化的执着。

---

① 毛泽东：《在苏联最高苏维埃庆祝十月革命四十周年会议上的讲话》，《人民日报》1957 年 11 月 7 日第 1 版。

② 同上。

在这种无产阶级革命世界化的整体愿景中，革命文艺更是作为排头兵冲锋陷阵了。热衷于革命文艺的毛泽东有意让这支排头兵超越国族思维的狭隘阈限而走向世界，为世界人民服务就顺理成章了，革命文艺便要为"世界绝大多数人民服务"，即革命文艺的"世界性"之维便具有了合法性。

按照似成定论的共识，毛泽东在《讲话》中表达了"二为"观念，即被概括为"文艺为工农兵服务，文艺为政治服务"，没有第三"为"。其实，往纵深思考，便可以如此阐释：毛泽东在《讲话》中说过，"文艺是从属于政治的"，"文艺服从于政治"，而政治却是因时而化的变量，充满张力。这就是说，当形势需要"世界性"时，无产阶级政治自然会因时制宜地放眼世界。毛泽东何以如此？当时的形势使然。革命力量相对弱小，偏于一隅，面对的是内外强敌，根本无暇也无力放眼世界而关心世界人民；加上座谈会的低调形式更需要的是实实在在地面对现实解决问题，如此场合也的确不宜奢谈关于"全世界联合起来"解放全人类这种过于宏大的话题（而在此前纪念国际友人白求恩的高度庄严、正式的场合，毛泽东就慷慨激昂地涉及了放眼世界的超级话题）。也就是说，毛泽东审时度势，在《讲话》中并没有明确给文艺设定太多太重的任务，文艺的第三"为"被潜隐了。如此看来，关于文艺第三"为"，《讲话》应该是在"藏锋"，隐而未发，隐在"为政治服务"中，待机而发，并非无此暗迹。二十多年以后（即 1964 年 6 月 23 日），最为了解毛泽东的周恩来也就在京剧现代戏观摩演出大会座谈会上，既明确传达毛泽东的文艺第三"为"思想，又高度赞誉毛泽东的文艺思想，"在二十多年以前就是完整的一套，我们现在还在实践"，"虽然晚了一些，但还不算迟，正好配合我国国内阶级斗争、生产斗争、科学实验，配合国际上整个反帝反修的斗争，很是时候"[①]。这就是说，"二十多年以前就是完整的一套"的毛泽东文艺思想当然包含"世界性"（第三"为"），否则，如何在二十多年以后还能"配合国际上整个反帝反修的斗争"。"很是时候"，表明二十多年以前隐而未发、待机而发的文艺第三"为"在中苏关系解体后有力量、有机会登场履行无产阶级革命世界化的神圣使命。

---

① 文化部文学艺术研究院编：《周恩来论文艺》，人民文学出版社 1979 年版，第 198—199 页。

无产阶级革命世界化是马克思主义的一项宏大规划和高端设计，也是一种绚烂辉煌的愿景和预想，毛泽东文艺思想中的第三"为"实质上在践行着这个超级命题。

［原载《海南师范大学学报》（社会科学版）2016 年第 10 期］

革命文艺的服务对象与形式
选择的关系问题再认知[*]
—— 以《在延安文艺座谈会上的讲话》为依据

姜　岚

曾经困扰中国当代文学的一些问题，如文学的方向与道路问题，文学与政治的关系问题，文学与生活的关系问题，题材问题，人物形象塑造问题，创作方法问题，歌颂与暴露问题，人性、人情与人道主义问题，美学风格问题，文学批评问题，大多和自 20 世纪 20 年代起先后发生与兴起的"革命文学""无产阶级革命文学""左翼文学""延安文学"（"解放区文学"）有渊源关系，形式问题也不例外。形式问题可以理解为创作主体对感知到的生活内容及其精神蕴含加以艺术表现时，接受主体对其形式选择产生了制动性。这里的形式指向艺术形态的不同层面，可以是艺术类型，也可以是表现手段，还可以是语言风格。当代文学的形式问题追溯到它的直接源头——解放区文艺运动，形式就超越了文学范围，成为特定文化空间里不同艺术形式被一定的文化权力加以整合的有机体，它以文学为基础，也涵盖了其他的艺术体式，如戏剧、音乐和美术等。在以延安为中心的解放区，这些艺术的共同属性是从属于政治，因此它是政治意志对艺术的附体，作为五四新文化运动之后出现的新型文艺，它是革命政治文化的美学形态。正因此，以延安为策源地的解放区文艺，才被倡导者明确称作"革命文艺"。革命文艺区别于此前"革命文学""无产阶级革命文学""左翼文学"的，不仅在于其超越了单一的文学形式，囊括了戏剧、音乐、美术和各种民间文艺形式，更重要的是，它是由政党直接领导和支配的文

---

　* 基金项目：海南省哲学社会科学博士点建设专项课题"中国当代文学历史问题研究"［项目编号：HNSK（B）12-40]。

学，它的真正主体是政党意志，而非个别的作家和自然形成的作家群体。政党意志是特定政治团体强烈的历史使命感以及实现这一意识到的历史使命的坚强决心。革命文艺运动兴起于抗战时期，主导这一文艺运动的是在抗日民族统一战线中具有重要领导地位的中国共产党，而这一先进政党明确的政治目标是抗日，打败侵略者和压迫者，建立新中国。革命政党在领导这一伟大的革命斗争时，需要将文艺作为实现斗争目标的重要力量，自然就需要规定文艺的服务对象。服务对象确定了，必然要求选择与之相应的文艺形式。所以，革命文艺的形式选择是革命文艺的本质功能的逻辑展开，它意味着认识形式问题需要摆脱传统文学观念中的艺术本体论，而应着眼于文学的政治功利作用。关于这一点，从延安文艺座谈会的召开就可以得到全部的启示，革命文艺观念的形成及其实践的开始，就是以座谈会为标志的；而革命文艺的服务对象与形式选择的关系也在这个座谈会上得到明确的界定，它既是此前关于文学形式问题争议的总结，也是此后中国革命文学如何看待形式问题的指南。

1942年5月召开的延安文艺座谈会，是中国现代文学史上一次别开生面的文艺活动，但它的意义远远超出了文艺，更超出了文学。这一经过充分准备而严肃召开的文艺座谈会，既是文艺工作会议，也是政治工作会议，归根到底是具体的革命工作。它是革命政党为着革命斗争的需要而意图组织一支革命文艺队伍，创作革命文艺以动员群众拥护和参加革命斗争，同时利用这支被革命思想武装起来的文艺队伍，用文艺形式来批判旧世界，鼓吹新世界，以协助军事斗争取得抗战建国胜利的动员会议。这从毛泽东在这个座谈会上的讲话就可以看出来。毛泽东的讲话，开宗明义就陈述了革命文艺的性质、功能和它的任务："今天邀集大家来开座谈会，目的是要和大家交换意见，研究文艺工作和一般革命工作的关系，求得革命文艺的正确发展，求得革命文艺对其他革命工作的更好的协助，借以打倒我们民族的敌人，完成民族解放的任务。"① "在我们为中国人民解放的斗争中，有各种的战线，就中也可以说有文武两个战线，这就是文化战线和军事战线。我们要战胜敌人，首先要依靠手里拿枪的军队。但是仅仅有这种军队是不够的，我们还要有文化的军队，这是团结自己、战胜敌人必

---

① 《毛泽东选集》第3卷，人民出版社1991年版，第847页。

不可少的一支军队。"① 毛泽东说得很清楚，座谈会要研究的是革命文艺，而非一般的文艺，不仅区别于封建时代的旧文艺，也不同于由城市知识分子提倡的五四新文学。在革命斗争中，文艺工作就是革命工作，与其他革命工作一样，是实现革命目标不可缺少的一翼，因此可以称为"文化的军队"。《在延安文艺座谈会上的讲话》（以下简称《讲话》）的初版本把"拿枪的军队"和"文化的军队"戏称为"朱总司令的军队"和"鲁总司令的军队"②，那样更能活跃会场的气氛，让在场的文艺工作者感到亲切，在不知不觉中形成认同，达到讲话者的目的。用文武两个战线来打比方，似乎抬高了文化战线和文化的军队在革命斗争中的地位，但它恰恰表明了革命政党对文艺工作的重视，给文艺赋予了革命的属性，向文艺工作者提出了为革命斗争服务的要求。地位越高，意味着任务越重；任务越重，意味着他律性越强。文艺和文艺工作者被纳入革命斗争战线，也就意味着领导中国人民为抗战建国奋斗的政党和它的领袖取得了对革命文艺的绝对领导权和话语权，《讲话》就通过论断性和指令性的表述，在根据地完全建立起了政党和文艺工作者的新型的权力关系，座谈和讨论最终的目的就是要把解放区的文艺工作者统一到对革命文艺的性质、功能和任务的认识上来。革命文艺的基本属性偏重于政治而非艺术，其功能在于教育而非审美，它的任务就是团结同志、打击敌人。《讲话》对此表述得直接、明了而肯定："我们今天开会，就是要使文艺很好地成为整个革命机器的一个组成部分，作为团结人民、教育人民、打击敌人、消灭敌人的有力的武器，帮助人民同心同德地和敌人作斗争。"③ 这一文艺的本质论和功能观，建立在"人民"与"敌人"的二元对立关系之上，它的权威性和合法性来自人民本位的无产阶级革命伦理，它是对马列历史唯物主义的社会实践。这就决定了革命文艺的服务对象只能是人民，只有服务人民才是正确的和进步的，因为人民是多数，是创造历史的主体，人民革命就是为了推动历史的进步，代表了历史的前进方向。所以《讲话》要强调，"为什么人的问题，是一个根本的问题，原则的问题"④。可见革命文艺的话语生成机制

---

① 《毛泽东选集》第 3 卷，人民出版社 1991 年版，第 847 页。

② 参见金宏宇《〈在延安文艺座谈会上的讲话〉的版本与修改》，《中国现代文学研究丛刊》2005 年第 6 期。

③ 《毛泽东选集》第 3 卷，人民出版社 1991 年版，第 848 页。

④ 同上书，第 857 页。

与无产阶级革命的话语生成机制相同，不管有无阶级意识，只要是参加了无产阶级革命队伍的文艺工作者，在文艺工作为谁服务上，就不可能有别的选择。选择服务对象是个严重的问题，它是或我或敌的立场问题。按照毛泽东的观念，"谁是我们的敌人？谁是我们的朋友？这个问题是革命的首要问题"①。革命文艺工作者为谁服务，只能在敌我之间作出选择，而没有中间余地。

那么，谁是人民？《讲话》作了回答："最广大的人民，占全人口百分之九十以上的人民，是工人、农民、兵士和城市小资产阶级。"② 革命文艺就是为这样的人民大众服务的，具体说，"第一是为工人的，这是领导革命的阶级。第二是为农民的，他们是革命中最广大最坚决的同盟军。第三是为武装起来了的工人农民即八路军、新四军和其他人民武装队伍的，这是革命战争的主力。第四是为城市小资产阶级劳动群众和知识分子的，他们也是革命的同盟者，他们是能够长期地和我们合作的。这四种人，就是中华民族的最大部分，就是最广大的人民大众"③。毛泽东接受了马列主义的阶级论思想，用阶级的眼光来看待中国社会构成，对抗战时期的全体社会成员进行了层级划分，实际上也根据他们与革命的关系，或者说以对革命的重要性为标准，划分了等级。这也就是他提出"我们的文学艺术都是为人民大众的，首先是为工农兵的，为工农兵而创作，为工农兵所利用的"④ 依据。正因为人民大众内部各阶层在与革命的关系中是有等级之分的，所以，对于解放区现有的小资产阶级出身而又受过资产阶级教育的文艺工作者来说，一个重要的任务就是"一定要把立足点移过来……移到工农兵这方面来，移到无产阶级这方面来"⑤。毛泽东的文艺为人民大众的文艺观，是马列主义文艺思想的发扬，他在《讲话》里两次提到列宁关于无产阶级的观点，其中关于文艺的服务对象，他说到的是："列宁还在一九〇五年就已着重指出过，我们的文艺应当'为千千万万劳动人民服务'。"⑥ 然而，作为中国革命的领袖，人民本位是毛泽东终生信守的思想

---

① 《毛泽东选集》第 1 卷，人民出版社 1991 年版，第 3 页。
② 《毛泽东选集》第 3 卷，人民出版社 1991 年版，第 855 页。
③ 同上书，第 855—856 页。
④ 同上书，第 863 页。
⑤ 同上书，第 857 页。
⑥ 同上书，第 854 页。

立场，是这位职业革命家的人格认同，因之他的文艺为人民的思想，在抗战建国的目标实现之后，仍然持之以恒。新中国成立后，他一直对占领文艺舞台的不是人民而仍然是帝王将相、才子佳人感到不满，以致1963年、1964年两次就文艺工作作出"批示"①，全面否定了新中国的文艺工作。1960年代前期文艺界的现代戏创作与演出热潮，不能说不是他的人民文艺思想的实践，后来的"革命样板戏"就是在此基础上加工而成，按照他的文艺理想，创造了一批革命英雄形象，在艺术舞台上展现了劳动人民创造历史的图景。而戏剧这一艺术形式在1960年代中期到1970年代中期成为在8亿中国人里占绝对优势的文艺形态，也是文艺为人民的一个体现，因为戏剧最能适应人民大众的接受能力。

明确了革命文艺"为什么人服务"问题，接着的问题就是"如何去服务"。《讲话》将这两个问题都列为中心问题，理在其中。在"如何去服务"的问题里，就包含形式选择这一问题。文艺为工农兵服务，承担有教育群众的任务，要想取得好的教育效果，当然要选择容易为教育对象所接受的形式，这就是《讲话》要大谈普及的原因。"用什么东西向他们普及呢？用封建地主阶级所需要、所便于接受的东西吗？用资产阶级所需要、所便于接受的东西吗？用小资产阶级知识分子所需要、所便于接受的东西吗？都不行，只有用工农兵自己所需要、所便于接受的东西。"②革命文艺的性质决定了它为人民大众服务需要拒斥什么选择什么。首先在艺术样式上，民间艺术形式得到重视。"我们的文学专门家应该注意群众的墙报，注意军队和农村中的通讯文学。我们的戏剧专门家应该注意军队和农村中的小剧团。我们的音乐专门家应该注意群众的歌唱。我们的美术专门家应该注意群众的美术。"③《讲话》作了这样的提倡。在《讲话》发表后，以延安为中心的解放区特别是延安街头的文艺活动更加丰富多彩，其间民间

---

① 第一次是在1963年12月柯庆施关于曲艺问题汇报材料上，毛泽东提出"许多部门至今还是'死人'统治着"，所谓"帝王将相""才子佳人"和"洋人死人"，并追问道："许多共产党人热心提倡封建主义和资本主义的艺术，却不热心提倡社会主义的艺术，岂非咄咄怪事。"（毛泽东：《建国以来毛泽东文稿》第10册，中央文献出版社1996年版，第437页）第二次是1964年6月，毛泽东在中宣部《关于全国文联和各协会整风运动的报告》的批示中，严厉谴责文联和所属各协会是"跌到了修正主义的边缘"（《建国以来毛泽东文稿》第11册，中央文献出版社1996年版，第91页），对文艺界作出了全面否定。

② 《毛泽东选集》第3卷，人民出版社1991年版，第859页。

③ 同上书，第863—864页。

艺术样式尽得风流。当然民间艺术样式的利用还是根据革命的内容做了改造，本着"需要"和"便于接受"的原则，解放区的文艺工作者力求整合多方面的艺术资源来创造革命文艺的新形式，而新形式的创造注重的是表现方式和语言上的民族风格。毛泽东 1938 年 10 月在共产党第六届中央委员会第六次全体会议上的报告《中国共产党在民族战争中的地位》在论及党员必须学习革命理论时，提出了"民族化"问题，也就是"马克思主义必须和我国的具体特点相结合并通过一定的民族形式才能实现"①，应该把"国际主义的内容和民族形式"② 结合起来，形成一种"新鲜活泼的、为中国老百姓所喜闻乐见的中国作风和中国气派"③。虽然这里谈论的是马克思主义的中国化问题，但也对文艺的民族形式作了解释，"老百姓所喜闻乐见的中国作风和中国气派"，是"革命文学形式探索的最高标准"④，解放区文艺以此为指南，锐意于民族形式的创造，给革命文艺带来了可观的实绩。仅从文学看，就有赵树理的新评书体小说，以《吕梁英雄传》（马峰、西戎）为代表的章回体小说，以《新儿女英雄传》（袁静、孔厥）为代表的新英雄传奇小说，李季的《王贵与李香香》、田间的《赶车传》、阮章竞的《漳河水》等民歌体诗歌也传颂一时。评书体小说是以赵树理的创作为代表的一种改造旧话本、拟话本小说，同时糅入一些民间说唱艺术的表现方式，在一定程度上也借鉴了现代小说某些表现特点的小说样式，做到了现代小说同本土文化及民族形式相结合，曾被人们誉为当时解放区文艺的新形式的典型，"标志了向大众化的前进一步"，是对民族形式的创新，被高度推崇为代表着文学发展的"赵树理的创作方向"⑤。在晋察冀边区的诗人学习民歌体，写人民大众争取新生活的斗争，农民传统的审美习惯很快得到认同，民歌体遂被视为诗歌创作必须的方向。由于它促进了新诗的大众化与民族化，符合革命文艺领导者的预期，因此直到 1958 年毛泽东在谈新诗的出路时还认定为新诗应该走民歌加古典的道路，说明选择的还是民间艺术与民族形式。

---

① 《毛泽东选集》第 2 卷，人民出版社 1991 年版，第 534 页。

② 同上。

③ 同上。

④ 张黎：《"民族形式"：1939—1942 中国文学"现代性"方案的新想象》，《中南大学学报》（社会科学版）2011 年第 5 期。

⑤ 陈荒煤：《向赵树理方向迈进》，《人民日报》1947 年 8 月 10 日。

关于文艺创造的民族形式问题，左翼文学界在 1942 年之前就有过纠结。在 1938 年 10 月毛泽东提出应该把"国际主义的内容和民族形式"结合起来，形成一种"新鲜活泼的、为中国老百姓所喜闻乐见的中国作风和中国气派"之后，在 1939—1942 年，左翼文艺界开展了一场关于"民族形式"的大讨论。这场讨论被视为"抗战以来在文艺上曾经引起最广大最长久的论争"①。文艺的形式成为抗战文艺的大问题，还是由文艺的服务对象所决定，它不只是个文艺问题，里边也隐含着文化政治，事关革命政党文艺领导权的建构。抗战催生了抗战文艺，抗战文艺的兴起标志着中国文学由城市向乡村（主要是抗日根据地）和部队的一次转移。1938 年 3 月，中华全国文艺界抗敌协会自成立开始，便提出"文章下乡，文章入伍"的口号，号召全国文艺工作者到农村去，用文艺来鼓动起广大群众的抗日热情，使文艺发挥出它特有的战斗作用。文章下乡、入伍，它的服务对象就不同于五四新文学的知识分子、小知识分子、青年学生和市民，而是文化程度不高甚至是不识字的工农兵大众。他们所熟悉的是流行于民间的富有民族特色的旧的文艺形式。因此，民族形式的讨论也可以说缘起于如何利用"旧形式"以创造为大众服务的新文艺，文艺的形式问题乃由抗战动员提出，就如当时的讨论者所说："中国是个半殖民地半封建的国家，因为中国社会发展的特殊，封建社会长期地停滞，中国广大的民众在生活与意识上都非常落后，民众教育根本谈不上，工农绝大多数都是一字不识的文盲……因此要拿文艺的武器来动员，组织他们参加抗战，把抗战的内容装进他们所熟悉的旧形式里面，容易为他们所了解所接受。"② 但民族形式讨论的意义还不只如此，从讨论的结果来看，"民族形式"是对"旧形式"的改造、利用，也是升华；"民族形式"的论争过程，就是左翼文学的建构过程，通过这样的建构，"左翼文学"通向了"革命文艺"。实际上，延安文艺座谈会为这场论争做了结论，而论争构成了座谈会的前史。国共第二次合作，抗日统一战线形成，改变了中国共产党的政治地位，赋予了这个政党新的历史使命，抗日根据地的建设和军事力量的扩大使得它离民族解放和人民解放的目标越来越近，在军事斗争的同时，文化建设的任务也愈加迫切，而文艺是动员群众和取得政治话语权的最有效的方式，革命

---

① 唯明：《抗战四年来的文艺理论》，《文艺月刊》1941 年第 7 期。
② 魏伯：《论民族形式与大众化》，《西线文艺》1939 年第 1 卷第 3 期。

政党不可能不密切关注文艺的新动向，并力求左右其发展方向。因此，"'民族形式'论争并非如以往文学史所描述的那样是一场简单的'文学形式'的论争或者关于民族文艺的探索，而是具有独特意识形态背景和复杂文化政治内涵的文化运动"①。这也就是为什么"'民族形式'论争的发起、进程、高潮，甚至结束，中国共产党都掌握着它的主动权，控制着它的方向"② 的缘故。

在"民族形式"的讨论中，对什么是"形式"产生了认识。一种意见认为："要确定民族形式的意义，就是要确定在这里所说的形式到底是指什么。假如形式是指体裁，于是说到民间形式，就想到五更调、章回体，那么这问题根本不值得讨论。这里所说的形式应该是广义的，包括着言语，情感，题材，以及文体，表现方法，叙述方面等等。"③ "民族形式""不仅仅是单纯的样式"，必须是"包括民族的风格，语言的创造，民族的性格，感情的表现"。④ 多数人则认为，如果要给"民族形式"下一个定义，是非常困难的，因为它"意味着一种新生的尚待创造的东西，而不是一种既成的事物"⑤。"民族形式"是"一种尚待建立的更中国化的文学形式"⑥，现阶段提出的民族形式到现在还没有产生。⑦ 后面这种情况为左翼文学的建设留下了更大的空间。对"民族"的含义也进行了讨论。"民族形式"的提法，来源于斯大林的论述。基于苏联多民族的历史和现实，斯大林提出了苏联文化发展可以采取"共产主义的内容、民族的形式"⑧。而对于处在抗日战争中的中国左翼文艺界来说，"民族"这个概念既清晰又含混，将其与"形式"搭配，不无策略性。郭沫若作了这样的解释："苏联的'民族形式'是说参加苏联共和国的各个民族对于同一的内容可以自由发挥，发挥为各样的形式，目的是以内容的普遍性扬弃民族的特殊性。

---

① 毕海：《抗战"民族形式"文艺论争中的文化政治》，《文艺争鸣》2016 年第 11 期。

② 同上。

③ 《文艺的民族形式座谈会》，《文学月报》1940 年第 1 卷第 5 期。

④ 罗荪：《谈文学的民族形式》，徐迺翔编《文学的"民族形式"讨论资料》，知识产权出版社 2010 年版，第 172 页。

⑤ 张光年：《文艺的民族形式问题》，《张光年文集》第 3 卷，人民文学出版社 2002 年版，第 40 页。

⑥ 何其芳：《论文学上的民族形式》，《文艺战线》1939 年第 1 卷第 5 期。

⑦ 《文艺的民族形式座谈会》，《文学月报》1940 年第 1 卷第 5 期。

⑧ 《斯大林论文学与艺术》，中央编译局译，人民文学出版社 1959 年版，第 23 页。

在中国所被提起的'民族形式'，意思却有些不同。在这儿我相信不外是'中国化'或'大众化'的同义语，目的是要反映民族的特殊性以推进内容的普遍性。"① 周扬在谈到民族形式的创造时说，要"以发展新形式为主"，也就是要"把民族的，民间的旧有艺术形式中的优良成分吸收到新文艺中，给新文艺以清新刚健营养，使新文艺更加民族化，大众化，更为坚实与丰富，这对于思想性艺术性较高，但还只限于知识分子读者的从来的新文艺形式，也有很大的提高的作用"②。他们这样的解释更靠近左翼文学的中国文化本位和民间本位的价值取向。

以怎样的文化资源来创造新的"民族形式"成为论争中的主要问题。通俗读物编刊社的向林冰提出以"民间形式"作为新的民族形式的"中心源泉"，但这一观点受到了郭沫若、茅盾等人的批驳，他们认为"民族形式的中心源泉，毫无可议的，是现实生活"③。"民族形式的创造应该以现今新文学所已经达成的成绩为基础"，并加强吸收"中国历代文学底优秀遗产""民间文艺底优良成分""西洋文学底精华"。④ 然而，随着论争的展开和深入，"民族形式"的排斥性也暴露出来，左翼文学在传统的选择上民间本位引起了新文学维护者的不满。胡风就以"保卫五四"的姿态出现，撰写了《论民族形式问题》一文，详尽论述了他对文艺大众化、民族形式以及现实主义等问题的理解。他指出，所谓民族形式，"本质上是'五四'的现实主义传统在新的情势下面主动地争取发展的道路"，"大众化不能脱离'五四'传统也不能抽去大众化，因为它本质上是批判生活的要求；'五四'传统也不能抽去大众化，因为它本质上是趋向着和大众的结合"。⑤ 胡风把民族形式与五四以来的新文艺紧紧地结合在一起，说明他更关心的还是五四启蒙精神的存续，他以断裂的眼光看待传统文化，正是担心启蒙被中断的过激表现。王实味则明确地指出绝不能把民族形式简单地理解为旧形式。他说："只从字面上了解中国作风与中国气派，因而认为只有章回小说、旧剧、小调……才是'民族形式'，甚至认为五四以来

---

① 郭沫若：《"民族形式"商兑》，徐迺翔编《文学的"民族形式"讨论资料》，知识产权出版社2010年版，第254页。

② 周扬：《对旧形式利用在文学上的一个看法》，《中国文化》创刊号，1940年2月15日。

③ 郭沫若：《"民族形式"商兑》，徐迺翔编《文学的"民族形式"讨论资料》，知识产权出版社2010年版，第254页。

④ 叶以群：《文艺的民族形式问题座谈会上的发言》，《文学月报》1940年第1卷第5期。

⑤ 胡风：《论民族形式问题》，《胡风评论集》，人民文学出版社1984年版，第203—278页。

的进步新文艺为非民族的———一切这类的意见，都应该受到批评，只断章取义抓住'老百姓喜闻乐见'而把'新鲜活泼'丢在脑后，于是强调'旧形式'和'民间形式'为万应药，进一步武断地判定老百姓不能接受新文艺———一切这类的意见，也都应该受到批判。"① 王实味也对民族形式作了解释，说："把人类进步文化按照我们民族的特点来应用，就是文化的民族形式。文艺的民族形式自然也如此。"② 他认为，过分强调旧形式，会使一大部分作家失去原有的风格和创作热情，对于我国新文艺的发展十分不利。身处延安，但王实味着眼的并非仅仅是工农兵文艺，而是从人类视野来看待文学这种精神现象，关心五四新文艺传统的延续，表明他更看重的是文学艺术的现代性而非民族性。但是，在文艺的形式选择问题成为革命政党的文艺方针政策的情势下，胡风和王实味的独立思考是犯忌的，不能说他们后来的悲剧结局跟他们看不到革命文艺的人民性、政治功能和排他性没有关系。

革命文艺是一种功利主义的文艺，要求建设革命文艺的毛泽东并不讳言这一点。在《讲话》里他就说道："世界上没有什么超功利主义，在阶级社会里，不是这一阶级的功利主义，就是那一阶级的功利主义。我们是无产阶级的革命的功利主义者，我们是以占全人口百分之九十以上的最广大群众的目前利益和将来利益的统一为出发点的，所以我们是以最广和最远为目标的革命的功利主义者，而不是只看到局部和目前的狭隘的功利主义者。"③ 站在代表多数人的道德高地而又胸怀历史远景，才有打破现存秩序、创造崭新未来的自信，才有为总体目标而征用一切资源的魄力。承认功利，意味着革命文艺不以审美为其基本属性，尽管工农兵文艺并非不讲究艺术性，但提高艺术性还是在于服务于政治这一功利目的，而这样做都是为了一个消灭阶级的社会远景。相比起来，形式选择不是什么大不了的问题，重要的在于文艺工作者能否与服务对象打成一片，能否彻底转变立场，彻底改造资产阶级世界观，真正书写人民大众当家作主的历史。这就是为什么新民主主义革命完成之后，在社会主义过渡的历史阶段，文艺界的批判斗争仍持续不断的原因，因为思想改造是革命功利主义文艺交给文

---

① 王实味：《文艺民族形式上的旧错误与新偏向》，《中国文化》1941年第2卷第6期。
② 同上。
③ 《毛泽东选集》第3卷，人民出版社1991年版，第864页。

艺工作者的难以完成的课题。1949 年 7 月，第一次文代会在北平召开，革命文艺理论设计者之一的周扬在会上代表解放区文艺界作了题为《新的人民的文艺》的报告，宣布延安文学方向为新中国唯一正确的文学方向，[①] 预示着社会主义文学的根本问题还是"为什么人"的问题，那么"如何为"也就成了摆在新中国文艺工作者面前的严峻课题。

[原载《海南师范大学学报》（社会科学版）2016 年第 12 期]

---

① "毛主席的《在延安文艺座谈会上的讲话》规定了新中国的文艺的方向，解放区文艺工作者自觉地坚决地实践了这个方向，并以自己的全部经验证明了这个方向的完全正确，深信除此之外再没有第二个方向了，如果有，那就是错误的方向。"周扬：《新的人民的文艺》，《周扬文集》第 1 卷，人民文学出版社 1984 年版，第 513 页。

坚持文艺党性和人民性的统一

——重读毛泽东《在延安文艺座谈会上的讲话》

沈金霞

1942 年 5 月，毛泽东在著名的《在延安文艺座谈会上的讲话》（以下简称《讲话》）中，针对当时延安文艺界暴露出来的泛爱文学、暴露文学等脱离群众、脱离政治的错误思潮，从端正文艺创作的立场、态度、工作、学习等方面，提出了文艺必须坚持党性和人民性相统一的思想，规定了新民主主义时期党的文艺工作的根本方向，从而推动延安文艺在革命化、大众化的道路上实现了"对其他革命工作的更好的协助，借以打倒我们民族的敌人，完成民族解放的任务"①。今天，我们的文艺工作面临着新的形势，新的任务。重读《讲话》，继承和发展毛泽东关于文艺党性与人民性相统一的思想，对于挣脱阻碍文艺健康发展的思想桎梏、繁荣中国特色社会主义文艺，依然具有重要的现实指导意义。

一 理论溯源和实践基础

党性是政党的政治属性，是政党阶级性的高度概括和集中表现。人民性是政党对人民历史主体地位和权力主体的价值认同、情感认同和行为认同。《讲话》关于文艺党性和人民性相统一的思想，是中国共产党代表的无产阶级和人民大众的阶级属性在文艺工作上的根本体现。从理论溯源看，它与马克思主义经典作家在党性和人民性问题上的基本思想是一脉相承的。马克思、恩格斯没有直接阐述过文艺的党性和人民性问题，但他们关于共产党必须坚持党性和人民性相统一的思想是显而易见的。首先，在

① 《毛泽东选集》第 3 卷，人民出版社 1991 年版，第 847 页。

阶级基础上，他们明确将共产党作为无产阶级和最广大人民根本利益的代言人。早在《共产党宣言》中，他们就庄严宣告了德国共产党人"没有任何同整个无产阶级的利益不同的利益"①，"至今发生过的一切运动都是少数人的运动，或者都是为少数人谋利益的运动。无产阶级的运动是绝大多数人为绝大多数人谋利益的独立自主的运动"②。其次，在政治目标上，他们将推翻资本主义剥削制度、实现共产主义作为无产阶级和一切被压迫人民的最高价值追求。在马克思、恩格斯设想的共产主义社会里，"代替那存在着各种阶级以及阶级对立的资产阶级旧社会的，将是一个以各个人自由发展为一切人自由发展的条件的联合体"③。最后，在指导思想上，他们创立了以唯物史观和剩余价值为核心的马克思主义学说，科学揭示了人类社会发展的规律，找到了推翻资本主义剥削制度、解放无产阶级和人民大众的思想武器。列宁在继承马克思、恩格斯上述思想的基础上，初步论述了无产阶级政党文艺的党性和人民性相统一的问题。在《党的组织和党的出版物》一文中，他最早使用了"党性"这一概念，强调"写作事业应当成为整个无产阶级事业的一部分"，"无党性的写作者滚开！"④ 他认为作家只有严格接受党的监督，积极宣传"党纲""党的策略决议和党章""最后是国际社会民主党，各国的无产阶级自愿联盟的全部经验"⑤，才是党性合格的革命作家。同时，他还表示，革命作家的写作不是为了一己私利，而是为了"千千万万的劳动人民"。马列主义经典作家关于党性和人民性相统一的思想，特别是列宁在《党的组织和党的出版物》中的相关观点，为《讲话》文艺党性和人民性相统一思想的提出提供了直接的理论依据。

党的文艺的政治、价值属性与延安文艺界流行的错误思想之间的矛盾冲突，为《讲话》的文艺党性和人民性相统一思想的提出提供了丰富的实践基础。文艺创作是追求真善美的事业。毛泽东认为，在抗日战争时期，组织、教育人民群众万众一心打倒日本侵略者、争取民族解放和人民幸福自由，是无产阶级文艺应该追求的真善美，也是无产阶级文艺作家应该肩

---

① 《马克思恩格斯全集》第 4 卷，人民出版社 1965 年版，第 479 页。
② 同上书，第 477 页。
③ 同上书，第 491 页。
④ 《列宁全集》第 12 卷，人民出版社 1987 年版，第 93 页。
⑤ 同上书，第 95 页。

负的神圣使命。为此,《讲话》开门见山地指出:"我们今天开会,就是要使文艺很好地成为整个革命机器的一个组成部分,作为团结人民、教育人民、打击敌人、消灭敌人的有力的武器,帮助人民同心同德地和敌人作斗争。"① 党的文艺的这一功能和使命,便决定了它要直接接受党的领导、反映党的主张,要站在人民的立场上,讴歌人民在革命斗争中的真善美,揭露敌人的假恶丑。但与此同时,由于从大城市来的文艺作家不熟悉工农兵群众的语言和生活,缺乏马克思主义的立场观点方法,在文艺创作中还存在着脱离群众、喜欢小资产阶级的自我表现、大谈超阶级人性、只愿暴露黑暗不愿歌颂光明等诸多思想观念上的混乱问题。尽管这些问题不是延安文艺界的主流,却说明了文艺家们在创作立场和思想上存在着严重偏移。革命斗争形势的客观需要与延安文艺界的错误思想之间格格不入的现实矛盾,迫切要求以毛泽东为代表的党中央进一步完善党的文艺政策,明确文艺的发展目标和方向。《讲话》便在这样的客观环境中应运而生了。

二 坚持文艺的党性和人民性是贯穿 《讲话》 的核心思想

"我们是站在无产阶级的和人民大众的立场。对于共产党员来说,也就是要站在党的立场,站在党性和党的政策的立场。"② 在毛泽东看来,共产党是代表无产阶级和人民群众根本利益的无产阶级政党,共产党的根本阶级属性决定了其文艺事业的党性和人民性。纵观《讲话》,文艺的党性和人民性是毛泽东一以贯之强调的核心思想。

延安文艺座谈会是延安整风的一部分。在《讲话》中,毛泽东高度强调文艺的党性要求,提出文艺要 "服从于政治"。从《讲话》运用的 "政治标准" "社会主义" "共产主义" "马克思主义" "无产阶级和人民大众的立场" "无产阶级思想" "党的政策" "作风" 等概念来看,文艺的党性包括两个层次的含义:一是文艺要坚持社会主义、共产主义理想,坚持马克思主义,坚持为人民服务。这是本质的、最高层次的党性要求;二是坚持党在新民主主义时期的各项路线方针政策。这是现实的、阶段性的党性

---

① 《毛泽东选集》第 3 卷,人民出版社 1991 年版,第 848 页。
② 同上书,第 849 页。

要求。

毛泽东强调，加强文艺工作者的党性修养，除了坚持为人民服务外，还要体现在三个方面。

首先，要解决党员作家的思想入党问题。这是针对当时文艺队伍"许多党员，在组织上入了党，思想上并没有完全入党，甚至完全没有入党"的实际情况提出的。思想上没有入党的主要表现就是"头脑里还装着许多剥削阶级的脏东西，根本不知道什么是无产阶级思想，什么是共产主义，什么是党"。毛泽东认为，"为要领导革命运动更好地发展，更快地完成"，党员作家"就必须从思想上组织上认真地整顿一番。而为要从组织上整顿，首先需要在思想上整顿，需要展开一个无产阶级对非无产阶级的思想斗争"，"依照无产阶级先锋队的面貌改造党"①。《讲话》对思想入党的要求，对提高有革命热情但政治上、思想上欠成熟的党员作家、艺术家的政治素质，保证革命文艺队伍的纯洁性和战斗性，具有至关重要的作用。

其次，要在所有文艺工作者中间开展马克思主义学习活动。在毛泽东看来，马克思主义是包括文艺工作者在内的一切真正的无产阶级革命家都必须学习和掌握的理论武器，"一个自命为马克思主义的革命作家，尤其是党员作家，必须有马克思列宁主义的知识"②。某些文艺工作者之所以在创作过程中产生错误观点，就是因为"缺少马克思主义的基本观点"。他们认为，学习马克思主义就是学习马克思主义的立场、观点和方法。立场是指无产阶级的立场，观点主要指辩证唯物主义、历史唯物主义，也包括阶级斗争的学说。方法就是唯物辩证法。同时，他还强调，马克思主义不是教条，学习马克思主义不能教条地背诵和搬用马克思主义的原理公式，而要注重学以致用，注重用辩证唯物论和历史唯物论的观点去观察世界，观察社会，观察文学艺术，要使其"在群众生活群众斗争里实际发生作用"③。

最后，文艺要服从政治，但不是服从于个别政治家。毛泽东在《讲话》中有一句非常重要的论断："我们所说的文艺服从于政治，这政治是指阶级的政治、群众的政治，不是所谓少数政治家的政治。"④ 在毛泽东看

---

① 《毛泽东选集》第3卷，人民出版社1991年版，第875—876页。
② 同上书，第852页。
③ 同上书，第858页。
④ 同上书，第866页。

来，政治家们只是千千万万的群众政治家的领袖，他们的任务在于集中群众的智慧和意见，而不能代替群众。因此，文艺服从的不是某个具体的人，而是全党和全体人民的根本利益。只有站在全党的立场上、站在全体人民的立场上，才能真正把握好文艺的道路和方向。

在强调文艺党性的同时，《讲话》更为显著的是对文艺人民性的强调。毛泽东对文艺人民性的表述，归纳起来应该包括如下三层含义：其一，文艺创作的内容来源于人民丰富多彩的生产生活和斗争实践。其二，文艺的服务对象是人民，即"占全人口百分之九十以上的人民，是工人、农民、兵士和城市小资产阶级"①，而不是地主阶级、资产阶级等剥削阶级。文艺的生产创作和传播活动必须服从和服务于人民的身心健康，满足人民对真善美的追求，"某种作品，只为少数人所偏爱，而为多数人所不需要，甚至对多数人有害，硬要拿来上市，拿来向群众宣传……这就不但侮辱群众，也太无自知之明了"②。其三，文艺作品的真正评价者是人民群众。至于为什么文艺需要坚持人民性，除了党的性质使然之外，毛泽东还分别谈到了坚持人民性对文艺工作者和人民的意义。他认为，对于文艺工作者来说，"只有联系群众，表现群众，把自己当作群众的忠实的代言人，他们的工作才有意义"③；只有坚持文艺的人民性，文艺作品才能被人民所接受，所喜爱。

根据当时中国革命文艺运动发展的实际，《讲话》从处理普及与提高、教与学、动机与效果等关系入手，对文艺如何为人民服务的问题做出了具体的历史的回答。首先，普及与提高的关系。毛泽东认为，坚持文艺的人民性，关键是要处理好普及和提高的关系。《讲话》指出："为什么人服务的问题解决了，接着的问题就是如何去服务。用同志们的话来说，就是：努力于提高呢，还是努力于普及呢？"④ 由于当时的工农兵正在和敌人做残酷的流血斗争，而他们由于受到长期的封建阶级和资产阶级的统治，不识字，无文化，所以在当时的条件下，普及工作的任务就更为迫切。由此毛泽东提出了"在普及基础上的提高"和"在提高指导下的普及"辩证发展的方针，及时解决了文艺工作者的工作重心问题。其次，教与学的关

---

① 《毛泽东选集》第 3 卷，人民出版社 1991 年版，第 855 页。
② 同上书，第 864 页。
③ 同上。
④ 同上书，第 859 页。

系。在毛泽东看来，文艺除了审美作用外，还具有认识、教育的功能。因为文艺作品创作出来的生活可以比人民的实际生活更高，更强烈，更有集中性，更典型，更理想，可以"使人民群众惊醒起来，感奋起来，推动人民群众走向团结和斗争，实行改造自己的环境"①。但与此同时，他认为，人类的社会生活是"文学艺术的唯一源泉"。文艺家要做人民的先生，首先要学会做人民的学生，"有出息的文学家艺术家，必须到群众中去，必须长期地无条件地全心全意地到工农兵群众中去，到火热的斗争中去，到唯一的最广大最丰富的源泉中去，观察、体验、研究、分析一切人，一切阶级，一切群众，一切生动的生活形式和斗争形式，一切文学和艺术的原始材料"②。最后，动机与效果的关系。针对某些文艺家提出的"不是立场问题；立场是对的，心是好的，意思是懂得的，只是表现不好，结果反而起了坏作用"的错误论调，毛泽东对文艺创作动机和效果的关系给予了辩证唯物主义的阐述。他指出，动机就是主观愿望，效果就是社会实践。辩证唯物主义是强调动机和效果的统一论者，文艺"为大众的动机和被大众欢迎的效果，是分不开的"。所以，检验一个作家的主观愿望，即动机是否正确，"不是看他的宣言，而是看他的行为（主要是作品）在社会大众中产生的效果"③。

三　当代启示

《讲话》关于文艺党性和人民性相统一的思想，折服了大多数文艺工作者。随着延安整风的深入，文艺界积极响应《讲话》号召，创造出了一大批为人民群众喜闻乐见的革命文艺作品，促进了革命文艺、大众文艺的迅猛发展，为中国革命事业和社会主义建设事业作出了重要贡献。今天，《讲话》发表的时代已经离我们远去，它的历史功绩也早已得到时间的证明。站在中国特色社会主义文艺发展的新起点上，面对文艺界的新情况、新问题，《讲话》关于文艺要坚持党性和人民性的思想仍然具有深刻的启示作用。

---

① 《毛泽东选集》第3卷，人民出版社1991年版，第861页。
② 同上书，第860—861页。
③ 同上书，第868页。

启示之一：高度重视文艺在社会主义现代化建设中的作用。《讲话》从"无产阶级的文学艺术是无产阶级整个革命事业的一部分"①的战略高度，突出强调党性和人民性相统一对于革命文艺发展的方向性指导，从而凝聚了文艺队伍，繁荣了党的文艺事业和革命事业。当今世界，文化与经济、政治相互交融，文化软实力日益成为国家实力的重要标志，文艺在中国特色社会主义现代化建设中的作用日益凸显，党和政府更加重视文艺建设。正如习近平在主持召开文艺工作座谈会时所强调的："实现'两个一百年'奋斗目标、实现中华民族伟大复兴的中国梦，文艺的作用不可替代，文艺工作者大有可为"，"文艺事业是党和人民的重要事业，文艺战线是党和人民的重要战线"②。

启示之二：必须始终坚持文艺为人民服务的价值理念。人民是历史的创造者。社会主义文艺，从本质上讲，就是人民的文艺。改革开放以来，我国的文艺事业取得了令人瞩目的成就，产生了许多深受人民群众好评的文艺作品。但对照《讲话》的基本精神，文艺的人民性要求并没有得到彻底的落实，脱离群众、脱离现实的问题依然存在：受市场经济影响，不少文艺作家日益物质化、功利化，低水平、快餐式重复创作严重，低俗、庸俗、粗俗作品泛滥；受物质利益驱使，面向大众的低门槛、低消费的文艺市场日益稀少，公共文艺服务跟不上群众需求，形式主义的花架子多，面向基层、面向贫困地区的实在服务不够……这些现象严重背离了文艺为人民服务的思想。只有扎根生活，扎根群众，扎根基层，"把满足人民精神文化需要作为文艺和文艺工作的出发点和落脚点，把人民群众作为文艺表现的主体，把人民作为文艺审美的鉴赏家和评判者，把为人民服务作为文艺工作者的天职"③，才能创作出为人民群众喜闻乐见的精品力作。只有用实际行动扎实推动公共文化服务资源向底层民众倾斜，真正下基层、入农村、进群众，让最广大人民群众享受得到优惠或免费的公益文艺服务，才能打牢中国特色社会主义文艺的群众基础。

启示之三：必须始终坚持党对文艺工作的领导权。在马克思主义已经成为主导性意识形态的今天，我们既不能重蹈过去片面强调文艺的政治性

① 《毛泽东选集》第 3 卷，人民出版社 1991 年版，第 865—866 页。
② 习近平：《在文艺工作座谈会上的讲话》，《人民日报》2015 年 10 月 15 日。
③ 同上。

和思想性、忽视或无视文艺创作规律的覆辙，也不能丢掉党对文艺工作的领导，不能任由"去价值化""去主流化""去意识形态化"等错误论调肆意横行。党的十一届三中全会以后，党中央一方面恢复并坚持了"百花齐放""百家争鸣"的文艺"双百"方针；另一方面仍然强调党对文艺的领导，强调文艺必须始终坚持党的"四项基本原则"。习近平认为，意识形态工作是党的一项极端重要的工作，"能否做好意识形态工作，事关党的前途命运，事关国家长治久安，事关民族凝聚力和向心力"①。因此，文艺工作必须在多样化发展的同时，坚持党的正确领导，唱响主旋律，审美地反映亿万人民在党领导下艰苦卓绝的斗争生活和波澜壮阔的建设功绩，彰显人民群众在实践中形成的向上向善的道德原则、社会主义核心价值观和共产主义的理想信念。

［原载《湖南科技大学学报》（社会科学版）2016 年第 1 期］

---

① 中共中央宣传部：《习近平总书记系列重要讲话读本》，学习出版社、人民出版社 2014 年版，第 105 页。

从政治实践话语到文化阐释策略

——以詹姆逊对毛泽东思想的美学挪用为例

吴娱玉

对于西方左翼思想家来说，1968 年的"五月风暴"是一个令人绝望而吊诡的时刻：运动的失败斫伤他们的行动能力却又刺激着他们在理论上井喷式的发展。这一现象在 1966 年出版的《否定的辩证法》中已被预言，阿多诺说道："一度似乎过时的哲学由于那种借以实现它的要素未被人们所把握而生存下来"①，他所要表达的意思是，若指向政治实践的哲学得以实现，它就变得不再需要，若骤然中断，未释放的能量反而会使它保存下来。阿多诺的这番言论现已成为西方马克思主义的共识。佩里·安德森、伊格尔顿等②都认为：左翼的政治实践在现实中挫败后，改头换面成为一种思想资源在话语实践中获得新生。但似乎甚少有研究这样追问：政治实践的失败，如何在话语实践重新获得新生？其中经历了怎样的改写、变形和挪用？本文以詹姆逊对毛泽东思想的美学挪用为例，考察其中的变化轨迹。

在詹姆逊的著作中，论述毛泽东思想及其政治实践的文字随处可见，以至于谢少波称他有根深蒂固的"毛情节"③。在《历史的句法》中，詹姆逊的"毛情节"表现得最为明显，他说："20 世纪 60 年代中，第一世界

---

① Theodor W. Adorno, *Negative Dialectics*, Trans. E. B. Ashton, Taylor & Francis E-Library, 2004, p. 3.

② 佩里·安德森认为"马克思主义理论同群众实践之间政治统一的破裂，造成了两者之间应有的联系纽带不可抗拒地转向另一个轴心。由于一个革命的阶级运动的磁极，整个西方马克思主义传统的指针就不断摆向当代的资产阶级文化"；伊格尔顿也认识到"政治上的失败，导致了文化上的成功"。

③ ［加拿大］谢少波：《抵抗的文化政治学》，陈永国、汪民安译，中国社会科学出版社 1999 年版，第 104 页。

在诸多方面都受到第三世界的启发，如政治文化术语、如象征性的毛主义"①，其中，毛的文化政治体制，"提供了一种新型政治蓝图……它从传统的阶级范畴中解脱出来"②；詹姆逊将毛泽东与20世纪60年代其他反霸权人物看成是"打破受剥削的劳动阶级俯首帖耳、唯命是从的陈规旧习"③的领军人物，毛无疑是其中最为出色的代表，因为毛最具理论气质，"特别是在毛泽东的文章《矛盾论》中，不同类型的对抗性和非对抗性矛盾的复杂性、由此而生的'多元决定论'被清晰地绘制出来"④，詹姆逊将其奉为一种主义，认为"毛主义"是"在六十年代中最丰富、最具革命性的伟大思想体系"⑤。在《马克思主义与历史主义》一文中，詹姆逊用毛泽东的"文化大革命"为例来阐释"文化革命"理论，认为"文化大革命"是"相互制约的几种生产方式的结构共存"⑥的时刻；在《拉康的想象界与符号界》中将阿尔都塞的革命理论看作是索绪尔语言学、毛泽东辩证法及拉康精神分析学的嫁接。⑦除此之外，詹姆逊在访谈录中对毛泽东的关注也随处可见。与王逢振的访谈中，他认为毛时代是中国历史上一次不太寻常的突破⑧；与李泽厚、刘康的访谈中，他认为"毛为整个社会集体构造了一个十分具有号召力的关于未来社会的远景"⑨。不止如此，毛的幽灵在詹姆逊的《政治无意识》中借尸还魂，始终是不在场的在场，谢少波认为这简直是"毛和弗洛伊德的结合"⑩。詹姆逊受毛泽东的影响之大可见一

---

① Fredric Jameson, *The Ideologies of Theory*：*Essays 1971 – 1986*, *vol.* 2：*The Syntax of History*, Minneapolis：University of Minnesota Press, 1988, p. 180.

② Fredric Jameson, "Periodizing the 60s", in *The 60s Without Apology*, Eds. Sohnya Sayres, et al., Minneapolis：University of Minneasota Press, 1984, p. 182.

③ Fredric Jameson, *The Ideologies of Theory*：*Essays 1971 – 1986*, *vol.* 2：*The Syntax of History*, Minneapolis：University of Minnesota Press, 1988, p. 191.

④ Ibid., p. 188.

⑤ Ibid..

⑥ Fredric Jameson, "Marxism and Historicism", *New Literary History*, Vol. 11, No. 1, 1979, p. 69.

⑦ ［加拿大］谢少波：《抵抗的文化政治学》，陈永国、汪民安译，中国社会科学出版社1999年版，第105页。

⑧ ［美］弗雷德里克·詹姆逊：《文化研究访谈录》，《詹姆逊文集》第3卷，王逢振编，中国人民大学出版社2004年版，第420页。

⑨ ［美］弗雷德里克·詹姆逊：《访谈录：詹姆逊——李泽厚——刘康》，《詹姆逊文集》第1卷，王逢振编，中国人民大学出版社2004年版，第354页。

⑩ ［加拿大］谢少波：《抵抗的文化政治学》，陈永国、汪民安译，中国社会科学出版社1999年版，第105页。

斑。我们似乎可以作这样的解释，"五月风暴"使左翼思想家的革命激情
戛然中断，那些已被时代埋葬无法实现的革命实践成为他们的一种缺憾，
那些尚未释放出的激情转化为一种挥之不去的革命情结，这种缺憾和情结
促成了他们的反思。在这样的语境之下，与西方左翼思潮异质的毛的理论
和实践，日渐引人注目。毛的理论和实践一方面成为理论家反思的着力
点，一方面又被当作一个理想化了的参照物，由此便不难理解毛泽东对詹
姆逊理论的影响。这种影响以三种方式表现出来：一是理论的影响——通
过文本的旅行而发生变异；二是实践的影响——通过语境的抽空而发生变
形，三是对毛思想的化用——保留能指、转变所指。

一　理论的旅行：《矛盾论》—"多元
决定论"—"认知测绘"

萨义德认为"相似的人和批评流派、观念和理论"是"从这个人向那
个人、从一种情境向另一种情境、从此时向彼时旅行。"① 毛思想就是经过
这样一次漫长的旅行，漂洋过海进入到詹姆逊的理论体系中的，这次旅行
的痕迹以文本的形式记录在案：从毛泽东《矛盾论》到阿尔都塞的"多元
决定论"再到詹姆逊的"认知绘测"。阿尔都塞是毛思想和詹姆逊理论的
中介，早在 20 世纪 60 年代，《矛盾论》就对法国左翼知识分子尤其是对
阿尔都塞产生巨大影响，其影响如何？本文试图从以下两个方面来论述。

一、精神相契。佩里·安德森曾说："阿尔都塞对中国的同情是难以
掩饰的"②，阿尔都塞认为自己所处的语境与毛泽东当时的革命有某种相似
性，20 世纪 60 年代，他感到马克思主义面临危机，试图突破斯大林主义
的教条主义和理论贫困的窘况，为马克思理论提供更多的存在理由和理论
根据。他认为《矛盾论》是毛泽东反对斯大林教条主义的产物，而"多元
决定论"也是批判斯大林的"经济决定论"的理论武器，因此两者在精
神、情感上具有一致性。

二、理论启发。《保卫马克思》中的《矛盾与多元决定（研究笔记）》

---

① ［美］爱德华·W. 赛义德：《理论旅行》，《赛义德自选集》，谢少波、韩刚等译，中国社
会科学出版社 1999 年版，第 138 页。

② ［美］佩里·安德森：《西方马克思主义探讨》，高铦等译，人民出版社 1981 年版，第 53
页。

和《关于唯物辩证法（论起源的不平衡）》专门论述《矛盾论》，可以看出，毛泽东关于矛盾普遍性和不平衡性理论直接影响了阿尔都塞"矛盾多元决定"思想的形成。文中提到："毛泽东把'只有一对矛盾的简单过程'撇开不谈，他这样做似乎是为了一些实际的理由，因为简单过程不涉及他所研究的对象，他研究的对象是社会，而社会却包括许许多多的矛盾。"①阿尔都塞通过"症候式阅读"，将毛泽东回避"简单矛盾"的现象解释为他认为矛盾具有"复杂性"，阿尔都塞这样解释道："毛泽东说：'单纯的过程只有一对矛盾，复杂的过程中则有一对以上的矛盾'，因为'一个大的事物，在其发展过程中，包含着许多的矛盾'"②，由此得出"矛盾多元决定"："这些'不同矛盾'之所以汇合成为一个促使革命爆发的统一体，其根据在于它们特有的本质和效能，以及它们的现状和特殊的活动方式。它们在构成统一体的同时，重新组成和实现自身的根本统一性，并表现出它们的性质：'矛盾'是同整个社会机体的结构不可分割的，是同该结构的存在条件和制约领域不可分割的；'矛盾'在其内部受到不同矛盾的影响，它在同一项运动中既规定着社会形态的各方面和各领域，同时又被他们所规定。我们可以说，这个'矛盾'本质上是多元决定的"③。

可以看出，阿尔都塞受毛思想启发重新阐发了马克思的理论，他认为马克思的社会是"有结构的复杂整体"，它具有三个重要的特征，这三个重要特征都与《矛盾论》中的观点一一对应：一、整体性的结构。任何矛盾都不能单一独立而存在，只有在整体中才能被定义，各个矛盾间的相互依存关系构成了"有结构的复杂整体"。这一理论对应《矛盾论》中矛盾的整体性："原来矛盾着的各方面，不能孤立地存在"④，"一切矛盾着的东西，互相联系着，不但在一定条件之下共处于一个统一体中，而且在一定条件之下互相转化，这就是矛盾的同一性的全部意义"⑤。二、结构性因果性。各个矛盾互为联系的状态即是一种结构，这个结构不再追求同一，而注重差异或相互关系。矛盾彼此差异、互不排斥才是整体统一的表现。这对应

---

① Louis Pierre Althusser, *For Marx*, Trans. Ben Brewster, London: The Penguin Press, 1969, p. 195.

② Ibid., p. 194.

③ Ibid., pp. 100 – 101.

④ 《毛泽东选集》第 1 卷，人民出版社 1991 年版，第 328 页。

⑤ 同上书，第 330 页。

《矛盾论》提出的矛盾具有不平衡性："无论什么矛盾，矛盾的诸方面，其发展是不平衡的"①。三、这一"有结构的复杂整体"始终保持一种稳定性，但其中的主导结构具有可变性。② 这对应着主要矛盾次要矛盾，矛盾的主要方面和次要方面，《矛盾论》提到，"在复杂的事物的发展过程中，有许多的矛盾存在，其中必有一种是主要的矛盾，由于它的存在和发展规定或影响着其他矛盾的存在和发展"③。"在矛盾特殊性的问题中，还有两种情形必须特别地提出来加以分析，这就是主要的矛盾和主要的矛盾方面。"④ 毋庸多言就可以发现"多元决定论"中有诸多《矛盾论》的影子，阿尔都塞认为："《矛盾论》中的基本概念如主要矛盾与次要矛盾、矛盾的主要方面与次要方面、对抗性矛盾与非对抗性矛盾、矛盾发展的不平衡规律等，在黑格尔那里都是找不到的"⑤，这意味着《矛盾论》提供了一种前所未有的思维模式，在黑格尔那里，一切事物存在和发展受某个单一的矛盾决定，而马克思创建了一种非黑格尔的辩证法，⑥ 即"多元决定"的理论模式，进而在传统政治经济学变革的基础上发现了结构性的因果规律。

詹姆逊认为《矛盾论》是"结构马克思主义的经典著作之一"⑦，这种赞同是在他受阿尔都塞的"多元决定"影响之后的追认。詹姆逊受阿尔都塞"有结构的复杂整体"影响，⑧ 提出了他文化阐释的方法论——"认

---

① 毛泽东：《矛盾论》，《毛泽东选集》第 1 卷，人民出版社 1991 年版，第 322 页。

② "多元决定在矛盾上具有如下基本特质：它是矛盾在自身中对自身存在条件的反映，也就是矛盾在复杂整体的主导结构中所处位置在矛盾自身中的反映。这不是单一意义上的'位置'。它既不只是'原则'上的位置（即矛盾在等级性因素和决定性因素，如社会、经济等关系中所占有的位置），也不是它在'事实'中所处的位置（即矛盾在特定阶段是否占主导地位或服从地位），而是事实中的位置与原则中的位置的关系，也就是说，正是这种关系使得事实中的位置在主导结构中具有'可变性'，而总体则保持'不变'。"见 Louis Pierre Althusser, *For Marx*, Trans. Ben Brewster, London：The Penguin Press, 1969, p. 209.

③ 毛泽东：《矛盾论》，《毛泽东选集》第 1 卷，人民出版社 1991 年版，第 320 页。

④ 同上。

⑤ Louis Pierre Althusser, *Politics and History*, London：New Left, 1972, p. 94.

⑥ "黑格尔辩证法的一些基本结构，如否定、否定之否定、对立面的同一、'扬弃'、质转化为量、矛盾等等，到了马克思那里（假定马克思接受了这些结构，事实上他并没有全部接受）就具有一种不同于原来在黑格尔那里的结构"。Louis Pierre Althusser, *For Marx*, Trans. Ben Brewster, London：The Penguin Press, 1969, p. 93.

⑦ ［美］弗雷德里克·詹姆逊：《后现代主义与文化理论》，唐小兵译，北京大学出版社 1997 年版，第 70 页。

⑧ "阿尔都塞多元决定的另一个术语是'复合的多元决定结构性总体'，这个概念力求把整个社会作为一个总体来考察。"见［美］弗雷德里克·詹姆逊：《后现代主义和文化理论》，唐小兵译，北京大学出版社 1997 年版，第 87 页。

知测绘"（Cognitive Mapping）——连詹姆逊自己都承认这几乎是凯文·林奇（美国城市设计师）和阿尔都塞的混合体。① "认知测绘"源于凯文·林奇《城市的意象》，他认为城市是由彼此独立又相关的多种元素混合而成，若这些元素可被识别，人们对实体环境的记忆、识别、展现、说明、评价和预测就会准确且完整；反之就容易失去方向，难以形成对城市的完整想象。詹姆逊将这一理论引申，认为"林希（即林奇）探讨的城市空间的精神地图可以外推到以各种歪曲形式存留于我们头脑中的关于社会和全球总体性的精神地图"②。这一看法实际上是保留了林奇理论的原貌并将它提升为后现代主体对超空间的整体认知。尽管这一理论凭借"多元决定论"的基因和《矛盾论》有某种一致性，但两者相似性已经非常微弱。③本文继续沿着《矛盾论》对"多元决定论"影响的两个方面来探讨"多元决定论"对"认知测绘"的影响。

一、精神契合。前文论述过阿尔都塞的"多元决定论"以及他所认为的《矛盾论》都有强烈的政治企图，具有文化政治使命，同样地，"认知测绘"也是一种抵抗的"政治艺术"，詹姆逊认为"倘使我们真要解除这种对空间的混淆感，假使我们确能发展一种具有真正政治效用的后现代主义，我们必须合时地在社会和空间的层面发现及投射一种全球性的'认知绘图'，并以此作为我们的文化政治使命。"④ "认知测绘"是后现代政治实践的形式，抵抗晚期资本主义意识形态对人认知能力的侵蚀，使人重新定位个体和集体，重获行动和斗争能力。⑤

二、理论接受。林奇的"认知测绘"是对城市想象的心理经验的描述，探讨的是制图法的技术问题，詹姆逊接受了"多元决定"理论，认为"认知测绘"是对后现代超空间认知的"精神地图"，其中有两个层面：

---

① ［美］弗雷德里克·詹姆逊：《认知的测绘》，《詹姆逊文集》第 1 卷，王逢振编，中国人民大学出版社 2004 年版，第 301 页。

② 同上书，第 302 页。

③ 阿尔都塞关于"意识形态"真实和想象的辩证关系理论也对"认知测绘"有很大影响，因与毛泽东思想关系不大，故本文不专门讨论。

④ ［美］弗雷德里克·詹姆逊：《后现代主义，或晚期资本主义的文化逻辑》，《晚期资本主义文化逻辑》，张旭东编，陈清侨等译，生活·读书·新知三联书店 1997 年版，第 515 页。

⑤ "认知测绘美学必须要发明一种新的政治艺术，这种政治艺术试图在获得一种再现这个空间的至今尚不能现象的新的模式方面取得突破……我们或许可以重新把握我们作为个体和集体定位，重新获得行动和斗争的能力。"见［美］弗雷德里克·詹姆逊：《快感：文化与政治》，王逢振译，漓江出版社 1997 年版，第 212 页。

一是"总体性"。后现代社会是由不同起源、不同意义、不同层次元素汇合成的统一体，那么"总体性"的视域和研究方法，尤其在多元化、碎片化的后现代就至关重要，用詹姆逊的话说就是以扭曲或象征的方法达到任何个别主体接触或意识不到的那个"缺场"的终极。① 二是"差异性"。对"总体性"的强调并不妨碍对差异和个体的重视，"认知测绘"就是基于个体经验对整体现实的把捉和建构，② 同时又超越了个体经验的"真实"，达到对世界整体的完整认识。在"认知测绘"中，"总体性""差异性"并行不悖，詹姆逊如是说："总体性或总体化概念中蕴含着对方法的需要，以及对显然统一的文化文本内部的断裂、缝隙、远距离行动进行'症候分析'的相当不同的关注，对二者予以重视而又不出现重大分歧是完全可能的"③，从中我们可以明显看到阿尔都塞的影子。

从《矛盾论》到"多元决定论"再到"认知测绘"，"一个观念或是一种理论在此时此地向彼时彼地的运动是加强了还是削弱了自身的力量，一定历史时期和民族文化的理论放在另一时期或环境里是否会变得面目全非？"④《矛盾论》中矛盾复杂多元、不平衡性、主要矛盾次要矛盾的观点，在"多元决定论"中变成了社会结构的"整体性""差异性""主导性"，在"认知测绘"中强调的是保留差异性的"整体性"，着力点在于"整体性"。需要指出的是，《矛盾论》不是单纯的理论分析，而是指导中国社会革命、具有强烈实践性的文本，显然从指导实践的理论资源到马克思主义社会结构理论再到一种后现代语境中的文化策略，原先的观念和理论已不是物理位移而是化学反应，变得面目全非，却也因改变而获得了新的生命力。

---

① ［美］弗雷德里克·詹姆逊：《认知的测绘》，《詹姆逊文集》第 1 卷，王逢振编，中国人民大学出版社 2004 年版，第 297 页。

② "认知测绘使个人主体能在特定的境况中掌握再现，在特定的境况中表达那外在的、广大的、严格来说是无可呈现（无法表达）的都市结构组合的整体性"。见［美］弗雷德里克·詹姆逊：《后现代主义，或晚期资本主义的文化逻辑》，《晚期资本主义文化逻辑》，张旭东编，陈清侨等译，生活·读书·新知三联书店 1997 年版，第 515 页。

③ Fredric Jameson, *The Political Unconscious*, Ithace: Cornell University Press, 1981, p. 41.

④ ［美］爱德华·W. 赛义德：《理论旅行》，《赛义德自选集》，谢少波、韩刚等译，中国社会科学出版社 1999 年版，第 138 页。

二　历史语境的抽空：从"文化
大革命"到"文化革命"

经过一次理论旅行，詹姆逊吸收和挪用了毛泽东思想，然而，更让詹姆逊着迷的是毛泽东发动"文化大革命"这一政治实践（这不只是詹姆逊的个人情结，许多西方左翼理论家都葆有对"文化大革命"的向往）。当詹姆逊"看""文化大革命"时，并非只是一个客观的"看"的过程，而是"看"他想"看"的东西，对他理论构架之外的部分，则几乎视而不见。所以，他抽离了"文化大革命"的历史语境，选取某些理念重新调和转化为文化阐释思想资源，将一种政治实践转变为话语实践。詹姆逊对"文化大革命"的思想资源汲取，可以从两条路径来探究：一是理论推演；二是以"他者"的视域将其理想化。

一、理论推演。需要指出理论推演和理论旅行不同，理论旅行是一种顺势而行，由此及彼的一种影响过程；而理论推演是逆向证明的过程，先认可了某种观念，然后在理论上进行推导、找寻其合理性。"文化革命"的理论就属于后者，毛泽东并没有"文化革命"理论，西方理论家是在先接受"文化大革命"实践之后再找寻它的理论依据。要厘清理论推演的过程，又须从《矛盾论》谈起，在《矛盾论》中毛泽东提出矛盾不平衡法则："无论什么矛盾，矛盾的诸方面，其发展是不平衡的。有时候似乎势均力敌，然而这只是暂时的和相对的情形，基本的形态则是不平衡。"① 这一理论被阿尔都塞解读成革命爆发的原因：各个矛盾具有不平衡性，彼此相互转移和压缩，这使矛盾处于非对抗阶段、对抗阶段或爆炸阶段等时刻变换的不稳定状态。"根据马克思主义理论，如果说矛盾是动力，那也就是说：矛盾在复杂整体结构中的某些确定的地点引起了真实的斗争和冲突；冲突的地点可能根据当时各矛盾在主导结构中的关系而有所变化；斗争在某个战略地点的凝聚同主导因素在矛盾中的转移具有不可分割的联系；转移和压缩这些有机现象就是'对立面同一'的存在，直到这些现象产生出

---

① 毛泽东：《矛盾论》，《毛泽东选集》第 1 卷，人民出版社 1991 年版，第 322 页。

突变或质的飞跃的可见形式为止，那时就正式到了改组整体的革命阶段了。"① 由此看来，阿尔都塞式的社会革命在《矛盾论》中找到了理论依据。

这一革命理论被詹姆逊进一步作了阐释，他认为阿尔都塞恢复了"生产方式"在马克思主义理论中的核心地位。在詹姆逊看来，这是马克思主义传统中最生机勃勃的概念，它不是指单一的生产方式，而是各种不同生产方式所形成的共时性结构；② 同时，詹姆逊又从阿尔都塞的因果性学说中得到启发，认为文化可以独立于经济并直接对整个生产方式结构发挥作用，更强调文化的半自律性。詹姆逊将两者结合，巧妙地进行了置换，将文化纳入生产方式之中，并一再强调文化的重要性，于是阐释的重点从物质意义上的生产方式转移为文化意义上的生产方式。当"共存的不同生产方式已经明显敌对的时刻，它们的矛盾已经成为政治、社会和历史生活的核心时刻"到来，就是詹姆逊所谓的"文化革命"③。他将"文化革命"视为一种破旧立新、极具生命力的理论，甚至说"文化革命作为新的历史研究的统一范畴，似乎是唯一能使所谓人文科学以物质主义的方式重新组织起来的框架"④。如此说来，"文化革命"在实现生产方式的嬗变的同时，构建了一种新的意识形态、社会制度、价值观念，而后者是詹姆逊极力推崇、重点关注的部分。可以看出，詹姆逊已然将阿尔都塞的社会革命理论转化为"文化革命"理论（这成为后现代马克思主义意识形态分析，历史阐释的理论基础），并认为"文化革命"更具活力和价值，这就在理论上找到了毛泽东"文化大革命"的合理性和积极意义。

二是以"他者"的视域将"文化大革命"理想化。"文化大革命"是西方世界的"他者"，阿尔都塞、詹姆逊无意回到中国语境去理解"文化大革命"的来龙去脉，只把它当作是对照自我，确立主体性的参照物，用以验证其理论的正确性。阿尔都塞反对"经济决定论"，重视意识形态，

① Louis Pierre Althusser, *For Marx*, Trans. Ben Brewster, London: The Penguin Press, 1969, pp. 215 – 216.

② "共时的东西是生产方式的'概念'：几种生产方式共存的历史时刻在这个意义上不是共时的，但却以辩证的方式向历史敞开着。"见 Fredric Jameson, *The Political Unconscious*, Ithace: Cornell University Press, 1981, p. 81.

③ Fredric Jameson, *The Political Unconscious*, Ithace: Cornell University Press, 1981, p. 81.

④ ［美］弗雷德里克·詹姆逊：《晚期资本主义的文化逻辑》，张旭东编，陈清侨等译，生活·读书·新知三联书店1997年版，第189页。

认为意识形态是可以决定一切的战略点。所以，他十分赞赏从文化领域生发出的对抗和解放的"文化大革命"理论。阿尔都塞如是说："如果我们回顾我们过去四十多年的整个历史，我觉得，要算帐的话，唯一可以找到的历史上存在着的对'斯大林偏向'的基础所做的左的批评……存在于中国革命的斗争中、路线中、实践的原则和形式中的批评。这是一种沉默的批评，它是通过它的行动，通过从长征到文化大革命的政治和意识形态斗争的结果而表达出来的。这是一种从远方进行的批评，一种'从幕后进行的'批评。"① 阿尔都塞以"症候阅读"的方式误读了"文化大革命"，将一次政治实践看成了一种充满想象力和创造性的话语实践，甚至是意识形态的反权威的文化斗争，以独特的方式不动声色地在文化领域批判斯大林的错误。可以看出，阿尔都塞抽空了现实语境，将"文化大革命"想象成意识形态反霸权、求解放的理想革命。

詹姆逊亦是如此，他同样抽空了"文化大革命"的历史语境，将其理想化为一次抵抗和解放，与其说詹姆逊是受到阿尔都塞的影响，不如说这是西方马克思主义者的共同特点。在《历史的句法》中，詹姆逊对"文化大革命"发表了长篇大论，他认为中国的"文革"理论是 20 世纪 60 年代"最丰富、最具革命性的伟大思想体系"②，并为文革辩护道："毛主义和中国文化革命的经验被斯大林化，'文革'已被重写为东方的又一个古拉格集中营。毫无疑问，所有这一切都旨在全面诋毁六十年代。"③ 詹姆逊将"文化大革命"这一激进实践看作"文化革命"这一激进理论的完美演绎。当文化大革命被当作"文化革命"时，詹姆逊就把"文化革命"的某些特质赋予了"文化大革命"。

首先是革命拥有解放的力量。詹姆逊认为"在六十年代，人们都有一种同感———一切皆有可能，一切皆能完成。这是一个普遍解放的时刻，全球性能量释放的时刻，在此过程中，毛泽东的形象最为显著，他喊道：'我们的民族就像一颗原子弹，一旦原子核发生裂变，必然释放出惊天动地的力量。'这个场景向人们展示了古老的封建农村结构分崩离析后，'文

---

① ［法］阿图塞：《自我批评论文集》，杜章智、沈起予译，台湾远流出版公司 1990 年版，第 109 页。

② Fredric Jameson, *The Ideologies of Theory*: *Essays 1971 – 1986*, *vol.* 2: *The Syntax of History*, Minneapolis: University of Minnesota Press, 1988, p. 188.

③ Ibid., pp. 188 – 189.

化大革命'对原有结构所遗留的陈规陋习进行了清理和根除，一个真正的大众民主社会终于诞生。原子的裂变，分子能量的释放，或'物质能指'的解放，是骇人的奇观……在'文化大革命'千钧一发之际，上海公社诞生，有效地阻止了党的机构的瓦解，扭转了整个集体实验的方向。"① 詹姆逊如此热烈地赞美"文化大革命"，认为它扫除了封建农村结构中遗留的精神桎梏，实现了大众民主，打破了西方现代神话、反抗了资本主义的霸权，拥有一种摧枯拉朽、力挽狂澜的力量。"'文化大革命'就被当作残余的意识形态、传统的知识结构、党和政府内愈加严重的非激进化和官僚化与生产方式的社会主义所有化、人们对自由、民主和现代化的深切渴望以及毛泽东对新社会的乌托邦幻想之间的矛盾斗争。"② 事实上，詹姆逊只看到"文革"初期解放群众、实现民主的口号，而对"文革"中口号和实践之间的罅隙忽略不计，对"文化大革命"中权力集中和暴力运动避而不谈，选取了符合他"文化革命"阐释理论的那一部分进行讨论。

其次是具有反霸权的效力。詹姆逊认为 20 世纪 60 年代革命风暴的动力不在西方，而是"第三世界"。"第三世界"国家反帝反殖民的解放运动和"文化大革命"引发并推动了西方左派知识分子的反体制、反霸权、反战运动。相较而言，中国"文化大革命"比其他国家的民族解放运动意义更显著、影响更深远，它不仅是一场举国上下的政治实践，还具有一套致力于文化和意识形态变革的、系统的文化理论，且在文艺创作中发挥着它的能量，让被压迫阶级拥有反抗的权利和革命的勇气，这一切都为西方左派力量提供了政治文化上的理想模式，詹姆逊认为："'文化革命'是对被压迫民族或缺乏革命意识的各劳动阶级的集体再教育；作为一种战略，'文化革命'旨在打破已成为人类历史上所有受剥削的劳动阶级早已内化于心的俯首帖耳、唯命是从的陈规旧习。"③ 对西方左翼激进理论家来说，红卫兵的造反精神正与他们内心洋溢着的反霸权的叛逆心态相吻合，同时又与他们改天换地的理想主义精神产生共鸣。关于"文化大革命"的传闻

---

① Fredric Jameson, *The Ideologies of Theory*: *Essays 1971 - 1986*, *vol.* 2: *The Syntax of History*, Minneapolis: University of Minnesota Press, 1988, pp. 207 - 208.

② ［加拿大］谢少波：《抵抗的文化政治学》，陈永国、汪民安译，中国社会科学出版社1999 年版，第 104—109 页。

③ Fredric Jameson, *The Ideologies of Theory*: *Essays 1971 - 1986*, *vol.* 2: *The Syntax of History*, Minneapolis: University of Minnesota Press, 1988, p. 178.

被 20 世纪 60 年代西方左翼知识分子渲染为文化政治上进行抵抗和反叛的灵感和楷模。"当时许多国家都有学生造反，成立红卫兵之类的群众组织，占领校园，串联社会。著名的一九六八年五月巴黎学潮中不少学生领袖都以毛泽东思想的信仰者自诩。一时各种外文版《毛主席语录》十分畅销，连宗教界都不得不对无神论刮目相看，借文革的东风，印行《基督主席语录》，足见文化大革命影响之广。"①

再次是文化的革新。詹姆逊认为毛泽东"迄今为止的人类历史即文化革命的历史"可作醒世之语写入"后现代文化批评宣言"②，可以看出，詹姆逊已巧妙地将"文化大革命"的政治实践置换为一种文化阐释的方法，他用"文化革命"取代传统的历史革命说，规避了历史"线性"发展的理论，使之成为一种相互关联、彼此作用、"共时的"阐释方式；同时，他以"文化革命"取代物质生产方式革命，试图以文化阐释理论取代传统的马克思主义理论，将生产方式延伸到意识形态和文化领域，并将其作为文化阐释理论的主符码。"文化革命"被视作是一个文化再生产的过程，在这个过程中，文化生产者的活动不完全依赖于物质基础，而是相对独立具有自主性并担负着重写文化、历史、社会的政治使命的一种再创作。他在《政治无意识》中将"文化革命"的价值再度抬升，认为文化研究必须"政治领先"，意在阐释和挖掘错综复杂社会现象背后的"文化革命"，将文本中被遮蔽却无时不在的政治无意识重新打捞上来，这种阐释方法具有一种"崭新的、终极的视野"。在这样的视野中，"文化革命"中的阶级斗争被理解为文本叙事的文化策略与主流文化体系的对抗，也就是说，统治阶级意识形态在文化上采用种种策略将自己的主张和立场合法化，而与之对立的文化或意识形态通常会以隐蔽的方式或者伪装的策略游离于主导价值体系之外，甚至暗藏着阶级之间意识形态的对立，于是，文本不再止步于表面内容的展现，而致力于意识形态潜文本的重新书写和革新，这与中国的"文化大革命"、阶级斗争的语境已全然不同。无需多言，詹姆逊事实上是将"文化大革命"的政治实践转变为了"文化革命"的阐释方式，这一魔术表演的全景至此已展现无余。

---

① 郭建：《杰姆逊与文化大革命》，《万象》1999 年第 1 卷第 4 期。
② 同上。

三 对毛思想的化用：乌托邦和政治无意识

经过理论旅行、语境抽空之后的毛思想虽已面目全非，但这着实是基于理论和事实的、有迹可循、有案可查的一种务实挪用，相对而言，第三种方式是一种想象的务虚的化用。从两个无论是对毛泽东还是詹姆逊都极为重要的关键词——"乌托邦""政治无意识"来看，可以起到窥一斑而见全豹的效果。

先看乌托邦。毛泽东的乌托邦想象是全世界无产阶级紧密团结在一起，在资本主义霸权之外建立一片飞地，詹姆逊的乌托邦想象是用文化斗争来取代阶级斗争，在文化阐释的视域内将乌托邦解读为在资本主义之外寻找一片飞地的反霸权的一种文化政治策略。两者在精神上似乎若合一契，谢少波说，正是"'乌托邦焦虑'使得毛和詹姆逊结合起来"①，但实际上两者截然不同。

毛泽东的乌托邦强调同一性，并把这种同一性付诸实践。在"文化大革命"时期，军队整齐划一，一切行动听指挥；经济建设上大炼钢铁、实行合作化道路，在工业农业上实现同一性；日常生活中实行人民公社，建立集体食堂，定时定量吃大锅饭，人们服装、生活物资统一发放，完全同一；文化上要打造"文化的军队"②，"样板"的出炉，写作组的出现，以集体写作的方式代替个人写作等等都是为了用一个符合标准的模板来防止文学上的旁逸斜出。说到底，这样的乌托邦是抹杀个人、差异的集体主义。

而詹姆逊乌托邦思想则强调的是差异性，并始终在文化阐释的领域内完成。他以阿多诺的非同一性为原则建构了乌托邦理论：阿多诺非同一性理论是对黑格尔辩证法的反思，以否定辩证法反对肯定辩证法，他认为黑格尔的辩证法以绝对同一性原则，为社会历史发展预设了虚假的目的，是一种主观主义的产物。詹姆逊受到阿多诺的影响，认为真正的总体性是以非同一性形式表现出来的，以非同一性思维来思考同一性的总体才是辩证

---

① ［加拿大］谢少波：《抵抗的文化政治学》，陈永国、汪民安译，中国社会科学出版社1999年版，第116页。

② 毛泽东：《在延安文艺座谈会上的讲话》，人民出版社1975年版，第28页。

的、开放的和面向未来的真实总体，它不再服膺于对未来蓝图的主观预设和虚假描绘，而是在主客体现实结合中探寻未来的多种可能性，只有在非同一思维中，乌托邦冲动才能产生。后现代主义的碎片化、差异化和多元化破坏了人民集体的社会记忆和历史意识，而乌托邦表达了集体性的同一，因此，任何社会的集体生活都召唤着乌托邦思想的出现。说到底，这是一种在肯定个体、差异的基础上的一种集体主义。

毛泽东的乌托邦是对意识形态的肯定。毛泽东作为新中国的缔造者，也是意识形态的创造者和绝对捍卫者，他的意识形态乌托邦是"春风杨柳万千条，六亿神州尽舜尧""天连五岭银锄落，地动三河铁臂摇"①，号召全国人民"鼓足干劲，力争上游，多快好省地建设社会主义"，赶英超美实现共产主义，与之配套的文化政策是："文艺为工农兵服务、为社会主义服务"②，"文艺服从于政治"③。官方提供的蓝图与文化宣传的效果相叠加，营造出一个激情澎湃、无限美好的新中国的图景。

而詹姆逊的乌托邦思想强调的是对现实的否定，站在官方意识形态的反面，他认为在当代资本主义社会，只有恢复乌托邦欲望和冲动才能保持对资本主义社会现实的否定和超越，乌托邦的目的不在于设置一个让人趋之若鹜的美好未来，也不一定具有实际的社会功效，然而，作为未存在之物，乌托邦"也许能够为那些在概念上无法与现实相区分而其存在却与现实相吻合的那些为数不多的现象提供一种景观"④。所以，乌托邦精神的价值在于它为超越资本主义的社会现实提供了一种具有活力的可能性和一种别样的风景。与毛泽东乌托邦不同的是，在詹姆逊的乌托邦中，文艺具有独立性、自律性和反抗性，詹姆逊借鉴了阿多诺艺术审美拯救乌托邦的理论观点，将对抗资本主义异化的希望寄托于艺术审美，认为艺术总是和现实生活保持距离，可以抵抗物的异化，具有自律性、独立性，正因为艺术独立于现实生活，因此艺术审美就有可能被赋予超越现实、批判社会的意义，于是艺术审美中包含了抵抗的、否定的力量。

---

① 毛泽东：《七律·送瘟神（二首）》，《人民日报》1958 年 10 月 3 日。

② 《林彪同志委托江青同志召开的部队文艺工作座谈会纪要》，《红旗》1967 年第 9 期。

③ 毛泽东：《在延安文艺座谈会上的讲话》，人民出版社 1975 年版，第 1 页。

④ ［美］弗雷德里克·詹姆逊：《乌托邦与实际存在》，《詹姆逊文集》第 3 卷，王逢振编，中国人民大学出版社 2004 年版，第 370 页。

再看政治无意识。毛泽东认为"文艺服从于政治"①，詹姆逊认为"一切事物说到底都是'政治'的"②。毛泽东所谓的文学是政治实践和詹姆逊的政治无意识表面上看起来极具相似性，"训练有素的读者将在这部丰碑式的著作中捕捉到毛的回音。政治无意识的概念本身同毛对个人和政治关系所做的调停也有几分相似"③，而实际上两者相去甚远。

毛泽东的"文艺为政治服务"的论断具有政治权威性。毛泽东在《讲话》中提出过"政治标准放在第一位，艺术标准放在第二位"④、"文艺是从属于政治的"⑤ 等表述，这是他以党内最高权威身份进行的一次宣讲，随着政权获得合法，这一原则日渐成为新中国文艺创作的金科玉律，到"文革"时期文艺只能发出政治绝对正确的声音。因着其权威性，也就意味着《讲话》会成为一种政治实践，文艺创作不仅要成为政治的晴雨表，也要成为"团结人民，教育人民，打击敌人，消灭敌人的有力武器"⑥。

詹姆逊所谓的"文学是政治的"指的是一种文本阐释学的视野。他将社会、历史、政治作为一切阅读和阐释的最终视域，文本阐释要摆脱语言的牢笼、超越形式的规范，通过"症候分析"的方法探索在叙事断裂的罅隙中不曾说出的部分，破除文本意识形态的遏制，探寻文本被遮蔽、被忽略的政治无意识。在这个语境中，詹姆逊才说出了他的至理名言："一切事物都是社会的和历史的，事实上，一切事物说到底都是'政治'的"⑦。但由于叙述并不能直接地再现历史，文本阐释必须向文本之外的各种关系敞开，打破本身的局限性和意识形态的闭锁，使叙事话语实践与社会、历史、政治之间建立一种联系，使后者成为文本的潜在文本。这里詹姆逊实现了对文本强有力的重构，文本"已不再被理解成狭义的个别'文本'或作品，而在形式上被重构成伟大的集体和阶级话语"⑧，"文化文本实际上

---

① 毛泽东：《在延安文艺座谈会上的讲话》，人民出版社1975年版，第28页。

② Fredric Jameson, *The Political Unconscious*, Ithace：Cornell University Press, 1981, p. 5.

③ ［加拿大］谢少波：《抵抗的文化政治学》，陈永国、汪民安译，中国社会科学出版社1999年版，第105页。

④ 毛泽东：《在延安文艺座谈会上的讲话》，人民出版社1975年版，第32页。

⑤ 同上书，第27页。

⑥ 同上书，第2页。

⑦ Fredric Jameson, *The Political Unconscious*, Ithace：Cornell University Press, 1981, p. 5.

⑧ Ibid. , p. 61.

被作为整个社会的寓言模式"①。詹姆逊强调的是一种个人化的书写并不一定是破碎的、单一的、羸弱的,其背后必然有这个社会、历史和政治无意识的烙印。显然,詹姆逊所谓的"文学是政治的"与"文学服务政治"南辕北辙。可以看出,詹姆逊对毛泽东思想的化用是保留能指,改变所指,即"乌托邦""文学为政治"的这一符号的表面意义被保留,而其深层的意义已经被置换成新的内容。

经过理论旅行、语境抽离和意思化用,毛泽东的政治实践话语转变为一种文化策略,在詹姆逊后现代文本阐释中获得新的生命。如果顺势看去,中国的文化资源和实践经验远渡重洋在不同的时空中发酵、转化,被肯定、被吸收,进而对当代西方马克思主义文化阐释有诸多启示和影响,这无疑是一种难得的理论再生产过程。但如果逆向来看,以西方理论家重新酿制的、理想化了的中国经验去理解或反证当代中国的文化和实践时,一定要多加警惕,因为它已不再是原来那个真实的中国经验。

(原载《文艺理论研究》2016 年第 6 期)

---

① Fredric Jameson, *The Political Unconscious*, Ithace: Cornell University Press, 1981, p. 18.

马克思主义文论经典问题研究

马克思主义批评理论的前史形态[*]

——试论马克思恩格斯 1833—1844 年的批评理论

张永清

　　时至今日，面对浩如烟海的马克思主义文论的相关研究文献，我们对任何问题的关注都极有可能陷入某一既定理论范式的牢笼。从马克思主义批评理论这一问题出发，我们发现：国内外以往的诸多研究倾向将马克思、恩格斯 1844 年以后的相关批评思想与实践即"初始形态"① 作为马克思主义批评的"理论基点"，而对马、恩此前的文学活动等做了现象学式的"悬搁"处理。这种相关的研究态势都或多或少存在着对马、恩自身批评观念、批评实践整体性的"任性"割裂，缺少对马克思主义批评理论完整性的关注。

　　因此，无论是从马克思、恩格斯自身批评观念、批评实践的"嬗变"出发，还是从马克思主义批评理论的完整性考虑，我们都有必要重新"追溯"它的"理论基点"：由"历史起点"和"逻辑起点"构成的理论基点

---

　　* 基金项目：教育部人文社会科学项目规划项目"马克思恩格斯（1844 年 8 月 28 日之前）的批评理论"（2014010203）。

　　① 笔者根据理论界关于"何谓马克思主义"的相关讨论，提出了马克思主义批评理论的五个"历史形态"与一个"发展形态"。其中，五个"历史形态"分别是前史、初始、科学、政治以及文化形态；一个"发展形态"指的是当代马克思主义批评理论的"中国形态"。之所以说前者是"历史形态"，是因为它们曾作为某一历史时期的理论潮流，引导、规范甚至主宰所处时代的批评格局，形成自身独有的问题域、话语系统、文体风格，体现所处时代的批评精神；之所以说后者是"发展形态"，是因为它还没有形成真正属于自己的、相对完备的理论形态、核心问题以及批评特征等，还需要在对以往的批评形态与其他理论资源充分吸纳的基础上进行不断创新和构建。需要说明的是，以上只是提出问题，对一些重要问题只作了粗略描述，尤其是关于马克思主义批评理论五个历史形态的划分依据以及它们之间的关系等问题，都未能作更深入的剖析。鉴于此，笔者将以系列论文的形式对其中的一些重要问题作进一步的思考与探索。本文主要围绕"前史形态"这一论题作相关探究。

产生于马克思主义批评的"前史"时期（1833 年至 1844 年 8 月），这一
时期的相关思想构成了他们批评理论与实践的"前史形态"。需要指出的
是，相当一部分研究者并不否认"前史形态"是马克思、恩格斯思想整体
性的一个必然组成部分，但认为它不是马克思主义的，因而不属于马克思
主义批评理论的组成部分。而笔者认为，马克思、恩格斯 1833 年至 1844
年 8 月这一时期的文学及其相关活动是马克思主义批评理论不可或缺的有
机组成部分，它不仅构成了马克思主义批评理论的"前史形态"，而且还
是马克思主义批评理论其他五种批评形态的"基石"，它在马克思主义批
评理论史中有着无可替代的意义和作用。鉴于此，文章主要就以下三个问
题作一些探讨：缘何提出"前史形态"这个问题以及马克思、恩格斯在
"前史"时期的文学及其他活动的基本情况；国内外既有研究的基本状况；
国内外研究存在的主要问题以及加强对"前史形态"研究的理论意义和现
实意义。下面我们就围绕上述问题分别展开论述。

一

客观地讲，由于不同研究者关注的问题及视角不同，因此对马克思主
义思想发展的阶段划分自然会存在不同甚至是本质性的差异，比如关于
"两个马克思""认识论断裂"以及所谓的"恩格斯主义"等问题的相关
争论。众所周知的"巴黎相见"① 未必是学界公认的划分马克思主义"之
前"与"之后"的里程碑，但一定是马克思、恩格斯两人"思想独立期"
与"理论共创期"的分水岭。就文学活动，尤其是批评理论这一问题而
言，"1844 年 8 月 28 日"马克思和恩格斯的"巴黎相见"之所以是划分
"前史形态"和"初始形态"的基本"坐标"，原因在于：一方面宣告了
他们各自独立从事文学、哲学、政治等活动历史的结束；另一方面又昭示

---

① "巴黎相见"并非马克思、恩格斯两人的首次见面，而是他们的第二次"握手"。第一次
是在 1842 年 11 月，马克思当时正担任《莱茵报》主编，由于"自由人"的问题，马克思对前往
英国途中专程绕道科伦来访的恩格斯十分冷淡。此外，在编排体例上，《马克思恩格斯全集》中文
新版与旧版存在的显著差异之一就在于前者就是以"巴黎相见"来"划界"的：第一、二、三卷
收录的是马克思、恩格斯 1844 年 8 月之前的论著，其中，第一卷是关于马克思 1833 年—1843 年 3
月（退出《莱茵报》）期间的著作；第二卷是关于恩格斯 1833 年 12 月—1842 年 10 月（去英国
前）的著作；第三卷则是关于两人此后到 1844 年 8 月前的著作。在我们看来，这样的编排既符合
两人思想发展的实际状况，也体现了对历史事实的充分尊重。

着两人携手"共创"马克思主义历史的开启，《神圣家族》① 即是肇端。
毫无疑问，"巴黎相见"之前的马克思和恩格斯各自"独立"从事文学、
政治、思想活动和理论研究工作，不存在任何"合作"的情况。如果说两
人之间存在思想影响的话，那么这种影响还只是单向度的而非交互性的，
主要是恩格斯对马克思的思想产生了影响，比如《国民经济学批判大纲》
对《1844 年经济学哲学手稿》的影响。②

　　还需要指出的是，在笔者粗略概括的马克思主义批评理论六大形态
中，只有"前史"和"初始"这两种形态属于马克思、恩格斯本人思想整
体的有机部分，其他几种形态都是由不同历史时期的思想家和理论家发展
而成的。在此之所以强调这种区分，是因为它不仅关系到如何准确理解
"前史"与"初始"这两种形态在马克思、恩格斯本人的批评观念和批评
实践方面存在的共性与差异性等问题，而且关系到这两种形态在整个马克
思主义批评理论整体格局中的位置与功能等问题。从某种意义上讲，马克
思、恩格斯的文学批评观念、批评思想等固然与其哲学、宗教、政治等思
想密切关联，但更为重要的是，他们早期的文学观念、审美趣味、批评理
论与实践等更为集中地体现在其文学创作、文学评论中。基于这种基本判
断，与以往研究注重"初始形态"以及与其他形态之间的断裂性、差异性
不同，我们把探究的重点转换到了"前史形态"以及这一形态与其他形态
之间的关联性、同一性等问题上。

　　笔者主要从创作、评论、书信以及政论、哲学论著等方面重点考察马
克思、恩格斯的文学观念及其相关活动。与现有的其他各种划分方式略有
不同的是，我们以马克思、恩格斯是否主要从事文学活动为依据，将 1833
年至 1844 年 8 月这一"前史"时期也分为前后两个阶段：对马克思而言，
前一阶段（1833 年—1841 年 4 月）③ 即特利尔、波恩、柏林时期，后一阶

---

　　① 由于恩格斯在巴黎只停留了 10 天左右就回到了家乡巴门，因此只写了一小部分，大部分
由马克思撰写，但出版时，马克思将恩格斯署为第一作者。有关《神圣家族》的相关情况，具体
见恩格斯在巴门期间给马克思的四封信：1844 年 10 月初、1844 年 11 月 19 日，1845 年 1 月 20
日、1845 年 3 月 17 日，参见《马克思恩格斯全集》第 27 卷，人民出版社 1972 年版，第 9、13、
26、30 页。
　　② 根据现有的考证和研究，马克思《1844 年经济学哲学手稿》大约写于 1844 年 5 月底 6 月
初至 8 月，先于"巴黎相见"。
　　③ 马克思 1841 年 3 月 30 日毕业于柏林大学，1841 年 4 月 15 日获得耶拿大学哲学博士学位，
意味着马克思大学生活的彻底结束。

段（1841 年 5 月—1844 年 8 月）即《莱茵报》、克罗茨纳赫、巴黎时期；对恩格斯而言，前一阶段（1833 年—1842 年 10 月）即巴门、不来梅、柏林时期，后一阶段（1842 年 11 月—1844 年 8 月）即英国时期。总体看来，前史时期的马克思有论著 170 部（篇）左右，恩格斯有论著 94 部（篇）左右。一个有趣的现象是，马克思、恩格斯两人在前一阶段均为"文学青年"，而在后一阶段又"不约而同"地"放弃"文学，因此，前一阶段是他们从事文学活动的最为重要的历史时期。

从现有的文献资料看，在马克思前一阶段的 126 部论著中，除 3 篇中学作文和 1 篇博士论文外，其余的均为诗歌①等文学作品。从创作看，马克思的文学活动最早始于 1833 年，最晚结束于 1837 年年底 1838 年年初，前后持续时间大致有 5 年，但主要作品是他在波恩大学和柏林大学的前两年，尤其是在 1836 年创作的。从参与的其他文学活动看，作为法律专业学生的马克思在大学的第一年不仅选修了希腊罗马神话、荷马研究诸问题、近代艺术史、普罗佩尔提乌斯的哀歌等文学艺术方面的课程（它们占其修课总量的 40%），而且还参加了波恩大学的青年诗人小组。从这一时期父子之间的 18 封书信看，创作诗歌、编写剧本、筹办文学刊物等内容构成了其中 8 封书信的主题，而戴上"诗人"的桂冠无疑是青年马克思的第一人生"梦想"，这样的理想使得他的父亲不无忧虑："如果看到你成了一个平庸的诗人，我会感到伤心的。"② 与前一阶段形成鲜明对比的是，马克思在后一阶段已从文学转向了政治、哲学、经济学等活动，在诸如《评普鲁士的书报检查令》《黑格尔法哲学批判〈导言〉》《论犹太人问题》等44 部（篇）政治、哲学、经济等方面的论著中，既无文学创作也无批评

---

① 它们分别为：中学时期 2 首；大学时期 118 首；未完成的悲剧、小说各 1 部。其中，马克思大学时期的诗歌主要分为三个部分：第一部分为献给燕妮的诗，有《爱之书》第一、第二部和《歌之书》一部；第二部分为献给父亲的诗集；第三部分则是马克思的姐姐索菲娅抄录于纪念册和笔记本的诗歌，这些诗歌有些与前两部分重合，有些则是前两者所没有的。第一部分的三本诗集分别有 12、22、23 首，总计 57 首；第二部分有 36 首诗歌，1 部未完成的悲剧《乌兰内姆》以及 1 部未完成的幽默小说《斯考尔皮昂和菲利克斯》；索菲娅的纪念册摘录 39 首、笔记本摘录 10 首，总计 49 首，其中与前两部分重复的有 22 首，实际为 27 首。具体见《马克思恩格斯全集》第 1 卷，人民出版社 1995 年版，第 467—926 页。

② 《马克思恩格斯全集》第 47 卷，人民出版社 2004 年版，第 523 页。

方面的任何专论。① 不过，文学依然是马克思十分关注的"话题"之一，他关于悲剧、美学、内容与形式以及诗人与作品之间关系等的深刻论述主要是通过散见于上述这些论著，尤其是《1844 年经济学哲学手稿》中这一非系统的方式来呈现的。从发表的角度看，马克思以《狂歌》为总标题于 1841 年 1 月 23 日在《雅典神殿》杂志第 4 期发表的《小提琴手》和《夜恋》两首小诗，是他在大学期间以自己的名义正式发表的第一篇作品，也是他一生中唯一发表的文学作品。此外，如果仅就保留下来的文献资料来看，马克思一生从未写过一篇完整的美学论文或一篇正式的文学评论。

恩格斯在前一阶段共有 65 部论著②，其中，文学创作与评论等占 37 部（篇），其他如政论、通讯、哲学等 28 部（篇）。从创作看，恩格斯的文学活动最早始于 1833 年，最晚结束于 1842 年 6 月，前后持续时间大致有 9 年，但其著述主要是在不来梅期间完成的（1838 年 9 月—1841 年 3 月）。③ 与马克思完全专注于创作活动不同，恩格斯不仅当时就是小有名气的"青年德意志"诗人，而且还是有一定影响力的"青年德意志"的文学评论家。从这一时期的 56 封书信看④，恩格斯有关文学、宗教、政治、哲学等问题的讨论就占了三分之一。不过，恩格斯书信的主题不像马克思那样主要是在"父子之间"，而是在"同学之间"展开讨论，这些书信不仅表达了恩格斯成为"巴门市的诗人"⑤ 的文学理想，而且还谈及了他作为

---

① 尽管马克思在 1842 年 3 月 20 日、4 月 27 日致卢格的信中谈及了自己论宗教艺术、浪漫主义等文章，但并未保留下来。具体见《马克思恩格斯全集》第 47 卷，人民出版社 2004 年版，第 26—28 页。从文献留存角度看，马克思在整个前史时期没有一篇文学评论方面的专论。

② 《马克思恩格斯全集》第 2 卷，收录 57 部（篇），人民出版社 2005 年版；《马克思恩格斯全集》第 47 卷，收录 7 部（篇），人民出版社 2004 年版。此外，还有 1 首中学的诗作《伊托克列斯和波吕涅克斯决斗》收录于《马克思恩格斯全集》第 41 卷，人民出版社 1982 年版，第 644—647 页。

③ 在 37 部（篇）的作品和评论中，巴门期间 5 部（篇）；不来梅期间 29 部（篇）；柏林期间 3 部（篇）。

④ 家信 32 封，给卢格 3 封，给莱文·许金 2 封。其中，在给格雷培兄弟的 19 封书信中，内容不仅有恩格斯的文学创作、文学评论，而且有恩格斯的宗教、政治、哲学思想的发展历程的真实展示，是研究恩格斯文学与思想、批评观念等的珍贵文献。比如，诗歌《佛罗里达》以及以报刊为名的《讽刺短诗》（1839 年 1 月 20 日），评论《当代文学》（以青年德意志为题，1839 年 4 月 8—9 日），悲喜剧《刀枪不入的齐格弗里特》（1839 年 4 月 24 日—5 月 1 日），德文六步韵诗《诗作》（1839 年 4 月 29 日），文学评论《当代文学文稿》（1839 年 5 月 24 日—6 月 15 日）、小诗《德意志的七月的日子》（1839 年 7 月 27 日）等，具体参见《马克思恩格斯全集》第 47 卷，人民出版社 2004 年版。

⑤ 《马克思恩格斯全集》第 47 卷，人民出版社 2004 年版，第 173 页。

诗人的前途，"据说我作为一个诗人已经完了，许多人正在为此争论不休"①。在后一阶段，恩格斯与文学也渐行渐远，从文学彻底转向政治、哲学、经济等活动，在诸如《英国对国内危机的看法》《伦敦来信》《国民经济学批评大纲》《论卡莱尔的〈过去和现在〉》《大路上的运动》等 29部有关社会、政治、经济等方面的论著中，恩格斯同样是既无一部作品也无一篇美学或文学方面的专论，其相关的文学艺术思想也散见于上述论著中。从发表的情况看，恩格斯于 1838 年首次发表诗作《贝都英人》；在"前史时期"发表了 10 余首诗歌、3 篇游记、9 篇文学评论；在此后的"初始时期"也有诸如《诗歌和散文中的德国社会主义》等评论的正式发表。需要指出的是，无论是创作、评论还是政论、通讯等，前一阶段的恩格斯发表时都用"笔名"而非"实名"；只有到了后一阶段即以 1842 年12 月 8 日刊于《莱茵政治·商业和工业日报》上的《英国对国内危机的看法》一文为肇端，恩格斯才使用"实名"发表自己的论著。

还需要指出的是，马克思、恩格斯在"前史时期"前后两个阶段的这种"巨变"，即放弃文学梦想，不仅有来自家庭、社会、时代等诸多"外在"因素的深刻影响，也有他们对自身文学天赋等内在因素的客观认识与正确判断。比如马克思写道："对当代的抨击，漫无边际、异常奔放的感情，毫无自然的东西，纯粹的凭空想像，现有之物和应有之物的截然对立，以修辞上的刻意追求代替充满诗意的构思，不过或许也有某种热烈的感情和奋发向上的追求……无边无际的、广泛的渴求在这里以各种形式表现出来，使'精炼'变成了'冗长'。"② 再比如，恩格斯写道："我对自己的诗和创作诗的能力，日益感到绝望……每当我读到一首好诗时，内心总是感到苦恼：你就不能写出这样的作品！"③ 正因如此，马克思才大约在1837 年年底 1838 年年初"忍痛割舍"了心爱的文学，一头扎进黑格尔及其左派的哲学世界，之后转向费尔巴哈、空想社会主义等哲学和社会理论著作，其思想经历了从费希特主义、青年黑格尔主义、费尔巴哈主义到孕育"历史唯物主义"的"蜕变"过程。与马克思的情况相似，恩格斯尽管于 1839 年 11 月声称他"正处于要成为黑格尔主义者的时刻"④，这只表明

---

① 《马克思恩格斯全集》第 47 卷，人民出版社 2004 年版，第 277 页。
② 同上书，第 7 页。
③ 同上书，第 95 页。
④ 同上书，第 224 页。

他正经历着从文学的"青年德意志分子"转向哲学的"青年黑格尔主义者"的思想"阵痛"期，只有到了1841年，恩格斯才彻底放弃了文学的优先性而将哲学、政治等置于首要地位，此后他不仅参加了青年黑格尔派、"自由人"团体等哲学活动，而且在英国期间还了解了英国社会、宪章运动以及工人阶级状况等，从不同于马克思的路径"孕育"出了"历史唯物主义"思想的幼芽。

二

围绕本文探究的核心论题，笔者拟从国外与国内两个方面分别对批评理论"前史形态"的相关研究做粗略描述和概要分析。简言之，国外的研究可以大致划分为：19世纪90年代至20世纪20年代、20世纪30年代至60年代、20世纪70年代至今三个时期；国内的相关研究也可以大致分为20世纪30年代至70年代、20世纪80年代至今两个时期。

先从国外的相关研究来看。首先，从严格意义上讲，19世纪90年代至20世纪20年代不仅是批评理论"前史形态"研究的萌芽与胚胎期，而且也是列宁主义与西方马克思主义的产生与形成期。① 就"前史形态"的相关研究而言，只有极个别论著、传记等注意到了马克思、恩格斯的文学创作及评论，还谈不上对其作全面、系统、深入的专门研究。我们认为，这主要源于两方面的原因：一方面，尽管确有部分著作及相关文献在这一时期得以问世，诸如《马克思恩格斯和拉萨尔的通信》（1902年）、《恩格斯早期著作集》（1920年）、《马克思传》（1919年）等的出版以及《新时代》《德意志评论》等刊物登载的部分创作、评论、书信等，但其他"原始"文献资料毕竟尚未得到整理与出版，客观上影响人们的思想认识和理论判断；另一方面也许是更为重要的原因，与以考茨基等为代表的第二国际多数理论家的认识偏颇密切相关，他们主要把马克思、恩格斯视为经济

---

① 《怎么办》（1902年）、《党的组织与党的出版物》（1905年）、《唯物主义和经验批判主义》（1908年）等论著标志着列宁主义的形成。1923年，卢卡奇的《历史与阶级意识》、柯尔施的《马克思主义与哲学》问世以及法兰克福社会研究所的成立，则标志着西方马克思主义的出现。对研究所而言，对文学艺术真正产生影响则要到20世纪30年代，由霍克海默于1931年接任所长之后，其研究重心与旨趣才发生了根本性转变：即由此前追求的经济学、历史学式的实证性分析转向哲学、文化等跨学科的总体性社会批判。参见马丁·杰伊《法兰克福学派史》，广东人民出版社1995年版。

学、社会学而非哲学、文学、美学等理论的奠基者与创建者。换言之，在他们看来，由于马克思、恩格斯的文学及其批评活动只具"业余性"而不具"专业性"，自然就不需要对其文学思想、批评观念、审美理想等进行认真挖掘与细致阐发，因而就将研究的重心置于把"历史唯物主义"等基本原理逐步"拓展"到文学、艺术和美学领域这一问题上。在这样的认知视野里，梅林、普列汉诺夫在当时被公认为马克思主义美学与文学批评等方面的奠基者，梅林主要通过"走向康德"，而普列汉诺夫则主要通过引进"实证主义"来完成这种建构。比如，20世纪20年代的苏联文学理论界有一种观点：尽管梅林既是马克思、恩格斯著作尤其是文学文献资料的最早的整理者与编辑者，是最早对马克思、恩格斯相关文学活动作具体分析和判断的研究者，同时也是在文艺批评领域内运用历史唯物主义的开拓者，但在基本原理的系统化方面，普列汉诺夫而非梅林才是马克思主义美学理论的真正奠基者，卢那察尔斯基的相关论断就十分典型地体现了此种认知。① 顺便提及的是，"拉普"在20世纪30年代之所以被清算，其严重错误之一就在于他们要为"恢复普列汉诺夫的正统而斗争"。

其次，20世纪30年代至60年代是"前史形态"研究的形成和发展时期，同时也是马克思主义批评理论的两大传统②即列宁主义与西方马克思主义的确立和繁盛期。对批评理论的"前史形态"而言，20世纪30年代具有极其重要的标志性意义，这是因为里夫希茨、卢卡奇等在理论与批评方面完成了两项"首创性"工作：其一，他们完全"恢复"了马克思、恩格斯在马克思主义美学、文学、艺术领域内不可动摇的"奠基者"地位，当然，这一活动并非孤立进行而是与"去普列汉诺夫化"③④、确立列宁作为马克思主义批评理论的继承者尤其是发展者的地位等同步推进的；其二，他们不仅对马克思、恩格斯的前史时期的创作、评论等作了较为全面的审视，而且将文学、美学观念与其哲学、经济等思想之间的关系作为一

---

① ［苏联］卢那察尔斯基：《关于艺术的对话：卢那察尔斯基美学文选》，吴谷鹰译，生活·读书·新知三联书店1991年版，第300—301页。

② 与柯尔施、葛兰西、里夫希茨、希列尔等不同，卢卡奇在两大批评潮流中都扮演了极为重要的角色，理论地位很独特：他不仅是"西方马克思主义"的先驱者，而且是"正统马克思主义"最具代表性的人物之一。另外，希列尔还有希里尔、谢勒等译法。

③ ［苏联］米海伊尔·里夫希茨：《马克思恩格斯论艺术》，曹葆华译，人民文学出版社1960年版，第12页。

④ ［匈］卢卡奇：《卢卡奇自传》，李渚青、莫立知译，桂冠图书公司1990年版，第130页。

个整体来把握。

之所以能够取得上述的理论突破，与以下两个重要因素密不可分：其一，马克思、恩格斯的部分"原作"及资料选编本①首次面世，它们毋庸置疑地为哲学、美学、文论等的研究提供了最基本也是最坚实的文献基础，比如，《1844 年经济学哲学手稿》不仅在哲学上引发了"两个马克思"的争论，而且开启了马克思美学理论研究的先河。其二，开拓性研究论著的相继问世。1933 年，里夫希茨的《马克思的艺术哲学》出版，小册子共有 14 个部分，其中，前九部分主要讨论前史时期论著中的文学艺术问题。里夫希茨十分自觉地将审美和艺术问题与马克思的思想整体发展联系起来研究；十分关注马克思早期书信以及散见于其他著作里的美学、艺术思想②；比如，他认为马克思在其精神生活的第一阶段完全被浪漫主义所主宰③，以及马克思的诗歌具有席勒式的语言和风格等。同样是在1933 年，希列尔的《文学批评家恩格斯》一书首次对恩格斯的文学批评思想作了较为全面、系统的阐释，其中的第一章主要关注的就是恩格斯在"前史时期"的创作和评论；认为恩格斯的文艺思想不是"片言只语"式的"意见"，而是呈现出某种整体性的典范。④ 卢卡奇早在 1930—1931 年就完成了《马克思、恩格斯和拉萨尔之间的济金根论争》一文；在 1935年的《作为文艺理论家和文艺批评家的弗里德里希·恩格斯》一文中，他不仅对恩格斯不同时期的批评理论作了整体性剖析，而且首次提出了"伟大的现实主义"这一理论问题。

在 20 世纪 40 年代至 60 年代，除了以科尔纽的《马克思恩格斯传》等为代表所秉持的"正统"观点外，研究者中再度出现了质疑甚至根本否定美学、文学、艺术是马克思主义理论有机部分的"另类"声音。它以两种迥然不同的形式呈现：其一，以德国的彼特·德梅兹的《马克思、恩格斯和诗人们》（1959 年）的论著等为代表，通过对马克思、恩格斯创作、

---

① 1932 年，《1844 年经济学哲学手稿》《德意志意识形态》以及马克思、恩格斯"五封书信"等出版；1933 年，由卢那察尔斯基主编、里夫希茨和希列尔编辑的《马克思恩格斯论艺术》出版。

② 由于马克思致燕妮的三本诗集在 20 世纪五六十年代才得以收集整理完毕，里夫希茨在这一时期对原始文献的掌握还不能说已十分完备，但也比较详尽了。

③ Mikhail Lifshitz, *The Philosophy of Art of Karl Marx*, London：Pluto Press，1973，p. 14.

④ 吴元迈：《关于马克思恩格斯的文艺遗产——西方对马恩文艺遗产研究的历史考察》，载《江淮论坛》1982 年第 5 期。

评论、书信等文本的具体分析后认为，马克思、恩格斯的文学思想并无原创性；其二，以法国的列斐伏尔、费歇尔、戈德曼等为代表，认为马克思、恩格斯关于美学、文学的思想已经"过时"，转而挖掘他们的哲学、社会学、经济学思想，力图在此基础上与其他理论资源进行整合后创新马克思主义美学与文论。

最后，20世纪70年代以来则是批评理论"前史形态"研究的反思和深化期。《马克思恩格斯全集》俄文第二版、英文版等在这一时期陆续出齐，为"前史形态"等相关研究提供了相对完备的资料基础。除此之外，这一时期的研究总体上还呈现出以下几个显著特征。其一，从研究的地理图谱看，英美地区成为相关研究的重镇，主要以英国的柏拉威尔、伊格尔顿、威廉斯以及美国的詹姆逊、维塞尔、莱文等为代表。此外，一个不争的事实是：在批评理论的两大传统中，苏联的影响力在日渐式微、而西方的影响力在不断扩大，威廉斯的论断具有一定的代表性："马克思主义文化及文学理论首先是由普列汉诺夫根据恩格斯晚期著作的观点加以系统化，随后又由苏联占主导地位的马克思主义流派加以普及……我那时还从不同的视角阅读了英国30年代马克思主义者特别是克里斯托弗·考德威尔的著作，有关考德威尔的争论颇具代表性。"① 人们十分熟知的是，英国马克思主义的文化批评在这一时期经历了"葛兰西转向""阿尔都塞主义"等思想的洗礼，在此不再赘述。其二，从探究问题时的"切口"看，存在着程度不一的"视角反转"倾向。比如，柏拉威尔认为，自己之所以刻意区别于此前里夫希茨等的《马克思恩格斯论艺术》（1933年）那种以"主题"形式编选材料的结构方式，是因为它往往混淆了马克思不同时期的言论以及马克思和恩格斯共同的见解，按照年代顺序组织材料的结构方式则能更好地呈现出马克思批评观念的起源及演进。② 再比如，与此前诸多研究者多从哲学、经济学、社会学等视角审视它们对马克思的文学、美学的深刻影响不同的是，维塞尔在《马克思与浪漫派的反讽》（1979年）中则以诗学作为基本理论立场来审视它在马克思的哲学等思想发展过程中的功能与作用等。其三，相比较而言，尽管诸多研究者在批评理论是马克

---

① ［英］雷蒙德·威廉斯：《马克思主义与文学》，河南大学出版社2008年版，第3—4页。
② ［英］希·萨·柏拉威尔：《马克思和世界文学》，生活·读书·新知三联书店1982年版，第1页。

思主义理论系统中的有机构成部分这一问题上取得了高度"共识"，但依然将论述的重心放在"初始形态"方面，对"前史形态"往往都是一笔带过，诸如伊格尔顿的《马克思主义与文学批评》、詹姆逊的《马克思主义与形式》等著作中的相关论断即是"佐证"。当然，也有以莱文等为代表的一些研究者不仅有意识地区分"前史时期"马克思、恩格斯的哲学思想，而且还注重它们与文学之间关系的探究，比如莱文认为："在1839年至1940年末这段时间，青年恩格斯是一个文学研究者，主要关注的是黑格尔与艺术有关的思想。青年恩格斯试图在美学领域确认黑格尔的重要性。"①

为了避免重复，下面我们将以国外相关研究作为基本理论参照，来简述国内的相关研究：第一阶段即20世纪30年代至70年代末，其问题框架与理论范式基本上是"苏联化"的即列宁—斯大林主义的；第二阶段即20世纪70年代末80年代初至今，其问题框架与理论范式则基本上经历了由起初的"苏联化"到中后期的"西马化"发展态势。概言之，理论界在第一阶段主要关注的是典型、物质生产与艺术生产的不平衡、美学的与历史的观点、悲剧、莎士比亚化、席勒式、文艺的上层建筑性与意识形态性，以及现实主义与浪漫主义等问题。此外，与20世纪50年代国内围绕《1844年经济学哲学手稿》讨论而形成的美学热相比，由于文献资料等方面的原因，整个第一阶段还谈不上对批评理论"前史形态"的真正研究，其中心工作之一是翻译马克思、恩格斯的相关著作及其研究论著，但绝大部分中译本不是直接源于德文本而主要是通过俄文本以及日文本、英文本等。需要特别说明的是，与苏联相似，20世纪30年代对我们也同样具有"肇始性"意义，瞿秋白、陆侃如、胡风、孟式钧、稚吾、曹葆华等几乎是在"第一时间"分别从俄文、日文、英文、法文等翻译了马克思、恩格斯有关悲剧、现实主义等问题的"5封书信"，以及里夫希茨论马克思的2篇论文、希列尔论恩格斯的5篇论文等。② 在20世纪40年代至70年代，里夫希茨等的《马克思恩格斯论艺术》多个节译本、全译本与格·索洛维耶夫的《马克思恩格斯论文学》等译本相继出版；梅林的《马克思传》、

---

① ［美］莱文：《不同的路径：马克思主义与恩格斯主义中的黑格尔》，臧峰宇译，北京师范大学出版社2009年版，第143页。

② 刘庆福：《苏联有关马、恩文艺论著的编译和研究论著在中国的传播》，载《苏联文学》1983年第2期。

梅尔的《恩格斯传》、科尔纽的《马克思恩格斯传》及格姆科夫的《恩格斯传》与《马克思传》等不同译本也陆续出版。上述这些文献充其量只能为"前史形态"的相关研究提供"第二手"资料，只有到了第二阶段，《马克思恩格斯全集》中译本第 40 卷、第 41 卷于 1982 年的出版才能说是为"前史形态"的研究提供了"第一手"资料。此前，柏拉威尔的《马克思和世界文学》、伊格尔顿的《马克思主义与文学批评》以及《卢卡奇文学论文集》等中译本已于 1980 年出版，这些研究著作的部分内容与"前史形态"密切相关。从某种意义上讲，它们共同促成了国内研究①"前史形态"批评理论的小高潮，前后大致持续了 3 年的时间。因此，尽管"前史形态"这一问题不是第二阶段理论研究的"重中之重"，但也是这一阶段十分抢眼的"亮点"之一。不过，1985 年之后，随着"西马"等思想潮流的席卷而来，时至今日这一问题也很少再被人"问津"。

三

在前一部分对国内外的相关研究作"历时性"描述的基础上，我们在这一部分着重审视在既往研究中存在的整体性问题。由于马克思、恩格斯在"前史时期"是独立从事文学、哲学活动的，这也就要求我们将马、恩两者"分开来谈"。

先来看对马克思的相关研究。究竟如何认识"诗人"马克思的诗作？理论界存在着以梅林等为代表的"狭义化"与以维塞尔等为代表的"扩大化"两种截然相反的观点。梅林在《马克思传》中作出了如下论断："这些青年时代的诗作散发着平庸的浪漫主义气息，而很少响彻着真实的音调。而且，诗的技巧是笨拙的，这种情况在海涅和普拉顿之后是不应该再

---

① 这一时期代表性论文有：陈历荣：《恩格斯青年时代的文艺创作活动》，载《西南师范大学学报》（人文社会科学版）1980 年第 3 期；曹俊峰：《恩格斯早期文艺观》，载《复旦学报》（社会科学版）1981 年第 1 期；陈辽：《论马克思主义产生前的马克思文艺思想》，载《徐州师范学院学报》1983 年第 1 期；陈辽：《青年恩格斯的文学活动》，载《锦州师范学院学报》（哲学社会科学版）1983 年第 2 期；许崇信：《青年马克思——学习〈马克思恩格斯全集〉第四十卷札记》，载《福建师范大学学报》（哲学社会科学版）1983 年第 1 期；王春元：《恩格斯早期美学思想初论》，载《文学评论》1983 年第 2 期；赖耀先：《浅谈青年马克思的诗歌创作》，载《福建师范大学学报》（哲学社会科学版）1983 年第 1 期；林保全：《略谈对马克思青年时代诗歌的评价》，载《广西师范大学学报》（哲学社会科学版）1985 年第 3 期。

出现的……在缪斯放在马克思的摇篮里的诸多天赋中，毕竟没有韵文的才能。"① 梅林这种"就诗论诗""就事论事"的认知方式深刻影响了此后的众多传记作者和研究者：美学、艺术方面的研究者认为它们是"失败之作"而不再关注；哲学、社会学等领域的研究者则认为这些"保留下来的作品只在推动马克思个人心理研究方面值得重视"②，"这些诗歌使我们感到兴趣毋宁说是在传记和心理方面，而不是在文学方面"③。与此相反，维塞尔在《马克思与浪漫派的反讽》（1979 年）中不仅把"诗歌"拓展到了马克思一生的思想活动中，而且提高到了全新的高度："对马克思而言，无产阶级本质上是一种诗力。如果我的论点是对的，那么，理解马克思的诗是理解马克思哲学的关键。"④ 维塞尔认为，不应将马克思的诗仅仅评价为不成熟的浪漫主义诗歌就弃之不顾，抑或仅仅将其放在传记或回忆录里，而应将其早期的浪漫诗定位为渴望主题，并从整体之诗、异化之诗、反抗之诗三个维度来探究马克思哲学等思想的发展。⑤ 值得注意的是，国内的相关研究在 21 世纪之前基本上受到了梅林、里夫希茨等思想观点的深刻影响，而在进入 21 世纪之后，维塞尔的观点受到越来越多的关注。

在我们看来，对马克思"前史时期"的文学、美学思想的相关研究还存在着以下三个方面的突出问题。其一，注重对马克思美学思想的研究而轻视对其文学思想的探讨。比如，将马克思《1844 年经济学哲学手稿》视为其哲学、美学思想的发源地，这一"定论"已经足以看出对其在美学方面真知灼见的高度肯定，但对其文学思想而言，如前所述，由于研究者已经认同或接受了梅林等的判断，因而对其文学思想的研究还不够充分。其二，在对马克思诗歌创作进行分析的过程中，存在着整体性与具体性的双重缺失。整体性缺失表现在：一些研究者要么纯粹从诗歌技巧与形式的角度审视作品，要么纯粹从内容出发只探究马克思思想的崇高面，因而不

---

① ［德］弗·梅林：《马克思传》，罗稷南译，生活·读书·新知三联书店 1956 年版，第 19 页。

② ［德］伊林·费彻尔：《马克思：思想传记》，黄文前译，北京师范大学出版社 2013 年版，第 5 页。

③ ［法］科尔纽：《马克思恩格斯传·第一卷：1818—1844》，刘磊、王以铸、杨静远译，生活·读书·新知三联书店 1963 年版，第 73 页。

④ ［美］维塞尔：《马克思与浪漫派的反讽——论马克思主义神话诗学的本源》，陈开华译，华东师范大学出版社 2008 年版，第 6 页。

⑤ 同上书，第 13—14 页。

自觉地以一种极其片面的方式把艺术的笨拙性与思想的深刻性"对置"起来，从而将作品的整一性割裂开来。具体性缺失则表现为：一些研究者提炼出的某种思想不是"细读"作品的结果，而是用诗歌来"印证"某种外在的既定观念，因而无论将马克思的诗歌视为"浪漫主义"还是"现实主义"，都一样缺乏说服力。事实上，马克思这一时期的部分诗作中还流露出十分明显的宗教意识以及希腊精神，还有一些诗作则体现出他的批评观念、批评风格等，但它们在以往的研究中都是阙如的。其三，对马克思的文学与哲学思想关系的探讨表面上看起来十分充分，实际上还不够细致与深入。比如，《1844年经济学哲学手稿》无疑受到了黑格尔的影响，此说是否也适合于马克思的诗歌创作？再比如，阿尔都塞认为，除了博士论文和《手稿》外，马克思起先是康德和费希特派，之后是费尔巴哈派，但从来都不是青年黑格尔派①，我们又如何在阿尔都塞们和卢卡奇们这种截然不同的论断之间进行取舍，这些思想与马克思的诗歌创作究竟是一种怎样的关系？我们认为，要想作出符合文本实际的判断，不能只在各种论断之间简单地"选边站"，而应回到诗歌作品自身和当时的思想语境中，这样才能确切解决马克思的诗歌缘何就是费希特式的而非黑格尔式的、浪漫主义的而非现实主义的等问题。比如，浪漫主义作为一种影响广泛的社会思潮，涵盖了政治、哲学、宗教、法律、文学等方面，如果马克思曾经是浪漫主义主义者，那么他接受的是哪一层面的浪漫主义；马克思后来对浪漫主义的拒斥究竟是政治、哲学方面的原因，还是审美趣味、艺术理想等方面的原因。凡此种种，都需要我们立足于马克思的诗歌创作，结合他当时的哲学、政治思想等作具体分析。

再来看对恩格斯的相关研究。究竟如何认识诗人与评论家恩格斯的创作与评论？理论界同样存在着以卢卡奇（又译为卢卡契）等为代表的"有意拔高"与德梅兹等为代表的"无端贬损"两种迥然相异的观点。卢卡奇在《作为文艺理论家和文艺批评家的弗里德里希·恩格斯》（1935年）一文中提出了一个核心论断："恩格斯在文学领域的活动始终是由无产阶级解放斗争的伟大任务决定的……他们在文艺理论领域的斗争，从开始阶段起，就已经是针对着无产阶级在阶级意识上的资产阶级化。"② 这一判断是

---

① ［法］路易·阿尔都塞：《保卫马克思》，顾良译，商务印书馆2006年版，第18页。
② ［匈］卢卡契：《卢卡契文学论文集》，中国社会科学出版社1980年版，第1—2页。

卢卡奇"从后往前看"恩格斯的必然结果，但这并不完全符合恩格斯"前史时期"文学活动的实际情况，对思想演进的考察而言，"从前往后看"才是更为恰当的方式。德梅兹于 1959 年出版的《马克思、恩格斯与诗人们》一书为他个人赢得了所谓"马克思主义新批评"的称号。单就书中的各部分标题来看，恩格斯在全书九个部分中就占据了三分之一，是德梅兹重点论述的对象。除此之外，他还对马克思、梅林、普列汉诺夫、卢卡奇以及阿多诺、戈德曼等作了详略有别的理论阐发。与卢卡奇的"褒奖"相反，德梅兹是一种典型的"酷评"，他不仅沿袭了恩格斯文学上的"领路人"——谷兹科的观点，认为无论就创作还是就评论看，恩格斯都不过是"青年德意志的办事员"，甚至有"模仿过度"之嫌，而且还认为马克思、恩格斯在文学艺术方面根本没有值得称道的理论建树，等等。① 从接受与传播范围看，卢卡奇的观点对"苏东"地区与国内的相关研究产生了广泛的影响，而德梅兹的相关观点则在西方学界产生着持续的影响。②

　　对恩格斯"前史时期"文学思想的研究同样存在着以下三个突出的问题。其一，从恩格斯的文学活动轨迹看，绝大多数研究者都认为他是从青年德意志"起步"的，但这种论断缺乏相关根据，并不符合实际。恩格斯本人在 1838 年 9 月 17—18 日致格雷培兄弟的信中明确写道："我现在告诉你们一件很重要的事情：我的西班牙浪漫诗碰壁了，那个家伙显然是一个反对浪漫主义的人"③；在 1839 年 4 月 8—9 日的信中说："我应当成为青年德意志派，更确切地说，我已经是一个彻头彻尾的青年德意志派了"④；在同年 5 月 24 日—6 月 15 日信的署名处还明确标明：弗里德里希·奥斯瓦尔德青年德意志派。由此可见，恩格斯是作为浪漫主义者开始其文学活动，而以成为"黑格尔主义者"终结其文学生涯的。其二，多数传记作者和研究者主要还是从哲学立场、政治倾向、社会理想等方面来探究恩格斯的诗歌创作，而很少关注恩格斯在诗歌形式与技巧方面的成败得失，更谈不上将内容与形式作为一个有机整体来看待。其三，对恩格斯的

---

　　① Demetz Peter, *Marx*, *Engelsand the Poets*：*Origins of Marxist Literary Criticism*, Chicago：University of Chicago Press, 1967, pp. 13—15. 这本书是德梅兹在其耶鲁大学的博士论文基础上修改而成，1959 年以德文首次出版于斯图加特，1967 年的英文版是修订版。

　　② ［美］莱文：《不同的路径：马克思主义与恩格斯主义中的黑格尔》，臧峰宇译，北京师范大学出版社 2009 年版，第 141—142 页。

　　③《马克思恩格斯全集》第 47 卷，人民出版社 2004 年版，第 93 页。

　　④ 同上书，第 139 页。

文学评论未能给予足够的重视，从未进行过深入研究。前文部分已提及，与马克思一生未写过一篇专门的美学论文或文学评论不同的是，恩格斯这一时期撰写了11篇评论，当时刊发的就有9篇，涉及作家论、作品论等内容，它们既是研究恩格斯"前史时期"批评理论与实践的重要文本，也为理解与把握恩格斯批评观念的演变提供了文本基础，比如，在"前史"与"初始"这两个不同时期，恩格斯都有关于歌德、卡尔·倍克、欧仁·苏以及青年德意志等的评论，多数研究往往采取的是孤立化而不是整体化的方式来把握。此外，迄今为止，我们也未能认真探究恩格斯与谷兹科、白尔尼等之间的文学、思想关系，自然也就很难对德梅兹的"非难"作出恰切的理论回应。

　　以上我们分别探究了马克思、恩格斯研究存在的突出问题，这一部分我们还需指出在对两者的研究过程中存在的共性问题。在我们看来，一些研究者在面对马克思、恩格斯的诗歌文本时往往采取了一种描述性而非分析性的研究方式，无法区分两者间存在的共性与差异。比如，细读文本后我们不难发现："自由"不仅是马克思、恩格斯所处时代的主题，也是他们诗歌创作的基本主题之一；不同的是，马克思的诗歌更多的是追求一种个人的情感自由，因而其诗歌的基调是"主情"的，而恩格斯的诗歌更多的是呼唤一种个人的思想自由与政治解放，因而其诗歌的基调是"主理"的。不过，无论他们两位的诗歌是"主情"还是"主理"，都未能做到他们后来所概括的"莎士比亚化"，即未能处理好情感与形式或思想与形式之间的有机关系，不自觉地落到了"席勒式"的窠臼之中。从这个意义上，这一时期的创作甘苦也融贯在此后的批评理论与实践中。此外，尽管马克思、恩格斯都具有广博深厚的文学修养，但两人的诗歌与评论同样也呈现出明显的差异：生长于自由主义家庭的马克思更加注重古希腊罗马传统，普罗米修斯成为马克思一生的精神象征；而出身于虔诚主义家庭的恩格斯则不仅注重德意志民族的文学传统如民间故事，而且比马克思更熟悉"当代德国文学"，浮士德、齐格弗里特等成为恩格斯当时的精神象征。

　　总之，我们有必要回返马克思主义批评理论的"前史时期"，即马克思主义批评的理论基点，进而加强对批评理论"前史形态"的深入研究。那么，我们该用何种态度与方式来展开相关研究？首先，必须回到根基，即回到马克思、恩格斯"前史时期"的诗歌、评论等文本自身，诚如阿尔都塞所言："这是整个当代思想史中最大的丑闻：每个人都谈论马克思，人文社会科学中的所有人几乎都在说自己多少是个马克思主义者。但是谁曾经不怕麻烦地去仔细阅读过马克思、理解他的创新性并接受他的理论结果了呢?"① 其次，回到文本但又不能止步于文本，它还要求我们必须将文本放置于文本得以产生的时代语境与整体思想格局中，同时还必须立足于我们当下的社会现实与文学现状中。只有这样，才能最终构建具有中国特色的马克思主义批评理论。

（原载《中国人民大学学报》2016 年第 3 期）

---

① ［法］路易·阿尔都塞:《黑格尔的幽灵：政治哲学论文集Ⅰ》，唐正东、吴静译，南京大学出版社 2005 年版，第 348 页。

人民性：列宁文论思想的核心与
俄国文艺思想资源

吴晓都

文艺的人民性是马克思主义文艺学的核心概念之一。马克思主义文艺理论历来重视文艺创作和文艺批评中的人民性问题。尽管马克思、恩格斯和列宁在文艺论著中没有直接使用"人民性"这个概念，但是始终坚持文艺的"人民性"思想确实是马克思主义文艺思想的基本内涵之一。而在欧洲进步文艺特别是俄国进步文艺思想的基础上鲜明地提出"艺术属于人民"这一重要的思想原则，则是列宁继承和发展马克思主义文艺人民性思想的主要贡献。从此，人民性就成为以马克思主义为指导的社会主义文艺思想的根本原则。深入探究人民性思想在俄国近代以来的进步文艺思想渊源，有助于我们进一步加深对马克思主义文艺思想发展进程的理解。

一　文艺人民性的基本内涵及其思想来源

文艺的人民性是一个逐步丰富起来的文艺学概念，它从萌芽到成熟有一个漫长的历程。随着时代的发展和文艺思想的成熟，在欧洲文艺批评中，人民性这个文艺学概念历史地衍生出三个层面的含义。首先，人民性指的是从古至今各个民族文学中与人民有关的文艺作品所蕴含的精神品格；其次，人民性是由人民（民间）自己创作的文艺作品；最后，人民性泛指历史上专门为广大底层人民创作（与贵族文艺相比）的文艺作品。因此，在当代，文艺人民性的内涵首先是与民间文学的内涵相互关联、互为涵盖的。而在人民性概念或人民性思想的萌芽阶段则首先是与文学的民族性相关联的。文学或文艺的人民性思想在欧洲文坛的萌芽可以追溯到文艺复兴时期，特别是启蒙主义时代。欧洲文艺从文艺复兴到启蒙运动再到浪漫主义和现实主义文艺的兴起，完成了由神学转向人学的价值信念的过渡，这一转向过程也就是从古罗马帝国精神一统的神学文艺向欧洲各民族国家文学复兴的过程。作家们关于人的理念开始成为文学创作与批评的重心。文艺创作的倾向由原先教会神权主导转向民间世俗价值与精神的弘扬。文艺复兴时期的作家和艺术家主张人的个性解放，而古老帝国的瓦解与民族国家的逐步兴起充分激发了各个民族文化意识的空前高涨。到了欧洲启蒙主义时代，欧洲发达资本主义国家对民间文艺和民族文艺的兴趣愈加浓烈。德国 18 世纪著名作家赫尔德尔率先提出了人民性的概念，不过他的人民性概念更多地指向文艺的民族特点。他重视从民间文学中挖掘民族特点，文艺的人民性思想由此萌生①。

欧洲启蒙主义时代以来，"人民"的概念也是逐步扩展的。最初的人民概念是与平民相对应的，即小生产者、手工业者以及解放了的农奴。而在启蒙时代，"人民"则是小资产阶级的代名词。马克思主义以工人阶级为主体的人民概念是在 19 世纪中期形成的。"在整个 19 世纪，社会问题始终是人们关注的焦点。普通民众的利益诉求越来越强烈，作家对此反应各有不同。很多作家出身富裕阶层，甚至是最高等级的贵族。对于他们，以及对于从 1789 年革命中获得利益的资产阶级来说，尽管革命推广了平等的理念，但人民的概念仅特指一部分人，工人并不包括在其中。可是随着第二次工业革命的发展，工人数量越来越多。"② 到了 19 世纪中期，欧洲工人阶级已成为当时社会舞台和政治舞台的主人，马克思主义经典作家及时把握了这个重要的历史现象，扩大了人民性概念的内涵，从那时起，文艺人民性的主体内涵无疑就是工人阶级和无产阶级。

二　马克思、恩格斯的人民文艺观

马克思主义经典作家认为，"历史活动是群众的事业，随着历史活动的深入，必将是群众队伍的扩大"③。因此，作为历史活动一个重要分支的

---

① НАРОДНОСТЬ ЛИТЕРАТУРЫ，http：//litena. ru/literaturovedenie/item/f00/s00/e0000322/index. shtml.

② ［法］安娜·博凯尔、艾蒂安·克恩：《法国文人相轻史：从夏多布里昂到普鲁斯特》，李欣译，江苏文艺出版社 2012 年版，第 158 页。

③ 《马克思恩格斯论文学与艺术（一）》，人民文学出版社 1982 年版，第 39 页。

文艺活动也必定是群众事业的重要组成部分。马克思、恩格斯极为重视对欧洲民间诗歌创作的研究，关注人民大众的文学阅读取向，注重研究和宣传 19 世纪工人阶级读者群关注的经典作家，如具有民主主义思想倾向的拜伦、雪莱、巴尔扎克、海涅、易卜生等人的创作，在对这些作家的研究中，他们特别注重这些作家创作中的人民性倾向。在 19 世纪中叶，马克思主义文艺思想的人民性立场是鼓励与推动社会与时代新主人翁的进步创作，即鼓励工人阶级或无产阶级的文艺创作，高度肯定鲍狄埃的巴黎公社诗歌，强调劳动人民是时代文艺创作舞台的主人翁。

马克思主义文艺思想的人民性原则不仅是文艺评论的思想标准，而且也是注重文艺审美特点评价的艺术性标准，更是文艺思想立场与艺术建构的辩证统一。无论是对文学典型塑造的评价，还是对文艺批评主体权利的确认，马克思主义经典作家都将人民性立场作为其文艺思想人文逻辑的基础和文艺批评的起点与归宿。马克思对人民历来是作家合格与否的唯一评判者这种权威及权利的力挺，恩格斯对哈根纳斯创作典型性缺失的批评，列宁对艺术归属权问题的强调，都是在文艺批评实践中坚守文艺人民性的思想原则的体现。

马克思文艺人民性的思想还体现为对民间文艺的高度重视。从对古希腊神话到中世纪欧洲各个民歌寓言谚语、同时代反映人民生活与精神特点的小说，乃至民间歌曲和民间招贴画的关注与研究，都彰显了马克思主义经典作家对人民文艺观念的艺术价值的高度重视。弗兰契斯卡－库格曼在《忆马克思恩格斯》中写道："马克思认为屠格涅夫非常真实地描写了俄国人民的特性和他们那种斯拉夫民族的沉毅的感情。"① 可见，描写人民生活与精神的作品都会引起马克思和恩格斯的极大兴趣。马克思主义文艺思想中人民性内涵更是一个不断发展和丰富的思想体系。

三 俄国进步文艺对列宁文艺人民性思想的贡献

当马克思主义的文艺人民性思想传播到俄国后，俄国的马克思主义者接受并进一步推进了这个思想的发展。列宁的文艺人民性思想就是结合了俄国19 世纪进步文学传统、联系当时文化建设实际并努力发展它们的结果。

---

① 《马克思恩格斯论文学与艺术（二）》，人民文学出版社 1982 年版，第 340 页。

　　必须指出的是，明确主张文艺为下层人民创作，特别是强调文艺要关注他们的疾苦，反映广大下层人民的心声，为争取他们的解放而创作，是19世纪俄罗斯进步文学思想对世界文艺学的主要贡献之一。作为较晚崛起的民族文化，俄罗斯文艺是世界文坛中的后起之秀。恩格斯在谈到19世纪最有发展前途的民族文学时就列举了俄罗斯文学和挪威文学，而俄罗斯文学又是欧洲民族解放和民众革命的文学的最突出代表之一。马克思和恩格斯对19世纪的俄罗斯进步文学的人民性倾向有过特别的评价和肯定。恩格斯在研究俄罗斯语言和斯拉夫语言的时候，特别注意研究俄国民歌①。马克思在1871年给兹格弗利德·迈耶尔的一封信中写道："俄国目前的思想运动证明底层深处正在发生动荡，有才智的人总是以一条条无形的线同人民联系着的。"② 马克思当时特别关注俄罗斯工人阶级（尤其是农民）的状况。而俄罗斯进步作家和思想家的许多著作关注的重心是广大下层人民，这与马克思在思想上是十分接近的。这些文化人士的著名代表就有马克思、恩格斯格外关注的文学批评家车尔尼雪夫斯基和杜勃罗留波夫。恩格斯在《流亡者文献》中赞誉他们是"两个社会主义的莱辛"，称赞他们"在理论和实践上有杰出才能和高度毅力""了解工人运动而且也亲身参加工人运动"③。马克思指出："导师车尔尼雪夫斯基的这些著作，给俄国博得了真正的光荣。"④ 这些俄国的文学批评家和思想家对俄罗斯文学人民性思想的发展起到了关键的作用。同样，马克思还高度评价了俄国革命民主主义作家萨尔蒂科夫－谢德林的创作，谢德林"所用的那些民间谚语和俗语，也引起了马克思的注意"⑤，马克思将他的语言比作为"伊索式的语言"，也是充分肯定这位讽刺大师的杰作所达到的艺术人民性的高度。由此可见，马克思主义经典作家对于俄国革命民主主义作家"把对人民生活条件进行清醒的、科学的研究同对人民生活习俗、闪烁着先进革命思想的人民典型和心理进行艺术描绘结合起来的做法"⑥ 是高度认同的。

---

　　① ［苏联］乔·米·弗里德连杰尔：《马克思恩格斯和文学问题》，郭值京、雪原等译，上海译文出版社1984年版，第535页。

　　②《马克思恩格斯论艺术》第2册，曹葆华译，人民文学出版社1963年版，第406页。

　　③ 同上书，第416页。

　　④ 同上书，第436页。

　　⑤ ［苏联］乔·米·弗里德连杰尔：《马克思恩格斯和文学问题》，郭值京、雪原等译，上海译文出版社1984年版，第558页。

　　⑥ 同上书，第559页。

在俄罗斯民族解放后进入社会主义文艺建设新历史阶段的苏联时期，进一步扩大艺术人民性主体的内涵，特别主张提高广大民众的审美情趣，提高劳动人民的艺术鉴赏力，注重吸收俄罗斯进步文学人民性思想资源，推进艺术人民性思想的发展与深化，则是列宁对马克思主义文艺思想的又一个显著的新贡献。

马克思主义发展到列宁的时代是工农联盟携手开展社会主义革命和建设的时代，文艺人民性思想获得了内涵上的扩展。列宁继承了马克思主义文艺思想人民性的核心理念，又在俄罗斯文艺创作成果的民族特色的基础上深化了马克思主义的人民性思想。无论是俄罗斯的现实主义还是俄罗斯的人文主义，都强烈表现出文学的人民性特点。

18世纪是俄国文艺人民性思想的起源阶段。当时的俄罗斯文学处在欧洲启蒙思想的影响下，就已经开始注重民间文学的理念。杰尔查文的抒情诗、诺维科夫的讽刺文学、克雷洛夫的寓言以及苏马罗科夫、赫拉斯科夫的戏剧都不同程度涉及了民间文学与语言素材。俄罗斯文坛开始在克服古典主义缺陷的文艺创作中使用民间文化的元素。普希金的民族文学思想实际上是18世纪进步文学思想的继续和集大成者。普希金在抒情诗和散文创作中强烈地表达了同情人民的倾向，《驿站长》《青铜骑士》寄托对下层市民的同情，《上尉的女儿》在俄国文学史上第一次表达了对农民起义领导者的理解。同样，虽然出身贵族却亲身参与体力劳动、倾向农奴的著名诗人涅克拉索夫直接喊出了"人民的命运，他们的幸福，光明与自由，高于一切""我把竖琴献给自己人民"的口号，高调宣示了他的诗歌创作"为了谁"的鲜明的艺术人民性立场。涅克拉索夫不仅为人民写作，而且教会了后世的俄罗斯作家以人民的眼光看待世界。陀思妥耶夫斯基也充分肯定普希金的文学人民性立场，指出普希金是俄国文学史上第一个与人民保持着血肉联系的作家。他在《普希金》（六月八日在俄罗斯语文爱好者协会大会上的演讲）中谈道："他是一种见所未见、闻所未闻的现象，用我们的话来说，这是带有预兆性的现象……因为这里最大限度地表现了他的俄罗斯民族力量，表现了他诗歌的民族性，其往后发展中的人民性，我们已经融合在现代的未来时代的人民性，这种表现是带有预兆性的。""普希金完全成为一个人民诗人之后，一接触到人民的力量，立即就预感到这种力量未来的伟大使命。"① 陀思妥耶夫斯基所概括的普希金创作的人民性，包含三个方面内涵：首先是普希金的人道主义的同情心；其次是普希金凝练了俄罗斯文学语言的民族性；最后也最主要的是他所感受到的俄罗斯人民的伟大力量以及伟大使命。俄罗斯文学的人民性在后来托尔斯泰等文学后继者的创作中发展着，而人民性的丰富深刻的内涵则首先是由普希金的创作奠定的。

在普希金开创的俄国近代进步文学的影响下，俄国进步文学批评家布尔索夫在谈到别林斯基的文艺批评立场时强调"真正批评的特征是与人民的联系；维护人民的利益、原则性"②。托尔斯泰的人民性思想对俄苏文艺人民性的影响是深刻而巨大的。他不仅是从一般的思想立场出发来看待人民性问题，而且也是从艺术的本质和诗学视角来理解人民性概念。苏联马克思主义文论家卢那察尔斯基在《论托尔斯泰的创作》一文中谈道，当人家问托尔斯泰"什么是艺术"的时候，"托尔斯泰做出了天才的、深刻的回答，其中的主要部分已为我们所承认：'艺术是以艺术家的感受感染广大群众的一种方法'"③。列宁与布尔什维克领导的苏维埃工农国家的文艺创作与文化建设正是继承了包括列夫·托尔斯泰的这个著名的艺术理念。重视人民的利益和人民的力量并且以俄罗斯民族文化的特色体现和表现出来，这就是 19 世纪早期俄罗斯进步文学在艺术人民性理念发展中的重要贡献。而列宁关于"艺术属于人民"的重要论断正是建立在这些可贵的思想资源基础上的，并以辩证唯物论深化提炼了它们。

四　争取人民的文化权利：列宁提出的文艺人民性思想的历史语境

众所周知，列宁之所以高度评价列夫·托尔斯泰和高尔基等批判现实主义作家的文学创作，就是因为在这些经典作家作品中表现出了俄罗斯文

① 冯春编：《冈察洛夫·屠格涅夫·陀思妥耶夫斯基·柯罗连科文学论文选》，上海译文出版社 1997 年版，第 324—325 页。

② ［苏联］布尔索夫：《俄国革命民主主义者美学中的现实主义问题》，刘宁、刘宝端译，中国社会科学出版社 1980 年版，第 107 页。

③ 倪蕊琴：《俄国作家批评家论列夫·托尔斯泰》，中国社会科学出版社 1982 年版，第 312 页。

学深刻、深厚的文艺人民性的思想特色。列宁对俄罗斯作家赫尔岑创作倾向性的肯定就是对他的人民性思想的赞颂。"赫尔岑不能在四十年代的俄国内部看见革命……当他在六十年代看见了革命的人民,他就无畏地站到革命民主派方面来反对自由主义了。"①

苏联文艺理论家 A. 米亚斯尼科夫在《列宁的〈党的组织和党的出版物〉一文与二十世纪的美学思想》中指出:"当我们用列宁的《党的组织和党的出版物》一文以及他的其他著作中的观点来仔细阅读现代派的文学宣言时,可以非常明显地看到,它们的基本出发点与列宁的美学思想是如何的尖锐对立。而现实主义者的文学宣言给人留下的则完全是另一种印象:它们的出发点与列宁的最重大发现是很接近的。"② 米亚斯尼科夫在此文中还提到列夫·托尔斯泰"以无情的坦率提出了在当今社会没有统一的艺术问题。存在着两种艺术:一种是老爷的艺术;一种是人民的艺术"。而托尔斯泰推崇人民的艺术。在尊重人民的艺术、捍卫人民的艺术权利的思想方面,列宁与托尔斯泰的进步文艺思想是非常近似的。这也是列宁对以十二月革命党人、普希金、涅克拉索夫、车尔尼雪夫斯基、列夫·托尔斯泰以及高尔基为代表的俄罗斯人民文学思想杰出传统的高度肯定和尊崇。列宁强调的文艺人民性原则的时代背景就是在俄罗斯土地上出现了第一个人民之后,以工农为主的人民当家做主的国家、新时代新国家的文艺应该朝什么方向发展等重大问题。列宁认为,文艺的人民性正是这个重大的国家文化问题的核心。"艺术属于人民"的马克思主义文艺观的核心理念就是在与俄罗斯文艺现代派、先锋派的对话和尖锐斗争中提出来的,所以它具有鲜明的立场性和论战性。列宁作为马克思主义的经典作家和大无畏的革命家,在捍卫马克思主义文艺观、捍卫劳动大众的文化权利的问题上旗帜鲜明、立场坚定。由此可见,文艺的人民性问题不仅是一个艺术观念问题,更是一个思想立场和原则问题。

诚然,在艺术人民性的认知上,列宁与他所敬重的世界文豪托尔斯泰还是有差异的。列夫·托尔斯泰在论及人民的艺术范畴时,存在着有

---

① 中国社会科学院文学研究所文艺理论研究室编:《列宁论文学与艺术》,人民文学出版社1983年版,第131页。

② 董立武、张耳编选:《列宁文艺思想论集》,中国社会科学出版社1986年版,第233—234页。

时走极端的褊狭弊病。例如，托尔斯泰因为个人的好恶及理念的极端竟然把莎士比亚、贝多芬和易卜生也排斥在人民艺术的范畴之外。这样，托翁既错误地否定了这些世界文化大师作品中人民性艺术的丰富内涵，也剥夺了人民大众，特别是劳动大众享受世界艺术经典的权利。而作为对马克思主义辩证法精神领会和运用得最好的思想家革命家列宁，扬弃了托尔斯泰的某些艺术观念，保留了他的艺术思想的精华部分，克服了他的思想极端与谬误，提出社会主义的文化建设者应该吸收人类文明的一切成果来建设共产主义。"不是臆造新的无产阶级文化，而是根据马克思主义世界观和无产阶级在其专政时代的生活与斗争条件的观点，发扬现有文化的优秀的典范、传统和成果。"① 由此可见，列宁的艺术人民性思想既吸收了古典作家的思想精华，又克服了在这个问题上的形而上学思想弊端。马克思主义关于共产主义的一个著名论断是共产主义就是人的全面发展。列宁在继承艺术人民性思想中践行了马克思主义的这一著名理念。

列宁鉴于俄罗斯当时还是一个以农业为主的落后的工业国家的现实，明确提出了"艺术属于人民"的论断，就是考虑到苏联社会主义文化建设不仅是工人阶级的事业，更是解放了的农民的事业，文艺建设的主体应该包括更广大的社会阶层。从此，社会主义文艺的主体构成包含了农民大众、城市平民和进步知识分子等更加广泛的民众阶层。人民性内涵的扩展有利于文艺汲取更丰厚的民间文艺创作资源，从而有利于社会主义新文艺的建构和发展。而且在苏维埃国家建立初期，列宁的人民概念既坚持了马克思主义以无产阶级即工人阶级为主体的先进代表的思想传统，又实事求是、不失时机地扩大了它的内涵、外延以及范畴，这就是一切参与苏联革命与建设的进步阶层和脱离贵族阶层的进步人士。

事实上，列宁提出并创新的文艺人民性思想对于当时俄罗斯新文学的发展与繁荣起到了积极的现实推动作用，俄罗斯苏维埃文学在 20 世纪 20 年代出现的"新史诗"的复兴与繁荣正是适时扩大了人民作家队伍的积极成果。像弗拉基米尔·马雅可夫斯基、阿列克谢·托尔斯泰、亚历山大·勃洛克、鲍里斯·拉弗列尼约夫这样的旧时代不同阶层的作家，甚至是从

① 中国社会科学院文学研究所文艺理论研究室编：《列宁论文学与艺术》，人民文学出版社1983 年版，第 121 页。

前的贵族作家，在列宁领导的布尔什维克智慧的文艺政策的感召下，他们的创作立场也由衷地转向了俄苏革命民众一边，充分展示了他们的文艺才华，创作出了反映俄罗斯新时代人民生活和知识分子精神的一大批优秀的经典作品。列宁的文艺人民性思想与政策在苏联社会主义文化初创阶段成效显著，成就斐然。

马克思主义文艺思想中的人民性原则还体现在对人民大众喜闻乐见的文化载体形式与载体新技术发展趋势的关注，即马克思主义经典作家关注那些最能掌握群众的新的文化技术载体。列宁在 20 世纪 20 年代特别注重对当时的新兴文艺技术——电影技术的掌握，认为它是最能掌握广大群众的新媒体，是具有人民性的文艺新载体，鼓励苏联电影工作者拍摄健康有益的电影作品。列宁对新媒体的重视，既维护了最广大人民群众对新的文化传播技术成果的享用权利，又有利于马克思主义理论为广大人民群众所掌握。因此，在互联网多媒体技术发展的当代，微信、微博、互联网电视、3D 电影等能够掌握大众的文化传播新载体也应该成为马克思主义文艺理论关注和研究的对象。

五　人民的审美情趣：理解与提高并重

努力提高人民大众的艺术鉴赏力依然是社会主义文艺建设包括文艺批评的一项重要任务与使命。德国共产党的著名领导人蔡特金在回忆列宁时说："列宁既然像马克思那样理解群众，当然，就认为群众的全面文化发展具有重大的意义。"[1] 这项使命与任务与文艺家、批评家的社会责任感紧密相连。"为了使艺术可以接近人民，人们可以接近艺术，我们就必须首先提高教育和文化的一般水平。"[2] 也就是说，文艺的人民性思想原则与民众教育水平的提高是相互关联的，必须是一个具有良性互动的整体性的精神文化和道德教育的系统工程。文艺家必须具有了解、把握并提高人民审美情趣的能力，这正是列宁文艺人民性思想的核心要义。

马克思主义文艺理论中的人民性思想对今天我们繁荣和发展社会主义

---

① 中国社会科学院文学研究所文艺理论研究室编：《列宁论文学与艺术》，人民文学出版社 1983 年版，第 443 页。

② 同上书，第 435 页。

的文艺创作及文艺批评依然具有十分重大的指导意义。它要求我们的文学研究者和批评家要时刻以人民为创作与研究工作的中心，时刻铭记文艺为人民服务的根本宗旨。更深入、更广泛地了解当代人民的精神文化诉求，特别是新时代的审美趣味，并且要注重加以提高。而注重提高恰恰是马克思主义文艺人民性区别于欧洲早期文艺人民性思想的重要特质，即特别强调社会主义文艺家的社会责任感，强调文艺家应当做"人类灵魂的工程师"的神圣使命。

（原载《学习与探索》2016 年第 9 期）

现实主义的话语歧变：马克思主义
文论中国化的一段问题史[*]

张清民

　　20 世纪前期，中国文坛流行的诸种文艺^①观念主要源自近代西方的文学观，具体来说，就是 19 世纪西方流行的古典主义、浪漫主义、现实主义以及 19 世纪末兴起的现代主义。从五四以降的新文学实践来看，外来的各种"主义"因其距离中国社会现实太远，不接地气，且在理论上缺乏系统深入的学术研究，因而在中国的成长过程十分短暂。现实主义文学及其理论是个例外。现实主义不仅得到了人们普遍而持久的关注，而且成为了 20 世纪前期中国文艺界最具影响力的文艺理论。

　　现实主义能够成为例外，是当时马克思主义者翻译、研究、宣传的结果。当时的马克思主义文艺研究者，其理论来源不同，有的思想背景源自马克思主义创始人，有的思想背景源自苏联的社会主义文艺理论。经典马克思主义文论与苏联化马克思主义文论在理论定位与价值导向上有质的不同，这导致中国马克思主义者在现实主义认知方面产生了选择性方向差异，因理论定向差异导致的认识分歧和变异使现实主义话语内涵在 20 世纪前期的中国文坛不断受到修正、改写，以致其思想身份在相当长一段时间内未能得到确定。

---

　　* 基金项目：国家社科基金项目（14BZW007）、河南社科规划项目（2013BWX012）、河南省优秀学者资助项目（2015 – YXXZ – 09）。

　　① 本文所用的"文艺"与"文学"两个术语在内涵上是同一个概念，二者均对应于英文词 literature，文中不能统一为一个术语，是由研究对象本身所造成的。这两个术语混用的原因参见拙文《20 世纪 30 年代文学认识的文化症候分析》（《湖南社会科学》2013 年第 4 期）。

一

"现实主义"（Realism）本是 19 世纪中期在西方兴起的一种文学思潮和创作理论，在 20 世纪前期的中国，它的思想身份却显得十分可疑，因为这一理论在中国的传播和发展过程中，名字几经变换，致使其性质显得扑朔迷离。

要弄清现实主义的思想身份，还得从其思想的根源追溯起。"现实主义"这一名字并非来自批评家或理论家对文学运动或文学思潮的概括和总结，而是来自一本杂志的名称。1856 年 7 月，杜郎地（Duranty）等人创办了杂志《现实主义》；其后，批评家尚夫勒瑞（Champfleury）出了论文集《现实主义》，"现实主义"这一名字由此在批评界传扬开来。

在 19 世纪西方文坛诸潮流中，唯独现实主义的发展不成系统，因为它的形成和发展缺乏浪漫主义、自然主义以及后来现代主义种种流派那样自觉的社团、组织、宣言、主张，也没有理论家对它进行系统的论证，这导致人们对现实主义概念的认识莫衷一是。不过，这种情形并不影响人们对现实主义的一般认识，即"现实主义"以再现人类真实的生活状态为艺术目标。恩格斯从"典型"角度对"现实主义"概念作的阐释改变了人们对"现实主义"概念的一般理解，马克思主义者据恩格斯对现实主义的定义，把现实主义视为追求本质真实、以社会批判为艺术再现目标的创作方法。苏联文艺界从阶级斗争理论出发，把恩格斯所理解的现实主义文学命名为"批判现实主义"，并根据苏联政治需要，提出"社会主义的现实主义"这一新的创作原则。从此，"现实主义"概念在现代文论史上变得更为复杂。

现实主义理论传入中国以后，其译名最初不叫"现实主义"，而叫"写实主义"，这大概是受中国传统绘画理论及王国维"理想与写实"说法的影响。中国传统绘画理论有"写实""写意""写境"之说，亦有过追求"以形写形"、"以色貌色"的写实历史。近代学人王国维把绘画中的意境说引入文学研究，并在《人间词话》中指出了"理想与写实二派"的分别。现实主义作家注重对社会人生真相的具体描写，类似古典绘画中的"写实"手法，这应该是现代学人把 Realism 译为"写实主义"的学理原因。

最早出现的带有"写实主义"字样的介绍性文章有四篇，而且都出现在 1920 年。第一篇是愈之所作《近代文学上的写实主义》（《东方杂志》1920 年第 1 期），它把"近二百年中，欧洲文艺思潮的变迁"分为四个时期：18 世纪的"古典主义（Classicism）的时代"、19 世纪前 50 年"浪漫主义（Romanticism 或谓传奇主义）的时代"、19 世纪中叶以后"写实主义（Realism）或自然主义（Naturalism。写实主义与自然主义，在文艺上虽略有分别，但甚细微，本文为便宜起见，概称作'写实主义'）的时代"、19 世纪中叶至 20 世纪 20 年代流行的"新浪漫主义（New Romanticism）的时代"。第二篇是沈体兰所作《新文学的写实主义》（《东吴学报》1920 年第 5 期）。第三篇是雁冰所作《文学上的古典主义浪漫主义和写实主义》（《学生杂志》1920 年第 9 期），第四篇是加藤朝乌所作望道译《文艺上各种主义：自然主义，写实主义，理想主义，象征主义》（1920 年 11 月《新妇女》第 3 期）。

中国的三位文学研究者对现实主义概念的理解尚不清晰，他们几乎都把自然主义和现实主义混为一谈。愈之认为"写实文学是受过科学洗礼的一种文学"，并把其特色概括为这样三种："（一）科学化，（二）长于丑恶的描写，（三）注重人生问题"；沈体兰则把现实主义文学的特点概括为这样四种："科学的眼光""实验的精神""批判的能力"和"公开的态度"。雁冰的论文中有所谓"纯粹的写实主义和嫡派的自然主义"之言，这表明他知道"写实主义"与"自然主义"不是一回事，但他在论述中又偏偏把二者混为一谈，说"写实主义的重镇推曹拉（E. Zola）莫泊三（Guyde Manepassant）"，并说"写实文学的毛病（一）是在太重客观的描写；（二）是在太重批评而不加主观的见解"。把曹拉（E. Zola，今译"左拉"）作为"写实主义"作家的代表，名词使用与内容描述上的不统一，表明雁冰（茅盾）对"现实主义"与"自然主义"理论在概念上还不十分明了。

"现实主义"理论初入中国，虽然在概念上与自然主义纠缠不清，但在内在精神上还算清楚。受五四自由主义精神的熏陶，"现实主义"文学以西方批判现实主义文学为蓝本，提倡个性与思想解放，在创作理想上以人道主义、人性和审美等的表现为归宿，是当时中国知识分子反抗、批判、消解传统文化毒素的锐利武器。然而，这种意义上的现实主义文学观念并没有持续多久。政治意识形态的介入，使现实主义的理论家族又增加了"新写实主义"这一概念新成员。五四以后中国思想界的流行话语是马克思主义，马克思主义者为了建构马克思主义文学话语体系，就必须用新的文学概念替换五四以来的"写实主义"概念，以此证明马克思主义文学话语的合法性。在马克思主义者看来，无产阶级对封建文学和资产阶级文学的斗争目标，"写实主义"难当此任。于是，中国文学界的马克思主义者借用转道日本而来的苏联文学思想资源，用"普罗列塔利亚写实主义"亦即"无产阶级写实主义"替换"写实主义"这一概念。但是，这一概念的意识形态特征，终难为世人认同，因为中国受苦受难者甚众，不独无产阶级，广大农民阶级、小资产阶级，也受着帝国主义、封建主义、官僚资本主义"三座大山"的压迫，"所以文学上单标榜普罗文学，就很容易使人误会到他们所要求的文学不包括在内，所以有人把这个名称改用'新写实主义'"①。通过"新写实主义"这一话语置换策略，"普罗文学"的政治色彩中性化，无产阶级的革命文学由此能够争取更多人的同情和理解。

是谁把"普罗文学"这个名称改用"新写实主义"的呢？是"左联"发起人之一的中共翻译家林伯修（杜国庠）。林伯修翻译了日本学者藏原惟人的一篇论文，发表在《太阳月刊》1928 年第 7 期"停刊号"上。这篇论文的题目叫作《到新写实主义之路——Proletarier Realism》，但通观藏原惟人文章全文，所论只有三个阶级性的文学概念："布尔乔亚写实主义""小布尔乔亚写实主义""普罗列塔利亚写实主义"，并没有出现第四个概念"新写实主义"。再说，该文的副标题"Proletarier Realism"就是文中所说的"普罗列塔利亚写实主义"，按当时的译法，直译就是"普罗写实主义"或"无产阶级的写实主义"。20 世纪 20 年代末，革命文学之火方炽，"普罗文学""普罗列塔利亚文学"的口号正在流行。在这个时候，不把名称译为"到普罗写实主义之路"或"到无产阶级写实主义之路"，偏要译为"到新写实主义之路"，显然是经过一番认真考虑的。这种考虑，在文学政治统战原因之外，实在找不到更为合理的解释。

尽管如此，新写实主义的意识形态意味仍然十分浓厚，因为它受苏联"拉普"文学的影响，要求作家树立无产阶级世界观，遵循"唯物辩证法"的方法进行创作。从文学思想史的角度看，"新写实主义"对"写实主义"的理论"替换"造成了写实主义思想意义的断裂，这种断裂体现在革命文学的政治化、非审美化方面。革命文学家把马克思主义政治术语诸

---

① 张耿西：《中国文学的趋势与新写实主义》，《国立中央大学（半月刊）》1930 年第 12 期。

如"帝国主义"、"布尔乔亚"（小资产阶级）、"意德沃洛基"（意识形态）、"知识阶级"、"经济基础"、"上层建筑"、"奥伏赫变"（扬弃）用于文学批评和研究，明确宣称要"在意识形态上，把一切封建思想，布尔乔亚的根性与他们的代言者清查出来"①，这种文艺政治学和文艺社会学的批评使文学的审美意味丧失殆尽，也把五四时期传入中国的以人性、人道主义和社会批判为核心的西方现实主义的精神脐带给割断了。

新增的理论概念因其与"写实主义"概念在理论上的家族相似性引起人们认识上的混乱，这种混乱尚未解决，Realism 又出现了新的叫法，那就是"现实主义"以及稍后的"社会主义的现实主义"。"写实主义"与"新写实主义"的名称不知不觉中开始为"现实主义"与"社会主义的现实主义"的名称所取代。Realism 改名为"现实主义"以后，这一概念的思想精神由此发生了巨大的理论变形，由此建立了文学理论话语的新秩序。在理论改名的过程中，没有一个理论家对 Realism 名称变更的理论需要及内涵指称上的区别作出相关说明，这就必然导致后人对 Realism 这一概念在理解和认识上更大范围的混乱，以致不了解这段概念演变史的人会以为"写实主义"与"现实主义"是两个性质的概念。

Realism 的译名从"写实主义"到"现实主义"转变的理论标志是1933 年瞿秋白所作《马克斯、恩格斯和文学上的现实主义》② 一文。在这篇论文中，瞿秋白对"现实主义"的称呼特意在文末加以注释："现实主义（Realism），中国向来一般的译作'写实主义'。"令人惋惜的是，瞿秋白的理论努力到此为止，没有继续向前一步，致使 Realism 在中国接受过程中的理论演变之流在思想上出现了理论断层。这一理论之流中断后的理论空白，只好由后人来填补了。

以瞿秋白的理论素养，不可能不知道哲学上 real（实在、现实）与 idea（观念、理想）的对立。在马克思主义哲学中，"现实"是实在化了的"可能"，但它不是"事实"；"现实"是经过人的价值过滤后的"社会实在"，对"现实"的看法和评价往往受制于主体的阶级立场和政治倾向。马克思主义者特别强调文学创作中作家所秉有的倾向性、阶级性、党性，这些因素是"写实主义"概念无法体现的。因为"写实"只是一种"照

---

① 成仿吾：《打发他们去》，《文化批判》1928 年第 2 期。
② 静华（瞿秋白）：《马克斯、恩格斯和文学上的现实主义》，《现代》1933 年第 6 期。

原样描绘"的艺术表现技巧，"写实主义"作为一种创作原则，关注的是事物原生态的事实存在，这也是 20 世纪 20 年代人们总是把它和自然主义相混淆的学理原因。Realism 译为"写实主义"虽然更贴近艺术实际，也更富有艺术意味，但在字义上给人一种追求纯客观描摹的意义直观，无法彰显马克思主义文学理论中"再现典型环境中的典型人物"的"典型化"理论内涵，更无法体现无产阶级文学写作所要求的"倾向性"因素。所以，瞿秋白凭其敏锐的理论直觉，把"写实主义"改译为"现实主义"，就其理论身份来说，确属应该；从理论传播的角度看，也确实符合中国化马克思主义的发展需要。如果把 Realism 的翻译作为一个理论事件来考察，那么从"写实主义"到"现实主义"，可以视为中国化马克思主义文学理论发展过程中的一大进步，或者说是一种质的飞跃。这一质的飞跃，从理论之流上斩断了人们对 Realism 的理解上与"自然主义"的关联。

二

"现实主义"概念确立之后，很快在学界流行开来，几乎成为一个全民性的热点语词：自 30 年代中期起，谈论"现实主义政治""现实主义外交"之类的论文接连不断；就连"四大皆空"的佛门弟子也开始关注"现实"，谈论"现实主义"（1948 年的《学僧天地》创刊号刊有《现实主义的佛学》论文）。"现实主义"概念的流行大概与中国传统实用理性的影响有关，因为彼时的国人对"现实主义"概念有非常实用化的理解。他们把"现实"理解为"实效""务实"，视为"浪漫""空想"的反义词，并把"现实主义"理解为"务实主义""实用主义"，这与现实主义文艺家理解的"现实即客观存在底本质"[①] 迥然不同。

精神世界的发展总是充满了渐进性，不像物质世界那样，一个对象可以在瞬间发生质的裂变。"现实主义"译名的确立和流行并没能让人们立即从意识上把此前的"写实主义""新写实主义"概念抛弃，介绍和研究"写实主义""新写实主义"的文章依然不断。只是在理解层面，人们将新术语与旧术语视为涵义相同的概念。例如，在"社会主义现实主义"概念出现后，有人从新旧概念联系的角度谈论说，"新写实主义这个名词，

---

① 谷非（胡风）：《关于现象与现实的问题及其它》，《文艺》1933 年第 1 期。

原来是社会主义写实主义（Socialist Realism）的简译"①。再如 1937 年第 6 期《中流》杂志所载王任叔《现实主义者的路》第五段写道："写实主义（Realism）也就是我们这里所谓现实主义。"无独有偶，1946 年第 4 期《四川妇女》杂志的"名词解释"栏目对"写实主义"的解释是："写实主义——即现实主义，与'理想主义''浪漫主义'对立。"个别论者虽然注意到了"现实主义"与"写实主义"之间的差异，认识到"文学上的现实主义，常常被人误解做朴素的写实主义"② 之不妥，却止于描述"现实主义"与"朴素的写实主义"即"自然主义"文学在描写特征上的不同，并没有在概念上加以逻辑辨析。

尽管如此，"现实主义"译名在学界流行开来以后，"写实主义""新写实主义"方面的译述文章在数量上已经十分有限了。笔者在查阅"大成老旧刊全文数据库"和"民国时期期刊全文数据库（1911—1949）"③ 之后发现，"现实主义"名称在文艺界使用后，冠以"写实主义""新写实主义"名称的论文在数量上明显减少。进入 20 世纪 40 年代后，"新写实主义"概念已从文坛上悄然谢幕——冠有"新写实主义"名头的文章基本上看不到了，而冠以"写实主义"之名的论文，其所论内容与冠以"现实主义"名称的论文在实质上已无区别。在此意义上，"写实主义"与"现实主义"两个概念已是名异实同了。从时间上看，"现实主义"自 1934 年起，成为 20 世纪 30 年代文艺理论界的热点，并在 40 年代持续发酵，形成文学理论研究的热点区域。

20 世纪三四十年代的"现实主义"译述主要有四类：现实主义文学思潮介绍、现实主义作家和批评家与现实主义关系的专论、社会主义现实主义理论译述、现实主义一般理论研究。现实主义文学思潮的译述对象范围为英、法、德、俄四个国家，时间阶段主要集中在 20 世纪 30 年代中期，40 年代已无。自 20 世纪 30 年代中期至 40 年代，现实主义作家、批评家与现实主义关系的专论不断发表，其范围是英、美、法、俄四个国家，具体对象是英国的莎士比亚和狄更斯，美国的惠特曼，法国的巴尔扎克和福楼拜，俄国的托尔斯泰、陀思妥耶夫斯基、屠格涅夫、普希金、果

---

① 俞荻：《新写实主义的文学》，《中学生活》1939 年第 3 期。

② 三木：《谈谈现实主义》，《认识月刊》1937 年第 2 期。

③ "大成老旧刊全文数据库"收录民国时期期刊 7 千多种共 14 万多册，"民国时期期刊全文数据库"收录 2 万 5 千余种期刊近 1 千万篇文献；这两个数据库所录民国期刊可谓包举靡遗。

戈里、别林斯基、高尔基、列宁。介绍"社会主义现实主义"理论的论文，在 20 世纪 30 年代和 40 年代各有 10 篇。此外，还有三部翻译著作：胡风译、罗森达尔著《论社会主义的现实主义》（夜哨丛书出版社 1937 年），林焕平译、森山启著《社会主义的现实主义论》（希望书店 1940），荒芜译、A. K. 范西里夫著《社会主义的现实主义》（天下图书公司 1949 年）。从学理上说，现实主义性质与特征的研究文章对现实主义本土化发展最具建设性。这类文章有三个种类：一为介绍现实主义性质、特征的论文，30 年代 17 篇，40 年代 20 篇；二为在现实主义与浪漫主义、自然主义之间做比较研究的论文，30 年代 5 篇，40 年代 9 篇；三为结合社会现实探讨现实主义文学发展出路与方向的论文，30 年代 5 篇，40 年代 8 篇。

在上述四类研究中存在一个有趣的数字对比：现实主义思潮的一般介绍性之作，关乎西欧国家的多，关乎苏联的少；作家、理论家与现实主义关系的介绍论文欧美作家数量不敌苏联；在"输入学理"性质的译述中，苏联学者的现实主义文论占据了一定的分量，而"社会主义现实主义"的理论介绍研究和一般现实主义理论研究在数量上几乎持平。现实主义思潮研究多关乎西欧，这容易解释，因为这一理论的思潮确实起于西欧。现实主义作家专论以关乎俄苏的作家居多，"社会主义现实主义"是地地道道的苏联理论。就现实主义一般理论研究来说，这方面的成果也多与苏联文艺界的理论认识相关，其认识表现是：除少数作者在正文中以"批判现实主义"概念置换了论文标题中的"现实主义"概念，大多数论文作者在正文中以"社会主义现实主义"替换了论文标题中的"现实主义"。还有相当一部分研究者在讨论中虽然没有使用"社会主义现实主义"这一词语，但其实际所论还是苏联的"现实主义"概念，因为他们称西欧的"批判的现实主义"即普通"现实主义"为"旧现实主义"，并说自己所称颂的"现实主义"是苏联人的现实主义观念。上述情形表明，无论从理论研究对象还是从作品叙写对象上看，国人的理论选择都明显地倾向于马克思主义，由此可见马克思主义对当时中国文艺界的巨大影响。

然而，上述类型现实主义研究成果的理论缺陷也十分明显。首先，无论是一般学人还是马克思主义学者，都没有注意到普通现实主义文学理论与苏联"社会主义现实主义"在理论向度上的精神差异与思想张力，或者说，作为一种创作理论的欧美现实主义与作为政治化批评原则的苏联现实主义之间的精神差异与思想张力——前者的目标是如何艺术地再现世界，后者的目标是如何服务于政治宣传。其次，在这个历史时期，"写实主义""新写实主义"概念尚有一定的理论空间，它们在概念上如何与"现实主义"加以区分，并非可有可无的问题，而是亟须作理论澄清的问题。前面提到的王任叔的论文及《四川妇女》的"名词解释"专栏对"现实主义"概念的解释，都是直接把"写实主义"概念等同于"现实主义"概念，而对"写实主义就是现实主义"的理由或根据没有任何逻辑解释。这些情况表明，这个时期的中国学人在文艺研究中尚没有培育起自觉的科学意识、问题意识，而这正是20世纪前期现实主义认识混乱而又得不到理论解决的逻辑原因。

三

在外来理论的传播过程中，理论接受者的前理解结构不仅直接影响着理论接受者的期待视野，也制约着理论接受者在选择接受对象时的立场、倾向，从而影响着主体选择的对象和结果。由于"现实主义"的研究者大都是左翼作家或受左翼文学影响，因而他们的著述和译介都把重心放在了马克思主义者对现实主义理论的理解上。也由于研究主体在马克思主义文艺观的理论来源方面的选择差异，导致现实主义研究在本土化过程中的认识分歧，这种分歧体现了经典马克思主义文艺观与苏联马克思主义文艺观在理论性向上的差异及逻辑上的紧张关系，具体来说，就是政治与艺术之间的紧张关系。

马克思主义经典作家反对形而上学的思维方式，主张政治与艺术应当在作品中加以统一地表现。对于不顾及艺术性而只考虑政治宣传，从而把作品变成单纯的"时代精神"的传声筒的做法，马克思主义经典作家斥之为"席勒化"。苏联文艺界奉行政治至上的文艺思想，视文艺为政治宣传工具，政治与艺术的紧张关系由此而生。然而，苏联文艺思想在20世纪前期的中国文艺界拥有广阔的思想市场，"一切文艺都是宣传"的声音自20世纪20年代起就在左翼文坛上不绝于耳；30年代以降，在日趋激烈的阶级斗争和民族斗争形势下，文艺服务政治宣传的认识更是拥有了雄厚的社会政治和生活根基，中国"现实主义"论者的认识就此与马克思主义经典作家的文艺观出现了张力。

20世纪30年代，马克思、恩格斯的文艺论著已有不少被译成中文，并且在中国文艺界广为传播。就总体情形而言，接受恩格斯"美学观点和历史观点"① 相统一的观点的学者较多。中国学者在接受这一观点的同时，又根据中国的政治形势加以理论节点的转换，把"美学观点与历史观点"的关系在论述中转换成为"美学观点与政治观点"的关系，这也符合理论接受过程中本土化的一般规律。"美学"与"政治"的统一，落实为中国文艺话语，就是1942年毛泽东《在延安文艺座谈会上的讲话》（以下简称《讲话》）中所提的"政治和艺术的统一"。② 这种"统一"既可视为中国马克思主义者在经典马克思主义文艺观与苏联马克思主义文艺观之间进行的理论调和，也可视为中国马克思主义者对苏联政治化文艺观的纠偏。不过，《讲话》的出现使"现实主义"增添了内涵。在《讲话》之前，文艺界有关"现实主义"的种种讨论无非是创作方法问题；在《讲话》以后，"现实主义"又增生出一个批评标准的问题。这样一来，"现实主义"就在原来的"创作理论"身份上增生出一个新的身份——批评理论，这使后来的诸多讨论不再是作品的研读分析，而是理论现象或批评问题的解析。换言之，"现实主义"理论中国化以后，其活动范围已由"文学评论"扩展为"批评的批评"。

　　"政治和艺术的统一"的文艺批评观作为"现实主义"理论中国化的后续结果，不在本文讨论的范围。笔者的关注点是现实主义研究者在认识路向上是如何产生分歧的。从时间上看，自20世纪30年代前期开始，中国的马克思主义者就在现实主义文学的发展上开始了认识分歧，并在理论研究上走向了两股不同的岔道：一条道是马克思主义经典作家"美学观点与历史观点相统一"的理论；一条道是苏联斯大林主义的以政治统御艺术的理论。

　　沿着马克思、恩格斯的现实主义理论思路前进的代表人物是瞿秋白。瞿秋白一度是中共中央最高领导人，他作为中共在文艺战线上的最高理论代表应该当之无愧。瞿秋白翻译过马、恩有关文学论述的不少经典论文，他对现实主义理论的理解和阐释也因此比一般批评家和学者更有理论权威性。瞿秋白在《马克斯、恩格斯和文学上的现实主义》这篇文章中，提出马克思主义现实主义论的核心就是作家在创作时要"有倾向"，"有政治立

---

① 《马克思恩格斯全集》第29卷，人民出版社1972年版，第586页。
② 《毛泽东选集》第3卷，人民出版社1991年版，第869页。

场"，敢于通过文学作品"暴露资本主义发展的内部矛盾"，同时强调现实主义创作的特点"就是恩格斯说的：'除开详细细节的真实性，还要表现典型的环境之中的典型的性格'"。① 这些论断都相当贴近马克思、恩格斯的现实主义理论精神。瞿秋白在论述现实主义的理论特征时，不忘"美学观点与政治观点"的统一："文艺理论不但要'解释和估量文艺现象'，而且要指示'文艺运动和斗争的方法'。文艺理论不但要说明'文艺是什么'，而且要说明'文艺应当怎么样'。"② 瞿秋白一直与机械论、公式化、官僚化、政治化的文论保持距离。外国文艺论著译介，瞿秋白关注的是马克思、恩格斯、拉法格、普列汉诺夫、高尔基等马克思主义者对特定文艺作品所作的批评，他在编选"马克斯主义文艺论文集"以及进行马克思主义文论译述时，也考虑"略为关涉到中国文学界的现象"③。事关"中国文学界"的什么"现象"，对于具有学者与官员双重身份的瞿秋白来说，这是理论上的难言之隐，他不能说。苏联官方文艺观独断、教条、机械，且据政治需要随时变换文艺政策及文艺口号；中国左翼文坛由于在政治上紧跟苏联，在理论上也只好与之俱变：一会儿"唯物辩证法的创作方法"，一会儿"新现实主义"，一会儿又变成了"社会主义的现实主义"。瞿秋白不会不明白这种学术跟风的结果：苏联文学界出错，中国文学界跟着错。但他的政治身份不允许他说，因为"左联"开展的文学运动，都是根据中央和共产国际的指示。所以他只能用迂回战术，通过介绍马克思主义经典作家的文学观念，来消除中国文学界的极左倾向和机械论、教条论思维。瞿秋白的亲密文友鲁迅在介绍苏联文艺理论时，选择受苏联当局批判和排斥的普列汉诺夫、卢那察尔斯基等人的理论，恐怕也是出于与瞿氏相同的考虑。鲁迅最为欣赏的弟子胡风，在马克思主义资源取向上由别林斯基径直到马克思主义思想来源之一的理论家黑格尔那里，在思想精神上和瞿秋白、鲁迅一脉相承。由于政治原因，瞿秋白、鲁迅所开创的中国化马克思主义文艺理论之路一直处于边缘状态。

沿着斯大林主义的方向，把现实主义引向政治之途的人物是文艺官员周扬。周扬的理论资源主要来自苏联，而苏联文艺界在斯大林时期完全是

---

① 静华：《马克斯、恩格斯和文学上的现实主义》，《现代》1933 年第 6 期。
② 瞿秋白：《"现实"——马克斯主义文艺论文集》后记，节选自《瞿秋白文集：文学编》第 4 卷，人民文学出版社 1986 年版，第 225 页。
③ 同上。

政治斗争的工具，在思维方面显得极左，这些因素在周扬的文章中都打上了非同一般的烙印。周扬在看待文艺现象时，念念不忘文艺为政治服务，一谈到现实主义，他就想到"现实主义的文学运动是和民主主义的任务不能分离的。我们要……使文学成为教育大众的工具"，"文学上的现实主义、民主主义的运动是和政治上的救亡运动、宪政运动相配合的"①。在文艺与政治的关系上，周扬把两者完全等同起来，说"文学的真理和政治的真理是一个，其差别，只是前者是通过形象去反映真理的。所以，政治的正确就是文学的正确。不能代表政治的正确的作品，也就不会有完全的文学的真实。在广泛的意义上讲，文学自身就是政治的一定的形式"②。这种简单化、绝对化的表述完全是机械唯物论和庸俗社会学思维方式应用于文学研究中的结果，在后人看来极为荒唐可笑。周扬本人对此未觉有任何不妥，他站在文艺政治学的立场，反复申述政治对文学的指导地位，强调文学作为政治斗争的工具，必须无条件从属于政治斗争的目的、服务于政治斗争的任务和要求。然而，这种极左的思维让周扬在理论上顾得了前，顾不了后，在文学与社会关系的认识上时常陷入自相矛盾。比如，他前面要求现实主义文学必须配合"政治上的救亡运动、宪政运动"，后面又说"我们并不主张文学成为政治的附庸"，"要使目前的文学顺利地发展，首先要解除文学一切外来的束缚"③。

与政治斗争密切相关的是社会生活中的"阶级""党派"等因素。周扬在论述文学与政治的关系时，常常有意强化文学家的阶级与党派立场。即便论述文学的真实性，他也不忘把这一问题与"阶级性，党派性"结合起来。他认为"文学的真实性之客观的标准，即在于……对于文学作品的阶级性的具体分析中"，"愈是贯彻着无产阶级的阶级性，党派性的文学，就愈是有客观的真实性的文学"④。从政治角度理解文学、评价文学现象，对周扬来说已成职业习惯，他可以毫不费力地把任何一个文学对象上升到政治的高度去分析和评价。以他对鲁迅的评价为例，他虽然知道鲁迅对自己颇有恶感，但在纪念鲁迅的文章中，仍然称其为"一个伟大的民主主义现实主义者""民族巨人"，"他的全部著作贯彻着为民族解放而奋斗的精

① 周扬：《现实主义和民主主义》，《中华公论》1937 年第 1 期。
② 周起应：《文学的真实性》，《现代》1933 年第 1 期。
③ 周扬：《现实主义和民主主义》，《中华公论》1937 年第 1 期。
④ 周扬：《一个伟大的民主主义现实主义者的路》，《时论丛刊》1939 年第 1 期。

神"，"照耀着中国人民走向独立、自由、幸福的道路"①。

周扬的现实主义文学观为《讲话》所吸收，"在文学的阶级性和党性原则、文学和政治的关系、文学和大众的关系、文学和生活的关系、世界观和创作方法、社会主义现实主义与浪漫主义的关系等问题上，毛泽东的《讲话》与周扬 30 年代上海时期的文艺思想有着极大的一致性"②。20 世纪 40 年代以后，周扬热心宣传、解释毛泽东文艺思想，其真实原因恐是挟政治威权维护、宣传某些曾属他自己的思想。从后来的事实看，周扬十分成功地把他奉行的现实主义文学观变成了中国内地文学界的权力知识话语，给改革开放之前的中国文学打上了深深的极左烙印。

周扬的政治化现实主义观与苏联"社会主义现实主义"理论的影响分不开。周扬一度担任"左联"党组书记，"左联"受政治意志左右，唯苏联文艺思想马首是瞻。苏联文艺界根据政治需要，对西欧的文艺思潮和理论进行随心所欲的政治阉割，把不能为政治所用的现代派文学打入思想冷宫，同时对能够为政治所用的现实主义施以思想宫刑，通过宣传机器的解释，把它由指导作家写作的"创作方法"规训为服务于意识形态宣传的政治原则。现实主义从此成为政治上低眉顺眼的乖乖女，其内在精神随着苏联政治斗争的需要可以随时进行理论变更，随意改换理论名称，从"新现实主义"到"唯物辩证法的创作方法"，再到"社会主义现实主义"，其名字被拧来扭去，成为政治斗争的权力话语。这些情况在周扬的学术活动中都有明显的反映。例如，1933 年 9 月，周扬撰文《苏联十五年来的文学》，鼓吹"唯物辩证法的创作方法"，时间仅隔两个月，他又抛出《关于"社会主义的现实主义与革命的浪漫主义"——"唯物辩证法的创作方法"之否定》，前后矛盾，置思想逻辑于不顾。

来自苏联的"社会主义现实主义"与中国本土化的马克思主义现实主义论有质的不同。本土化马克思主义的现实主义论，其理论依据是马克思、恩格斯的现实主义观念，马克思、恩格斯的现实主义观念是根据欧洲文学发展的事实所做出的理论判断，这种判断与欧洲文学史上现实主义文学发展的实际相吻合。苏联的"社会主义现实主义"理论是苏联文艺界根据政治需要，为反对"拉普"派奉行的"唯物辩证法的创作方法"而提出

---

① 周扬：《一个伟大的民主主义现实主义者的路》，《时论丛刊》1939 年第 1 期。
② 孙书文：《文学与革命——周扬文艺思想研究》，山东文艺出版社 2006 年版，第 6—7 页。

的一个先验性的理论概念；这一概念的理论根据并非文学史或文学创作的事实，而是斯大林与苏联作家协会组织委员会主席伊·米·格隆斯基的个人意志。

"社会主义现实主义"在苏联的出现不是偶然的，它是文学理论适应苏联社会政治新秩序而产生的意识形态观念。现实主义的内在精神是对社会进行批判，在社会政治新秩序下，这种理论显然无法作为；因为此时的苏联非比 19 世纪的欧洲，彼时的"写实主义是一种吹毛求疵的写实主义，它讥刺痛斥社会的丑恶，暴露过失缺点"，这显然不适合苏联的国情，因为苏联是"一个伟大的社会主义的"国家，而苏共领导下的人民多是"英雄""道德君子""建设者，创造者"①。在这样的国度，现实主义作家必须调整思维方式和价值判断方式，学会歌颂；如果现实主义自身不能与时俱进地进行主动地自我改造，那就只有接受政治新秩序的强制性改造，否则它无法继续存在下去。在此意义上，从 19 世纪以社会批判为特征的"现实主义"到以对新秩序歌功颂德为特征的"社会主义现实主义"，其性质变化非同寻常的文艺观念变迁，而是文艺意识形态的性质转换；这种转换暗含政治权力和统治需要的玄机，而其实现又是以提升文艺创作方法的名义进行的。

20 世纪 30 年代的现代派作家穆时英已经看到"社会主义现实主义"的意识形态性质："社会主义的现实主义……是苏联为自己制造的、适足的鞋子。从前，在史太林的治权还没有巩固的时候，苏联简直是不要艺术的。它只要群众大会的决议案、革命标语和口号，而把这些东西直截了当地称做'艺术'，而同时又挂了一块'保守主义的现实主义'的招牌。事实上，这样的现实主义如果说是艺术的思潮还不如说是社会主义的思潮②，据此，穆时英贬之曰"伪现实主义"③。

就是这样一个充满思想疑问的命题，周扬却一向对其正确性深信不疑。直到 20 世纪 80 年代，在改革开放的大环境下，他才承认"社会主义现实主义"的理论局限，承认自己当年引进这一命题完全是因为"理论准

---

① 婉龙：《新现实主义文学概观》，《清华周刊》1934 年第 9、10 期。
② 穆时英：《电影艺术防御战——斥掮着"社会主义的现实主义"的招牌者：二》，《晨报》1935 年 8 月 12 日。
③ 穆时英：《电影艺术防御战——斥掮着"社会主义的现实主义"的招牌者：一》，《晨报》1935 年 8 月 11 日。

备不足"，承认自己当时"写文章时，便完全是跟着'左'的一套走的，把文艺简单地理解为是革命的传声筒，忽视艺术本身的规律"，"搬弄空洞的理论术语"，等等。① 甚至对与这一命题相关的政治因素，即他在20世纪30年代反复强调的文学的"党派性"，也进行了否定性反思："'文学的党性原则'。我不赞成用。……不能说文学是党的文学。……只有党的文件才是党的文学，但那也是广义的文学。"② 然而，政治及文艺领域里的"左"倾思维已成惯性，积习难除，机械唯物论和庸俗社会学在文艺研究领域势如弗兰肯斯坦，已非特定个人所能操控；文艺研究政治化的倾向并不因特定个人思想解放后的"意见"而稍减。20世纪80年代中期以前，文艺界对文学本质的认识及相关研究上，一直停留在"文学是社会的上层建筑"以及"阶级性""党性""人民性"等非艺术、非审美的认识层面上，致使社会主义文学雪拥蓝关，踟蹰不前，可以说是周扬引进并极力倡导的苏联政治化现实主义理论留下的思想积患。

四

瞿秋白和周扬在"现实主义"的理论认识差异实质上是两种话语类型的差异——经典马克思主义文艺理论与苏式马克思主义文艺理论的差异。马克思主义文艺理论在中国化的过程中，为何会出现如此大的认识歧异？这是后人无法回避且必须从理论上加以反思的问题。

在中国历史上，文学教化有着长久的传统，这一传统的话语语式就是"文以载道""文以明道"；"文以载道""文以明道"的现代语式就是"文艺承载政治""文艺表现政治"。在这一话语理路中，无论中国古代文艺理论家还是马克思主义经典作家，都强调艺术与教化（政治）的统一性，马克思主义经典作家还特别反对以政治取代艺术的行为。但是，苏联马克思主义者在这一问题上严重偏离了马克思主义经典作家的思想，走向极端功利主义的岔道，以政治统辖文艺、规限文艺，损害了文艺的独立和发展。瞿秋白深切洞察20世纪30年代中国文坛由政治功利主义而导致的

---

① 周扬：《中国新文学大系理论集》序，节选自《中国新文学大系：1927—1937 文学理论集：一》，上海文艺出版社 1987 年版，第 7 页。

② 周扬：《对编写〈文学概论〉的意见》，节选自《周扬文集》第 3 卷，人民文学出版社 1990 年版，第 266 页。

概念化、公式化文艺作品之弊端，他必须从马克思主义经典作家那里寻找消除这些弊端的良方；周扬在理论风气上紧跟苏联，因此只从苏联官方的文艺政策和文艺口号中寻找根据。

瞿秋白的经验和周扬的教训告诉人们：在研究马克思主义文艺时，理论资源如何选择、如何阐释，将决定理论本土化的性质和方向，研究者对此不可不慎。栽什么树苗结什么果，撒什么种子开什么花，瞿秋白、周扬编选马克思主义文艺理论读本的内容很能说明这一点。瞿秋白编选的《马克斯主义文艺论文集》里，所选人物为马克思主义创始人马克思、恩格斯，马恩以外的理论家就是法国的拉法格、俄国马克思主义"教父"普列汉诺夫与批评家别林斯基；周扬编选的《马克思主义与文艺》的政治取向明显，该书分五个部分：意识形态的文艺、文艺的特质、文艺与阶级、无产阶级文艺、作家和批评家。附录收有苏联共产党中央委员会的决议《关于文艺领域上的党的政策》《苏联作家同盟规约》。

在理论研究过程中，主体怎样选择就会怎样理解，而其怎样理解就会怎样解释，这是解释学的一般规律。选择苏联政治化文艺观的周扬，对"现实主义"的解释完全陷入文艺工具论的泥淖，把"反映生活"的艺术目标置换为"反映政治"的话语目标，把艺术和生活的结合置换为"艺术创作"与"各种革命实际政策的开始结合"①。从逻辑上说，周扬对"现实主义"的解释陷入了非文学思维的批评误区，因为他在解释文学活动时跨越了文学领域的边界，跑到了政治这个非文学场域，从既定的政治目标出发，征用政治理论和政治哲学的观念和术语，强行规定文艺活动的性质和方向。这种解释行为，就是学者张江所说的"强制阐释"②。在"强制阐释"者的批评活动中，文学批评只能走向政治化的强权逻辑。"强权逻辑"就是不讲逻辑，为此人们可以理解周扬何以不顾简单的逻辑常识，硬说"文学的真理和政治的真理是一个……政治的正确就是文学的正确"，硬要"文学上的现实主义"与"政治上的救亡运动、宪政运动相配合"。

［原载《上海大学学报》（社会科学版）2016 年 3 月第 33 卷第 2 期］

---

① 周扬：《关于政策与艺术》，《解放日报》1945 年 6 月 2 日。
② 张江：《当代文论重建途径》，《中国社会科学报》2014 年 6 月 16 日第 A4 版。

马克思主义美学传统与当代
批评的本体阐释

段吉方

从马克思主义美学思想诞生的时刻起，马克思、恩格斯等马克思主义经典作家在把握现实主义文学创作、典型化、文学艺术生产方式、美学的与历史的批评标准等具体文学艺术问题的过程中，突出地强调文学艺术与意识形态的关系，体现出从文学艺术与意识形态的理论联系中探析审美话语本质特征、揭示文学艺术批评的特征与功能的理论传统。20 世纪 60 年代以来，随着西方马克思主义美学的演化变革，马克思主义美学传统发生了复杂的理论变化，不但出现了英国马克思主义美学家特里·伊格尔顿所总结的人类学模式、政治学模式、意识形态论模式、经济学模式等多种理论形态，而且随着阿尔都塞、特里·伊格尔顿、马歇雷、德勒兹、布尔迪厄、福柯、弗·詹姆逊、大卫·哈维、朗西埃、巴迪欧等理论家的思想的不断发展深化，马克思主义美学传统中的审美意识形态批评也出现了许多新的理论形态与解释方式。其具体表现就是传统的马克思主义的经济基础/上层建筑的理论模式发生了明显的理论调整，代之而起的是以审美幻象理论与意识形态批评方法为核心内容的马克思主义的文化唯物主义理论范式，这种理论范式的出现改变并深刻影响了当代美学的问题域，也成为了当代西方马克思主义美学深入把握当代文学批评实践的主要理论形式与思想方法。

这种理论调整和转折的出现既是当代社会审美文化现实的发展变化导致的，同时也预示着马克思主义美学传统在把握社会文化与现实审美经验方面面临着深刻的理论挑战。特别是在当代审美资本主义时代，审美问题的历史逻辑、表达机制、人类学基础以及伦理功能都发生了复杂的变化，美学问题不再是个体纯粹的情感问题，而是复杂社会关系和社会矛盾中的一种文化现象。在这个语境中，传统马克思主义美学语境中的艺术与意识形态的关系问题受到了社会存在与审美经验变异的洗礼。这些问题既需要在学理层面上加以梳理和澄清，更需要在马克思主义美学研究中深入当代批评实践，拓展深化马克思主义美学的问题域，从而为当代美学基本问题研究提供充分的理论论证与分析阐释。

在马克思主义美学传统发生明显的理论转折的情况下，马克思主义的文化唯物主义美学研究具有重要的理论意义，它在马克思主义美学研究的当代视野中展现了一种新的理论研究方向，那就是从传统马克思主义美学的审美与意识形态的关系理论出发，重新提出马克思主义美学传统与当代批评的本体阐释问题，这既显示出了马克思主义美学传统对现代审美理论的贡献与影响，也深刻地展现出了马克思主义美学理论在把握现实审美文化变革与文学批评实践方面的理论价值。所谓当代批评的本体阐释，不仅仅是具体文学文本书写的解析与作家文学经验的汇聚，更是一定社会经验和文化生活方式的凝练和表达；不仅仅是具体的文学文本批评，更包括当代大众文化、消费文化、媒介文化等新兴文化经验的实践研究，包含着前现代、现代、后现代美学复杂的理论经验的提升与概括。在这个意义上，马克思主义美学传统中的当代批评的"本体阐释"，即是从马克思主义美学视野出发，在当代批评的文化场域中，既强调文学文本批评阐释的合理性及其有效性，同时又深刻观照当代审美资本主义时代的文化生产范式及其审美意识形态现实，在多元叠加的语境中考察当代审美文化的发展现实，从而为当代美学的发展作出深刻的理论阐释。

当代批评的本体阐释仍然离不开马克思主义美学的理论资源。在这方面，马克思主义美学视野中的审美意识形态批评与审美幻象研究是当代批评本体阐释的重要的理论来源。英国学者德鲁·米尔恩曾提出，马克思主义的审美意识形态批评本身就是一种典型的批判性阅读方法，它既有对文学与艺术具体问题的批评解读，也突出强调对历史语境的敏锐把握意识，具有在复杂审美文化现实中批判性地把握当代批评实践的能力。特里·伊格尔顿的《美学意识形态》、保罗·德·曼的《美学意识形态》等著作都强调在审美意识形态批评中把握当代批评实践中的美学属性及其理论精神，在他们的理论阐释中，审美意识形态批评既有批评实践功能，同时也有本体阐释价值，特别对当代美学研究具有重要的理论启发。

"审美幻象"则是现代美学发展中的一个重要的理论概念，马克思、海德格尔、萨特、本雅明、阿尔都塞、阿列西等美学思想家曾在不同层面上使用过这个概念，它指的是现代社会中以审美变形为重要中介的社会文化与情感经验的交流过程与表达机制。审美幻象问题研究同样也是马克思主义美学传统中的一个重要的理论问题，马克思主义的审美意识形态批评既强调以审美幻象问题作为现实生活经验表征机制，同时也以审美幻象研究作为理论支撑观照一定社会的文化传播与文学书写方式。审美幻象理论对当代批评的本体阐释具有重要的理论意义和启发，它能够有效促进当代批评深入把握批评置身的理论语境、实践过程与美学风格，既对宏观层面把握当代批评发展的美学转向有积极的意义，同时能够结合当代社会中的审美变形等问题，对当代批评的全球化与在地化有实质性的理论价值。

　　在当代美学的发展中，马克思主义美学传统中的审美意识形态批评与审美幻象研究仍然处于理论研究的薄弱环节及其初级阶段，特别是在学理层面上的阐释仍然存在简单化的倾向。这一方面是由于这方面的理论研究本身较为复杂造成的；另一方面更主要的是马克思主义美学传统与当代批评的学理关联及其实践转换过程中仍然存在着很多模糊环节，在理论研究如何有效对象化现实审美文化经验，特别是对于西方马克思主义美学研究如何展现“在地化”，如何有效对接当代批评的中国经验方面仍然需要我们做出深刻的理论回应。在这方面，马克思的审美现代性思想、阿尔都塞学派的意识形态批评理论、特里·伊格尔顿和保罗·德·曼的审美意识形态理论、布尔迪厄的文化场域理论、托尼·本尼特的文化治理理论、朗西埃和巴迪欧的审美革命理论，等等，既是我们不可忽视的理论资源，同时更是批判性分析阐释与理论研究的对象，如何吸收马克思主义美学传统中的有效的理论研究范式，特别是吸收马克思的实践本体思想，在马克思主义美学传统的理论视域中，把握当代批评的本体阐释方法与路径仍然是需要我们进一步深化的工作。

（原载《学术界》2016 年第 8 期）

探询大历史逻辑中的"美的规律"

——发展马克思主义美学与重构中华文艺思想通史

韩经太

马克思主义学说旨在探寻人类社会历史的发展规律，并在对历史规律的理论阐述中生成其特定的推理逻辑和思想前提。马克思主义中国化是事关马克思主义发展史走向的决定性历史事件，经过实践检验对其真理价值的客观证明，关于中国发展道路的理论阐释，正在生成为"需要理论并且一定能够产生理论的时代"的历史逻辑。尤其重要的是，因为这一历史逻辑包含着植根于中华优秀传统文化以培育社会主义核心价值的本质内容，并因此而具有整合"五千年"历史逻辑和"一百年"历史逻辑的集大成思想张力，所以，这里所说的历史逻辑有必要称为"大历史逻辑"。"大历史逻辑"之所谓"大"，非仅历史跨度之大，更在于历史转型之巨。百年之前中华传统文化与中国现代文化之间的断裂式转型，新时期以来历史螺旋上升以后的重建性传承，以及断裂转型与重建传承之间的思想文化关系，构成了多维叠合而极具张力的思想世界，其历史演变之前因后果，是单线逻辑所无法分析的，而多重逻辑线索推论的理论前提和思想归宿，不能不是以"人"为中心的社会历史发展思路。实质上，马克思主义从开始关注"工人""劳动"的那一刻起，就在思考人类"也按照美的规律进行创造"的人学与美学问题。因此，当代中国马克思主义者所担当的发展马克思主义美学的时代使命，归根结底，可以高度概括为"大历史逻辑"视域下"美的规律"的深入探寻。不言而喻，这一深入探寻的过程，是与重构中华文艺思想通史的创新实践过程高度契合的。

习近平总书记最近指出："这是一个需要思想而且一定能够产生思想的时代。"时代在呼唤着"思想"，对于重新建构的中华思想通史和中华文艺思想通史来说，其至为关键的"通史"之"通"，恰恰意味着"思想"

发展之所以如此的历史逻辑得到理论阐述的成功确认，并且是充分体现马克思主义思想方法之指导作用的理论确认。不言而喻，这个意义上的"通史"重构，绝非重复叙述的"再来一遍"，甚至也不仅是理论发掘与创新思辨之一般意义上的"有所发现"。毫不夸张地说，这是一项以马克思主义中国化的当代创新实践为契机，同时实现发展马克思主义美学和重构中华文艺思想体系之双重价值追求的宏伟事业。

现在的问题是，一方面，对于中华民族审美文化来说，因为在马克思主义诞生之前，"五千年"悠久文明的滋养已经培育了传承不绝的中华民族文艺思想；另一方面，当下的我们也已经自觉到，既不能像"一百年"以来所曾经有过的那样，硬性肢解中华民族传统的文艺思想，然后简单地填入教条化理解的理论框架之中，也不能简单地"复活"古典话语体系而"自说自话"。这样一来，怎样创造性运用马克思主义思想方法来"激活"中华文艺思想的古典话语体系，从而以符合"大历史逻辑"和"美的规律"的阐释学理路，重新建构完整系统的中华文艺思想通史，就成为一项极具难度的思想理论课题。换言之，相对于"五千年"历史存在的中华文艺思想史，也相对于"一百年"来已经成为理论阐述文本的各类中华文艺思想史著作（包括中国美学史、中国文学理论史、中国文学批评史、中国艺术批评史、中华审美文化史等等），当下正在展开的人文学术领域的"中国创造"，不能只满足于局部调整和细节突破，时代需要我们以"思想家""理论家"的主体创造精神，从内在思理上"懂得"马克思哲学原理，并像"一把钥匙开一把锁"那样成功"运用"到中华思想文化之"通观"而"重构"的艰难探索之中，最终真正发现历史逻辑与美的规律的中国化契合方式。

显而易见，这将是一个涵涉极广而又思理精深的理论与思想课题。对此，我们无法在一篇短文里展开统摄全局的论述。唯其如此，下面的讨论，只是尝试着将思想视野聚焦在历史逻辑的一个特定起点上，从那里出发来探询大历史逻辑中的"美的规律"。

在确认马克思主义美学以"劳动创造了美"为核心价值观念的意义上，从"一百年"以来最初的"劳工神圣"论到后来对于"工农兵方向"的思想规定，继而与时俱进于"知识分子是劳动人民一部分"的新时期基础理论，大历史逻辑的讲求轨迹清清楚楚地告诉人们，"劳动者"为了满足自身随文明进步而发展着的各种需求，必然会使自己的"劳动"越来越具有技术含量和文化含量，从而合乎历史逻辑地实现"劳动人民知识化"。特别是当我们自觉到"中国制造"必须跃迁于"中国创造"的更高境界，从而意识到文明进步意味着可持续的"核心技术发明"以后，崇尚道德文章的古典人文主义已然成功实现了与现代科学技术的完美合一。站在这样的历史高度上，回望中华元典创造时代的诸子思想，重新体味先秦道家庄子学派既批判"机心"而又欣赏"技术"的美的哲学思辨，我们会发现，关于"美的规律"的认识就这样融进了通古今而观之的大历史逻辑之中。《庄子·外篇·天地》有云："'有机械者必有机事，有机事者必有机心。'机心存于胸中，则纯白不备；纯白不备，则神生不定；神生不定者，道之所不载也。吾非不知，羞而不为也。"非常清楚，"羞而不为"当然是一种道德追求否定技术讲求的价值选择，但在我们已然自觉到道德人格的纯粹绝不应该排斥科学技术之创造的今天，恰好容易发现，庄子学派的道德自觉是具有自我扬弃精神的。即以这里的"道之所不载"来说，其与《庄子·内篇·养生主》"庖丁解牛"寓言阐释中的"所好者道也，进乎技也"之间，就有一种貌似"吊诡"而实则"玄妙"的思想关系。这种古典智慧与当代襟怀之间穿越历史的遥感会通，使我们与上古先贤同处于一个大历史逻辑之中，伴随着庄子学派的美学思想理所当然地成为重建中华文艺思想通史的逻辑起点，这种"通古今之变"而植入当代美学思维的"思想"基因，实际上也成了我们当代美学思想的逻辑起点。

当代美学思想之逻辑起点的确认，理当接受来自马克思主义的美的哲学启示。马克思主义研究界的学术共识之一，是认为马克思的《1844年经济学哲学手稿》（以下简称《手稿》）可视为"马克思哲学的秘密和诞生地"。人们非常熟悉《手稿》中的以下内容："国民经济学以不考察工人（即劳动）同产品的直接关系来掩盖劳动本质的异化。当然，劳动为富人生产了奇迹般的东西，但是为工人生产了赤贫。劳动创造了宫殿，但是给工人创造了贫民窟。劳动创造了美，但是使工人变成畸形。劳动用机器代替了手工劳动，但是使一部分工人回到野蛮的劳动，并使另一部分工人变成机器。劳动生产了智慧，但是给工人生产了愚钝和痴呆。"（人民出版社1985年版，第49—50页）在从根本上否定"劳动的本质的异化"的前提下，马克思"劳动创造了美"的哲学"秘密"，亦即"劳动的本质""人的本质""美的本质"的三位一体思想构型，在今天的人们看来，所有这些近代工业文明发展背景下的"劳动的本质"的确认，其中有一个再明确不过的逻辑性讲求，那就是深情关注"劳动者"是否因此而得到与工业文明发展指向相一致的物质满足和精神幸福。也正是因为如此，马克思主义者在充分展开对于人类远大理想的理论设计的同时，总是站在被损害者的立场上来观察社会并践行其揭露不平的主体批判精神。

尽管相对于马克思《手稿》相关论述所针对的西方近代工业文明社会初期的具体状况，中华文艺思想史所要面对的中国古代农耕文明社会，有其显而易见的特殊性，但是，即便是着眼于自成系统的耕读文化传统，也无法掩饰中国农耕文明社会的自身内在矛盾，因此，如何站在21世纪世界文明发展的高度上，以崭新的姿态发掘和评述中华文艺思想史上的文艺批评精神，将是一个不容回避的重大课题。也正是在这个意义上，今天的我们有必要肯定昨天的我们的阐释学贡献，20世纪前期的马克思主义中国化，使我们在充分阐释现代文学艺术的现实主义原则时，发掘并阐释了中国古典现实主义。在21世纪的新时代，我们有必要在中华民族伟大复兴的大历史逻辑下，进一步深入阐释中华文艺思想史上围绕着"风""讽喻""讽谏""风骨"等核心范畴而生成的教化讽喻传统，发掘来自中华文化原创礼乐制度的社会内涵，从而确认中华民族审美意识形态建构之历史逻辑的逻辑起点。与此同时，也发掘中国传统士大夫理想人格的精神内涵，尤其发掘并阐释此一理想人格和礼乐制度共生其间的政治文明模型。要而言之，《礼记·乐记》云："礼以道其志，乐以和其声，政以一其行，刑以防其奸。礼乐刑政，其极一也，所以同民心而出治道也。"何谓"治道"？治国理政之道。如果说治国理政之道的关键恰在于"同民心"，那么，《毛诗序》所谓"上以风化下，下以风刺上，主文而谲谏，言之者无罪，闻之者足以戒，故曰风"，《礼记·经解》所谓"其为人也，温柔敦厚而不愚，则深于《诗》者也"，就是对"同民心"之"治道"的文化解读。反映在社会政治的运行原理方面，是由上而下的风之"化"与从下而上的风之"刺"之间的上下协同；反映在主体人格的习得养成方面，则是温柔敦厚的行为规范与不被愚弄（"不愚"）的独立人格之间的内外协同（某种意义上正是孔子所谓"君子和而不同"）。与此同时，"刑以防其奸"的法律惩治和"言之者无罪"的无罪诉求之间，是否又包含着另外一种关于协同性的政治原理的思考呢？这就像中国古代社会整体上属于农耕文明形态的历史大判断，有必要和乡村社会耕读传家的文化传统以及经由科举取士而进入社会上层的制度设计联系起来考虑一样，过去那种主要从阶级对立角度切入来阐述中国古典现实主义文学批评传统的思想方法，未见得符合中国古代历史和中华传统文化的大历史逻辑。唯其如此，这种协同于"教化之道"的"讽喻"文学精神所遵循的"美的规律"，仍有待于真正富有理论逻辑的深入阐释，这不正是重构中华文艺思想通史的题内应有之义吗?!

其实，上述讨论已经提示人们，马克思主义美学的本质论，是把"人"从"劳动的本质的异化"中解放出来的"人"学本质论。《手稿》关于"美的规律"是这样表述的："诚然，动物也生产。它为自己营造巢穴或住所，如蜜蜂、海狸、蚂蚁等。但是，动物只生产它自己或它的幼仔所直接需要的东西；动物的生产是片面的，而人的生产是全面的；动物只是在直接的肉体需要的支配下生产，而人甚至不受肉体需要的影响也进行生产，并且只有不受这种需要的影响才进行真正的生产，动物只生产自身，而人再生产整个自然界；动物的产品直接属于它的肉体，而人则自由地面对自己的产品。动物只是按照它所属的那个种的尺度和需要来构造，而人懂得按照任何一个种的尺度来进行生产，并且懂得处处都把内在的尺度运用于对象；因此，人也按照美的规律来制造。"(《1884年经济学哲学手稿》，第53—54页) 深入体会马克思原话的意味，显然是说"美的规律"之外还有其他规律是人所必须要遵照的。这就启示我们，只有关注当今时代"美的规律"与市场规律的关系问题，以及此前时代"美的规律"的政治经济学阐释的得失问题，才能合乎大历史逻辑地阐释文学艺术的本质。特别是在以中华思想文化为历史大视野的情况下，马克思将"美的规律"置于"人的生产"的历史现实之中，并在强调"人的生产"包容万有的无限可能性之际，提出"人再生产整个自然界"的特定命题，无疑为我们提供了一把开启中华传统文化秘密的"思想钥匙"。中华民族历来讲求心物合一、天人合一、民胞物与。《庄子·内篇·大宗师》有曰："泉涸，鱼相与处于陆，相呴以湿，相濡以沫，不如相忘于江湖。"同文又曰："鱼相造乎水，人相造乎道。相造乎水者，穿池而养给；相造乎道者，无事而生定。故曰：鱼相忘乎江湖，人相忘乎道术。"一直以来，学界关于"相忘于江湖"的哲学与美学阐释，虽然已经相当充分，但大都沿着个体生命追求自由的思想方向在不断推进。相比之下，庄子通过前一种生存状态"不如"后一种生存状态的比较阐释所揭示出来的人文生态学的价值指向，却没有得到应有的关注。如今，我们能否在"人再生产整个自然界"

的思维层面上来领会"道术"与"江湖"之间的对应关系呢?当"人懂得"如何以"相造乎水者,穿池而养给"的原理为"鱼"创造"相忘于江湖"的理想生存环境以后,进一步更应该"懂得","人则自由地面对自己的产品"这一马克思主义命题对于中国阐释学来说具有特殊的指导意义,问题显然已不是单纯的个体自由之诉求,像"鱼儿离不开水"一样,人类离不开"道"的"道"以及缘乎此而出现的"相忘乎道术",是一种内涵极其丰富的人学观念。鉴于我们已经历过人与大自然关系史上的灾难时期,并因此而"懂得"了"环境友好"的至关重要,且缘此而提出了"生态美学"的理论概念,值此之际的哲学与美学思考,当然不会滞留于就中华传统文化中的"天人合一""民胞物与"说而泛泛议论,尤其当我们结合迄今为止的整个人类生存史来深入领会马克思"人再生产整个自然界"之所谓"再生产"的思想精神时,人与大自然的漫长关系史所体现的大历史逻辑,将引领我们走向越来越深入的"美的规律"的阐释道路。

老子有言:"功成事遂,百姓皆谓我自然。"无论是发展马克思主义美学以成功建构中华文艺思想通史,还是凝练中华美学精神以发展马克思主义美学,成功的理论阐释必须同时做到"文以载道"而又"道法自然"。在古今通观而又中西参融的当代阐释学意义上,成功重构的中华文艺思想通史的"大历史逻辑",其核心内容究竟是什么?让我们带着这一问题迈进"需要思想而且一定能够产生思想的时代"。

(原载《文学遗产》2016年第6期)

从《手稿》到《神圣家族》
看马克思主义美学思想的发展变化[*]

杨荔斌

众所周知，马克思主义美学思想虽并无完整的体系形式，但其丰富的内涵和鲜明的观念却是令人无法忽视其存在的重要因素，却又因为对其来源的质询和考察仍然是一个没有彻底而详尽解决的问题，因而一直都引发人们围绕其中展开讨论的兴趣。笔者仅就从《1844 年经济学哲学手稿》（以下简称《手稿》）到《神圣家族》的这一时段来进行一些相关的探讨，毕竟正如李·巴克森德尔和斯蒂芬·莫拉夫斯基在《马克思主义美学文档》第 1 卷的前言及绪论所说的："一方面，马克思、恩格斯的早期美学思想的重要性不容怀疑；另一方面，这些美学思想必须被耐心地考察其来龙去脉，这样才能对过去进行具体的延伸与理解，马克思主义思想正是在这些遗产的继承中得到发展。"①

一　问题的缘起

我们知道，马克思主义美学思想的形成和发展主要是伴随马克思主义哲学思想由生涩到成熟的演进过程而生成的，即是说通过在政治学、经济学领域的研究，由现象深入本质，从而促成马、恩的哲学观向着更科学、更合理的方向转化，以不断创造出新的理论高度来指导人类审美活动的开

　＊ 基金项目：中央编译局委托项目"马克思主义美学传统与当代批判实践研究"（15SQWT24）。

　① 李·巴克森德尔、斯蒂芬·莫拉夫斯基：《历史语境、审美经验与人的创造力——〈马克思主义美学文档〉第 1 卷前言及绪论》，安宁译，《马克思主义美学研究》第 18 卷，中央编译出版社 2015 年版，第 38 页。

展而实现的。从时间跨度来看，从《手稿》到《神圣家族》的时间历程并不漫长，前后只有半年之差，几乎可以认为是同一时期的作品。但是，就是在这么短暂的时间内，马克思主义美学思想所产生的深刻变化依然清晰可见。

首先，从内涵上烙刻着思想观念转变的印记。写作《手稿》的时间为1844年，这在马克思自身思想的发展历程中，是一个十分重要的年份。在这一年里，马克思在巴黎和布鲁塞尔进行经济学与哲学研究，他的哲学立场和理论观点也在此时发生了重大的转变——从革命民主主义立场转向了无产阶级共产主义，从青年黑格尔的左派唯心主义转向了唯物主义。这个思想观念上的重大转变，深深地融入《手稿》的写作中，而《手稿》也因此被视为对这个重要转折点的第一次系统的表达和论述，在马克思主义哲学思想和美学思想史上占有特殊的地位。其次，从形式上则是由马克思的个人思想认知走向马恩合作的深度思想融合的关键节点。因为马克思和恩格斯在此后长达半个世纪的伟大合作，就是由他们于1844年8月底至9月初在巴黎的历史性会见开始的。而问世于1845年2月的《神圣家族》，则恰恰正式见证了两人第一次亲密无间的合作。并且于思想内涵层面，以对黑格尔哲学和费尔巴哈哲学（主要是对费尔巴哈哲学）的批判性继承来发展马克思主义美学毫无疑问皆是这两部作品的写作主线。对此，笔者将选取马克思对人的本质的规定在认识上不断深入这一思想切片，及其在文学批评中的实际运用，来详细阐述这种发展的具体情况。

二 从黑格尔到费尔巴哈：以"自然的人"为理论支点的跃进

青年马克思成长于一个由黑格尔哲学统领的国度，他也曾经通过自身的钻研和在"博士俱乐部"与众多文人学者的争论中，挖掘出了黑格尔哲学精神中的精髓。然而，马克思并没有因为崇拜黑格尔而对他的哲学精神全盘接受。相反，他很快敏感地意识到了黑格尔哲学体系中存在的、受外部冲击而日益加剧的内在矛盾。所谓的外部冲击，指的是在马克思身处的时代，迅速发展的经济和社会正以诸多鲜明的现实引发了大众对黑格尔哲学的垄断式统治、对在精神领域中的教皇的统治充斥着强烈的不满，革命情绪和意识在动荡中逐渐酝酿。此时，青年黑格尔派崛起，他们虽然以空前激进的批判态度，对黑格尔哲学、对基督教进行了猛烈的攻击，但他们把攻击的范围仅仅局限于意识形态之内，由宗教到国家、到制度的批判终使他们泥足深陷，走向了政治反对派的不归之路。真正从根本上对黑格尔哲学进行颠覆的应该是费尔巴哈。他从存在出发、从感性出发、从具体的现实出发来批判唯心主义世界观，他所坚守的世界原则是自然界而不是精神。这样，费尔巴哈不仅十分坚决地动摇了黑格尔哲学的基础，而且从此成为了唯物主义哲学的奠基人。

对于马克思而言，他深受黑格尔哲学精神的影响是毋庸置疑的。但他并没有完全匍匐在黑格尔哲学的脚下，而是从崇拜走向了批判，这在《手稿》中的显现是极为分明的，即马克思在《手稿》中一方面对黑格尔辩证法和哲学进行了批判，且取得了相当的成就；另一方面，他对黑格尔哲学从渊源上的承袭也仍然是存在的，例如"异化"论，其在德国古典哲学的历史渊源上主要是黑格尔哲学的理论范畴，只是马克思在沿用这一概念范畴时，融入了自己的思考，具有了自己的论说特点。同样地，马克思非常钦佩费尔巴哈，并一度在很大程度上赞同、接受费尔巴哈的理论观点，而且还把费尔巴哈的学说作为批判黑格尔哲学的理论武器，因此，在当时马克思主要还是沐浴在费尔巴哈的影响之中，就像我们在《手稿》中所看到的，马克思在对私有制的分析批判中，在论述"人的本质"、人与自然的关系等问题时，都还未从费尔巴哈的影子中完全走出来。然而，他仍然努力地使自己的表述和论证与费尔巴哈的理论区别开来，以示对费尔巴哈学说中的缺陷和弱点加以摒弃和批判，这其中便包括对人本质的认识。

《手稿》中用劳动生产来规定人的本质，显然不同于费尔巴哈那样，把自然性的心理因素如"爱"或"情欲"之类作为人的本质。费尔巴哈所坚持的是人本主义的唯物主义，其理论要义主要有：其一，他的理论出发点是反对黑格尔思辨哲学中的绝对理性基石而转向对感性的特别强调，由此指认感性的基础是肉体的感官，感性的重要作用在于反映自然，继而指涉对感性的直观的突出。其二，费尔巴哈的理论解释从对生物性的人的肉体的重视，继续推进到对人与人之间源于自然天成的结构关系的看重，笃定人的自然关系就是人的本质，而人作为自然的存在物所具备的自然属性便再度获得确认。不可否认，费尔巴哈的唯物主义对于黑格尔哲学和基督教的批判是十分有力的，但遗憾的是他只把眼光和心思局限在了自然的领域之内，遮蔽了他对社会的人的认识，既无法通过人去看到现实的社会生活，也缺乏对人的社会属性进行论证的支点和方向。

马克思在接受费尔巴哈理论的同时，也看到了其理论中的弱点和缺点，因而他在借由费尔巴哈而跨过了黑格尔的理论栅栏之后，没有直接取用费尔巴哈的"自然的人"的定义，而是通过阐明社会生活是以人的"有意识的生活活动"或"自由的意识活动"为内涵，来最终将人的本质规定在了劳动实践的层面上。他这不同于费尔巴哈的论述，在《手稿》中作为他所坚持的哲学原则，其意义便具有了很大的进步性。更为难得的是，马克思肯定了人类的物质实践是克服人与自然之间的矛盾的正确途径。他说："我们看到，理论的对立本身的解决，只有通过实践方式，只有借助于人的时间力量，才是可能的；因此，这种对立的解决决不只是认识的任务，而是一个现实生活的任务，而哲学未能解决这个任务，正因为哲学把这仅仅看作理论的。"① 马克思在这里排除了黑格尔式的精神实践方法，认同和强调了物质实践活动。而实践观点的存在，使主观能动作用得到了强调，那么，在自然对人和人的本质作出了规定的同时，人和人的精神也对自然有了相应的规定，这是费尔巴哈的人本主义原则中所没有的。所以，马克思在此所表达的实践观点，不仅与黑格尔截然相反，而且大大不同于费尔巴哈，这是马克思开始跨越旧唯物主义的有力一步。

但年轻的马克思还做不到他成熟时期那般的坚定与深刻，费尔巴哈的人本主义在马克思《手稿》的创作中还是留下了比较深的烙印。仅就对人的认识而论，马克思像费尔巴哈那样，将自然作为人的非有机的身体来进行的论述就不止一次地在《手稿》中出现，比如"在实践上，人的普遍性正表现在把整个自然界——首先作为人的直接的生活资料，其次作为人的生命活动的材料、对象和工具——变成人的无机的身体。自然界，就它本身不是人的身体而言，是人的无机的身体。人靠自然界生活。这就是说，自然界是人为了不致死亡而必须与之不断交往、人的身体"②。不难看出，马克思有很多时候还是把人仅仅当作自然的物质的人来理解的，所阐述的也还是费尔巴哈思想中的实质内容。也正因为这样，马克思在当时并未清晰地解决实践的主体，即人的本质问题，因而在《手稿》中人的社会实践基本上还是被理解为人的单纯的物质活动。

---

① ［德］马克思：《1844 年经济学哲学手稿》，人民出版社 1985 年版，第 84 页。
② 同上书，第 52 页。

三 从《手稿》到《神圣家族》：以对人的本质的新认识实现思想内涵的新发展

事实上，马克思对人的本质的认识和理解并未困守在费尔巴哈的"自然的人"的理念之中。当时间进入 1845 年的春天，马克思便和他当初从费尔巴哈理论出发的人本主义分道扬镳了，也就是恩格斯所说的："对抽象的人的崇拜，即费尔巴哈的新宗教的核心，必须由关于现实的人及其历史发展的科学来代替。这个超出费尔巴哈而进一步发展费尔巴哈观点的工作，是由马克思于 1845 年在《神圣家族》中开始的。"① 那么，马克思基于对"现实的人及其历史发展"来更新其对人的本质的认识究竟是如何展开的呢？这便需要转入对《神圣家族》的具体分析了。

马克思和恩格斯合作的《神圣家族》，全名是《神圣家族，或对批判的批判所做的批判。驳布鲁诺·鲍威尔及其伙伴》。该书名本是来自意大利文艺复兴时期著名画家安德烈·阿曼泰尼雅一幅名画的题目。在这幅题为《神圣家族》的画中，圣母马利亚抱着圣婴耶稣，旁边则是马利亚的丈夫圣约瑟，还伴之有圣以利沙伯、圣约翰、圣亚拿以及一些天使和神甫。这样一个体现宗教故事主题的题目本不足为道，重要的是它与现实的关联，即青年黑格尔派主要代表人物布鲁诺·鲍威尔的同伙把鲍威尔比作天父的独生子耶稣，把其他几个伙伴比作他的门徒，他们之于群众便如同耶稣在人群中传道一样，行径天经地义，言论不容争辩，极其狂妄自大。如此一来，马克思和恩格斯以此为书名，旨在给予青年黑格尔派以巨大嘲讽的意图就非常明显了，也极大契合了该书拟从世界观、历史观、经济学、文学、法学、社会学等多方面对这一派的唯心主义观点进行批判性的总清算的写作目的。

具体来说，青年黑格尔派摒弃了黑格尔的自我意识同现实协调的学说，而把自我意识同现实绝对地对立起来，世界应该按照这种自我意识来改造。这种哲学观点完全用人的思辨活动来代替人的感性实践，因此他们把社会问题、政治问题、经济问题的解决都转移到了精神领域，热衷于一种纯理论的批判。反映在人的本质问题上，青年黑格尔派就把他们奉若至

---

① 《马克思恩格斯选集》第 4 卷，人民出版社 1972 年版，第 237 页。

上的自我意识看作了人的唯一的存在方式。对此，马克思针锋相对地提出，现实的人即生活在现实实物世界中并受这一世界制约的人，才是呈现人的本质的对象，而他所指涉的现实实物世界则是由社会物质生产方式所规定形成的，因此受这一世界制约也就是受社会物质生产方式制约的意思。同时，马克思、恩格斯在《神圣家族》中对人的本质的论述，还是在将其放置于与历史的发展、人们在生产过程中形成的社会关系相联系的层面上来进行考察和分析的。这样，经由指认人与产品、人与他人的关系就是人对人的社会关系，继而明确了现实的人实际上是指处在一定社会关系中的人。最后，马克思还举证了18世纪的人不会是古代共和国的人，正如其所经历的经济状况和工业状况不会是古代的一样。这样，马克思在人的本质问题上关于其内在的"现实的人及其历史发展"的内涵的论述便得到了清晰的呈现，不仅有效地驳斥了青年黑格尔派的匡谬论调，也很好地建树起了富有自身理论特色的马克思主义观点。

但于理论论证之外，笔者以为，马克思在《神圣家族》中对小说《巴黎的秘密》的剖析和批判，则是将"用关于现实的人及其历史发展的科学来代替对抽象的人的崇拜"这一观念运用于现实的最出色的实践。而且，由于那是马克思和恩格斯第一次对一部长篇小说，同时也是唯一的对一部长篇小说所作的淋漓尽致地渗透了美学精神的文艺批评，也就充分体现了马克思主义美学思想发展的客观历程。

四　寓于文艺批评之中的马克思主义 美学思想的发展

欧仁·苏写作《巴黎的秘密》时，法国正处于革命低潮，正需要有人把革命的力量重新召唤起来，然而，青年黑格尔派却一味地强调思辨哲学，认为所有的社会问题、政治问题、经济问题都只需要人的思辨就可以解决，而并不需要进行社会改革，尤其是进行社会革命。面对资本主义日益腐败的道德，日益严峻的斗争形势，他们主张加强个人的思想修养，追求自我道德的完善，用思辨的方法来解决社会问题。因而，在关于文学艺术与社会生活的关系问题上，他们以坚持思辨哲学的观点来主张文学艺术应该表现理性，而不是去真正理解生活。《巴黎的秘密》中所塑造的人物形象，无不透彻地灌输着这样一种唯心主义的理念。

　　小说中的中学教员（"校长"）是个有教养、有学识的人，身体是海格力斯型的，精力充沛，却因为他不符合那个社会所要求的平庸无能、温文娇弱和暗中交易，于是同资产阶级社会的法律和习惯发生了冲突，成为了一个杀人犯。小说的主要人物盖罗尔施坦公爵鲁道夫，捉住了这个罪犯，他为了"批判地改造他"而完成了一个他所认为的"善举"，就是把"校长"的眼睛弄瞎了，为的是在他瞎了之后教会他祷告。这样，这位"校长"在忏悔与祷告中竟然也就相信了"完满的情欲的有力"。马克思在这里指出："为了要人改邪归正，就使他脱离感性的外部世界，强制他沉没于自己的抽象的内心世界——弄瞎眼睛，这是从基督教的教义中所得出的必然结论；因为根据基督教的教义，充分地实现这种分离，使人完全和世界隔绝并集中精力于自己的唯灵论的'我'，这就是真正的德行。"① 马克思的分析，既有着费尔巴哈对客观感性事物的强调的继承，还提示了人若脱离了现实，仅仅埋头于自己的抽象的内心世界，"这就是一切虔诚的梦幻的秘密，也就是疯癫的共同的表现形式"②。

　　在小说的另一个人物身上，也同样演绎了类似的悲剧。年轻姑娘玛丽花以一个淫妇的身份生活在罪犯当中。虽然她的境遇充满屈辱，但她仍保持着心灵的崇高和人性的优美。她以她那朝气蓬勃、精力充沛、愉快活泼、生性灵活的品格，感动着她周围的人。她之所以善良，是因为她总是合乎人性地对待非人的环境；她之所以流露出蓬勃的生趣、丰富的感受以及对大自然的美的欣喜若狂，是因为她坚持着自我的个性与天赋的本质。只有当她的天性与现实境遇发生了冲突，令她迷茫到忘却了自己的"现在"时，她才陷入了悲哀。这样的玛丽花无疑是"本来的、非批判的形象"，"在这里，欧仁·苏超出了他那狭隘的世界观的界限。他打击了资产阶级的偏见"③。这本应很难得，可是，当欧仁·苏把这个姑娘交到鲁道夫公爵的手里，而鲁道夫公爵又把她交给对他唯命是从的教士拉波特之后，玛丽花的一切人的品质和关系就开始变为非人的品质和关系了，那是欧仁·苏要"弥补自己的孟浪无礼，以便博得一切老头子和老太婆、所有的巴黎警察、通行的宗教和'批判的批判'的喝彩"④。欧仁·苏需要的不

---

① 《马克思恩格斯全集》第 2 卷，人民出版社 1957 年版，第 228 页。
② 同上书，第 235 页。
③ 同上书，第 218 页。
④ 同上。

是玛丽花对大自然纯真的喜爱，而是需要她在无尽的悔悟中将人类的爱转化为宗教的爱，对幸福的追求转化为对永恒福佑的追求，使世俗的满足转化为神圣的希望，同人的交往也随之转化为同神的交往。这都符合了青年黑格尔派所谓思辨的哲学的主张。玛丽花最后还是在死亡中为自己找到了解脱和慰藉，她的死恰恰印证了这样的一出悲剧。"如果说，以前她在最不幸的环境中还知道在自己身上培养可爱的人类个性，在外表极端屈辱的条件下还能意识到自己的人的本质是自己的真正本质，那末现在，却是从外面损伤了她的现代社会的污浊在她眼中成了她的内在本质，而因此经常不断地忧郁自责，就成了她的义务，成了上帝亲自为她预定的生活任务，成了她存在的目的本身。"① "鲁道夫就这样先把玛丽花变为悔悟的罪女，再把她由悔悟的罪女变为修女，最后把她由修女变为死尸。"②

马克思在类似这样的批判中，都突出了要把人的本质由精神的、意识的、宗教的回归到现实的、物质的世界中，而此时现实的、物质的世界，在很大程度上已经超越了《手稿》中所遗憾沦为的人的单纯的物质活动，而是真实的、复杂的现实社会。他关注的也是在这样的社会中人的各种社会关系。不仅如此，马克思在对《巴黎的秘密》的评论者的批评中，也依然坚持着他的理论原则。例如，《巴黎的秘密》出版后，便有一个叫"弗兰茨·齐赫林·冯·齐赫林斯基"的人化名"施里加"，站在黑格尔主义的立场上对小说作出了"轻浮无知"的评介，这引起了马克思的注意和反感。他的批评中有这样一段论述："施里加先生不知道：欧仁·苏由于要对法国资产阶级礼貌一些而把时代弄错了，他把路易十四时代市民阶级常说的'呵！但愿皇上也知道这一点！'改成'呵！但愿富人也知道这一点！'，再借'宪章真理'时代的工人莫莱尔之口说了出来。这种贫富间的质朴关系至少在英国和法国已经不再存在了。富人手下的学者即经济学家们就在这里传播关于贫穷这种肉体贫困和精神贫困的非常详细的见解。他们用安慰的口吻证明说，因为要保持事物的现状，所以这种贫困似乎也应保存下来。甚至他们很细心地计算出，穷人为了富人和自己本身的福利应该按什么比例通过各种死亡事件来缩减自己的人数。"③ 马克思在这段论述

① 《马克思恩格斯全集》第 2 卷，人民出版社 1957 年版，第 223 页。
② 同上书，第 225 页。
③ 同上书，第 70 页。

中所要表达的见解就是："一个人不大了解历史事实，不大了解有关社会关系的各种解说，则不可能达到那种有助于对文学作品的真正理解，同时，也无法通过作品真实地、深刻地表达这个世界。"①

由上述这些分析可知，马克思已然将"研究现实的人及其历史发展"的科学和方法切实地运用在了批判的实践中，并由此逐渐弱化了费尔巴哈人本主义理论的影响，与此同时，也渐渐完善形成了自己的哲学观和美学观，这便是马克思主义美学从《手稿》到《神圣家族》所历经的一个重大发展。

（原载《学术论坛》2016 年第 3 期）

---

① 许明：《马克思主义美学思想的起源与成熟》，中央编译出版社 1999 年版，第 73 页。

马克思主义文论中国化研究

21 世纪中国的马克思主义文艺学论纲

董学文

一

为什么要提出构建和发展 "21 世纪中国的马克思主义文艺学"？这是由现实形势和理论进程所决定的。从历史的发展看，随着时代的步伐，马克思主义文艺理论在中国已经进入新的发展阶段。在持续的传统与现代、东方与西方张力结构中，中国的马克思主义文艺理论已经展现出独特的面貌。换句话说，在当代世界文艺理论运动的格局中，中国的马克思主义文艺理论不仅获得了自己的特有身份，而且为人类文艺理论的未来提供了新的选择的可能性。面对这样一种局面，理论界和批评界有必要也有责任进一步完善中国的马克思主义文艺理论，有必要也有责任把中国的马克思主义文艺理论从逻辑结构和形态体系上描述得更加清晰。

毋庸讳言，马克思主义文艺理论在中国经历了举世无双的辉煌，也遭遇了大起大落的波折。相当一段时间里，马克思主义文艺理论是被冷落和边缘化的，代之而起的则是现当代西方文论肆无忌惮地称霸文坛。从某种意义上可以说，文艺理论至今仍陷在这个泥潭里，动弹不得。这种 "以洋为尊" "唯洋是从" 的理论诉求的弊端已充分暴露。跟在人家后面亦步亦趋，非但没有带来中国文论的进步和文艺的繁荣，反而造成理论和创作不可遏制的混乱与低迷。教训再一次表明，"只有牢固树立马克思主义文艺观"，[①] 文艺创作才能发挥出最大的正能量，文艺理论建设才能走上健康的轨道。

---

① 习近平：《在文艺工作座谈会上的讲话》，《光明日报》2015 年 10 月 15 日。

　　从另一个角度看，近些年来，中国文艺确乎出现了许多新现象、新实践和新问题，亟须马克思主义文艺理论从宏观和微观等不同层面给以透彻的解释。如果我们把文艺创作理解为是对历史和现实的一种叙事化组织与特殊把握的话，那么，处在历史、文化和社会巨变期的文学艺术，对文艺理论提出新的要求也是必然的。而在诸多种文艺理论中，马克思主义文艺理论无疑比其他文艺理论更具阐释力和科学性。事实上，这些年中国的马克思主义文艺理论在与实践的结合中，已经积累了丰富经验，有了自己的理论自觉和自信。党制定的一系列文艺方针、政策和提出的繁荣文艺的意见，可以鲜明地体现出这一点。在这个关键的时候，文艺理论和批评界应当迅速行动起来，积极探索创造，为一种新形态的马克思主义文艺理论添砖加瓦。这是历史和时代赋予的使命和责任。

　　习近平总书记在中央政治局第二十次集体学习时提出："要根据时代变化和实践发展，不断深化认识，不断总结经验，不断实现理论创新和实践创新良性互动，在这种统一和互动中发展 21 世纪中国的马克思主义。"①这是一个庄严的号召，一项重要的理论指示。随后，习近平又在就马克思主义政治经济学基本原理和方法论进行政治局第二十八次集体学习时谈道："要立足我国国情和我国发展实践，揭示新特点新规律，提炼和总结我国经济发展实践的规律性成果，把实践经验上升为系统化的经济学说，不断开拓当代中国马克思主义政治经济学新境界。"②联系到这些情况，我们有理由认为，在理论创新和实践创新的良性互动中发展"21 世纪中国的马克思主义文艺学"，应该是包括在发展"21 世纪中国的马克思主义"之内的。既然要立足国情和实践，开拓"当代中国马克思主义政治经济学"新境界，那么，开拓"当代中国马克思主义文艺学"新境界的任务，也应提到日程上来。马克思主义文艺学和马克思主义政治经济学一样，都是马克思主义不可或缺的组成部分。为了更好地指导我国的社会主义文艺事业，给马克思主义文艺理论的创新发展贡献更多中国智慧，构建"21 世纪中国的马克思主义文艺学"，理应成为广大文艺工作者光荣而神圣的职责。

---

　　① 《习近平在中共中央政治局第二十次集体学习时的讲话》，《光明日报》2015 年 1 月 25 日。

　　② 同上。

二

究竟什么是"21 世纪中国的马克思主义文艺学"呢？

显然这需要从对"三个关键词"的解释来加以说明。"21 世纪""中国的""马克思主义"，是这一理论规定的三个必备角度和条件。这三个关键词，本身并没有特殊性，但是将它们有机地连在一起，并用来界定一种文艺学说，那就有了形态学意义上的价值。因为，离开时代特征来谈马克思主义文艺学是没有意义的，离开本土化特点来谈马克思主义文艺学是缺乏个性的，离开马克思主义基本原理来谈马克思主义文艺学更是不可取的。马克思主义文艺学不是由各色各样的成分拼凑起的理论，它是严整的整体。它要走在时代前列，反映时代要求，要切合各国的国情，在继承的基础上创新发展，这样才能保持生机，充满活力。

"21 世纪"和"当代"这两个概念，在界定使用上是可以通用的，它们都指具体的时段。21 世纪与以往世纪的确有许多不同之处：全球地缘政治版图大幅调整，地区冲突蔓延加剧，科技和信息产业突飞猛进，文化需求空前高涨。21 世纪以来，中国社会也呈现出许多新特点，它比历史上任何时期都更接近中华民族伟大复兴的目标，比历史上任何时期都更有信心和能力实现这个目标。中国在世界发展大格局中，形成了许多独具的卓尔不群的东西。中国的文艺形势和文化面貌，也发生了前所未有的巨变。这些时代特征带来的变化对文艺理论建构的影响是不能忽视的。

"中国的"概念，是就空间和地域而言的，当然也具有主体身份之成分。"中国的"表明这种理论不是"西方"，更不是"西化"的，而是从本土经验中概括出来的，是同本民族优秀文化传统和原创精神有着血肉联系的。它反对鹦鹉学舌、拾人牙慧、照抄照转，也反对闭门造车、复古因袭。它要在充分调查研究的基础上进行创造，揭示出新的特点和范畴，提炼和总结出我国文艺发展实践的规律性成果。历史表明，文艺理论的正确道路从来都是深埋于国情土壤之中的，要把它找寻出来，就得从深入了解和研究国情开始。任何一个学科的理论，只有经过本土化的淬炼才能真正起到作用，洋教条和土教条、实用主义和民粹主义那一套是行不通的。强调文艺理论是"中国的"，并不是不需要学习外国的。我们"应该学习外国的长处，来整理中国的，创造出中国自己的、有独特的民族风格的东西。这样道理才能讲通，也才不会丧失民族信心"①。我们"只有坚持洋为中用、开拓创新，做到中西合璧、融会贯通，我国文艺才能更好地发展繁荣起来"②。

"21世纪中国的马克思主义文艺学"中的"马克思主义"概念，则是本质属性的规定，用以同其他学派和学说相区别。文艺理论研究要不要以马克思主义为指导，要不要冠以"马克思主义"的名号，这是个有争议的问题，也是个需要理直气壮进一步去正视的问题。客观地说，"马克思主义业已充分渗透到各个学科的内部，在各个领域存在着、活动着，早已不是一种专门化的知识或思想分工了"③。曾几何时，文论界弥散着"马克思主义过去的思想统治实际上是一种文体统治，我们致力于文体革命，就是要打破这种专制式的思想统治"④ 的论调，这同文艺理论研究的马克思主义诉求是背道而驰的。同时，马克思主义文艺理论不应是"浇上了一些折中主义……调味汁的无所不包的大杂烩"，而理应"本质上是建立在唯物主义历史观的基础上的"⑤。"辩证唯物主义和历史唯物主义的世界观和方法论，是马克思主义最根本的理论特征"⑥，对马克思主义文艺学说来讲，也是如此。它对中国文艺学建设起着引领性和主导性作用，绝对有资格和资质在其体系中发挥灵魂和基础的作用。构建马克思主义文艺学，如果忘掉这个"最根本的理论特征"，故意寻找别的学说的"世界观和方法论"来冒充马克思主义，甚至把海德格尔或弗洛伊德同马克思结合起来，这在学理上是难以站住脚的。我们应该扭转一种令人担忧的倾向，那就是割断马克思主义文艺学的历史，完全否定辩证唯物主义，肆意曲解历史唯物主义，把辩证唯物主义和历史唯物主义说成是旧哲学的复辟，反对在它的基础上创新、发展马克思主义文艺学，主张或建议用人本主义本体论、世界观来取代它的位置。⑦ 这种倾向的后果将是严重的。同时，"马克思主义"

---

① 《毛泽东文艺论集》，中央文献出版社2002年版，第155页。
② 习近平：《在文艺工作座谈会上的讲话》，《光明日报》2015年10月15日。
③ ［美］詹姆逊：《马克思主义与理论的历史性》，张旭东译，王逢振主编《詹姆逊文集第一卷：新马克思主义》，中国人民大学出版社2004年版，第141页。
④ 童庆炳：《新时期审美文化特征论及其意义》，《文学评论》2006年第1期。
⑤ 《马克思恩格斯文集》第2卷，人民出版社2009年版，第596—597页。
⑥ 习近平：《深入学习中国特色社会主义理论体系，努力掌握马克思主义立场观点方法》，《求是》2010年第7期。
⑦ 参见黄楠森《也谈哲学就是哲学史的含义和意义》，《北京大学学报》2011年第5期。

的概念也表示，它跟"西方马克思主义"或所谓"新马克思主义""后马克思主义"是有原则区别的。

这样，以"21 世纪""中国的""马克思主义"这三个词结合在一起来修饰的文艺学，就注定是一个新的理论形态，并且全方位地规定了中国马克思主义文艺学的未来。

三

那么，"21 世纪中国的马克思主义文艺学"同先前的"中国化马克思主义文艺理论"有何不同呢？如果我们不是咬文嚼字，而是从本质上看问题，那就不难发现，"21 世纪中国的马克思主义文艺学"是"中国化马克思主义文艺理论"的一个发展，它们是一脉相承、与时俱进的。应该看到，"中国化马克思主义文艺理论"建设是一个过程，它会不断改变自己的形态，随着实践的发展而发展，不可能停滞不前。发展"21 世纪中国的马克思主义文艺学"，其中就包括着从内涵与形态上推进马克思主义文艺理论中国化的意思。所以，"21 世纪中国的马克思主义文艺学"同以往的"中国化马克思主义文艺理论"相比，主要是一种理论侧重点和形态转变上的区别，是发展不同阶段和特征的区别，把两者割裂开来、对立起来是不妥当的。

当然，用"中国的"和"中国化"来界定马克思主义文艺学，还是应当承认它们之间是有差异的。我认为，一般来讲，"中国化"是指马克思主义被中国所继承和化用，中间是有丰富和发展的，但与"中国的"相比，后者则更强调其原创和更新的因素。"中国化"注重原有理论同本土实践的结合，"中国的"强调的则是这种结合中的升华和生发，产生新的理论成果。马克思主义文艺理论在中国有了近百年的历史，它经历了一个"传播""融入""结合""提升""波折"和"再提升"的过程。先是使它在中国被了解、被具体化，接着按照中国的特点去应用，使之带上中国特点，继而使自身的经验马克思主义化，并努力创造出一些新的属于自己的东西。我们提出发展"21 世纪中国的马克思主义文艺学"，就是想指出，到了当今的时代，在理论创新和实践创新的新良性互动中，马克思主义文艺理论应当逐步从"中国化"阶段迈向"中国的"阶段，从而实现一次文艺理论境界的大幅度升迁与飞跃。或者说，我们不仅要实现马克思主义文艺理论与中国革命文艺实践的结合，实现文论的民族化形式，而且还要有自己的理论贡献、理论创造，有更多属于中国人自己的马克思主义化的东西。质言之，就是用中国理论回答中国文艺问题，用中国话语解读中国文艺道路，让马克思主义文艺理论说汉语，让它更好地适应新时代、新实践对文艺提出的新要求。从这个意义上讲，"中国化"和"中国的"虽一字之差，但它们的创造性和含金量是不同的。"中国化"与"中国的"两者之间，固然有内在的血脉关联，但彼此确有理论生长状况与形貌内涵上的差别，后者应是在前者基础上的更高层级的理论升华。这种升华，过去就曾经有过。譬如，毛泽东文艺思想，就可以说是"20世纪中国的马克思主义文艺学"；中国特色社会主义文艺理论，为马克思主义文艺学在中国发展到新阶段也做了有力的铺垫和推动；习近平《在文艺工作座谈会上的讲话》，则可以说为"21世纪中国的马克思主义文艺学"的诞生提供了雏形，作出了示范。由此可见，构建和发展"21世纪中国的马克思主义文艺学"是具备了条件和基础的。

四

现在问题的关键是，如何看待我国现有的马克思主义文艺理论的成分？哪些成分能成为建构"21世纪中国的马克思主义文艺学"的组成部分？哪些需要加以改革、补充和创造？如何把握和呈现新的时代精神、用何种叙事形式来讲述中国的经验？叙述的历史动力和价值取向是什么？如何推进马克思主义文艺领导权的建设？如何将马克思主义融入新的文艺理论意识形态话语体系？究竟该有怎样的文艺和文化理想？等等。这些问题，都为建构"21世纪中国的马克思主义文艺学"提供了宽阔的空间和契机，也为当代中国马克思主义文艺理论建设提供了核心主题。

对这些问题的回答，当然要实事求是，不能简单化，也不能任意为之。与此同时，对这些问题的回答也要充满理论自觉和自信，相信"我们也是站在'当代文化的顶点'上"①。几十年来中国马克思主义文艺理论

---

① 中国社会科学院文学研究所文艺理论研究室编：《列宁论文学与艺术》，人民文学出版社1983年版，第434页。

的成绩，与世界舞台上的任何相关学说相比，都是不逊色的。目前世界上有哪个国家把马克思主义文艺学建设成一门成熟的学科？有哪个国家像中国这样如此系统地揭示了社会主义文艺运动的规律？又有哪个国家能把本民族的文化精神同马克思主义学说联系得如此紧密？没有。只有中国走在这些方面的前列。我们研读一下 2015 年中央政治局审议通过下发的《中共中央关于繁荣发展社会主义文艺的意见》（以下简称《意见》），就会看到，中国共产党人为当代中国马克思主义文艺学说的发展和创新贡献了许多智慧。《意见》在六个主标题下，把具体"意见"归纳为 25 条，这是我们党在长期领导文艺工作实践中积累的经验，来之不易，弥足珍贵。这些经验和思想结晶，是被实践证明了的正确的东西，是做好今后文艺工作的必要原则。

这里重点说一说以《在文艺工作座谈会上的讲话》（以下简称《讲话》）为中心的习近平有关文艺的论述。它对当今文艺理论和批评产生了极大影响，预示和展现了未来中国马克思主义文艺理论的发展路径和基本趋向，令我们从中窥见"21 世纪中国的马克思主义文艺学"的胚胎、萌芽和蓝图。

为什么这么说呢？因为《讲话》是在科学的马克思主义文艺观受到腐蚀和疏离的情况下讲的，它把当代文艺创作和理论领域遇到的各种问题都提出来了。"问题是时代的声音"，理论研究必须"坚持问题导向"[1]，在这点上《讲话》是很突出的。它充满着浓郁的时代氛围，提出的所有命题都不回避矛盾，极具理论现实感；它始终跳动着民族精神的脉搏，自主而自信地揭示了中国优秀传统文化在文论碰撞与建设中站住脚的根基作用；面对新的问题和现象，它活用唯物史观和辩证法，在马克思主义文艺理论的谱系中具有赓续和推进的双重效应。理论创新一般总是来自一些新的不能被现有理论解释的现象。《讲话》迎着困难上，认准了历史唯物论文艺观的宗旨，认准了中国特色社会主义文艺的方向，认准了广大人民群众对文艺的真实期待，以现实依据为起点，以历史根由为逻辑，以人民主体价值为取向，从马克思主义文艺理论发展和中国文艺现实发展两个维度的交集中聚焦思考，从宏观的战略高度谋划布局，对一系列尖锐问题都给出了科学解答，切切实实把中国的马克思主义文艺理论大

---

[1] 习近平：《在全国政协新年茶话会上的讲话》，《人民日报》2015 年 1 月 1 日。

大地提升了一步。

《讲话》集中讨论并创造性地解决了许多文艺理论问题。它对我国处在"思想大活跃、观念大碰撞、文化大交融"时期的文艺状况有清醒的认知，通篇充满了对中国精神和中国元素的发掘，发出的是典型的中国声音，体现的是地道的中国气派。《讲话》说了许多新话，提出了许多新命题、新判断。有些内容，表面上看是常规的，如文艺与生活、文艺与人民的关系，但由于它紧密结合时代新状况，直面变化了的新形势，因之依然给人以拨乱反正的强烈的新鲜感。例如，《讲话》定义"社会主义文艺，从本质上讲，就是人民的文艺"；认为只有"真正做到了以人民为中心，文艺才能发挥最大正能量"；"文艺的一切创新，归根结底都直接或间接来源于人民"，"人民的需要是文艺存在的根本价值所在"。认为"中国精神是社会主义文艺的灵魂"；"文艺创作方法有一百条、一千条，但最根本、最关键、最牢靠的办法是扎根人民、扎根生活"。[①] 这些言简意赅的论述，在马克思主义文艺理论史上不仅头一次划清了不同社会制度之间文艺属性差别的界限，而且通过"人民需要文艺、文艺需要人民、文艺要热爱人民"的逻辑阐释，通过呼吁解决好"为了谁、依靠谁、我是谁"的问题，拆除"心"墙，做到"身入""心入""情入"，这样就把"文艺为人民"这个老命题提到了更高的层次，给马克思主义文艺理论宝库增添了新的阐释，为人民美学观开辟了一片新的天地。特里·伊格尔顿在《马克思为什么是对的》一书中说："马克思认为，重要的不是对理想未来的美好憧憬，而是解决那些会阻碍这种理想实现的现实矛盾。而为人们指引解决问题的合理方向，正是马克思和所有马克思主义者的历史使命。"[②] 综合上述因素，我们有理由说，《讲话》确实推动了"21世纪中国的马克思主义文艺学"建设。

五

"21世纪中国的马克思主义文艺学"不是一个现成的、固定的学说，

---

① 习近平：《在文艺工作座谈会上的讲话》，《光明日报》2015年10月15日。
② ［英］特里·伊格尔顿：《马克思为什么是对的》，李杨、任文科、郑义译，新星出版社2011年版，第73页。

它可能会有多种形态，需要集体的力量，需要不断地探索和创造。这是当今有担当精神的马克思主义文艺理论工作者义不容辞的责任。

构建和发展"21 世纪中国的马克思主义文艺学"，要解决的理论问题很多，但最主要和最根本要解决的问题是什么呢？

从文艺理论发展的逻辑和文艺运动的实际来看，我认为最主要和最根本要解决的是如下两方面的问题：一是如何进一步阐释清楚在市场经济条件下怎样健康发展社会主义文艺的问题；二是如何进一步阐释清楚未来的文艺创作怎么无愧于时代、能否与中华民族复兴伟业协调发展的问题。这两个问题是当代中国文艺理论面临的诸多矛盾问题的轴心。它们之间虽有内在关联，但彼此是不同的论域。这两个问题解决得好，将会成为"21 世纪中国的马克思主义文艺学"理论体系骨架的"脊柱"。

《讲话》总体上可以说就是围绕着这两个问题展开的。它谈文艺如何不沾染铜臭气、不当市场奴隶、又能在市场上受欢迎，要处理好艺术生产和市场机制的关系，不要被市场牵着鼻子走；谈互联网环境和互联网思维境况下文艺如何去拓展与更新；谈文艺作品怎样挣脱"去思想化""去价值化""去历史化""去中国化""去主流化"的妨碍与桎梏；谈文艺如何引导人们树立正确的历史观、民族观、国家观、文化观，增强做中国人的骨气和底气；谈文艺怎样反映好人民的心声并把人民作为主体来加以表现；谈文艺创作如何"举精神之旗、立精神支柱、建精神家园"；谈要把文艺问题"放在我国和世界发展大势中来审视"；谈"文艺在培育和弘扬社会主义核心价值观方面具有独特作用"；谈怎样汲取优秀传统文化营养，"古为今用、洋为中用、辩证取舍、推陈出新"；谈制约文艺创作"高峰"的因素是哪些，"高峰"作品的出现如何成为可能；谈"文艺批评要的就是批评，不能都是表扬甚至庸俗吹捧、阿谀奉承"；谈文艺产品传播方式和群众接受欣赏习惯发生了哪些变化，互联网技术和新媒体的出现带来文艺形态、类型、观念的哪些变化；谈如何加强对近些年出现的民营文化工作室、民营文化经纪机构、网络作家、签约作家、自由撰稿人、独立制片人、独立演员歌手、自由美术工作者等新文艺人才和群体的团结、吸引和正面引导力度，等等。这些，严格来说都是从上述那两个最主要、最根本的核心问题中衍生出来的。这些问题，一方面给"21 世纪中国的马克思主义文艺学"发展开拓了空间；另一方面也反过来让我们看清了今后文艺理论建设在思想性诉求、价值观维护、历史意识张扬、中国风格建立以及保持主流态势和理论话语权等方面所面临的挑战与任务。这些挑战和任务，对当代文艺学建设来说都是具有紧迫性和现实感的课题。而在这两个最主要、最根本问题方面，我们文论界的研究一直是做得很不够的。

这种不够，也表现在两个方面：一是我们有意无意地回避这些问题，迷信西方文论，往往陷在所谓"文本""叙事""审美"或"文学性"上"兜圈子""打转转"；二是疏忽对经典马克思主义文论思想的深度开掘，随意将马克思主义经典作家的观点同各式各样西方学说"融合""拼组""嫁接"，把文艺理论搞成不伦不类、似是而非的"人学""美学"或"玄学"。结果，丢弃了理论参与和指导当代文艺现实"塑造"的功能。结果，"唯启蒙论"盛行，"唯个性论"铺张，"唯艺术论"泛滥。[1] 因之，我认为根据现实需求总结半个多世纪以来文艺正反两方面的经验教训，在反思和批判研究中构造一个合理的文论框架，积极回应一系列与之相悖的观点和意见，对其理论的体系架构、基本概念、关键范畴及所针对的现实问题做出明确的界定，形成大致的轮廓，并合理处理好同历史上其他马克思主义文论形态之间的关系。这样，在当前整个文艺理论格局当中，当代中国的马克思主义文艺学才能树立起自身的权威性和公信力。

六

在发展"21 世纪中国的马克思主义文艺学"过程中，发挥原创精神是极其重要的，因为我们面对的是从来没有遇到过的复杂问题，是在做前人从来没有做过的事情。但这不意味着从零开始。在文论建设上，我们反对历史虚无主义的做法，不赞成把以往马克思主义文论的成果一页一页地掀掉。同时，我们又承认马克思主义文艺理论是一个在批判和实践中不断为自己开辟前行道路发展的学说。建构马克思主义文艺理论的当代形态，就需要对 20 世纪马克思主义文论遗产加以继承、清理和光大。只有对 20 世纪进步的、革命的、社会主义的文论历史进行合理的确证，严肃辨析文论史上的一系列误导、误判甚或恶意曲解的思潮，正本清源，扫除障碍，返本开新，才能筑牢"21 世纪中国的马克思主义文艺学"的根基。也就是说，在宏观的大目标下，只有把构建"21 世纪中国的马克思主义文艺

---

① 参见刘润为《文艺领域的历史虚无主义》，《文艺理论与批评》2016 年第 1 期。

学"的一系列理论命题细化，骨头一块一块地啃，饭一口一口地吃，这样才能避免空疏、空洞、空泛和大而化之的毛病。

在对待中华传统文化问题上，亦应如此。传统不是一尊不动的石像，而是一道生命洋溢的洪流，只有创造性转化，创新性发展，使之与现实文化相融相通，它才能成为活的存在，其精髓才不会被遮蔽和消解。"21 世纪中国的马克思主义文艺学"，只有对当前文艺理论和批评上的一系列流行概念、范畴和潮流加以厘清，并找出其背后的历史和文化根脉，才有可能在此基础上建立起一种新的理论形态与范式。

以"人民性"为例。这当然是马克思主义文艺理论的 DNA，因为它的思想内核与根本使命，是要随着时代进步不断给广大人民群众争得更多更大的审美享受和艺术权利。人民群众应成为文艺的服务对象、力量之源和行为主体，这一点对马克思主义文艺学来说是不会改变的。但是，"人民"的结构和成分会日益多样，其范围会不断扩展，功能和作用也会与时移动。我们只有在人民的历史创造中进行艺术的创造，在人民的进步中造就艺术的进步，才会将文艺的"人民性"问题提到新的时代高度，才会同非社会主义的文艺做本质的区别。这同照顾人民需求的多样性和批判性是不矛盾的。非但不矛盾，反而正是这一点开辟了人民需求的新视野和新天地。当代马克思主义文艺理论正是考虑并兼顾到新时代"人民"内部结构的复杂性，才使"人民"的内涵得以落实，"人民"内涵的演化得以体现。此外，我们也必须看到，文艺"为人民"的思想在近二三十年发生了不同程度的偏离。由于受到抽象"人性论"和"人本主义"历史观的影响，文艺创作不再关注大众的生活和感情，很少顺应人民的意愿，而是病态地同极端个人主义、消费主义和娱乐主义扭结在一起，文艺的"人民性"也因此变了味儿。这个时候，我们在构建"21 世纪中国的马克思主义文艺学"的过程中，厘清人民文艺的脉络，规范"人民性"的内涵和外延，重提"坚持以人民为中心的创作导向"，这就具有了针对性极强的现实理论意义。

无疑，学科的本质是学术和学理，没有学术和学理的学科，终究是不完整、不完善的。建设和发展 21 世纪中国的马克思主义文艺学学术话语体系，应当成为马克思主义文艺学学科建设的重要任务和特有功能。

历史已经到了从根本上扭转多年来文艺理论建设总是跟在西方文论后面走，把别人的学说视为圭臬或将自家理论视为别人的学说延伸的被动局面的时候了；已经到了重新焕发马克思主义文艺理论生机与活力，改变长期以来被冷落、被扭曲、被污名状态的时候了；已经到了通过合理转化本民族和国外优秀文化遗产，来创造出一种新的文论话语方式，提升当代中国马克思主义文艺理论的尊严和阐释能力的时候了。那种认为"文艺理论学科到底应该怎么办？似乎没有新的出路，只能看是否能坚持一条路走到黑"①的焦虑，是大可不必的。

总之，我们要防止"告别理论"的倾向，重建我们的文艺理论理想，加强文艺理论的学术话语体系建设，推动马克思主义文艺理论总体质量和水平的跃升，用接地气的、充满创造力的、系统的 21 世纪中国的马克思主义文艺学新形态，去占据文艺理论多元坐标系的中心地盘。这是中国文艺理论工作者责无旁贷的使命与责任。

（原载《文艺理论与批评》2016 年第 3 期）

---

① 引自蒲波《文艺理论的"危机"：消失还是重生？》，《中国艺术报》2015 年 5 月 15 日。

中国马克思主义文艺思想与
中国文论话语体系的构建
——以党的领导人关于文艺问题的三篇
重要讲话为研究对象

赵炎秋

在中国马克思主义文艺思想发展史上，党的领导人关于文艺问题的讲话有三篇重要文献尤其值得注意。一篇是毛泽东《在延安文艺座谈会上的讲话》（以下简称《延安讲话》）；一篇是邓小平《在中国文学艺术工作者第四次代表大会上的祝词》（以下简称《祝词》）；一篇是习近平《在文艺工作座谈会上的讲话》（以下简称《北京讲话》）。三篇讲话处于三个不同的历史时期，是中国马克思主义文艺思想在三个不同时期的集中体现。认真学习这三篇文献，我们可以发现，虽然处于不同历史时期，三篇讲话的内涵与侧重也有不同，但都与构建中国特色文艺理论与其话语体系有着紧密的联系。

一

构建中国特色文艺理论与其话语体系是《延安讲话》的基本精神与主要诉求之一。在"引言"部分的开头，毛泽东开宗明义地指出，座谈会的"目的是要和大家交换意见，研究文艺工作和一般革命工作的关系，求得革命文艺的正确发展，求得革命文艺对其他革命工作的更好的协助，借以打倒我们民族的敌人，完成民族解放的任务"。在"结论"部分的开头，毛泽东又指出，"我们讨论问题，应当从实际出发，不是从定义出发。如果我们按照教科书，找到什么是文学、什么是艺术的定义，然后按照它们来规定今天文艺运动的方针，来评判今天所发生的各种见解和争论，这种方法是不正确的。我们是马克思主义者，马克思主义叫我们看问题不要从抽象的定义出发，而要从客观存在的事实出发，从分析这些事实中找出方针、政策、办法来。我们现在讨论文艺工作，也应该这样做"①。《延安讲话》的目的，是要解决中国革命实践中的文艺问题，解决文艺与其他工作的关系问题。因此，毛泽东没有现成的书本可以寻找，也没有现成答案可以照搬。他只能按照马克思主义的基本原理，根据中国革命的具体实践，提出自己的观点，建立自己的理论体系。这是客观原因。主观上，毛泽东既是一个马克思主义者，又是中国革命的领导人，也是一个有着浪漫倾向的文学家，对文艺问题有着自己的看法。在《延安讲话》中，他虽然没有明确提出建立中国特色文艺理论体系的要求，但从他一再强调要建立中国自己的民族文艺来看，建立中国自己的文艺理论似应包括其中。有学者指出，一般认为，革命浪漫主义与革命现实主义两结合的创作方法是毛泽东提出的，但实际上毛泽东只是将"现实主义和浪漫主义的统一"作为对诗歌内容的要求。将其上升到创作方法的角度进行讨论，是周扬、郭沫若、张光年等学者的功劳，但得到了毛泽东的赞同与肯定。不过浪漫主义与现实主义的结合是毛泽东的一贯主张。1938 年，在为延安"鲁艺"题词时，他就提出了"抗日的现实主义，革命的浪漫主义"的口号。为什么直到20 年后的 1958 年才发展为"两结合"的创作方法？一个重要的原因是当时流行苏联的"社会主义现实主义"创作方法。一方面，这一方法已经包含了现实主义与浪漫主义结合的意思；另一方面，则是因为根据地当时正在向苏联学习，没有必要另起炉灶。而 1958 年，由于中苏分裂，再继续提倡"社会主义现实主义"创作方法已经不大合适，有必要提出中国自己的文学创作方法，"两结合"的创作方法于是应运而生。② 笔者认为，这一看法是有道理的。它从一个侧面证明了毛泽东建立中国特色文艺理论与其话语体系的主张与诉求。

在《延安讲话》中，毛泽东初步构建了自己的文艺理论体系。

第一，毛泽东以"工农兵"为核心，阐述了文艺与人民、文艺与生活的关系问题。胡乔木认为，《延安讲话》有两个基本点："一是文艺与生活

---

① 《毛泽东选集》第 3 卷，人民出版社 1991 年版，第 847、853 页。
② 崔志远：《关于"两结合"创作方法的历史考察与反思》，《河北师范大学学报》（哲学社会科学版）2004 年第 1 期。

的关系，一是文艺与人民的关系。"① 这两个基本点，其实也是一切文艺理论的核心问题。在文艺与生活的关系上，有两种偏颇的看法：一种认为文艺是生活的机械再现；另一种则取消了文艺与生活的联系。马克思主义反对这两种观点。马克思指出："观念的东西不外是移入人的头脑并在人的头脑中改造过的物质的东西而已。"② 毛泽东运用马克思主义的原理，对文学与生活的关系作出了明确回答："一切种类的文学艺术的源泉究竟是从何而来的呢？作为观念形态的文艺作品，都是一定的社会生活在人类头脑中的反映的产物。革命的文艺，则是人民生活在革命作家头脑中的反映的产物。人民生活中本来存在着文学艺术原料的矿藏，这是自然形态的东西，是粗糙的东西，但也是最生动、最丰富、最基本的东西；在这点上说，它们使一切文学艺术相形见绌，它们是一切文学艺术的取之不尽、用之不竭的唯一的源泉。这是唯一的源泉，因为只能有这样的源泉，此外不能有第二个源泉。有人说，书本上的文艺作品，古代的和外国的文艺作品，不也是源泉吗？实际上，过去的文艺作品不是源而是流，是古人和外国人根据他们彼时彼地所得到的人民生活中的文学艺术原料创造出来的东西。"③ 这段论述是十分完整、严密的。首先，它既强调了社会生活是一切种类的文艺作品的源泉，又强调了这是唯一的源泉。这样，就堵塞了一切可能的漏洞，在文艺与生活的关系上，将社会生活置于绝对的源泉的位置。其次，它说明了古代与外国的文艺作品也是彼时彼地的生活的反映，取材于古代与外国的文学作品，实际也是间接地取材于古代与外国的生活。最后，它说明了社会生活是如何进入文艺作品的，即要通过作家的头脑这一中介，从而强调了作家的主观能动性，克服了机械唯物主义。不仅如此，毛泽东还进一步指出，"文艺作品中反映出来的生活却可以而且应该比普通的实际生活更高，更强烈，更有集中性，更典型，更理想，因此就更带普遍性"④。而文艺高于生活的途径，就是典型化。典型化必须从生活出发，通过创造使生活更集中、更强烈、更理想、更美、更具普遍性；其目的是感染读者，"帮助群众推动历史的前进"；其重点是创造出各种各样的人物。

文艺与人民的关系是毛泽东文艺思想的另一个核心。以人民为本位是

---

① 胡乔木：《胡乔木回忆毛泽东》，人民出版社2003年版，第267页。
② 《马克思恩格斯选集》第2卷（上），人民出版社1972年版，第217页。
③ 《毛泽东选集》第3卷，人民出版社1991年版，第860页。
④ 同上书，第861页。

毛泽东文艺思想的根本的原则。在《延安讲话》的"结论"部分，毛泽东开宗明义地指出："什么是我们的问题的中心呢？我以为，我们的问题基本上是一个为群众的问题和一个如何为群众的问题。"他强调指出："无论高级的或初级的，我们的文学艺术都是为人民大众的，首先是为工农兵的，为工农兵而创作，为工农兵所利用的。"①

强调文艺与人民的关系，是马克思主义一以贯之的一条红线。早在1888年，恩格斯就明确指出："工人阶级对他们四周的压迫环境所进行的叛逆的反抗，他们为恢复自己做人的地位所作的剧烈的努力——半自觉的或自觉的，都属于历史，因而也应当在现实主义领域内占有自己的地位。"② 列宁在1905年提出，文艺不应为"饱食终日的贵妇人服务"，不应为"百无聊赖、胖得发愁的'几万上等人'服务"，而要"为千千万万劳动人民服务，为这些国家的精华、国家的力量、国家的未来服务"。③ 毛泽东关于文艺与人民的关系的论述既是对马克思主义的这一传统的继承，又有明显的发展和自己的特点。首先，毛泽东突出了人民的主体——工农兵，从而使人民的内涵更加明确，更加符合中国社会与中国革命的特色。其次，毛泽东围绕"文艺为工农兵服务和如何为工农兵服务"这一核心，全面、深刻、系统地阐述了自己的文艺思想，形成了自己的完整的体系。最后，终其一生，文艺为人民（工农兵）服务的思想，一直是毛泽东强调的重点，是其文艺思想的核心。在马克思主义经典作家中，如此重视文艺与人民的关系，完全以人民（工农兵）为核心构建自己的文艺思想体系的，毛泽东还是第一人。

第二，在《延安讲话》中，毛泽东围绕文艺"为工农兵服务"和"如何为工农兵服务"这个核心，比较全面地阐述了他对文艺问题的观点与看法。如普及与提高的问题，文艺与政治的关系问题，文艺批评的标准问题，文艺工作者的思想改造问题，文艺工作中的统一战线问题，文艺中的继承与创新问题，构建中华民族自己的文学艺术问题等。其中，构建中华民族自己的文学艺术问题特别值得注意。一个民族的文艺是否成熟，最重要的标志是其是否形成了自己的特色，有否自己独特的民族形式、民族风格和

---

① 《毛泽东选集》第 3 卷，人民出版社 1991 年版，第 853、863 页。
② 《马克思恩格斯选集》第 4 卷，人民出版社 1972 年版，第 462 页。
③ 中国社会科学院文学研究所文艺理论研究室编：《列宁论文学与艺术》，人民文学出版社 1983 年版，第 435 页。

民族传统。作为中国革命的领导人，毛泽东十分重视创造中华民族自己的文学艺术。1938 年，在党的六届六中全会上的讲话中，他明确提出："洋八股必须废止，空洞抽象的调头必须少唱，教条主义必须休息，而代之以新鲜活泼的、为中国老百姓所喜闻乐见的中国作风和中国气派。"① 这段话虽然是针对学风而言的，但也可用于对文艺的要求。实际上两年之后，毛泽东就明确提出了文艺的民族化要求："新民主主义的文化是民族的。"因此，它必然带有"我们民族的特性"。"中国文化应有自己的形式，这就是民族形式。民族的形式，新民主主义的内容——这就是我们今天的新文化。"②

在《延安讲话》中，毛泽东从两个方面论述了创造中华民族自己的文学艺术的问题。其一，毛泽东指出了创造中华民族自己的文学艺术的前提。毛泽东认为，中华民族是一个伟大的民族，在文学艺术方面，不能跟在别的国家、别的民族后面亦步亦趋，而必须创造具有本民族特点的、本民族自己的文学艺术。其二，毛泽东指出了创造民族文艺的具体途径。这可以从三个方面探讨。首先是描写现实的中国社会与中国人民，特别是工农兵的生活。民族的文艺与民族所处的时代、社会，与民族的生活、思想、感情是分不开的。而不同的民族，其社会生活、思想感情、风俗习惯是不同的。描写本民族人民的生活与思想感情，文艺自然也就具有了本民族的特色。在《延安讲话》中，毛泽东反复呼吁文艺工作者深入人民大众中去，描写工农兵的生活与斗争，实际上也是创造有中国特色的民族文艺的必然要求。其次是采用民族形式。文艺的民族形式与民族风格是在民族生活与民族文艺的长期积累中形成与发展的，有着深厚的民族根基，受到本民族广大成员的喜爱。因此，创建民族的文艺而不采用民族的文艺形式，无异于缘木求鱼，南辕而北辙。自然，采用民族形式也不是拒绝采用外国的文艺形式，但不是生搬硬套，而是要把外国的形式与民族的形式结合起来，通过吸收外国形式中有益的东西，丰富、发展民族的文艺形式。③最后，要学习运用人民大众的语言。语言是文学的载体。离开语言来谈文

---

① 《毛泽东选集》第 2 卷，人民出版社 1991 年版，第 534 页。

② 同上书，第 706、707 页。

③ 1956 年，在与音乐工作者的谈话中，毛泽东明确表示，"外国的许多东西都要去学，而且要学好"，"不中不西的东西也可以搞一点"，"民族形式可以掺杂一些外国东西"。但是，"吸收外国的东西，要把它改变，变成中国的"。"应该越搞越中国化，而不是越搞越洋化。"这是毛泽东关于民族文艺与外国文艺间关系的思想的集中表现。参见《毛泽东文集》第 7 卷，人民出版社1999 年版，第 70、80、83、82 页。

学的民族化是根本不可能的。规范、典型、纯正的民族语言的根基存在于民族最大多数成员日常使用的语言之中。这不仅是因为人民大众的语言是民族语言的基本组成部分，也是因为文艺为人民大众服务，当然应该运用人民大众自己的语言。在《延安讲话》中，他批评许多文艺工作者"对于人民群众的丰富的生动的语言，缺乏充分的知识"。他们"不熟悉人民的语言，因此他们的作品不但显得语言无味，而且里面常常夹着一些生造出来的和人民的语言相对立的不三不四的词句"。他要求文艺工作者与群众打成一片。"而要打成一片，就应当认真学习群众的语言。如果连群众的语言都有许多不懂，还讲什么文艺创造呢？"① 因此，他反复要求作家深入人民大众，学习人民大众生动丰富活泼的语言。

由此可见，无论主观还是客观，《延安讲话》都是中国马克思主义者建立中国特色文艺理论与其话语体系的首次成功尝试。

二

据胡乔木回忆，《延安讲话》发表后，郭沫若曾发表意见说，"凡事有经有权"。毛泽东对此说法十分欣赏，觉得找到了知音。胡乔木解释说，"郭沫若的意思是文艺本身'有经有权'，当然可以引申一下，说讲话本身也是有经常的道理和权宜之计"②。《延安讲话》发表的 1942 年，正是我国抗日战争的转折时期。战争环境、农村背景，调动一切力量打败日本侵略者，成为摆在中国共产党人和全中国人民面前的首要任务。在这种背景下，《延安讲话》也有些侧重，如在政治与艺术的关系上侧重政治，在普及与提高的关系上侧重普及，在工农兵与知识分子的关系上侧重工农兵，在歌颂与暴露的关系上侧重歌颂，等等。而这些本应是阶段性的任务和策略，本应是"权"的东西，在新中国成立、共产党从革命党成为执政党之后，并没有得到及时调整。正是在这种背景下，邓小平发表了《祝词》。在《祝词》中，邓小平首先对中国的文艺工作者在政治上作了肯定："回顾三年来的工作，我认为，文艺界是很有成绩的部门之一。文艺工作者理应受到党和人民的信赖、爱护和尊敬。斗争风雨的严峻考验证明，从总体

---

① 《毛泽东选集》第 3 卷，人民出版社 1991 年版，第 850—851 页。

② 胡乔木：《胡乔木回忆毛泽东》，人民出版社 1994 年版，第 60 页。

来看，我们的文艺队伍是好的。有这样一支文艺队伍，我们党和人民是感到十分高兴的。"① 如果联系到邓小平《在全国科学大会开幕式上的讲话》中对科技队伍的肯定，② 邓小平对文艺工作者的肯定实际上是在毛泽东的基础上向前迈进了一大步。在《延安讲话》中，毛泽东虽然肯定中国革命离不开革命文艺，因而也离不开文艺工作者，但文艺工作者主要还是团结改造的对象，与工农兵是分隔开来的。而在邓小平的《祝词》中，文艺工作者实际上已经成为人民（工农兵）的一部分。虽然，《祝词》仍旧强调人民与文艺工作者之间教育与受教育的关系："由谁来教育文艺工作者，给他们以营养呢？马克思主义的回答只能是：人民。人民是文艺工作者的母亲，一切进步文艺工作者的艺术生命，就在于他们同人民之间的血肉联系。"但这种教育与被教育实际上是人民内部的相互学习。因为"要教育人民，必须自己先受教育。要给人民以营养，必须自己先吸收营养"③。文艺工作者接受人民的教育，从人民中间吸取营养，同时又教育人民、给人民以营养。两者之间不是单方面的教育与给予，而是相辅相成、互为对象的关系。虽然在这种关系中，人民仍是主体，但文艺工作者已不再只是思想改造的对象，他们还有教育、引导人民，"通过自己的创作提高人民的精神境界"的责任。④ 很明显，在邓小平的文艺思想中，文艺工作者在政治、思想与情感上都与人民处于同一层次。

《祝词》强调："我们要继续坚持毛泽东同志提出的文艺为最广大的人民群众、首先为工农兵服务的方向，坚持百花齐放、推陈出新、洋为中用、古为今用的方针，在艺术创作上提倡不同形式和风格的自由发展，在艺术理论上提倡不同观点和学派的自由讨论。"⑤ "人民"是《祝词》中的一个关键词。邓小平认为，"我们的文艺属于人民"。"人民需要艺术，艺术更需要人民。"⑥ 文艺要为人民服务，首先就要表现人民，表现他们的优秀品质和他们在各个方面所取得的伟大胜利。文艺要塑造社会主义的新人形象，塑造"有血有肉、生动感人的艺术形象"，并通过这些形象来激发

---

① 《邓小平文选》第 2 卷，人民出版社 1994 年版，第 208 页。

② 在这个讲话中，邓小平肯定，中国的科技队伍"就整个说来，不愧是我们工人阶级自己的又红又专的科学技术队伍"。参见《邓小平文选》第 2 卷，人民出版社 1994 年版，第 92 页。

③ 《邓小平文选》第 2 卷，人民出版社 1994 年版，第 211 页。

④ 同上。

⑤ 同上书，第 210 页。

⑥ 同上书，第 209、211 页。

人民、推动人民、教育人民，使他们积极投入"四个现代化建设的历史性创造活动"中去。① 文艺为人民服务，文艺工作者就要"在艺术上精益求精，力戒粗制滥造，认真严肃地考虑自己作品的社会效果，力求把最好的精神食粮贡献给人民"。文艺工作者要"不断丰富和提高自己的艺术表现能力"，攀登"艺术的高峰"，"创造出具有民族风格和时代特色的完美的艺术形式"②。文艺为人民服务还意味着，"作品的思想成就和艺术成就，应当由人民来评定"③。只有人民，才是文艺作品、文艺工作者的优劣、好坏的最终评判者。这不仅是马克思主义文艺批评的基本原理，更是对当时依靠权力或者依傍权力进行文艺批评的不良现象的直接否定。

其次，"创作自由"是《祝词》的另一个关键词。邓小平引用列宁的话，指出："在文学事业中，'绝对必须保证有个人创造性和个人爱好的广阔天地，有思想和幻想、形式和内容的广阔天地'。""围绕着实现四个现代化的共同目标，文艺的路子要越走越宽"，"文艺题材和表现手法要日益丰富多彩，敢于创新。""雄伟和细腻，严肃和诙谐，抒情和哲理，只要能够使人们得到教育和启发，得到娱乐和美的享受，都应当在我们的文艺园地里占有自己的位置。英雄人物的业绩和普通人们的劳动、斗争和悲欢离合，现代人的生活和古代人的生活，都应当在文艺中得到反映。"④ 之所以要这样，是因为"我国历史悠久，地域辽阔，人口众多，不同民族、不同职业、不同年龄、不同经历和不同教育程度的人们，有多样的生活习俗、文化传统和艺术爱好"⑤，是因为"文艺这种复杂的精神劳动，非常需要文艺家发挥个人的创造精神。写什么和怎样写，只能由文艺家在艺术实践中去探索和逐步求得解决"⑥。除了提出一个政治正确的原则即有利于"实现四个现代化"外，整个《祝词》几乎没有对创作自由提出什么前提、设置什么限制，可以说是《延安讲话》以来对于创作自由的最为肯定的表述。它是"双百"方针的继续，但比"双百"方针更加清晰、更为具体。

与创作自由相联，批评也应该是自由的。《祝词》指出："虚心倾听各

---

① 《邓小平文选》第 2 卷，人民出版社 1994 年版，第 210 页。
② 同上书，第 211、212 页。
③ 同上书，第 212 页。
④ 同上书，第 210、211 页。
⑤ 同上书，第 210 页。
⑥ 同上书，第 213 页。

方面的批评，接受有益的意见，常常是艺术家不断进步、不断提高的动力。在文艺队伍内部，在各种类、各流派的文艺工作者之间，在从事创作与从事文艺批评的同志之间，在文艺家与广大读者之间，都要提倡同志式的、友好的讨论，提倡摆事实、讲道理。允许批评，允许反批评；要坚持真理，修正错误。"① 这既指出了批评的必要性，又指出了批评的方式与目的。

《祝词》认为，文艺离不开党的领导，但是"党对文艺工作的领导，不是发号施令，不是要求文学艺术从属于临时的、具体的、直接的政治任务，而是根据文学艺术的特征和发展规律，帮助文艺工作者获得条件来不断繁荣文学艺术事业，提高文学艺术水平，创作出无愧于我们伟大人民、伟大时代的优秀的文学艺术作品和表演艺术成果"。换句话说，党的领导主要体现在思想、路线、方向的引导与把握上，其他方面，则"不要横加干涉"。不仅如此，各级党组织还应在"各个方面，包括物质条件方面，保证文艺工作者充分发挥自己的聪明才智"②。从这个意义上说，党的领导不仅不会削弱创作自由，而且会增加创作自由。党的领导是创作自由的保证。

邓小平发表《祝词》的主要目的是恢复正确的文艺思想，尽快繁荣中国的文艺。但是《祝词》在《延安讲话》的基础上也有新的发展。首先，它坚持了文艺为人民服务的思想，在新的条件下充实了文艺为人民服务的内涵。其次，它在政治上肯定了文艺工作者，重新界定了文艺工作者与人民的关系，将文艺工作者从过去种种有形与无形的束缚中解脱出来，身心得到极大解放。最后，它肯定了创作自由，并从多方面进行了阐述，极大地解放了文艺生产力，调动了文艺工作者创作的积极性，扩大了文艺的表现范围、表现对象和表现手段。可以说，整个 1980 年代文艺的发展与繁荣，与《祝词》有着密不可分的联系。

《祝词》虽然没有明确提出构建中国特色文艺理论体系的问题，但建设中国特色的文艺理论，既是繁荣文艺的必然要求，也是繁荣文艺的必然结果。《祝词》通过对文艺为人民服务的重新强调，对创作自由的肯定与阐述，对文艺工作者的充分信任，丰富与发展了中国马克思主义文艺思想与传统。这种丰富与发展一方面为中国特色文艺理论话语体系提供了新的内容；另一方面促进了中国特色文艺理论话语体系的建设。

① 《邓小平文选》第 2 卷，人民出版社 1994 年版，第 212 页。
② 同上书，第 213 页。

三

自《祝词》发表之后，到 2014 年，35 年过去，中国社会与文学艺术发生了质的变化。就经济来看，中国经济总量由 1978 年位居世界第十，到 2010 年成为世界第二大经济体；经济总量占世界经济的份额由 1978 年的 1.8%，到 2012 年提高到 11.5%。就社会发展来说，1979 年的中国还是一个以农村、农业为主的国家，到 2014 年已经成为一个初步实现城市化的国家，城市人口超过农村人口成为全国人口的大多数，部分大中城市已经进入消费时代。就文艺而言，中国文艺早已摆脱短缺状况，进入全面繁荣时期。通俗文艺盛行，视觉文化、大众文化从无到有，从有到多，占据文艺生产、消费的半壁甚至半壁多江山。新的时代需要新的文艺指导思想。习近平总书记《北京讲话》的发表，正好回应了时代的呼唤。

从构建中国文论话语体系的角度，《北京讲话》有五个方面的内容，值得我们认真学习。

其一，习近平指出："实现中华民族伟大复兴需要中华文化繁荣兴盛。""今天，我们比历史上任何时期都更接近中华民族伟大复兴的目标，比历史上任何时期都更有信心、有能力实现这个目标。而实现这个目标，必须高度重视和充分发挥文艺和文艺工作者的重要作用。""没有中华文化繁荣兴盛，就没有中华民族伟大复兴。一个民族的复兴需要强大的物质力量，也需要强大的精神力量。没有先进文化的积极引领，没有人民精神世界的极大丰富，没有民族精神力量的不断增强，一个国家、一个民族不可能屹立于世界民族之林。"[①] 这些论述明确指出，文化的繁荣兴盛在中华民族复兴中的重要作用。民族复兴包括两个方面：一是物质；一是精神。文化属于精神层面。民族文化不仅是民族精神的重要内容，而且也是民族精神的构建者、引领者。《毛诗序》云："治世之音安以乐，其政和；乱世之音怨以怒，其政乖；亡国之音哀以思，其民困。故正得失，动天地，感鬼神，莫近于诗。"[②] 这段话前半段论述观察音乐，

---

① 习近平：《在文艺工作座谈会上的讲话》，《人民日报》2015 年 10 月 15 日。
② 郭绍虞主编：《中国历代文论选》，上海古籍出版社 1979 年版，第 63 页。

或者说，观察文艺的状况可以了解社会状况；后半段论述诗或者说文学可以建构、引领民族精神。文艺是文化的重要组成部分，中华民族的伟大复兴没有民族文化的兴盛不行，没有民族文艺的繁荣也不行。而民族文艺的繁荣、兴盛，少不了中国特色文艺理论繁荣发展，少不了中国文论自己的话语体系的构建。

其二，习近平认为，"中国精神是社会主义文艺的灵魂"①。中国的文学艺术之所以是中国的，就是因为它蕴含、表现了"中国精神"。文艺如此，文艺理论也应如此。而且，由于它是以理论的形态存在的，其相关的思想往往通过更为直接的话语表现出来。因此，它对"中国精神"的表现应该更为明确。而要使中国文艺理论表现出"中国精神"，就必然要求它有自己的理论和话语体系。习近平要求中国的"文艺工作者要讲好中国故事、传播好中国声音、阐发中国精神、展现中国风貌，让外国民众通过欣赏中国作家艺术家的作品来深化对中国的认识，增进对中国的了解。要向世界宣传推介我国优秀文化艺术，让国外民众在审美过程中感受魅力，加深对中华文化的认识和理解"②。笔者以为，习近平总书记的这一要求不仅适用于中国文艺和文艺工作者，也同样适用于中国的文艺理论和文艺理论工作者。中国的文艺理论同样也应讲好中国故事、传播好中国声音、阐发中国精神、展现中国风貌，使外国民众和文艺理论工作者能够通过中国的文艺理论了解中国的文化传统，增加对中国文艺和文艺思想的认识。这实际上是从民族复兴的高度肯定了构建中国自己的文艺理论与其话语体系的必要性和重要性。

其三，《北京讲话》强调了文艺批评的作用。"文艺批评是文艺创作的一面镜子、一剂良药，是引导创作、多出精品、提高审美、引领风尚的重要力量。文艺批评要的就是批评，不能都是表扬甚至庸俗吹捧、阿谀奉承，不能套用西方理论来剪裁中国人的审美，更不能用简单的商业标准取代艺术标准，把文艺作品完全等同于普通商品。""作家艺术家要敢于面对批评自己作品短处的批评家，以敬重之心待之，乐于接受批评。要以马克思主义文艺理论为指导，继承创新中国古代文艺批评理论优秀遗产，批判借鉴现代西方文艺理论，打磨好批评这把'利器'，把好文艺批评的方向

---

① 习近平：《在文艺工作座谈会上的讲话》，《人民日报》2015 年 10 月 15 日。
② 同上。

盘，运用历史的、人民的、艺术的、美学的观点评判和鉴赏作品，在艺术质量和水平上敢于实事求是，对各种不良文艺作品、现象、思潮敢于表明态度，在大是大非问题上敢于表明立场，倡导说真话、讲道理，营造开展文艺批评的良好氛围。"① 这些论述内涵丰富，十分重要。第一，它指出了文艺批评的作用与重要性，认为文艺批评与文艺创作是相辅相成的，文艺批评能帮助文艺创作健康发展。第二，它强调了文艺批评的批评性。文艺批评要实事求是，好处说好，坏处说坏。第三，它说明了作家艺术家对待批评应持的态度：要乐于接受批评，认真对待批评。第四，它说明了文艺批评的原则，即运用历史的、人民的、艺术的、美学的观点评判和鉴赏作品；指出了文艺批评的三大理论与思想来源是马克思主义文艺理论、中国古代文艺批评理论和西方文艺理论；指出了这三大来源与文艺批评之间的关系是指导、继承创新和批判借鉴的关系。第五，值得重视的是，习近平明确指出，不能套用西方理论来剪裁中国人的审美，扩展点说，当然也不能套用西方的理论来剪裁中国的现实和文艺创作实践。这就要求中国的文艺理论家建构起自己的、符合中国社会和文艺实际、符合中国人的审美实际的文艺理论和话语体系。习总书记的这些话，针对的是文艺批评，实际上完全适用于中国特色文艺理论的建设。

如果说，上述三个方面涉及的主要是构建中国特色文艺理论与其话语体系的相关理论问题。那么，《北京讲话》也为中国特色文艺理论与其话语体系的建构提供了具体的内容。这具体地表现在两个方面。

其一，《北京讲话》在新的形势下，重新阐述了中国马克思主义文艺思想的基本问题和重要关注。如文艺与人民的关系。习近平强调，要"坚持以人民为中心的创作导向"。"社会主义文艺，从本质上讲，就是人民的文艺。""人民既是历史的创造者，也是历史的见证者，既是历史的'剧中人'，也是历史的'剧作者'。文艺要反映好人民心声，就要坚持为人民服务、为社会主义服务这个根本方向。"② 文艺与人民的关系问题，是中国马克思主义文艺思想的核心问题，人民本位的思想，是中国马克思主义文艺思想的核心。诚如习近平所说，从毛泽东、邓小平，到江泽民、胡锦涛，党的历届领导人都把人民摆在首位，把为人民服务作为中国文艺和文艺工

---

① 习近平：《在文艺工作座谈会上的讲话》，《人民日报》2015 年 10 月 15 日。
② 同上。

作者的首要任务。"人民需要文艺","文艺需要人民","文艺要热爱人民",习总书记提出的这三个命题很好地概括了文艺与人民的关系。① 再如党对文艺工作的领导问题。习近平认为,"党的领导是社会主义文艺发展的根本保证","加强和改进党对文艺工作的领导,要把握住两条:一是要紧紧依靠广大文艺工作者;二是要尊重和遵循文艺规律"。② 这里的思想与毛泽东《延安讲话》和邓小平《祝词》的思想有着内在的一致性。《延安讲话》强调党的文艺工作要服从党在一定时期所规定的革命任务,文艺应团结在党的周围;《祝词》强调党对文艺工作的领导,要求各级党委根据文学艺术的特征和发展规律领导文艺。《北京讲话》的思想和精神与之是一脉相承的。

其二,《北京讲话》根据新的时代新的现实,提出了新的文艺思想。王国维说,"一代有一代之文学"。同样,一代也有一代之文艺思想。新的时代、新的现实、新的文艺实践,必然要求新的文艺思想与之匹配,也必然会产生新的文艺思想。《北京讲话》感受着时代的脉搏,提出了一系列新的文艺思想。如在谈到文艺作品的评价问题时,习近平指出:"一部好的作品,应该是经得起人民评价、专家评价、市场检验的作品,应该是把社会效益放在首位,同时也应该是社会效益和经济效益相统一的作品。在发展社会主义市场经济的条件下,许多文化产品要通过市场实现价值,当然不能完全不考虑经济效益。然而,同社会效益相比,经济效益是第二位的,当两个效益、两种价值发生矛盾时,经济效益要服从社会效益,市场价值要服从社会价值。"③ 中国社会的发展是不平衡的,有的偏远农村地区还未完全脱离农耕时代,而大中城市已经进入消费时代。但市场经济已在全国铺开,却是不争的事实。适应这种现实,《北京讲话》提出了社会价值和社会效益以及市场价值和经济效益等两组文艺作品的评价标准,并对它们相互之间的关系进行了分析。认为前者是第一位的,后者是第二位的,当两者发生矛盾的时候,后者要服从前者。但《北京讲话》又并不认为两者是必然矛盾的,两者也有统一的一面,应该找到两者之间的契合点。"优秀的文艺作品,最好是既能在思想上、艺术上取得成功,又能在

---

① 习近平:《在文艺工作座谈会上的讲话》,《人民日报》2015年10月15日。

② 同上。

③ 同上。

市场上受到欢迎。"① 这种既辩证又创新的文艺思想在《北京讲话》中可以说随处可见。

但最值得注意的是，《北京讲话》对于优秀文艺作品的呼唤与提倡。《北京讲话》用整整一章的篇幅，阐述了"创作更多无愧于时代的优秀作品"的问题。习近平认为："衡量一个时代的文艺成就最终要看作品。推动文艺繁荣发展，最根本的是要创作生产出无愧于我们这个伟大民族、伟大时代的优秀作品。"习近平总书记批评了当前文艺界普遍存在的"浮躁"之风，和"有数量缺质量、有'高原'缺'高峰'的现象"，要求文艺工作者沉下去，写出"思想精深、艺术精湛、制作精良"的文艺精品。② 优秀作品是一个时代文艺的旗帜、是衡量文艺是否繁荣的标志。一部精品抵得上百部、千部庸作。唐诗如果没有李白、杜甫，很难说是中国古代诗歌的顶峰，明清小说如果没有四大名著，也很难谈得上繁荣。习近平认为，优秀作品就是"有正能量、有感染力，能够温润心灵、启迪心智，传得开、留得下，为人民群众所喜爱"的作品。③ 一部优秀作品，无论在思想、内容还是形式上都要有高的质量，能够深入人心，在时间的长河中能够立得住脚，得到人民的喜爱和认可。"优秀作品并不拘于一格、不形于一态、不定于一尊，既要有阳春白雪、也要有下里巴人，既要顶天立地、也要铺天盖地。"④ 各种类型、各种方法、各个层次的创作都可以出优秀作品，这一思想十分重要。我们已经进入消费时代。消费时代是以消费者为主导的时代，文艺的消费者也即读者和观众是多元的，其要求也是多元的，不能用一种思想、一种文类一统天下。这自然就不能人为地将文艺划分为高级、低级等类型，提倡一类打压一类。任何文艺消费的要求都有权利得到满足，任何种类的文艺作品都有权利存在。但各种类型的文艺消费者都希望得到脍炙人口的作品。这应该是《北京讲话》强调文艺的各个领域、各种各类的文艺都能出也应该出优秀作品的时代原因。笔者以为，从毛泽东强调向工农兵普及文艺，到邓小平希望"我国文学艺术蓬勃繁荣、争奇斗艳"⑤，到习近平提倡文艺精品，既反映了时代的发展变化，也显示了中国

① 习近平：《在文艺工作座谈会上的讲话》，《人民日报》2015 年 10 月 15 日。
② 同上。
③ 同上。
④ 同上。
⑤ 《邓小平文选》第 2 卷，人民出版社 1994 年版，第 214 页。

马克思主义文艺思想新的发展。①

应该指出的是，即使在讨论中国马克思主义文艺思想的基本问题时，习近平也不是老调重弹，而是根据新的时代、新的现实提出新的说法、新的论述。如在谈文艺工作者应该向人民学习时，习近平指出："人民不是抽象的符号，而是一个一个具体的人，有血有肉，有情感，有爱恨，有梦想，也有内心的冲突和挣扎。"文艺工作者"不能以自己的个人感受代替人民的感受"，因此需要向人民学习。② 文艺工作者应该向人民学习，这是马克思主义一以贯之的思想。《北京讲话》依然强调这一点，但在具体论述时却没有从传统的途径如文艺应为人民服务，或人民是文艺工作者的老师等入手，③ 而是从人民是由不同个体组成的这一前提出发。个体各有自己的规定性，文艺工作者要表现人民，就必须深入了解组成人民的各个成员的个体性，这样才能真正地写好人民。再如，在谈到党对文艺工作的领导时，《北京讲话》也没有从党是人民利益的代表，或者党是全国人民的领导核心这个角度出发，④ 而是指出"党的根本宗旨是全心全意为人民服务，文艺的根本宗旨也是为人民创作。把握了这个立足点，党和文艺的关系就能得到正确处理，就能准确把握党性和人民性的关系、政治立场和创作自由的关系"⑤。从"根本宗旨"这个角度出发，不仅仅是换了一个论述的角度，也是换了一种思维方式，把党和文艺的关系放在了一个新的联系之中，不仅更有说服力，也更有亲和度。

综上所述，我们可以看到，构建中国特色文艺理论与其话语体系，不仅是时代与现实的需要，也是中国马克思主义文艺思想的一贯追求和一直主张。这既是中国文艺理论工作者的神圣使命，也是中国马克思主义文艺思想完善发展的必然一环。

（原载《中国社会科学院研究生院学报》2016 年第 4 期）

---

① 笔者在一篇文章中已经讨论了这一问题，此处不再赘述。参见赵炎秋《重视普及与呼唤精品——读毛泽东〈在延安文艺座谈会上的讲话〉和习近平〈在文艺工作座谈会上的讲话〉》，《中国文学批评》2015 年第 2 期。

② 习近平：《在文艺工作座谈会上的讲话》，《人民日报》2015 年 10 月 15 日。

③ 当然，这并不意味这些说法是错误的。

④ 同样，这也并不意味这些说法是错误的。

⑤ 习近平：《在文艺工作座谈会上的讲话》，《人民日报》2015 年 10 月 15 日。

论马克思主义文学批评
中国形态的民族之维*

胡亚敏

在中国文学批评中，文学作品中的社会、历史、政治、文化等逐一成为被关注的对象，而"民族"这个维度却长期被忽略，沦为一个被社会、文化、政治遮蔽的概念。① 之所以出现这种情况，与对"民族"概念的认识和评价有关。"民族"这个概念看似不言自明，实则有很多陷阱，② 且长期以来评价不一、毁誉参半。要建构马克思主义文学批评中国形态的民族之维，有必要对"民族"及其相关问题作重新审视和辩证研究。

就中国文学现状而言，尽管"民族"是一个颇为纠结的概念，但文学创作和批评中的"民族"因素一直没有缺席过。近代以来，救亡图存成为民族意识勃发的土壤，民族情怀已经深深镌刻在文学创作和批评之中。许多优秀的文学作品通过启蒙和救亡的主题表达出民族复兴的强烈愿望。文学批评领域围绕民族问题的论争也绵延不断，中西体用之争、文艺民族形式的讨论等均与"民族"概念相关。在当代中国，文学创作和文学批评所遭遇的诸多论争都直接或间接地指向了"民族"及相关问题。事实上，若离开"民族"这个因素，我们已经很难理解现代中国的历史和文学了。在全球化的历史背景下，民族的重要性和迫切性再次凸显出来，没有独立的

* 基金项目：国家社会科学基金重大招标项目"马克思主义文学批评的中国形态研究"（11&ZD078）。

① "民族"概念历来在历史学、社会学、人类学和政治学中多有讨论，且争论不断，本文主要指中国文学批评中缺乏明确的民族维度。

② 吉尔·德拉诺瓦说："民族是比国家或市场更为难以把握的实体，其难以把握尤其源于其看似自然实则难解。"参见［法］德拉诺瓦《民族与民族主义：理论基础与历史经验》，郑文彬等译，生活·读书·新知三联书店2005年版，第19页。

民族意识已无法应对全球化的浪潮，警惕文化和语言被殖民，已成为民族知识分子的自觉意识。可以说，民族及其相关问题是一个无法回避的前沿问题和现实问题，马克思主义文学批评的中国形态[①]引进民族维度成为一种必然和必须。

一 "民族"概念辨析

在汉语运用中，由于"民族"及其相关概念的翻译以及"民族"的内涵和外延缺乏明确区分，故容易造成用法上的混乱。要确立中国形态的民族之维，首先需要对"民族"概念加以考辨，厘清不同术语的边界。

（一）Nation 及其相关概念

汉语的"民族"一词译自英文 Nation，Nation 由拉丁文"natio"（出生、出身）衍生而来。[②] Nation 在西方主要指现代民族，是现代历史的产物。马克思主义经典作家认为，民族孕育于中世纪，而工业革命、宗教改革、资产阶级革命等则是促成民族这一新型人类组织形式的推动力。恩格斯在《论封建制度的瓦解和民族国家的产生》一文中揭示了西方现代民族形成的历史进程："语族一旦划分（撇开后来的侵略性的和毁灭性的战争，例如对易北河地区斯拉夫人的战争不谈），很自然，这些语族就成了建立国家的一定基础，民族［Nationalitäten］开始向民族［Nationen］发展。"[③]

尽管用汉语"民族"对应英文 Nation 已约定俗成，但汉语"民族"一词又可指代特定的族群，因此需要在进一步比较相关英文概念的基础上限定汉语"民族"的用法。作为现代民族的 Nation 与英文中的 Race（种族）、Ethnicity（族群）既有联系又有区别。Race（种族）主要指人的生理特征，如黄种人、白种人、黑种人等，它在范围上大于 Nation，而其研究指向趋于遗传学。Ethnicity（族群）主要源自古代原始社会具有血缘关系的群体，根据恩格斯的观点，这个"族"是建立在血缘的基础上，是在家庭、部落的基础上逐步发展起来的，"血统联盟在这里，也和在任何其他地方一样，是

---

① 文中"马克思主义文学批评的中国形态"均简称为"中国形态"。

② 关于英语 Nation 与中文"民族"的词源考辨已有诸多先行研究，这里主要阐述民族及其相关概念的边界。

③ 《马克思恩格斯文集》第 4 卷，人民出版社 2009 年版，第 219 页。

整个民族的生活制度的基础"①。Ethnicity 内含文化传承，可视为民族的雏形。当今的 Ethnicity 主要指民族国家中的不同族裔，如中华民族中的少数族裔可对应于 Ethnicity，这样就可将"民族"与"族群"区分开来。不过，为了更贴近中国少数民族的历史和现状，建议直接音译为 Minzu 更为合适。②

（二）Nation 与中华民族

与 Nation 作为现代民族的含义出现在中世纪以后相比，"中华民族"这个概念产生更晚。古汉语中的"族"含矢，有保卫之意，同时古代中国早期"族"的观念强调的是正统，主要用于与狄、蛮相区别。古人眼中只有诸如"天下""华夏""中土""炎黄子孙"等，现代民族意识是 19 世纪中叶传统族类意识面临西方冲击下转换变化的结果。1901 年，梁启超发表《中国史叙论》一文，首次提出了"中国民族"的概念，并将中国民族的演变历史划分为三个时代。"第一，上世史，自黄帝以迄秦之一统，是为中国之中国，即中国民族自发达、自竞争、自团结之时代也"；"第二，中世史，自秦统一后至清代乾隆之末年，是为亚洲之中国，即中国民族与亚洲各民族交涉、繁赜、竞争最激烈之时代也"；"第三，近世史，自乾隆末年以至于今日，是为世界之中国，即中国民族同全亚洲民族与西人交涉、竞争之时代也"③。这三个阶段的划分展示出中国文化空间概念的延伸，近代的中国民族逐步成为世界体系的一部分。1902 年，梁启超在《论中国学术思想变迁之大势》中使用了"中华"概念："立于五洲中之最大洲而为其洲中之最大国者谁乎？我中华也。人口居全地球三分之一者谁乎？我中华也。四千余年之历史未尝一中断者谁乎？我中华也。"④ 如果从梁启超这篇文章算起，"中华民族"的观念问世不过百余年。此后的 20 世纪 20 年代中后期，一些历史学者试图以统一的多民族的中国国家为立论点，梳理各民族共同生活、共同融合的历史脉络，重建中华民族本土源流

---

① 《马克思恩格斯全集》第 19 卷，人民出版社 1963 年版，第 540 页。

② 目前中央民族大学已译为 Minzu University of China，而国内大多数民族院校校名英译仍为 Nation 或 Nationalities，这种译法显然已不合适。

③ 梁启超：《中国史叙论》，载《饮冰室合集》（文集 6），中华书局 1989 年版，第 11—12 页。

④ 梁启超：《论中国学术思想变迁之大势》，载《饮冰室合集》（文集 7），中华书局 1989 年版，第 1 页。

的历史体系。这种研究范式的早期例子以王桐龄撰写的《中国民族史》系列文章为代表，① 这一时期"中华民族"的概念日益清晰。1937 年卢沟桥事变后，中华民族的认同意识空前高涨，构建全民族的抗日统一战线成为这一时代的共识，正如《义勇军进行曲》中所唱的那样："中华民族到了最危险的时候，每个人被迫着发出最后的吼声：起来！起来！起来！"可以说，近代中国出现的"中华民族"的概念才是一个具有现代民族意识的概念，西方 Nation 对应的正是这个统一的多民族的"中华民族"。

基于此，马克思主义文学批评中国形态的"民族"概念的特定指向为"中华民族"而不是汉语中"民族"的其他含义，中国形态民族之维的研究对象为"中华民族"的精神产品及相关问题。

二　马克思主义经典作家论民族

马克思主义经典作家关于"民族"的著述丰富复杂，② 人们在对马克思、恩格斯民族理论的理解和阐释上出现了不同声音，这是中国形态的民族之维需要澄清的又一问题。以往人们一提到马克思、恩格斯的民族理论，就想到《共产党宣言》中的"工人没有祖国"的口号，似乎马克思、恩格斯的社会解放学说是主张国际主义的，对民族问题持否定态度。一些西方马克思主义者也对马克思主义经典作家的民族理论持怀疑和消极态度。③ 其实，马克思恩格斯对民族问题有相当深入的思考，并有突出的成就，不少中外学者对此已做过专门研究。这里为回应有关对马克思、恩格

① 关于近代主体精英的历史编纂与民族（国家）书写，可参见冯建勇《想象的民族（国家）与谁的想象——民国时期边疆民族问题话语的双重表述》，载《领导者》2015 年第 8 期。

② 参见华辛芝《马克思、恩格斯关于民族问题的著作概述》，载《世界民族》1998 年第 2 期。这里主要研究马克思、恩格斯民族著述中的相关问题，略去两人的不同之处。

③ 安德森说："对马克思主义理论而言，民族主义已经证明是一个令人不快的异常现象；并且，正因如此，马克思主义理论常常略过民族主义不提，不愿正视。"参见［美］本尼迪克特·安德森《想象的共同体·导论》，上海人民出版社 2011 年版，第 3 页。维斯特里奇在为一本书撰写的述评中指出，"十九世纪以来的马克思主义者，包括马克思和恩格斯本人，对民族主义的力量，包括在宗教、种族、民族语言文化和历史经验基础上形成的民族群体意识，一直持一种过度轻视和否定的态度。多数马克思主义者认为民族国家不过是资产阶级和无产阶级革命之间的过渡。托洛茨基、罗莎·卢森堡等国际马克思主义者认为'资产阶级'民族主义会败坏社会主义的前途。列宁和斯大林则只是意识到民族主义的策略性用途，普适性的阶级革命仍然是他们进行政治分析和想象的范畴"。参见孟悦《〈泰晤士评论〉：民族主义与社会主义》，载《读书》1998 年第 6 期。笔者也曾请教过美国马克思主义批评家詹姆逊，他表示未系统研究过马克思的民族理论，不对其作进一步解读。

斯民族理论的非议，仅扼要梳理马克思、恩格斯民族理论中的相关部分，由此了解和把握经典作家研究民族问题的立场和方法。

（一）阶级问题主导民族问题

不可否认，马克思、恩格斯在论述民族问题时多数情况下是与阶级联系起来的，认为阶级问题主导民族问题，阶级利益高于民族利益。不过，任何问题都有特定语境，上面提到的"工人没有祖国"的口号即是在回答"共产党人要取消祖国，取消民族"的责难这一特殊情况下提出的。马克思、恩格斯认为，每个国家的资产阶级都有自己的特殊利益，因此他们无法越出民族的范围。工人阶级没有特殊利益："全世界的无产者却有共同的利益，有共同的敌人，面临着同样的斗争，所有的无产者生来就没有民族的偏见，所有他们的修养和举动实质上都是人道主义的和反民族主义的。只有无产者才能够消灭各民族的隔离状态，只有觉醒的无产阶级才能够建立各民族的兄弟友爱。"① 由此，马克思将人类解放的目光投向工人阶级，认为"无产阶级对资产阶级的胜利同时就是一切被压迫民族获得解放的信号"②。也正是基于这一理念，马克思、恩格斯认为民族问题的提出会削弱阶级斗争，因为统治者往往利用民族问题掩饰矛盾，"旧社会中身居高位的人物和统治阶级只有靠民族斗争和民族矛盾才能继续执掌政权和剥削从事生产劳动的人民群众"③，从而使资产阶级的统治永世长存。并且他们还认为有些民族主义是逆历史潮流而动的，例如泛斯拉夫人组成联盟，反对奥地利的革命者，"因此，它显然是反动的"④。

（二）民族与阶级关系的复杂性

在研究民族矛盾和阶级斗争的关系时，马克思也清醒地认识到这一问题的复杂性，并做出了有远见的分析。基于被压迫者的立场，马克思认为有些民族主义是应该肯定的，如爱尔兰与英国的关系中爱尔兰的民族反抗就具有合理因素。⑤ 特别是马克思还天才地看到了工人阶级内部的竞争。

---

① 《马克思恩格斯全集》第 2 卷，人民出版社 1957 年版，第 666 页。
② 《马克思恩格斯全集》第 4 卷，人民出版社 1958 年版，第 409—410 页。
③ 《马克思恩格斯全集》第 17 卷，人民出版社 1963 年版，第 316 页。
④ 《马克思恩格斯全集》第 6 卷，人民出版社 1961 年版，第 200 页。
⑤ 《马克思恩格斯文集》第 10 卷，人民出版社 2009 年版，第 272 页。

当爱尔兰受到大不列颠奴役时："英国所有的工商业中心的工人阶级现在都分裂为英国无产者和爱尔兰无产者这样两个敌对阵营。普通的英国工人憎恨爱尔兰工人，把他们看作会使自己生活水平降低的竞争者。英国工人在爱尔兰工人面前觉得自己是统治民族的一分子，正因为如此，他们就把自己变成了本民族的贵族和资本家用来反对爱尔兰的工具，从而巩固了贵族和资本家对他们自己的统治。他们对爱尔兰工人怀着宗教、社会和民族的偏见。他们对待爱尔兰工人的态度和以前美国各蓄奴州的白种贫民对待黑人的态度大致相同。而爱尔兰人则以同样的态度加倍地报复英国工人。他们把英国工人看做英国对爱尔兰统治的同谋者和愚笨的工具。"① 在这封信中，马克思不仅指出了民族和阶级关系的错综复杂性，而且看到了工人阶级内部的竞争这一全球化时代日益尖锐的问题。

（三）民族沙文主义批判

马克思、恩格斯关于民族沙文主义的态度，可以从他们对犹太民族和德国民族的批评中看出。作为犹太人的马克思对犹太人妄自尊大的民族观予以了批判："犹太人对待国家也只能按照犹太人的方式即把国家看成一种异己的东西：把自己想像中的民族跟现实的民族对立起来……以为自己有权从人类分离出来，决不参加历史运动，期待着一种同人的一般未来毫无共同点的未来，认为自己是犹太民族的一员，犹太民族是神拣选的民族。"② 针对那种认为德意志民族在精神上优越于其他民族的观点，恩格斯嘲讽道，他们"期待着各民族跪在自己脚下乞求指点迷津，它正是通过这种漫画化的、基督教日耳曼的唯心主义，证明它依然深深地陷在德国民族性的泥坑里"③。恩格斯明确指出："一个民族当它还在压迫其他民族的时候，是不可能获得自由的。"④ 他对某个民族想领导世界的幻想作出断言："一个民族妄想领导其他所有民族的时代已经一去不复返了。"⑤ 这一口号为当今反对霸权提供了理论的先声。

在马克思主义经典作家看来，民族与国际主义是辩证的统一。作为世

---

① 《马克思恩格斯全集》第 32 卷，人民出版社 1974 年版，第 655—656 页。
② 《马克思恩格斯文集》第 1 卷，人民出版社 2009 年版，第 22 页。
③ 同上书，第 354—355 页。
④ 同上书，第 696 页。
⑤ 《马克思恩格斯全集》第 38 卷，人民出版社 1972 年版，第 494 页。

界格局的一部分，民族的独立和平等是国际主义的前提，恩格斯明确指出："真正的国际主义无疑应当以独立的民族组织为基础。"① 并且，马克思恩格斯的人类解放的理想就是这样一种国际主义（International），即各个民族的联合，它与世界主义（Cosmopolitanism）② 有根本的区别。

马克思主义经典作家的民族理论是建构中国形态民族之维的基石，这不仅指马克思主义经典作家民族理论中有些观点至今仍具有现实的针对性，更为重要的是，马克思主义经典作家在民族问题上所运用的历史的辩证的观点为今天研究民族问题提供了方法论上的指导，这正是马克思、恩格斯民族理论的当代意义。随着时代的变化，我们应当把马克思主义定位于"理论与实践的统一"，马克思主义本身是开放的，马克思、恩格斯的民族理论中有些观点需要扬弃（例如关于殖民问题的看法），而马克思主义本身所具有的革命性、批判性和它的辩证思维能力将使它充满自我更新的活力。

三　为"民族"概念正名

在马克思主义视域下重新观照"民族"这个概念，是建构中国形态民族之维的一项基础性工作。近代以来的文学和文化中，"民族"既是一个出现频率颇高的词汇，又是一个屡遭误解的概念，因此有必要"辨彰清浊"，以正视听。

（一）民族不是闭关自守

一提到"民族"，人们往往想到的是独立和自主，这是民族存在的一个重要方面。而"民族"作为一个独立的共同体，又恰恰是在与全球的"他者"对比和参照中确立的，"民族"存在于与其他民族的关系之中。中国"民族"概念的问世更不是与世隔绝的产物，它诞生于睁开眼看世界的焦虑中。中国仁人志士的民族意识正是在饱受西方列强屈辱后被激发出来的，他们所追求的民族自强并不是与这个世界对峙，而是希冀自立于世

---

① 《马克思恩格斯全集》第18卷，人民出版社1964年版，第87页。
② "世界主义"是一个政治概念，即要求所有的人都摒弃民族和国家的狭隘观念，视整个人类为自己的同胞，通过直接归属一个单一的联邦国家，摆脱由国境、人种歧视等引起的不必要的战争，达到永久性的和平。

界民族之林。

在全球化的今天，随着资本的流动和互联网的通达，世界已经连在一起，任何民族想置身于世外几无可能。尽管各个民族之间存在矛盾和冲突，有些甚至还很尖锐，但作为世界体系的组成部分之一，对抗与依赖并存，许多问题已不可能由某个国家某个政府独自解决了。就民族的发展而言，开放已经成为民族得以存在和延续的基本条件。

（二）民族不是回到过去

"民族"也不能与复古联系起来。有些人一提到民族复兴，就想到要发掘和保存传统技艺，甚或穿戴传统服饰，这一做法是对民族振兴的误解。民族的发展固然有历史之基，民族文化中固然有精华的东西，但毕竟时过境迁，周而复始的民族是没有希望的。现代民族的兴盛在承继传统的同时还需要在一定程度上与过去产生断裂，只有摒弃那些陈旧的、不适应社会发展的东西，才能轻装前行。在这个意义上，中国形态的"民族"所强调的不是过去和传统，而是着眼于当今和未来。关于这个问题，美国著名马克思主义批评家詹姆逊的一段话对我们很有启发："我们不再把过去看成是我们要复活、保存或维持的某种静止和无生命的客体；过去本身在阅读过程中变成活跃因素，以全然相异的生活模式质疑我们自己的生活模式。过去开始评判我们，通过评判我们赖以生存的社会构成。这时历史法庭的动力出乎意料和辩证地被颠倒过来：不是我们评判过去，而是过去（甚至包括离我们自己的生产模式最近的过去）以其他生产模式的巨大差异来评判我们，让我们明白我们曾经不是、我们不再是、我们将不是的一切。"① 同样，中国形态的"民族"观也不是把过去作为古董保存下来，更不是无条件地接受历史留存的东西，而是把过去视为对当代的参照，促使我们审视现在的生活。

（三）民族不是集体对个人的压制

民族与生俱来的集体性是其屡遭质疑的又一问题。民族与个人的关系需要具体问题具体分析。在国家危亡之时，个人命运与国家命运联系在一

---

① ［美］詹明信：《晚期资本主义的文化逻辑》，张旭东编，陈清侨等译，生活·读书·新知三联书店 1997 年版，第 190—191 页。

起，民族利益将高于个人利益。不过，在平时，有些宏大叙事造成对个体的压制甚至伤害则是需要反省和警惕的。在建构中国形态的过程中，"民族"概念里的集体和个人并非水火不相容，更不是排斥或压制个人，而应该呈互相支撑之势。一方面，个人的价值、尊严、自由、发展和实现的权利是现代民族的基本条件，每个人的奋斗正是民族复兴的基础；另一方面，在必要的时候，个人甚至可以为民族赴汤蹈火乃至牺牲生命。

四　马克思主义文学批评中国形态的民族观

基于时代和国情的差异，不同国度对"民族"的理解和实践不尽相同甚或大异其趣。中国形态民族之维的民族观是在特定历史条件下并在吸收经典马克思主义及其他思想资源的基础上发展起来的。根据时代的发展，中国形态将从历史的和逻辑的角度赋予"民族"以新的理论特质，对"民族"的内涵作出新的探索和回答。

（一）民族是一个历史的范畴

美国学者本尼迪克特·安德森写过一本书，叫《想象的共同体——民族主义的起源与散布》，在书中他主要谈的是民族主义的问题，不过却有一个广泛流传的关于民族的定义，即民族是"一个想象的政治意义上的团体"①。安德森是在面临民族定义困境的情况下反其道而行之的，也许安德森的"想象"并不是说民族这一共同体是虚构的，而是指这一共同体是凭借集体的认同的力量建构的。尽管他在书中具体阐述了民族起初如何被想象以及被想象之后又如何被模塑和改造的过程，也谈到了想象得以产生的先决历史条件，但他强调的是想象是民族国家得以创制的方式和渠道，"民族"在他那里只不过是"一种特殊类型的文化的人造物"，或者说是被叙述的文本。

对于中国马克思主义文学批评而言，"民族"从来都是一个历史的而不是思辨的对象。作为一种历史的存在，尽管人们可以基于不同立场和观点书写不同的民族叙事，但无论怎样想象民族的起源和创制，该民族的基

---

① ［美］本尼迪克特·安德森：《想象的共同体——民族主义的起源与散布》，吴叡人译，上海人民出版社 2011 年版，第 6 页。

因始终存在，血统、语言、疆域、风俗、宗教等成为现代民族国家的基础。并且在长期的发展中，不同民族形成了不同的历史，构成了不同的民族记忆，这种记忆保存在神话、民间故事与传说以及历史文献乃至诗歌等文学作品中。这些神话和传说虽然是叙述，但也不是天马行空，而是基于世世代代繁衍生息的人们的生活记录。因此，民族体现为一种在历史过程中形成的群体认同的社会关系，我们没有凭空想象民族的自由，能够做的是我们如何言说这一历史现象。

民族的历史性还表现为民族的形成是一个过程，群体认同是逐步实现的，而不是一蹴而就，并且既然民族有它的兴起，那么也必然会有它的式微。在全球化的今天，随着移民遍及世界各地，未来的民族必然带有一定的混杂性。不过，无论将来民族消亡与否，相信多元文化仍会长期存在。

（二）民族的核心是文化

关于民族的基本要素，斯大林在《马克思主义与民族问题》中对"民族"的特征作了系统归纳："民族是人们在历史上形成的一个有共同语言、共同地域、共同经济生活以及表现于共同文化上的共同心理素质的稳定的共同体。"① 这一定义被认为是马克思主义关于民族的经典定义。应该说，定义中的这些要素对民族的内涵和外延起到了规范和限定的作用，不过，随着当今社会的发展，语言、人种乃至经济生活都不足于成为区分民族的根本尺度。②

那么，在这些要素中，哪一种要素更为根本呢？早在 19 世纪，就有人提出："区分民族的标准既非种族亦非语言。当人们是一个有相同的思想、利益、情感、回忆和希望的群体时，他们就会从内心里感到自己同属

---

① 《斯大林全集》第 2 卷，人民出版社 1953 年版，第 28—29 页。
② 鉴于意大利存在多种方言，葛兰西认为："语言统一问题只是民族统一问题外在的，并非绝对不可缺少的表现形式之一，至少说，它是后果，而不是原因。"参见葛兰西《关于"民族—人民"的概念》，载葛兰西《论文学》，人民文学出版社 1983 年版，第 51 页。本尼迪克特·安德森也指出："一个显而易见的事实是，尽管今天几乎所有自认的民族——与民族国家——都拥有'民族的印刷语言'，但是却有很多民族使用同一种语言，并且，在其他的一些民族中只有一小部分人在绘画或书面上使用'民族'的语言。"参见［美］本尼迪克特·安德森《想象的共同体——民族主义的起源与散布》，上海人民出版社 2011 年版，第 45 页。

一个民族。"① 这个更深刻的感同身受的内在联系就是文化，就精神层面而言，文化的核心是其历史和价值观。文化作为民族的象征和纽带，表现为群体的一整套共有的理想、价值观和行为准则，并在其成员中起着沟通思想、交流情感和增强凝聚力的作用。尽管每个民族内部存在异质性，凝聚与拒斥、向心与离心、认同与异己，但作为长期积淀的结晶，每个民族毕竟拥有与其他民族相区别的主导文化，西班牙的哥特式教堂与中国的故宫就迥然相异，这正是不同民族文化的表征。文化像基因一样融化于其成员的血液中，且代代相传。在全球化时代，那些游走于不同国度的人之所以会出现身份焦虑，实质上是文化冲突的焦虑。可以说，文化认同是民族赖以存在的根基，没有了文化，没有了民族记忆，就意味着这个民族的消亡。

（三）民族与人民的同构

随着时代和语境的变换，中国形态的民族之维不再囿于阶级的框架，而是将民族与人民联系起来。中国形态的民族与人民同构的理念是中国革命实践的必然。在抗日战争期间，文艺的民族化就是与大众化结伴而行的，而这种结合实际上体现了民族和人民的统一。历史进入 21 世纪，阶级阵营也远不像 19 世纪中叶马克思那个时代那样清楚和对立，民族与人民同构更具有现实的针对性。如今不仅阶级结构发生重大变化，马克思设想的哑铃型的阶级结构被橄榄型取代，而且工人阶级这个定义的内涵也在不断扩大，阶级界限的模糊和变动不居已成为一种常态。特别是与全球化并行的民族意识的高涨，身份研究被置于突出位置，用阶级的集合体——"人民"来代替阶级，实现"民族"与"人民"的同构，是一种必然的选择。

西方马克思主义者葛兰西曾提出过"民族—人民"这个概念，他主要是针对意大利读者热衷外国通俗小说、冷淡本国当代作品这一现象而有感而发的，他在《关于"民族—人民"的概念》一文中深入探讨了这一问题的历史和现实的缘由。在这篇文章中，葛兰西不仅把民族和人民视为语义相似的概念，而且把两者联系起来，认为对人民的"教育和培养"是民族

---

① ［法］吉尔·德拉诺瓦：《民族与民族主义：理论基础与历史经验》，郑文彬等译，生活·读书·新知三联书店 2005 年版，第 204 页。

发展的前提。① 不过，葛兰西的"民族—人民"的思想仅停留在理论构想阶段，而中国形态的民族与人民同构则已化为革命实践。

中国形态的民族之维强调民族振兴与人民幸福为一体，民族与人民同构的理念既是对马克思主义经典作家关于阶级利益主导民族利益的观点的突破，也构成了对列宁"两种民族文化"理论的超越。在中国形态的民族之维中，人民是民族的主体，人民的解放就是民族的解放，人民的幸福就是民族发展的方向。民族与人民的同构这一民族观成为中国形态的一个鲜明的理论特质。

五 马克思主义文学批评中国形态的民族维度

毋庸讳言，提出建构中国形态的民族之维显然是具有意识形态意味的。民族之维持有特定的文化立场，它强调文学要拥有自身的民族背景，并主张理性地看待中外关系。同时，中国形态的民族之维又是一种价值尺度，它不仅仅像后殖民批评那样保持对殖民文化的警惕和批判，而是将"民族"置于突出位置，把民族认同和民族振兴作为评价文学作品的重要尺度，并希望通过文学与民族精神的互塑实现民族振兴。

（一）文学的民族性与世界

作为一种文化立场，寻找和确认自己的身份和位置是民族之维的重要方面。在全球化语境下，"我是谁?""我从哪里来?""我在这个世界处于何种位置?"这些正是中国形态的民族之维要探寻和回答的问题。世界文坛需要多种声音，而只有不同民族背景学者的加入，才能使多声部成为可能。不仅如此，如何为本民族文学和批评争得更多的话语权也是全球化时代知识分子的责任。在对西方文学批评的跟踪和研究中，我们发现，西方文学批评的著述包括教科书很少提及中国的文学和批评，除极少数西方学者外，大部分西方批评理论的代表人物对中国知之甚少或者根本不了解中国，因此扭转中国文学批评被抑制或被边缘化的现象是中国形态民族之维的重要任务之一。

在倡导文学作品展示民族个性的同时，中国形态的民族之维也不是一

---

① ［意］葛兰西:《论文学》，吕同六译，人民文学出版社 1983 年版，第 46—54 页。

味地追求特色，而是努力发现文学所内含的普遍价值，因为没有普遍性的特殊性是没有意义的。① 别林斯基很早就指出了这一点："对于一个诗人来说，如果他希望自己的天才到处被一切人所承认，而不仅为他的本国人所承认，民族性应该是首要的，但不是唯一的条件。除了是民族的之外，他还得同时是世界的，就是说，他的作品的民族性必须是人类思想之无形的精神世界底形式、骨干、肉体、面貌和个性。"② 优秀的作品和批评必然包孕多重声音，我们在其间不仅听到个人的诉说，而且还有民族的呐喊，并能感受人类声音的回响。"民族之国际化是民族文化发展的内在的必然性。"③ 一个民族的文学若没有走出国门的雄心，不深入人性的深处，是很难进入世界文学殿堂的。创造既体现本民族个性又具有普遍意义的文学和批评是中国形态的民族之维追求的目标，同时它也体现出中国文学批评的自信。

（二）文学与民族精神

中国形态的民族之维不仅仅是一种理论建构，同时也是一种批评实践活动。作为一种价值判断，民族认同和民族振兴是民族之维评价文学作品的重要尺度。弘扬民族精神是一个系统工程，其中文学是重要的组成部分和体现，因为文学代表着一个民族"对生活和人的观念"（葛兰西语）。一些文学巨匠正是通过他们的作品成为民族精神的象征，一提到英国人们就自然想到莎士比亚；普希金被誉为"俄罗斯的太阳"；被詹姆逊称为"民族寓言"的鲁迅作品也深刻揭示了中国民族精神和文化的特质，这些伟大的作家被誉为"民族之魂"。

民族意识是与民族认同联系在一起的，而民族认同首先又体现为情感认同。很多优秀的作品表达出深厚的民族情感，鲁迅先生的"我以我血荐轩辕"展示的就是这样一种理想和激情。"为什么我的眼里常含泪水？因为我对这土地爱得深沉"（艾青：《我爱这土地》），读后令人动容。即使有些描写个人欲望和内心冲突的小说，如郁达夫的《沉沦》，"祖国呀祖国！我的死是你害我的！你快富起来，强起来吧！"其内在的情思仍与民

---

① 胡亚敏：《论差异性研究》，载《外国文学研究》2012 年第 4 期。
② ［俄］别林斯基：《别林斯基论文学》，梁真译，上海新文艺出版社 1958 年版，第 93 页。
③ 冯雪峰：《民族性与民族形式》，载徐迺翔编《文学的"民族形式"讨论资料》，知识产权出版社 2010 年版，第 120 页。

族的命运相连。当然，民族认同不等于对民族文化不加反思地全盘接受，一些文学作品对民族劣根性的批判同样是对民族精神的维护。马克思曾说："应当公开耻辱，从而使耻辱更加耻辱。"①

不过，当今文学创作中也存在一些问题，在有些作品中，民族情感并没有随着国力的增长而加强，反而有所淡薄和削弱。个别作品专注于个人感官享受和欲望表达，而对当下中国的问题和未来的发展缺乏热情和思考；有些作品一味地展示民族性中丑陋的一面，用人物的愚钝和苦难迎合西方人的猎奇心理，这些问题理所当然地受到中国形态民族之维的批判。法兰克福学派曾对大众文化的沉沦发出警示，中国形态的民族之维同样需要有一种社会的担当和责任，应对有些文学现象做出有说服力的剖析和批判。

民族认同是民族振兴的前提，从更高的标准看，文学批评的民族之维还应该研究"文学中的民族性应当是什么"的问题，鼓励人们通过文学作品展示出民族的优秀文化和价值观念，② 运用文学的力量激发人们的民族情感，发挥文学对民族精神的引领和建构作用。另外，健康的民族意识将为文学提供更多的精神支撑，由此实现文学与民族精神的互塑，共同营造中华民族的精神家园。

总之，对"民族"的重新阐释和民族之维的提出，构成了马克思主义文学批评的中国形态区别于其他马克思主义文学批评的重要理论特质。关于民族之维的理论建构和实际运用还有许多问题需要沉下心来思考和研究，我辈将继续努力。

（原载《中国人民大学学报》2016 年第 3 期）

---

① 《马克思恩格斯文集》第 1 卷，人民出版社 2009 年版，第 6—7 页。

② 在好莱坞大片中，不难瞥见美国的价值观念，如《蜘蛛侠》中的经典台词，"能力有多大，责任就有多大"即是。

马克思主义文论研究的当代
困境与理论反思[*]

赖大仁

在我国当代文论研究的整体格局中，马克思主义文论（以下简称"马文论"）研究历来具有比较特殊的地位，也取得了许多公认的理论成果。同时，也总是受到来自各方面的种种质疑。马文论研究不断调整自己的研究策略，力图在回应这些质疑的过程中寻求新的发展可能性。然而，这种研究策略的调整似乎并没有改变其不利局面，而是带来了新的问题，面临着新的困境。在这种情况下，也许有必要针对这些现实问题进行理论反思，真正把握马文论的精神特质，并联系当代文论和文学研究的实际，找到它应有的发展方向。

一 马克思主义文论研究的当代困境

曾几何时，受一定时代意识形态因素的影响，马文论研究处于当代文论（包括文学基础理论、古代文论和外国文论）研究的领先地位，其影响不言而喻。经历了改革开放的发展变革之后，虽然当今主导意识形态与文化语境并没有发生多少变化，但就马文论研究的地位和影响而言，却已是另一种景象。与当今西方文论特别是某些后现代理论的风光无限相比，显然形成鲜明的对照，要说当今马文论研究面临某种困境，似乎也不为过。在笔者看来，这种困境的表征主要有以下几个方面。一是在当今高校中文等相关学科的教学和人才培养中，马文论课程教学与研究面临着尴尬的处

---

* 本文为国家社科基金重点项目"当代文学理论观念的嬗变与创新研究"（12AZW004）的阶段性成果。

境。20 世纪八九十年代，全国高校的中文学科从本科到研究生都普遍开设四大文论课程，其中马文论居于举足轻重的地位。与此相适应，马文论教材的编著与使用也蔚为大观。然而时过境迁，如今已是另一番景象，目前仍开设马文论课程的已寥寥无几。之所以取消这门课，据说是因为学生不愿学，老师也不愿教，更谈不上对其思想理论的接受与运用。与此相关的教材编著和理论研究，无疑也都并不景气。虽然有关部门极力推行"马工程"教材编著，马文论教材当然也纳入其中，但其编著和使用效果如何，实际上也并不乐观。二是在当今文学理论学科的学术研究中，马文论研究有逐渐边缘化的趋势，从事这方面研究的人数相对较少，研究成果的影响也比较有限。这与其他文论形态的研究特别是与西方文论研究的热闹景象相比，形成鲜明的对照。当然，其中有关"西马"学派的文论研究仍有不少，但这常被归入西方文论研究范围，与通常意义上的马文论研究还不是一回事。三是从文学理论被实际运用于文学研究的情况来看，可能就更是难以比拟。我们经常能看到在古代文学、现当代文学等研究中运用各种西方文论观念与方法进行评论阐释，比如叙事学、结构主义、精神分析、女性主义等，而自觉运用马文论观点与方法来进行评论阐释的，却很少见到，可见马文论对于实际文学研究的影响力也甚为薄弱。

如果我们承认上述现象的确如此，那么，值得思考和追问的是，为什么会出现这样的情况？问题的根源究竟在哪里？是马文论已经过时，真的不管用了吗？可能还难以得出这样的结论。在笔者看来，其主要原因，一方面与当今社会现实语境有关；另一方面也与马文论研究本身存在的问题有关。

首先，从前一个方面来看。当今社会现实语境的突出特点，是思想观念多元化。这本来没有什么不好，但问题在于，不少人在思想观念多元混杂的现实面前丧失了主体自觉性，陷入了盲目性。这一方面表现为对各种五花八门的思想观念来者不拒照单全收，缺乏应有的判断和选择；另一方面则是对某些思想观念盲目反感排斥，越是强调为指导思想的东西，就越是反感排斥拒绝理解接受。当然，像过去极"左"时期那样，不管是否理解都要盲目迷信，这固然是荒唐的；但像现在有些人那样，根本不愿意用自己的脑袋去思考，也根本不管这个东西是什么便盲目反感拒斥，同样是不可理喻的。从文论界的情况来看也是如此，一些人对各种各样形形色色的西方文论追逐不休，而对马文论则产生了某种程度的厌倦情绪，在文论界对西方文论的追逐和阐释炒作中，马文论研究被挤压而边缘化，或许就是难以避免的命运。

其次，从马文论研究本身方面来反思，无疑也存在着一些问题。具体而言有以下几种情况。

一种情况是有些人有意无意地贬抑马文论，在一定程度上损害了它的声誉，影响了人们对它的看法。例如，有人认为，马克思主义主要是哲学和政治经济学理论，其中并没有多少文学理论；也有人认为，马克思主义创始人虽然有一些地方谈到文学问题，但也都是断简残篇式的零散化论述，并不能构成完整的文学理论，缺少作为文学理论的系统性和学理性；还有人认为，即使承认马克思主义思想学说中存在文学理论，那也是特别政治化、意识形态化的理论，而不是学理性的理论，因此并不认为它有多大的学术价值；甚至有人干脆断言，不管马文论有什么或是什么，它都已经过时没有多少意义价值了。如此等等不一而足。另一种情况则相反，有些研究者为了维护马文论的地位和影响，回应和反击如上所说的质疑与贬抑，就要极力强化对它的理论阐释。比如，人家说马文论不重视艺术审美，那就极力从马、恩著作中去找出一些有关艺术审美的论述来加以证明；人家说马文论只重视文艺的外部规律而不重视内部规律，于是又去找出一些有关文艺内部规律的论述来进行阐释；人家说马文论是零散化的论述不成体系，于是就按照某种体系化的结构来进行整合，力图把它整合成为一个逻辑严密的理论体系；人家说马文论政治性强而学理性不足，于是又极力要把它"学理化"甚至"原理化"，也就是按照文学基本原理的思路，把马文论中的相关论述找出来加以构造和阐发，寻求建立一个接近于文学原理的理论系统，这样就似乎可以提高它的阐释力，如此等等。这样做总让人觉得是陷入了一个圈套，在这个圈套中转来转去，不仅转不出来，反倒容易导致自我迷失。还有就是有的研究者总想把马文论的版图极力扩大，把原典形态的马文论与后来阐发形成的理论形态都整合起来，形成一个所谓"一体两翼"的庞大体系。所谓"一体"指马克思主义创始人所建立的文论；所谓"两翼"指"西马"和"中国化"的马文论，把这看成是马文论的新发展。当然，也有人认为把"西马"文论归入这个体系不太合适，但把"中马"文论包含进去似乎理所当然。然而这样整合的结果，是把许多不同特质的东西混杂起来了，把经典本身与"注经"的东西混杂起来了，很可能把马文论本身的特质模糊或掩盖掉了。

与此相关还有一种情况，就是极力把马文论神圣化、原则化或"指导思想化"，如此极力抬高的结果，往往是使它脱离实际和远离现实，失去了它的现实批判精神，只是被高悬于神台，成为人们盲目膜拜的理论偶像，或者成为并不起实际作用的抽象原则。这样不仅无助于解决马文论研究所遇到的实际问题，反倒可能会引起人们更多的质疑，或者激起更大的逆反心理，从而加重它所面临的困境。

笔者以为，要摆脱这种现实困境，应当改变理论策略，我们没有必要对马文论进行所谓学理化、体系化、神圣化的过度阐释或强制阐释，而是恰恰需要尊重马文论的独特性，应当力求进行理论"还原"，即还原马文论本来的特质和精神，把它最重要、最有特点、最有意义价值的东西发掘凸显出来，恢复它本来就有的强大生命力。在这个基础上，努力使这种理论介入当代的文学现实和社会现实，发挥它所特有的理论优势和批评力，在推动现实变革发展的同时，也实现其本身的创造性发展。

二　马克思主义文论的特质和生命力何在

要认识马文论的特质，首先应当有对它的基本定位。马文论首先是原典形态即马克思主义创始人的文论，至于其他的文论形态，无论是"西马"还是"中马"，则应作为马文论继承与发展的某种特殊类型来看待。这样做更有利于分清源流，把经典本身与对经典的注解和阐释发挥区分开来，不至于彼此混杂模糊不清，还能防止一些人打着马克思主义旗号欺世盗名、蒙骗世人。

从原典形态的马文论来看，其基本特点在于：第一，马、恩的文论是一种思想家和革命家的文论，而不是专门的美学家和文论家的文论。因此，他们并不是从美学原理或文学专业的角度来探讨文学理论问题，而是从历史视野和社会实践的角度来讨论文学问题。但这种讨论自有其独特的意义价值，不能因为它不是专业化的理论而否定或轻视它的意义价值。第二，由是之故，这种文论不是原理性、体系化的理论建构，而是针对具体文学对象和问题进行分析阐述而形成的理论。那种极力按照原理性、体系化的标准来整合其理论的做法，应当说是不符合事实的，其效果可能适得其反。第三，与某些专业化的理论形态不同，马文论的目标指向，不是为了用文学事实来证明和建构某种理论学说，而是致力于用自己的思想观点和方法，去解释人类历史上或社会现实中的文学现象，说明文学事实、评论作家作品。因此，马文论区别于任何经院派学说的最大特点，是其极为突出的现实批判性，重视文学在促进社会变革发展和实现人的自由解放的实践进程中的作用。总之，马文论只是众多文论学说中的一种，但它又是极有个性、极有特色、具有其他文论不可替代的独特意义价值的理论学说。这样的基本定位并不会导致降低其价值，反而更有利于凸显其特色优势和发挥其作用。

原典形态的马文论研究，既需要充分理解其针对具体文学现象和问题所阐发的理论观点，更需要重视在这种理论阐述中所体现的基本立场、思想方法和价值理念，而这正是马文论的特质和生命力之所在。按笔者的看法，在原典形态的马文论中，最重要、最富有启示意义和久远生命力的东西，主要有以下几个方面。

一是观照文艺的唯物史观视野和意识形态观念。马文论区别于其他任何文论的一个突出特点，是把文艺现象纳入唯物史观视野加以观照，阐发了一系列新的观点，开辟了认识说明文艺现象的一种新路径。例如，它把文艺看成是社会意识形态之一，其实质在于，一方面把文艺纳入社会结构系统中来说明和解释其社会性质；另一方面也揭示了文艺在社会结构系统中的重要功能与作用。在他们看来，文艺现象无论多么特殊和复杂，从宏观整体上来看不过是人们精神生活的一部分，不能仅从它们本身来理解，而必须将它与整个社会生活联系起来理解。文艺活动显然是一种关系中的存在，它以艺术的方式关联着社会历史和人们的现实生活，以及人与现实的审美关系，因此，需要放到这一现实关系的基础上才能得到彻底的解释说明。这里既是指向对文艺现象和历史事实的说明，同时也是着眼于文艺对社会生活实践的积极介入，这无疑为文艺研究开辟了一种新的思路。再如艺术生产论，也无疑是植根于唯物史观的思想基础。在他们看来，艺术生产虽然有其不同于物质生产的特殊性，但它总是与整个社会生产复杂地交织在一起，在根本上脱离不开一定社会的物质基础。一方面，艺术生产有其自身的发展进程，专门的艺术生产只是社会生产发展到一定阶段上的产物，只有从生产力发展及其带来的社会分工才能得到说明；另一方面，在整个社会发展进程中，艺术生产与物质生产之间总会形成某种平衡或不平衡的复杂关系。把文艺现象或艺术生产放到这样一种宏观视野中去认识，于是马克思对艺术的繁盛时期同社会一般发展的关系，比如希腊神话、史诗等艺术形式的繁盛与当时社会物质基础的关系，希腊艺术同现代的关系，以及希腊艺术何以具有超越时代的永久魅力等问题，做出了极为精辟的阐述。又如，马、恩文艺批评的"历史观点"，显然不同于一般所谓"历史主义"，而具有唯物史观的特定含义。其实质要求在于，在对作家的艺术创作或作品描写的人物事件进行评论分析时，不能仅仅着眼于表面上的历史背景，而是要求洞察人物事件所关联着的那些历史条件和现实关系，把握人物事件所处的历史潮流。只有真正把握了这种历史潮流，从历史的必然要求与其实现的可能性之间的关系中，才有可能对人物事件做出正确而深刻的分析评价。马、恩对拉萨尔历史剧《济金根》中的人物及其"悲剧性冲突"所做的深刻分析，以及恩格斯针对格律恩对歌德的歪曲评价，致力于从歌德所处时代的历史结构和现实关系所做的辩证分析，还有后来列宁对托尔斯泰思想和创作矛盾现象的深刻分析，都是体现这种"历史观点"的经典之例。应当说，对于文艺这样一种极为复杂的现象，当然可以从多种维度来加以观照和说明，马克思主义创始人是把文艺置于唯物史观视野，放到意识形态的维度和社会结构系统中加以观照与阐释，这显然是一个前无古人的重要发现和突破。

二是强烈的现实主义批判精神，这是马克思主义最重要的精神品格。伊格尔顿说："作为有史以来对资本主义制度最彻底、最严厉、最全面的批判，马克思主义大大改变了我们的世界。"[①] 这种现实批判精神同样贯穿在他们的文论中，成为马文论极为显著的特征。众所周知，马、恩始终对现实主义文学情有独钟，对哈克奈斯、考茨基等现实主义作家的创作特别关注和详加评论，同时对巴尔扎克、狄更斯等作家的创作给予高度评价。在此基础上，他们对于现实主义的真实性、典型性、倾向性等相关问题，都进行了充分的理论阐述，形成了独具特色、自成一家的现实主义理论。问题还不在于他们阐述了怎样独具见解的文学理论，更在于他们何以如此高度地关注和评价现实主义文学。这无非是两个方面的原因：从客观现实而言，马、恩所处的时代，正是西方批判现实主义文学蓬勃发展的高峰时期，他们所面对的正是这样一种文学现实；从主观方面而言，也正在于这种现实主义文学的特性恰好符合他们批判现实的思想观念。从根本上说，

---

① ［英］特里·伊格尔顿：《马克思为什么是对的》，李扬等译，新星出版社2011年版，第6—7页。

批判现实主义文学的异军突起本来就是资本主义发展的产物，它的特殊生产方式所包含的内在矛盾冲突，导致人性和人的现实关系的全面异化，而批判现实主义文学，则无疑真实反映了这种异化的社会现实。它最突出的特性与功能，一个是认识功能，即有助于人们透过文学的棱镜更深刻地认识这种不合理的社会现实；另一个是批判功能，即对种种道德沦落与人性异化的罪恶现实给予无情的揭露和辛辣的讽刺，以此刺痛人们麻木的神经。当然，这一切最后都归结到一点，就是引起人们对于现实关系和现存制度的怀疑，从而走向反抗现实压迫和争取自由解放的斗争。马、恩对批判现实主义文学的高度评价，正是他们的现实批判精神的充分体现。还有，在马克思对资本主义生产方式带来现实关系全面异化的批判中，已经注意到了艺术生产关系异化的问题，从而提出了"资本主义生产就同某些精神生产部门如艺术和诗歌相敌对"① 的著名论断。马克思以诗人弥尔顿的创作为例分析说："密尔顿出于同春蚕吐丝一样的必要而创作《失乐园》，那是他的天性的能动表现"，即便后来他把这部作品卖了5英镑，那他也还是自食其力的非生产劳动者；相反，那些为书商提供工厂式劳动的作家，则是生产劳动者，"因为他的产品从一开始就从属于资本，只是为了增加资本的价值才完成的"②。这就是说，生产劳动者的艺术生产是受资本逻辑控制的，这样它就改变了艺术创造的天性，成为资本的奴隶和老板赚钱的工具。在这种资本逻辑的控制下，就会丧失或扭曲艺术的精神价值，造成艺术与人性的双重异化。马克思对这一艺术生产关系异化的深刻揭示与批判，无疑具有重大意义。

三是人的解放和自由全面发展的价值立场与价值理念，这可以说是贯穿整个马克思主义理论学说的思想灵魂。马克思主义致力于科学地说明人类社会的形成及其历史发展规律，是为了从中找到资本主义社会形成的历史根据和对其进行剖析的切入点；而他们对资本主义社会现实的剖析，则是为了揭示现实社会矛盾的根源，以及人性和人的现实关系全面异化的本质，从而引向变革现实的社会实践；而这种变革现实的未来目标指向，就是实现人的解放和自由全面发展。具体而言，这里有两个相互交织的基本维度：一个是社会解放及其合理健全发展的维度，即通过改变以资本为主

---

① 《马克思恩格斯全集》第26卷第1册，人民出版社1972年版，第296页。
② 同上书，第432页。

宰的生产方式与生产关系，建立更为合理的社会制度和集体关系，从而把人从异化的现实关系中解放出来；另一个是个人解放及其自由全面发展的维度，也就是在上述社会解放的前提下，实现每个人的自由解放和全面发展，成为"高度文明的人"，过上真正"合乎人性的生活"。对于这后一个方面，人们历来重视不够，因此，伊格尔顿特别指出："我们要特别强调马克思对于个人的关注，因为这与一般对马克思主义的错误理解完全不同。在这种扭曲的认识中，马克思主义就是冷面无情的集体残忍地压迫个人生活。这与马克思的真正看法相差十万八千里。我们可以说马克思政治思想的全部目的就是要使个人能自由发展，只要我们始终铭记这种发展必须以集体的发展为前提。"① 在马克思主义文论视野中，毫无疑问也是把文艺放到这样的价值维度，来看待它的根本特性与价值功能。一方面，文艺必然与人们追求社会解放的价值诉求密切相关。古往今来的文学艺术，以各种各样的艺术形式模仿自然和反映生活，表达征服自然的愿望和改良社会的理想，无不是以自己特有的方式介入现实生活，干预社会的发展变革，从而在人们追求社会解放的进程中发挥作用。马、恩极为推崇和高度赞扬批判现实主义文学，也正在于这种文学形态对生活的真实反映和深刻批判，有助于人们认识不合理的社会现实，从而觉醒起来改造自己的环境，争取自己的自由解放，这种文艺价值取向不言而喻。另一方面，从个人解放及其自由全面发展的维度来看，文艺审美则更凸显出独特的意义价值。按照马克思在《1844 年经济学哲学手稿》中的看法，人的解放或异化的扬弃并不仅限于人的外部关系方面，即不只是从人与自然、社会的关系中获得解放，而是同时也意味着"是人的一切感觉和特性的彻底解放"，人的一切肉体和精神的感觉，如视觉、听觉、嗅觉、味觉、触觉、思维、直观、情感、愿望、活动、爱等，都真正成为人所拥有的本质，成为人的一种自我享受，比如耳朵成为有音乐感的耳朵，眼睛成为能感受形式美的眼睛。这样，人才能以一种全面的方式，作为一个总体的人，占有自己的全面的本质；也只有这样，人才能以全面的方式占有对象，包括以审美的方式占有对象和面对世界。② 这样一种以人的解放和自由全面发展为目标

---

① ［英］特里·伊格尔顿：《马克思为什么是对的》，李扬等译，新星出版社 2011 年版，第 90—91 页。

② 马克思：《1844 年经济学哲学手稿》，人民出版社 2000 年版，第 85—87 页。

的价值立场和价值理念，既是面对历史和现实的，更是面向未来的；既昭示着一种艺术审美理想，同时也能够成为我们观照和评判文艺现象的重要价值尺度。

总之，原典形态的马文论，是一种极富有个性和特色的理论形态。因此，我们不必将它与别的专门文论做趋同性比较来看它的意义价值，恰恰相反，只有从它所独有的理论视野、思想方法和价值理念着眼，才能真正把握它的特质和生命力之所在。更为重要的是，它作为一种视野宏阔和实践性很强的理论形态，并不适合人们把它当作教条化的经典来供奉和膜拜，而更有待于人们把它当作思想武器，来观照、洞察和研究解决现实问题，恢复其应有的理论生命力。

三　联系当代文论和文学研究的理论反思

也许可以说，无论是当今的马文论研究，还是整个当代文论和文学研究，都面临着一定程度的困境，并且二者之间具有内在的关联性。从前者而言，如前所说，我们往往无视它的独特性，陷入所谓学理化、体系化探究的误区，把它最根本的精神特质和最富有生命力的东西丢失了，它作为批判现实的思想武器的功能丧失了。而从后者来看，其问题之一，也正在于没有把马文论中最有力量的思想资源，引入当代文论和文学研究中来，从而激活它应有的生机活力。在这里，我们不妨联系上面所谈到的问题，针对当今某些现实情况略加反思探讨。

其一，关于文学研究的唯物史观视野与意识形态批评问题。如上所述，马文论的特质之一，就是把文艺现象纳入唯物史观视野来加以认识说明，揭示其在社会结构系统中的地位及其意识形态特性，着眼点在于看到文艺在社会变革发展进程中的重要作用。对于这样一种极富有创见的革命性理论，在"西马"学派那里倒是得到了高度重视，无论是前期的法兰克福学派，还是后来各种马克思主义名义的"文化研究"，都对马克思主义的意识形态理论大加阐发，致力于把当代各种文艺和文化现象，纳入社会结构及其意识形态系统加以阐释评析。一些"西马"理论家和批评家都大力倡导"意识形态批评"，而且事实上他们的不少文化研究理论和实践，也都无不具有很强的现实针对性和意识形态批判性。英国著名马克思主义理论家伊格尔顿甚至极力呼吁建立一种"政治的批评"，在他看来，"现代文学理论的历史是我们这个时代政治和思想意识历史的一个部分……文学理论一直不可分割地与政治信仰和思想价值有着密切的关系"。因此，所谓"'纯'文学理论是一种学术神话……文学理论不应该因为是政治的而受到谴责，而应该因为在整体上不明确或意识不到它是政治的而受到谴责——因为盲目性而受到谴责……"① 应当说，从 20 世纪以来，"西马"学派在整个西方文论界、思想界叱咤风云，在很大程度上是得力于他们对唯物史观和意识形态理论的阐发，以及对社会现实问题的批判性介入。

然而我们这里的情形如何呢？过去固然有过无比重视的时期，极力把马克思主义唯物史观和意识形态理论奉为思想原则，然而这只是一种抽象化的悬置和标签化的利用，既抽去了它的精神灵魂，也丧失了它的现实针对性，成了某种虚幻化的东西，真的成了马克思所批判的那种"虚假的"思想意识，成为维护某种现存秩序的理论工具。在改革开放的时代条件下，本来有可能恢复马克思主义理论的精魂和生命力，真正发挥它介入社会历史和现实的作用，然而，也许是出于人们某种逆反心理，以及各种隐秘复杂的原因，这种理论不仅仍然难以发挥作用，甚至面临着更加尴尬的处境。比如，文论界和文学界有些人根本反对用意识形态理论研究文学，认为文学是一种语言艺术或审美艺术形态，只适合用语言形式理论或艺术审美理论来进行研究，没有必要引入唯物史观和意识形态理论来进行研究，否则就会破坏文学的纯洁性和审美规律性。也有人极力从马克思的著作中找依据，认为只能把文学理解为社会意识形式，而不能归结为社会意识形态，因为文学是一种感性形态的存在物，而意识形态是一种观念化和理论化的东西，不能把两者混同起来。还有人在阐释文学的审美意识形态理论命题时，反对把审美和意识形态理解为文学的二元特性，或是理解为研究文学的两个不同视角，而是强调要用审美来融解化合意识形态，其实仍然是一种审美主义的思想观念。总的来看，在改革开放以来文学理论观念拨乱反正的进程中，我们不是去反思过去极"左"的意识形态如何背离了马克思主义，如何成为了一种"虚假的"思想意识，如何愚弄蒙骗了民众，同时也坑害了文学，而是干脆以种种方式，把意识形态从文学中清除出去，把文学研究的意识形态视角也极力否定掉。由此而来，文学的思想

① ［英］特里·伊格尔顿：《现象学，阐释学，接受理论——当代西方文艺理论》，王逢振译，江苏教育出版社 2006 年版，第 190—191 页。

性大大弱化了，文学研究的思想穿透力也失去了，出现所谓"去思想化""去价值化""去历史化"等，也就不足为奇了。

在笔者看来，是不是要用意识形态来给文学下定义，这的确是一个值得讨论的问题。但要说文学不仅表达情感而且表现思想，不仅具有审美性而且具有意识形态性，相信很多人都会认同。实际上，在马文论语境中，这并不是一个本质论问题，而是一个功能论问题。这就是说，是否要用意识形态来定义文学并不重要，重要的是把文学纳入社会结构系统，看到文学所具有的意识形态特性与功能，以及它在社会变革发展中所能起到的作用。文学当然有不同于哲学、道德、宗教等其他意识形态的独特性，但是，由于文学所拥有的情感性、思想性力量，它在社会变革发展中所起到的意识形态性作用，一点也不会比其他意识形态逊色，这在中外文学史上有无数的例子可以证明。在当今文学理论批评和文学研究多元并存的格局中，意识形态批评应当有它的一席之地。进一步说，在当今社会问题丛生的严峻形势下，更需要具有强烈意识形态性的文学和文学批评介入其中，在推动社会变革进步中发挥重要作用。如果文学及其理论批评丧失了这样的特性和功能，它就必然陷于冷寂与困顿，这是无论与"西马"文论作比较，还是从本土文论的状况来反思，都不难得出的结论。

其二，关于文学研究和理论批评的现实批判性问题。这个问题显然与前一个问题直接相关，所谓文学及其理论批评的意识形态性，其实就主要体现在对于现实的批判性。马克思主义的根本精神就是现实批判精神，如果消解了这种现实批判精神，那就在根本上背离了马克思主义。如前所说，马文论的批判性，很大程度上是建立在对当时批判现实主义文学的评论阐发基础上的。这里的基本前提，是当时的现实主义文学本身就具有很强的批判力量，它把资本主义生产方式和生产关系的根本弊端所带来的各种社会矛盾和异化现象，如残酷的阶级剥削和压迫，贫富两极分化造成的阶级对立与仇恨，资本逻辑对人的现实关系的严重扭曲，唯利是图的金钱价值观带来的道德沦落与人性异化等，以空前的规模给予了真实而深刻的揭露批判。这与马、恩从政治经济学角度所做的理论批判是一致的，并且也构成了理性批判与文学批判的呼应关系，他们也正是从这种现实批判的共同立场，高度关注和评价批判现实主义文学的。应当说，这样的揭露批判虽然尖锐激烈，但它并不是反历史主义的，不意味着对资本主义的全盘否定。实际上，马、恩在《共产党宣言》等著作中对资本主义的进步性给予了充分肯定和高度评价，但它所带来的社会关系与人性异化的罪恶同样也是不可忽视的，对它的揭露批判正是为了推动社会的变革进步。后来西方现代派文学改变艺术策略，更多以隐喻、象征、反讽和荒诞变形等手法，对资本主义社会的荒诞现实和各种异化现象，给予了更有深度和力度的讽刺批判，产生了更大的震撼力量。同样，"西马"学派也秉承了马克思主义的现实批判精神，继续对资本主义发展中的种种不合理社会文化现象和人性异化现象进行激烈批判，它的世界性影响和声誉，也显然是来源于这种强烈的现实批判性。

比较而言，我们的文学及其理论批评，包括马文论研究与批评在内，这种现实批判精神一直比较薄弱。让人记忆犹新的，只有改革开放初的思想解放时期，从理论界到文学界，曾有过对"反右"到"文革"历史的深刻反思，真实反映了荒唐岁月中的各种反社会、反人道和人性异化现象，并且给予了尖锐的批判控诉，起到了思想启蒙和促进改革开放的巨大作用。在这个过程中，马克思主义的现实批判精神，在关于现实主义文学精神、人道主义与异化等问题的讨论中，得到了应有的体现和阐发，扩大了马文论的影响力。然而由于多方面的原因，这种作用并没有顺势延续下去。实际上，在中国社会现代转型发展的进程中，并不是没有值得进行批判性反思的现象和问题，邓小平的一句话说得意味深长：发展起来以后的问题并不比没有发展的时候少。特别是在市场经济改革发展进程中，由于政治、民主、法治等各方面的改革没有跟上去，不可避免地出现了各种消极腐败现象和比较严峻的社会问题。也许可以说，在西方批判现实主义文学和现代派文学中所揭露的各种丑恶现象，在当今市场化的社会现实中都已司空见惯。更有甚者，即使一些在资本主义社会也被鄙弃的东西，在我们的市场化现实中却被当作先进乃至新潮的东西广被追捧横行无忌。还有一些封建主义腐朽不堪的东西，也往往以某种新的名目借尸还魂招摇过市。各种混杂不堪的社会现象，又与人们困惑迷乱的价值观念相互影响、相互作用，使这种社会转型发展变得更加扑朔迷离难以预测。令人感叹的是，西方资本主义发展中出现的不合理现象和问题，尚且有许多现实主义作家怀抱着人道主义理想进行揭露讽刺，有马克思主义思想家坚守共产主义信念进行理性批判，可是在我们的现实中却好像缺少这样一种批判的力量。很多人似乎更习惯于接受既成现实，不管这种现实是否合理；也似乎更乐意于在麻木和娱乐中度日，也不管这种自我麻醉会带来什么。于是，我们在影视、网络和各种媒体上所看到的，是层出不穷的娱乐化、快餐化的庸俗之作，以及心灵鸡汤式的自慰文本，而很少看到真正有深度、有力度、有分量的批判现实的作品。这也许有多方面的原因，从创作主体方面来说，可能缺少像恩格斯所称赞的"现实主义艺术家的勇气"，以及批判现实主义作家那样的深刻洞察力。从文学理论与批评方面而言，包括马文论研究与评论在内，显然也缺少应有的倡导和推动。如果不能改变这种状况，不能从马文论中汲取批判精神的力量，不能真正成为"批判的武器"而介入文学现实和社会现实，就很难起到促进现实变革进步的作用，也很难改变自身冷寂边缘的现实困境。

其三，关于文学研究的人学价值立场与理念问题。如前所述，与别的一些专门文论比较而言，马文论好像并不那么重视形式美学问题，而是更为关注文学的人学价值取向问题。马克思主义学说的基本观念，认为一切社会实践的根本目标，在于追求人的解放和自由全面发展，文学活动当然也是如此。无论是强调文学的意识形态特性与功能，还是高度重视现实主义文学的现实批判性，最终都要落到这样的人学价值指向上来。"西马"学派的文论也秉承了这样的基本理念，在 20 世纪西方文论发展的整体格局中，它一直坚持社会批判和人本主义价值立场，既与各种形式主义或其他类型的文论相区别，表现出特立独行的风格，同时也以其现实批判性显示出特有的价值和无可替代的影响力。

我国当代文论曾在 1980 年代围绕"文学是人学"的问题，以及文学表现人性和人道主义问题等，展开过相当热烈的讨论，产生了相当广泛的影响，极大地促进了当代文学的人性反思与人学价值探索。1990 年代在市场经济改革发展和大众文化兴起的背景下，又围绕着文学的人文精神、新理性精神等问题，展开了激烈的争论，虽然这种争论未必解决了什么实际问题，但它针对人性沦落和人文价值迷失的现实进行批判反思，应当说是具有震撼力的，其意义也是深远的。但如今，人们似乎患上了某种"市场晕眩症"而难以把持，出现了种种人性迷失现象。在这种背景下，理论界和文学界也曾热烈讨论过所谓"以人为本"的问题。其本义之一，是针对市场化改革发展盲目追逐物质目标，而忘记了发展的最终目的是人的幸福，以及人们容易为金钱物质所诱惑，在对物质利益的追求中迷失人的本性。这样的反思当然也没错，但这个命题中所隐含的许多深层次的问题，却并没有得到应有的揭示。比如，所谓"以人为本"抹去了所有人的差别，无论是操控资本大发横财的老板，还是挥洒血汗养家糊口的民工；无论是巧取豪夺骄奢淫逸的富豪，还是辛苦劳作节俭度日的贫民，无论是滥用威权为所欲为的权势者，还是备受欺凌哀告无门的可怜人，似乎都在"以人为本"的普世关怀之内，这样完全抹平一切差异和鸿沟，必然会把很多社会矛盾和问题都遮蔽起来，又如何能解决社会的公平正义问题？

按照马克思主义的人学理念，要解决社会和人的合理健全发展问题，显然难以回避阶级或阶层分化的深刻社会矛盾，以及由此而来的复杂现实问题。既然说"文学是人学"，那么无论是文学创作，还是文学理论与批评，都无法回避这样的社会矛盾和人学问题，否则它就不会有真正打动人的力量。在这种背景下来看马文论的"人民性"问题，就具有特殊的意义，它强调以人民为中心，真正反映劳动群众和国家建设者的情感愿望和利益诉求，真正体现人民的主体性和先进性，而不是用"全民性"把"人民性"淹没掉。另一个方面则是要突出人性的健全发展，礼赞合乎人性的生活和人格尊严，对一切导致人性扭曲或异化的现象给予无情的揭露批判，而不是善恶美丑不分，对各种扭曲变态或人性沦落现象听之任之熟视无睹。这是当代社会文明进步需要走出的困境，也是当代文学和文论需要通过介入现实而走出的困境。

（原载《学术月刊》2016 年第 10 期）

21 世纪中国的马克思主义文艺理论：
历史依据与理论起点

崔 柯

构建 21 世纪中国的马克思主义文艺理论，有两个问题需要界定：一是它与经典马克思主义尤其是马克思主义创始人理论之间的关系；二是构建这一理论形态的理论起点。

一

就第一个问题而言，我们不妨借鉴一下马克思主义创始人对待西方经典文艺作品的做法。马克思在致斐迪南·拉萨尔的信中指出，法国剧作家的"三一律"，是建立在对希腊戏剧"曲解"的基础上的。但是，这种"曲解"是合理的，因为法国人是按照自己艺术的需要来理解希腊人的。马克思指出："被曲解了的形式正好是普遍的形式，并且在社会的一定发展阶段上是适于普遍应用的形式。"① 也就是说，马克思所看重的是后人根据自身所处的历史语境对希腊戏剧的创造性阐释。这对于我们今天发展马克思主义文艺理论，也是有着重要的启示意义的。

马克思主义创始人对西方历史上的经典文艺作品，很少给予毫无保留的赞扬，他们总是联系一定的历史条件来阐释其现实意义。比如，马克思承认古希腊艺术的典范性，但是同时指出，古希腊艺术是"人类童年时代"的产物，只能"作为永不复返的阶段而显示出永久的魅力"②，后人对待古希腊艺术的态度，不是对其进行复制和再现，而应该从一定历史阶

① 《马克思恩格斯全集》第 30 卷，人民出版社 1974 年版，第 608 页。
② 《马克思恩格斯全集》第 12 卷，人民出版社 1962 年版，第 762 页。

段的现实出发进行创造性的阐发。马克思主义创始人尤为看重的，是经典文艺作品中能够对当时的无产阶级运动有着启示意义的成分。例如，恩格斯一方面承认但丁的伟大，认为但丁作为"中世纪最后一位诗人，同时又是新时代的最初一位诗人"宣告了"封建的中世纪的终结和现代资本主义纪元的开端"，但他更重视的是如何产生一位无产阶级的伟大作家，呼吁"意大利是否会给我们一个新的但丁来宣告这个无产阶级新纪元的产生呢"①。因此，马克思主义创始人十分推重那些反映了人民的反抗和呼声的艺术作品，就是因为这些艺术作品对当时无产阶级运动有着切实的现实意义。譬如，恩格斯对爱尔兰民歌的褒扬，就是因为爱尔兰民歌记录了几百年中爱尔兰人民反对英国殖民者压迫的英雄行为，并且反映了他们仍然处于阶级压迫的现实处境中。② 同样，丹麦民歌反映了"日益强大的贵族怎样反对自由农，以及农民通过哪些手段结束了贵族的勒索"的状况，对于德国也有着启发的意义："这首富有朝气的古代农民歌曲对于德国这样的国家非常适合，因为在德国，有产阶级中封建贵族和资产阶级一样多；无产阶级中农业无产者和工业工人也一样多，或者甚至还要多些。"③

从当时德国的社会历史现实出发，马克思主义创始人对一些伟大的作家也给予了批判性的阐释。马克思主义创始人肯定文艺创作要"莎士比亚化"，但并没有将莎士比亚的戏剧视为最高的范本，而是认为德国的社会历史和莎士比亚艺术形式的结合才是戏剧发展的未来方向："德国戏剧具有的较大的思想深度和自觉的历史内容，同莎士比亚剧作的情节的生动性和丰富性的完美融合，大概只有在将来才能达到，而且也许根本不是由德国人来达到的。"④

可见，马克思主义创始人对文艺问题的考察，总是从一定的现实诉求出发，对文艺作品中那些革命性、进步性的因素进行批判性的阐述。那么，我们建构当代形态的 21 世纪中国的马克思主义文艺理论，也要首先明确我们的现实诉求，立足中国当代的历史和现实语境以及当前中国文化建设的总体目标，对马克思主义文艺理论进行发展。

这里需要强调的是，发展马克思主义文艺理论需要有一个规约，那就

---

① 《马克思恩格斯全集》第 22 卷，人民出版社 1965 年版，第 430—431 页。

② 《马克思恩格斯全集》第 16 卷，人民出版社 1964 年版，第 575 页。

③ 同上书，第 39 页。

④ 《马克思恩格斯文集》第 10 卷，人民出版社 2009 年版，第 174 页。

是要在坚持马克思主义"真精神"的基础上进行发展。

马克思主义创始人不是书斋里、学院里的理论家,而是将理论批判和现实批判结合在一起的思想家和革命家。他们所思考的根本问题,是人的自由与解放之路,在这一视野之下,他们对资本主义制度进行了激烈的批判,指出了无产阶级的革命和解放事业的历史性意义,并预见了未来社会发展和人的全面解放的理想图景。对文艺的考察,是马克思主义创始人"历史科学"的一个环节。他们对文艺问题的考察,始终是立足无产阶级的历史使命来进行的。在马克思主义文艺理论发展的历程中,我们能够清晰地看到这一条主线。因此,有学者将马克思主义文艺理论的内核概括为"为无产阶级和劳动群众赢得历史上应有的文艺地位和美学权利"[①],是抓住了马克思主义的精髓的。建构 21 世纪中国的马克思主义文艺学,应当以坚持马克思主义文艺理论的这一"真精神"为前提。那种以呼应文艺实践的名义,悬置对马克思主义"真精神"的探讨的做法,无疑是忽略了现实实践的复杂性和多样性,也放弃了对理论之科学性和预见性的探讨。

二

马克思主义文艺理论的生命力,在于它的实践性品格,即它能够与时俱进,根据社会现实的需求,在纷繁芜杂的现象中抓住社会的主要矛盾,并进而从解决现实问题中得以充实和发展。这是马克思主义文艺理论发展的显著特征。

"批判的武器当然不能代替武器的批判,物质力量只能用物质力量来摧毁。"[②] 19 世纪马克思主义文艺理论主要实现的是"批判的武器"的层面,即从理论上对资本主义进行批判。到了 20 世纪,马克思主义在东方实现了"武器的批判",其直接体现是苏联、中国及整个社会主义阵营的实践。可以说,20 世纪马克思主义文艺理论,具有一种社会动员的功能,它是要发动长期以来处于被压迫境地的人民群众起来进行革命,完成反帝反封建的任务,这一理论对文艺的功能、语言、形式等各方面提出了相应

---

① 董学文:《马克思主义文艺理论的"内核"是什么?》,《中国语言文学研究(2015 年春之卷)》,社会科学文献出版社 2015 年版。

② 《马克思恩格斯文集》第 1 卷,人民出版社 2009 年版,第 11 页。

的要求。可以说，20 世纪中国马克思主义文艺理论的发展，和其前半叶救亡与启蒙、战争与革命的时代主题是相互呼应的。

而到了 20 世纪后半叶，随着社会主义和资本主义两大阵营对峙状况的变化，"和平与发展"的时代主题突出，中国也进入了市场经济时代。然而我们发现，和中国社会政治、经济和文化层面鲜活的实践相比，马克思主义文艺理论话语的更新、发展，尤其是正面建构，显得远远不够。

那么，建构 21 世纪中国的马克思主义文艺学，无疑是在坚持马克思主义"真精神"的前提下，总结历史、立足现实，对社会未来发展方向做出某种预判，以此来作为我们文艺理论建构的新的起点。

对于历史的认知，是理解现实的前提。当前对于马克思主义文艺理论认知的种种歧见，恰恰在于对于 20 世纪中国历史，尤其是中国的革命和社会主义历史的认知存在分歧。历史和现实不是假设出来的某种可能性，不是主观预设的理想化图景，而是客观发生的历史和当下的现实运动。当前妖魔化、边缘化马克思主义的观点，其本质，恰恰是不能客观认知 20 世纪以来中国真实存在的历史及其合理性，仅仅将通过逻辑的演绎构建出来的某种理想图景作为文化建设的未来路径，从而抽空了理论建构的历史依据和现实根基。这其中，当然和国际环境和国内气候都有关系。随着"冷战"结束，国际国内环境都出现了一种"去政治化"的思潮。相应地，文艺与政治的关系也被重新定位。1980 年代以来中国的文艺理论、文艺批评，是以解除文艺与政治的关系为起点的，纯文学论、审美自主论文学观开始占据主流，文艺研究被确定为一种独立于政治的、自足的"内部研究"，在这一文学观念主导下，20 世纪中国左翼文学、革命文学和社会主义文学往往因其与政治的关系而遭到贬斥，马克思主义文艺理论因其鲜明的意识形态特点以及学界对社会主义某些历史阶段的反思而被边缘化乃至被污名化。这种状况，可以说一直延续至今。

因此，对中国当代文艺理论发展的历史进行深入的反思和总结，并从中发现马克思主义文艺理论发展的契机，应当是建构 21 世纪中国的马克思主义文艺理论的起点。近些年来，社会语境发生了一些新的变化，随着市场经济发展过程中一些弊端的暴露，已经有不少人开始反思乐观的发展主义的迷思。在文艺研究领域，有学者已经对新时期以来文学创作、文艺批评的盲视之处及其背后的深层动机做了较为深入的批判。这在某种程度上为马克思主义文艺理论的振兴，提供了客观的条件。

新时期是以反思"文化大革命"、强调个人价值和个人自由为起点的。这一观念在产生之初，有其历史合理性。然而在当下，其根本缺陷也逐渐暴露出来。其中原因，正如有学者指出的，"文化大革命"结束之后，旧的社会关系日益消解，新的社会关系尚未建立，"人"脱颖而出，进入了一个"自由"的空间。人的存在的可能性呈现出来，并在长期政治化的社会关系的宰制松弛之后，体验到一种前所未有的解放感。在这样的转型时期，"人"由于脱离重重的关系网络而经历了一个自然的"抽象化"过程，并常常赋予自身以"自由""主体性"等超越性的内涵。然而，在1990年代，人们开始重新被纳入一种以市场经济为轴心的社会关系之中，新的阶层分野再次将"人"分解开来。"人本身"被金钱这种价值尺度（一般等价物）重新分类，被划归到各个等级，过渡时期抽象的人学，失去了存在的依据。①

在文艺领域，新时期以来，以"抽象的人"为支点，形成了一种诉求文艺"自主"的叙事模式。所谓"自主"，是对此前政治对文学的干预的反拨，要求文学独立于政治。今天来看，这种"自主"诉求有其盲视之处：首先，在理论层面，这种"自主"诉求忽略了自身亦是新时期改革开放与新启蒙这一新意识形态的内在构成，忽略了自身与1980年代政治语境的张力关系，将文艺与政治、个体与集体绝对对立，既否弃了五四以来左翼文艺、革命文艺以及社会主义文艺实践的客观历史，也拒斥文艺对现实的介入功能。其次，在现实层面，"自主"诉求无法解释市场经济以及新媒体条件下文学的存在样式、生产方式、传播与接受方式等方面的新特点、新变化，而且，其所构建的"审美乌托邦"救赎之途和市场经济条件下人们的生存境遇并不对位，从而失去了有效回应现实的能力。

因此，对新时期以来这种"抽象人"的内在逻辑以及其所支撑的文艺观进行深入的清理和反思，并重新激活20世纪中国的左翼文艺、革命文艺和社会主义文艺传统，有力地回应当下的社会现实问题和文艺实践，应当是建构21世纪中国的马克思主义文艺学的重要起点。

恩格斯曾经因为巴尔扎克"在当时唯一能找到未来的真正的人的地方看到了这样的人"，而将其小说称为"现实主义的最伟大的胜利之一"②。

---

① 参见祝东力《新时期以来的美学与知识分子》，《美学与历史》，北京时代华文书局2015年版，第170—171页。

② 《马克思恩格斯文集》第10卷，人民出版社2009年版，第571页。

然而，我们还应记住的是，巴尔扎克是通过对当时法国社会"百科全书"式的反映、"通过对现实关系的真实描写"① 而发现"未来的真正的人"的。我们也不妨说，21 世纪中国的马克思主义文艺学，是一种力图面向未来的理论建构。但这种理论建构，应当立足于对中国社会的历史和现实问题以及文艺实践的地基之上。

（原载《文艺理论与批评》2016 年第 3 期）

---

① 《马克思恩格斯文集》第 10 卷，人民出版社 2009 年版，第 545 页。

论"左联"的马克思主义
文艺理论中国化探索

黄念然

　　从 20 世纪 20 年代初的苏俄文艺论战到"左联"成立之前的这段时期内，马克思主义文艺理论在中国所面临的理论与实践的总体情境是：第一，苏俄文艺论战逐渐为国内所注意并不断扩大其影响，在中国新文学的发展方向问题上提出严峻课题的同时也为后来声势浩大的"革命文学"论争埋下了伏笔。第二，在后期创造社、太阳社同鲁迅、茅盾等人围绕"革命文学"所进行的激烈论争中，五四文学革命的历史定位、文学队伍的重新划分、文学的性质以及文学同革命及政治的关系等重大问题既历史又逻辑地呈现在当时的现实前台。第三，受"左"倾路线以及俄国"拉普"和日本"纳普"文艺思想的影响，左翼理论界照搬俄国模式指导本国"革命文学"实践并实行全面的文化批判和广泛的理论斗争，陷入了实践困境，亟须作出理论方向和组织行动上的调整。第四，以鲁迅为代表的左翼理论家在深入研究苏俄文艺论战的经验教训，辩证吸收普列汉诺夫和卢那察尔斯基等苏俄马克思主义经典作家文艺思想的基础上正确地捍卫了马克思主义文学理论与批评的基本原则，并通过与中国文学创作具体现实的结合不断深化和健全其批评理论而形成了巨大的理论与批评感召力。正是基于这一总体情境，中国左翼文艺界针对自身文艺理论与批评实践的双重不足，针对国民党所谓的"民族主义文艺运动""新生活运动""中国本位文化建设"等文化上的倒行逆施而成立了"左联"，进行组织化的文化与文学反抗。他们对于何为马克思主义文学理论，如何发掘、整理和研究马克思主义文艺理论，如何根据这种新型文艺理论的要求去理解中国文学的现实并在理论创造与批评实践中去丰富和发展，进行着艰苦的探索，其经验与教训都值得回望与总结。

一 译介活动中的中国化探索

"左联"的成立极大地推动了马克思主义文艺理论系统地输入中国。其成立大会上通过的决议明确规定要"确立马克思主义的艺术理论和批评理论",并成立了马克思主义文艺理论研究会,将研究部门又分为六大类,其中第二类即"外国马克思文艺理论的研究"①。"左联"所主办的革命性刊物如《萌芽月刊》《拓荒者》《文化月报》《世界文化》《巴尔底山》《北斗》等迅速成为译介和宣传马克思主义文艺理论的重要阵地,不少盟员如鲁迅、瞿秋白、冯雪峰、周扬、郭沫若、任白戈、彭康、冯宪章、林伯修、李初梨等人都亲自参与了译介工作。从马克思主义经典作家文艺理论原典的翻译(如列宁的《托尔斯象俄国革命的一面镜子》、高尔基的《关于现实》等)到具体文艺理论问题的系统性介绍与阐述(如瞿秋白的《马克思、恩格斯和文学上的现实主义》),从苏联学者弗理契、耶考芜莱夫到日本学者藏原惟人、冈泽秀虎、片冈铁兵、青野季吉、桥本英吉、小林多喜二等,从唯物史观文学论到"普罗列塔利亚"文学论,译介工作已成遍地开花之势。虽然这些译介与传播工作中也存在泥沙俱下的弊端(如对弗理契《艺术社会学》中存在的庸俗社会学思想缺乏必要的辨识),但总体上还是加深了中国学者对马克思主义文艺理论的理解与认识,为中国学者对马克思主义文艺理论精髓的掌握提供了可资比较、鉴别的资源,为中国无产阶级文艺运动寻找到科学的理论基础提供了极大的便利,特别是在译介重心上实现了从早期留学生和五四社团的简单介绍向系统翻译和阐释的转化,又为马克思主义文学批评的逐步中国化提供了极大的帮助。

大量的译介材料及鲜明的选择性倾向充分表明,"左联"对马克思主义文艺理论的译介非常重视马克思主义文艺基本原理同当下中国革命文学实践的相结合。比如,1933 年前后中国文坛关于题材的积极性问题讨论甚为热烈。鲁迅在《关于翻译》一文中曾整段引用了恩格斯给敏娜·考茨基信里的话,意在说明恩格斯的话已经充分回答了什么样的题材才有积极意义的问题,并认为这段话关于题材的积极性问题"已有极明确的指示,对

---

① 《左翼作家联盟消息》,原载《萌芽月刊》1930 年第 1 卷第 5 期,引自陈瘦竹主编《左翼文艺运动史料》,南京大学学报编辑部,1980 年,第 32 页。

于现在的中国，也是很有意义的"①。冯雪峰以《论新兴文学》为题重新翻译列宁的《党的组织与党的文学》，实际上针对的正是当时左翼文艺运动迫切需要解决的一些重大问题，如文学与党的事业之间的关系、党的文学原理究竟为何、无产阶级文学工作究竟是个人还是集团利益的手段、文学工作与无产阶级一般任务之间的关系等。瞿秋白编译的《"现实"——马克思主义文艺论文集》以"现实"为名，其用意显而易见，而他在引入"拉普"的"唯物辩证法的创作方法"的基础上所撰写的著名的《普洛大众文艺的现实问题》一文则直接针对当时的文艺大众化热潮，要解决的是这一热潮下所隐藏的亟待解决的五个现实问题："用什么话写""写什么东西""为着什么而写""怎么样去写""要干些什么"②。

二　理论建设中的中国化探索

这首先表现在"左联"高度重视马克思主义文艺理论作为科学的文艺理论对中国文艺现实的指导作用，强调要用科学的马克思主义文艺理论武装中国文艺工作者的头脑。"左联"成立前夕召开的"上海新文学运动者底讨论会"上，以沈端先、鲁迅为代表的左翼人士就明确指出中国新兴阶级文艺运动在批评上的失误就在于"未能应用科学的文艺批评的方法与态度"，并将"新文艺理论底建立"作为当前文学运动的任务之最重要三点之一③，表现出对理论建设的高度重视。"左联"成立时确定的行动总纲领的第三点则明确提出要在中国"确立马克思主义的艺术理论及批评理论"。鲁迅还强调了理论探讨及文学创作同实际斗争相结合的重要性。在他看来，左翼作家很容易变成右翼，因为，"倘若不和实际的社会斗争接触，单关在玻璃窗内做文章，研究问题，那是无论怎样的激烈，'左'，都是容易办到的，然而一碰到实际，便即刻要撞碎了"④。

其次，特别注意选择适合中国革命文学实践所需要的马克思主义文艺方法论。这突出表现在两个方面：一是引入苏联"唯物辩证法的创作方

---

① 鲁迅：《关于翻译》，《鲁迅全集》第 5 卷，人民文学出版社 1973 年版，第 149 页。
② 瞿秋白：《普洛大众文艺的现实问题》，《瞿秋白文集》第 1 卷，人民文学出版社 1985 年版，第 461—480 页。
③ 《上海新文学运动者底讨论会》，《萌芽月刊》1930 年第 1 卷第 3 期。
④ 鲁迅：《对于左翼作家联盟的意见》，《萌芽月刊》1930 年第 1 卷第 4 期。

法"。如瞿秋白在《马克思恩格斯和文学上的现实主义》《恩格斯论巴尔扎克》《恩格斯和文学上的机械论》《恩格斯论易卜生的信》《文艺理论家的普列汉诺夫》《拉法格和他的文艺批评》《左拉的〈金钱〉》等一系列文章中，通过对马克思与恩格斯文艺思想的阐释，将"唯物辩证法的创作方法"与"客观的现实主义的文学"联系在一起，用以反对"主观主义唯心论的文学"。他在为阳翰笙的小说《地泉》三部曲再版作序时明确提出新兴文学应当抛弃那些概念化、公式化的创作方法，而坚决走向"唯物辩证法的创作方法"。这种方法强调世界观对创作直接的决定作用，甚至主张文艺"永远是到处是政治的'留声机'"[①]，在清算"革命的罗曼蒂克"同时否定了浪漫主义创作方法，也一定程度上干涉了文艺创作的自由，并由此遭到了胡秋原、苏汶等人的抵制。但我们也应看到这一方法的引入自有其积极意义，首先是在左翼文坛初步纠正了主观唯心主义的错误，对现实主义文学创作起到了导航的作用。其次，从文艺方法论角度看，马克思和恩格斯谈论文学时，更注重的是文艺的思想倾向性、意识形态性或文艺的根本方向问题，正面集中地谈论文艺创作方法论的并不多，因此这对左翼文艺界的方法论建设也有导夫先路的作用。二是"社会主义现实主义"创作方法的引入。这一方法"作为苏联文学与苏联文学批评的基本方法，要求艺术家从现实的革命发展中真实地，历史具体地去描写现实。同时艺术描写的真实性和历史具体性必须与用社会主义精神从思想上改造和教育劳动人民的任务结合起来"[②]。它在批判性地吸收"拉普"理论成果又严格执行党的意识形态路线的基础上承认了作家世界观和创作的复杂关系以及艺术创作的特殊性（即艺术是用形象思维进行创作），否定了过去把浪漫主义和现实主义与哲学上的观念论和唯物论相对应并对立起来的错误做法，对"拉普"文艺理论排斥和打击"同路人"的宗派主义、关门主义的错误进行了理论上的清算，对概念化、公式化的文艺创作进行了及时的反拨。这一方法对于现实远景的政治性肯定得到了中国文艺家的特殊重视。其在苏联历经两年多时间的反复酝酿和广泛讨论过程中，周扬以转述的方式所发表的《关于"社会主义的现实主义与革命的浪漫主义"》全面细致

---

① 易嘉（瞿秋白）：《文艺的自由和文学家的不自由》，《现代》1932 年第 1 卷第 6 期。
② 《苏联作家协会章程》，人民文学出版社编《苏联文学艺术问题》，曹葆华等译，人民文学出版社 1953 年版，第 13 页。

地介绍了这一方法。现在回望过去，平心而论，周扬对这一方法的基本内涵进行了比较系统的阐释；围绕这一方法与胡风就文学典型创造问题进行了深入的论争；从文艺的基本特质及内在特征上肯定了文艺是通过形象达到"客观的真实"因而同科学一样都是对客观世界的反映和认识；在文艺的真实性与倾向性的关系问题上坚持了马克思主义的辩证法立场；在现实主义与浪漫主义的结合问题上为后来的"两结合"提出了最初的构想；对将这一方法的重要特征即"大众性"和"单纯性"等同于通俗化、低级化的误解作了理论的反拨①；所有这些，即使中国革命现实主义文学思潮有了一个相对比较明确的、系统的、权威的理论形态，也为左翼文艺运动提供了创作方法论上的指导。即便是"社会主义现实主义"文艺理论后来成为周扬个人一生从事文艺活动的指导思想甚或成为新中国成立后相当长时期内中国文学的主导性理论并由此引发过当代文艺思想路线上的各种斗争，但在"左联"时期，它对马克思主义文艺理论中国化探索的正面意义还是大于其负面作用的。

三　文艺大众化实践中的中国化探索

"左联"在马克思主义文艺理论中国化实践中用力最多、成绩最大、影响最为深远的是其文艺大众化实践。从左翼文艺运动开始时，左翼文艺工作者就试图运用马克思主义文艺观点来解决文艺同人民群众之间的关系问题。"左联"成立大会通过的决议《中国无产阶级革命文学的新任务》中明确指出，"中国无产阶级革命文学必须确定新的路线。第一个重大的问题，就是文学的大众化"，这个大众化包括文学"运动与组织的大众化"，还包括"作品、批评以及其他一切的大众化"。

在运动与组织的大众化上，"左联"成立后即建立专门的文艺大众化研究会，把文艺大众化问题列入重要研究议题。"左联"内部不仅有"理论研究会""小说研究会"等分支机构，国外也有分支团体及其创办的刊物，如东京留学生成立了戏剧座谈会、留日学生戏剧学会和国际戏剧学会等文艺社团及《质文》《东流》和《诗歌》等刊物。中国"左联"不仅成

---

① 周扬：《关于"社会主义的现实主义与革命的浪漫主义"——"唯物辩证法的创作方法"之否定》，《周扬文集》第 1 卷，人民文学出版社 1984 年版，第 111—112 页。

为国际革命作家联盟的正式成员，还注重加强同海外进步团体的密切联系，当时有"左联"盟员不但参加了"日本无产阶级作家同盟"的一些集会，还分别访问了秋田雨雀、小林多喜二、德永直等日本左翼作家。① 又如，马来西亚共产党曾仿效中国"左联"组织成立了马来亚普罗文艺联盟、普罗美术联盟、普罗剧运联盟、理论与批判联盟等组织，他们宣称自己的战斗纲领是"要向学校、工场、十字街头夺取群众鼓舞群众"②，并在中国"左联"机关刊物《北斗》上发表了题为《英属马来亚的艺术界》的海外通讯。在工厂组织读报组、办墙报，开展工农通讯员运动，组织文艺小组和工人夜校，创办蓝衣剧社，编排学校剧等，都是"左联"大众化工作委员会的主要活动形式，其活动方式则灵活多样。比如在上海，由于环境限制，作家只能到工厂进行文艺大众化活动，因此，"左联"成员就"为工人办夜校和业余学校，通过对工人进行文化教育，物色其中有些阅读能力的人辅导他们阅读文艺作品，然后再帮助他们学习创作文艺作品"③。

在文艺大众化的舆论宣传上，"左联"成立前一天，《大众文艺》第2卷第3期"新兴文学专号"就刊登了有沈端先、冯乃超等12人组织召开的"文艺大众化问题座谈会"讨论纪要。1930年5月1日第2卷第4期的《大众文艺》又刊登了沈起予等19人于3月29日召开的大众文艺第二次座谈会讨论纪要。1931—1933年，"左联"重要刊物《文学》《文学月报》《北斗》等又陆续发表大量文章，讨论文艺大众化问题。1934年6月，"左联"再次组织了文艺大众化问题的第三次大讨论——关于大众语的讨论，它还带动一些当时非常有影响的报纸杂志参与讨论，如《太白》半月刊、《申报》副刊《自由谈》、《中华日报》副刊《动向》等。同年8月1日第3卷第2号的《文学》则专辟"大众语问题特辑"，发动文艺界参与大众语讨论。

在文艺大众化的理论建设上，"左联"的许多理论主将都参与了理论

---

① 任钧：《关于"左联"的一些情况》，中国社会科学院文学研究所《左联回忆录》编辑组编《左联回忆录》上，中国社会科学出版社1982年版，第254页。

② 马宁：《左联杂忆》，中国社会科学院文学研究所《左联回忆录》编辑组编《左联回忆录》上，中国社会科学出版社1982年版，第126页。

③ 任白戈：《我在"左联"工作的时候》，中国社会科学院文学研究所《左联回忆录》编辑组编《左联回忆录》上，中国社会科学出版社1982年版，第374页。

探讨，如潘汉年批驳了"许多人以为无产阶级艺术与作品大众化是两个东西"的"二元论"思想①；郑伯奇阐述了大众化问题的核心在于"怎样使大众能整个地获得他们自己的文学"②；郭沫若认为文艺大众化"就是无产文艺的通俗化"③；何大白提出了"普罗文学大众化问题就是普罗文学领导权问题"的看法④；钱杏邨提出了文艺大众化的基本原则在于利用旧形式和创造新形式二者相结合的看法⑤；鲁迅则冷静地提出了文艺大众化的实施与展开还有赖于"政治之力的帮助"的看法。⑥

在文艺创作的大众化上，"左联"执行委员会的决议《无产阶级文学运动新的情势及我们的任务》提出了文艺为大众、写大众、大众写的口号，发出了全体盟员"到工厂、到农村、到战场上，到被压迫群众当中去"的号召，在当时艰苦的环境中进行了大量文艺大众化的实践，比如，创办通俗性刊物，创办民歌民谣，改编名著为通俗小说，等等。

四 文艺论战中的中国化探索

"左联"曾经展开了同"新月"派、同"第三种人"和"自由人"、同"民族主义文学"的论战，其内部又展开过"国防文学"和"民族革命战争的大众文学"（即"两个口号"）的论争和大众语与拉丁语的论争。这是左翼文艺者以马克思主义面貌在中国文艺界规模较大的一次集体式的力量展现。其中，同"新月"派的论战是"左联"同资产阶级文艺理论家之间针锋相对的政治立场、意识形态阵营、文艺趣味与价值取向等方面的正面较量，焦点集中于鲁迅与梁实秋就文学是否具有阶级性这一问题上的理论论辩。鲁迅对梁实秋将人性抽象化，混淆人性与阶级性辩证关系的剖析与揭露为左翼革命文学运动提供了及时的、现实的理论指导。同"民族主义文学"的论战是"左联"同国民党右翼文化帮闲之间关于文学的阶级性与民族性之间关系问题的批判与反批判斗争。以潘公展、王平陵、黄震

① 潘汉年：《左翼作家联盟的意义及其任务》，《拓荒者》1930 年第 1 卷第 3 期。
② 郑伯奇：《关于文学大众化的问题》，《大众文艺》1930 年第 2 卷第 3 期。
③ 郭沫若：《新兴大众文艺的认识》，《大众文艺》1930 年第 2 卷第 3 期。
④ 何大白：《文学的大众化与大众文学》，《大众文艺》1930 年第 2 卷第 3 期。
⑤ 钱杏邨：《大众文艺与文艺大众化》，《拓荒者》1930 年第 1 卷第 3 期。
⑥ 鲁迅：《文艺的大众化》，《大众文艺》1930 年第 2 卷第 3 期。

遐为代表的"前锋社"在《民族主义文艺运动宣言》中所宣扬的"文学的最高意义，就是民族主义"的论调，用民族主义的招牌掩盖阶级矛盾和阶级斗争以否认文艺的阶级性的企图，以及他们披着"思想研究的"和"艺术的"外衣煽动"疯狂的黄色人种主义"和"大亚细亚主义"的所谓民族主义作品（如黄震遐的小说《陇海线上》、诗剧《黄人之血》和万国安的反共反苏的小说《国门之战》等），都遭到文英、瞿秋白、茅盾、鲁迅等人的无情揭批。其"屠夫文学""杀人放火文学"的实质及丑恶表现，其帝国主义走狗的真面目，其将泰纳艺术理论、欧洲商业资本主义及其民族国家历史故事及"一战"后的未来主义、表现主义进行混合、"杂拌"的伎俩，都在"左联"地无情揭露下原形毕露。这一论战，是"左联"宣传、应用马克思主义的阶级理论和民族理论去探索马克思主义文艺理论中国化的积极尝试，为在中国确立和发展马克思主义的世界主义及其世界文学观打下了良好的基础。"左联"与"自由人""第三种人"的论战一般被认为是马克思主义文艺观与自由主义文艺观之争，但实际上有着非常复杂的内容与形式，因为"自由人"和"第三种人"并非资产阶级政客、御用文人或学者教授，而是同"左联"交往匪浅甚至参加过"左联"的"同人"，有的声称拥护马克思主义，如胡秋原译有《革命后十二年之苏俄文学》和《艺术社会学》，著有《唯物史观艺术论——朴列汗诺夫及其艺术理论之研究》，对普列汉诺夫、托洛茨基、沃隆斯基以及其他苏联理论家都颇为谙熟，对马克思主义学说的掌握超过不少他的"左联"论敌，尤其是他在引经据典回应论敌时的分析评判，展示了非常深厚的"学院派"马克思主义理论水平。因而同"第三种人"和"自由人"的论战实际上又是一场无产阶级和资产阶级争夺小资产阶级作家的斗争，也是如何严格地从政治上分清敌友界限的一场思想斗争。现在看来，胡秋原的文艺观点具有一定的合理性，他对思想自由、创作自由的认同，对于文艺的社会政治功能的辩证理解，对普列汉诺夫文艺思想的接受等，都与鲁迅对马克思主义文艺理论的理解与接受有内在相通之处，这大约也是鲁迅对"第三种人"进行严厉驳斥而对胡秋原观点却几近沉默的原因。胡秋原的文艺自由论有与五四自由、民主精神相通的一面，并试图将马克思主义与自由主义结合起来，其方法论是马克思主义的，但价值观则主要是自由主义的，而且胡秋原的一些主要论断，如"文学与艺术，至死也是自由的，民主的"，"将艺术堕落到一种政治的留声机，那是艺术的叛徒"，以及

"以不三不四的理论，来强奸文艺，是对于艺术尊严不可恕的冒渎"（实际暗指"左联"），恰恰触动了左派立场的核心，他所公然声称的"不在政党领导之下"则构成了对左翼文坛党派性质的严重消解。瞿秋白在《文艺的自由和文学家的不自由》一文中引用列宁《党的组织和党的文学》对胡秋原所谓的文艺"自由"进行的剖析，对胡秋原"变相的艺术至上"者和"虚伪的旁观主义"者面目的揭露应该说是相当有力的①，而周扬在《自由人文学理论检讨》中根据列宁的反映论和文学的党性原理对胡秋原抹杀文艺的阶级性、党派性并否认艺术对生活的能动作用等错误主张的剖析，也为"左联"正确认识文学的性质及其特征提供了有力的帮助。"第三种人"提倡文艺创作上的自由，反对把文艺变成政治的留声机，提倡文艺的真实性原则，强调"第三种文学"存在的重要性，反对普罗文学"谁也不许站在中间"的关门主义，批评左联重文学批评而创作成绩不佳等，也都有其合理之处，但他们在理论上把革命的政治和艺术的真实对立起来，主张文艺家的超党派和超阶级性，批评马列主义者只看目前的需要而不要真理，污蔑辩证法就是"变卦"；在批评实践上攻击左翼文坛只要行动不要理论，只要革命不要文学，只要煽动不要艺术；在论争中罗列了"左联"的一系列罪名如"借革命来压服人""有意曲解别人的话""因曲解别人而起的诡辩和武断"② 等，既是对马克思主义文艺理论性质的攻击，也是对"左联"的恶意污蔑。瞿秋白的《文艺的自由和文学家的不自由》，鲁迅的《论"第三种人"》和《又论"第三种人"》，冯雪峰的《并非浪费的论争》和《关于"第三种文学"的倾向与理论》，以及周扬的《到底是谁不要真理，不要文艺》等文章，基于对马克思主义文艺理论和新兴无产阶级革命文学的坚决捍卫，对"第三种人"进行了猛烈的回应与抨击。总的来看，这些文章揭穿了"第三种人"的真实面目，也较为系统地阐释了马克思主义文艺理论的一些重大原则和基本观点，诸如：文艺的意识形态性、文艺的阶级性、文艺的人性与阶级性、文艺创作与社会生活、世界观与文艺创作之间的辩证关系等，为左翼文艺界完整地理解马克思主义文艺理论的实质提供了极大的帮助，也为马克思主义文艺理论中国化的进一步

---

① 易嘉（瞿秋白）：《文艺的自由和文学家的不自由》，《现代》1932 年第 1 卷第 6 期。

② 苏汶：《"第三种人"的出路——论作家的不自由并答复易嘉先生》，吉明学、孙露茜编《三十年代"文艺自由论辩"资料》，上海文艺出版社 1990 年版，第 150—165 页。

探索打下了良好的基础。

这几次论战或论争是"左联"作为一种有组织的整体性力量发动和参与的文艺论战。现在回望可以发现，其间不少是革命立场之争、党派之争、宗派之争、意气之争，但论战或论争所涉及的文艺理论问题不仅折射出当时中国思想界的复杂状况，其过程本身也展现出"左联"在探讨马克思主义文艺理论中国化的出路时处理理论和现实问题的方式。就其对马克思主义文艺理论中国化的意义而言，主要表现在：其一，开始了在中国建立无产阶级自己的"真正科学的文艺理论"的集体性尝试。其二，在中国现代文坛正面捍卫了马克思主义文艺理论的根本原则和无产阶级文学的基本方向，为后来毛泽东文艺思想的形成奠定了坚实的基础。其三，大众语与拉丁语的论争为文艺的大众化和无产阶级文学的语言实践辨明了基本方向——为大众、写大众、大众写逐渐成为文艺大众化的主导策略并成为延安文艺大众化运动的先声。其四，为如何扫清"使左翼文艺运动始终停留在狭窄的秘密范围内的最大障碍物"①，即"左"倾关门主义和如何摆脱"左"倾教条主义提供了有益的尝试。其五，提出了中国左翼文学中亟待解决的两个重要的新现实问题，即"党性"原则或党对文学的指导原则如何贯彻，以及如何联合"同路人"的问题。特别是后一个问题在张闻天的《文艺战线上的关门主义》一文中得到了高度重视并给出了初步解决方法，为后来文艺统一战线的建立、文代会的制度化建设积累了宝贵的中国化经验。

五 左翼文艺运动五大批评模式的形成

"左联"对马克思主义文艺理论中国化的不懈探索还表现在它在文学批评实践中逐步形成了颇有中国特点的左翼文艺运动五大批评模式。

(一) 鲁迅的"战斗的现实主义"批评

这是鲁迅在深入研究了苏俄文艺论战的经验教训，辩证吸收托洛茨基、沃隆斯基等人观点来处理文艺的阶级性与文艺自身特性相互关系问

---

① 张闻天：《文艺战线上的关门主义》，《张闻天文集》编辑组编《张闻天文集》第1卷，中共党史资料出版社1990年版，第307页。

题，并以普列汉诺夫和卢那察尔斯基等苏俄马克思主义经典作家人物著作的译介来自觉承担反对将马克思主义批评庸俗化的斗争任务后，针对中国革命文学一系列实际问题的深入考量而形成的具有鲜明中国本土特色的马克思主义文学批评模式。其批评内容涉及文学批评中诸多重大问题，如：如何对待文化遗产、如何正确对待不同思想倾向的作家作品，以及如何对待中国"革命文学"倡导者在理论上的偏失，等等。他的批评文章《帮忙文学与帮闲文学》《论"旧形式"的采用》《拿来主义》《门外文谈》《骂杀与捧杀》《"彻底"的底子》《辱骂和恐吓决不是战斗》等都是这种战斗的现实主义名作。鲁迅的马克思主义文学批评中国化实践，就其核心精神而言，是"战斗的现实主义"；就其主导方法而言，是辩证视境下马克思主义文艺理论基本原则的灵活运用；就其理论与批评的话语表述特色而言，是民族化、大众化和通俗化的；就其价值诉求而言，是其"孺子牛"精神与中国大众利益的有机结合；他的实践，其着眼点并不在于构建自己的理论体系，而是一切从实际出发，面向和解答中国文艺创作和文艺论争中提出的现实问题，不刻意追求体系建构却又逻辑自恰地自成系统。鲁迅的批评模式在马克思主义文艺理论中国化实践过程中所达至的问题的深刻性、观念的创造性、现实的批判性、论域的开放性，代表了理论真实的至高品格，这种理论真实的品格不仅体现在其对文艺现实的洞察力上，也体现在其自我批判性上，更体现在其理论自身的开放性上。从这个意义上讲，鲁迅的马克思主义文艺理论中国化实践在 20 世纪中国的马克思主义文艺理论中国化实践活动中是典范性的、方向性的。

（二）瞿秋白的政治—文学批评模式

这是一个主要依据对苏联"拉普"理论的诠释，将"唯物辩证的创作方法"与"客观的现实主义的文学"相联系，高度强调无产阶级文化领导权，将文艺大众化问题作为无产阶级文艺运动的中心问题，并在具体的文学批评实践中以阶级斗争理论为主，以创作是否描写了工农群众的生活为标准的社会学与政治学相结合的批评模式。运用这一批评模式，瞿秋白在《马克思恩格斯和文学上的现实主义》中将现实主义首先看作是一个"宇宙观"的问题，对"主观主义唯心论的文学"进行了严厉的批判，并对"莎士比亚化"和"席勒式"等马克思主义文艺理论重要概念赋予了全新的革命化阐释；在《普洛大众文艺的现实问题》和《大众文艺的问题》

中，他不仅批评了一些知识分子站在大众之外或之上去教训大众的毛病，也批评了"左联"时期的某些"革命作家"的"脸谱主义"弊端；他在《"自由人"的文化运动》中对"艺术至上"主义的批判；在《文艺的自由与文学家的不自由》中就文艺与政治的关系问题同论敌展开的激烈辩论；在《谈谈〈三人行〉》《〈子夜〉与国货年》《鲁迅杂感选集·序言》中对现实主义创作原则的高度强调；对革命文艺阵营与反革命文艺阵营的划分；对蒋光慈的"革命的罗漫蒂克"观念和"革命加恋爱"文学的尖锐批判；以及推出鲁迅作为中国革命现实主义的典范等，都是这一批评模式的具体体现，其中关于五四传统、大众化、"文化革命"的理论主张，几乎全盘为毛泽东接受。

（三）茅盾的社会—历史批评

这是一种通过吸收"新写实主义"概念和"唯物辩证法创作方法"，扬弃泰纳的社会学批评，以"表现人生指导人生"为文学观念准则，通过抓取作者的精神状态并且在由这一状态所支撑的文本中去发现作品与社会问题之内在联系的批评模式。在从原来的批判现实主义推进到革命现实主义的进程中，深厚的政治意识和社会学家情怀使得茅盾的文学批评往往由对作家或作品中人的情欲、道德、思想的思考推进至对社会结构的思考并关注社会重大矛盾。在复杂多样化的文学现象中，从中抽离出一种理性的逻辑认知秩序，并以社会学家的气魄揭示其间的"时代性"思想内涵是茅盾社会历史批评的重要特色。构成茅盾批评活动中的理论支柱是他一以贯之坚守的客观现实主义，"支撑茅盾'作家论'体式构成的，主要有三方面的要素：时代，作家，作品。在这三个要素中，时代是起决定作用的。而作品的政治立场与时代具有密切关系，它们共同制约了作品的思想倾向。这也是他在构造批评文字和进入作家作品的'着眼点'"①。像他的《徐志摩论》就是贯穿上述三要素对徐志摩的《志摩的诗》《翡冷翠的一夜》《猛虎集》三部诗集以时代需求→作家立场→作品倾向这样的基本批评理路展开的。他的《庐隐论》《冰心论》和《女作家丁玲》等都把作家看作时代的产儿，在时代、社会的变动与作家思想倾向、政治立场的坐标轴上去绘制作家的精神肖像，去描述和归纳作家的创作特征，去挖掘其中

---

① 周海波：《中国现代文学批评史论》，上海人民出版社2002年版，第221页。

隐藏着的整个中国社会的现实。也正是秉持着这样的批评理念，茅盾高度强调作家具备社会分析能力的必要性和重要性，并在创作中自觉运用社会科学分析方法。他对创造社、太阳社全盘否定五四文学传统的批评，在阳翰笙的小说《地泉》三部曲再版序言中对"革命的罗曼蒂克"的清算等，也都是其社会历史批评中强烈的"历史意识"和"时代意识"，以及坚持以现实主义精神去"凝视现实""揭露现实"文艺思想直接或间接的体现。茅盾的社会历史批评对于及时发现文学新人（如沙汀、吴组缃、萧红、臧克家、田间、姚雪垠、碧野等大批 20 世纪三四十年代成长的作家都得到过茅盾的支持和鼓励），从理论上总结现实主义文学创作经验，指明中国文学创作方向，都起到了很好的作用。

（四）钱杏邨的"新写实主义"批评

这是一个几乎全盘接受藏原惟人新写实主义文艺观念和照搬马列主义阶级斗争学说，从革命功利主义的立场阐释无产阶级文学的性质、目的、纲领、任务并将之付诸文学批评实践的批评模式。这一批评的基本理念就是要求作家运用唯物辩证法的世界观来认识世界、观察世界、表现世界，因而，思想的正确性成为文学创作的首要条件。换言之，无产阶级作家必须首先具有明确的阶级观，"必须站在战斗的无产者立场……只有在他具备了这种观点并始终如一地把它贯注于其作品中时，他才能成为彻底的现实主义者"[①]。在钱杏邨的批评理论体系中，世界观与文学创作之间被理解为决定与被决定的关系；文学作品的内容等同于作家的观念形态或思想倾向；文艺的基本功能被理解为政治"宣传"和"煽动"；革命口号式的标语文学也应给予高度评价，而鲁迅、茅盾等对"口号标语文学"的批评则被看成是"中国的布尔乔亚的作家"对"普罗列塔利亚文坛"的"恶意的嘲笑"。正基于这样的批评理念，钱杏邨对五四运动以来的十年文艺思潮进行了革命化的、简单化的分期，分为五四运动、五卅运动以及五卅运动以后工人阶级力量显现三个时期，并在其《现代中国文学作家》中对鲁迅、茅盾、叶圣陶等人的文学创作进行了全面的否定和批判。结果大批五四新文学作品在他的批评理念下只能属于"死去了的阿 Q 时代"的无价值

---

① ［日］藏原惟人：《到新写实主义之路》，［斯洛伐克］玛利安·高利克：《中国现代文学批评发生史》，陈圣生等译，社会科学文献出版社 1997 年版，第 163 页。

创作。

（五）胡风的主客"化合"论批评

作为在左翼文学关怀下成长起来的批评家，胡风不像瞿秋白、冯雪峰、成仿吾等人那样特别看重文学研究中的阶级分析方法，也不像茅盾那样在"时代意识"中"凝视现实"和"揭露现实"，通过作家的思想倾向或题材的选择去寻绎其中所敞现的社会现实，而是在深刻体认五四以来的新文学实践、师承鲁迅为代表的新文学现实主义传统的基础上，通过广泛吸取苏俄现实主义与革命浪漫主义的感性经验和理论精髓，如托尔斯泰的现实主义文艺思想，以及苏联无产阶级作家高尔基、法捷耶夫等人的创作经验，吸收西方马克思主义理论家卢卡奇对主体性和真实观的强调，以及重视世界观与创作方法之间的辩证关联等文艺思想，逐步摆脱了苏俄"拉普"和日本"纳普"文艺思想的束缚，而建立起自己的批评理论体系。胡风的主客观"化合"论批评模式，"在思想主题上，坚持改造国民性的思想，提出深入描写人民'几千年精神奴役创伤'"，"在创作原则上，坚持直面人生、正视黑暗，反对题材决定论"，"在创作态度上，提倡鲁迅式'心'与'力'的结合，发扬'主观战斗精神'"①，其中所体现出的对生命伦理意识的关怀和对作家艺术人格的重视，以及对艺术创作活动中主客体相生相克矛盾肉搏过程的高度强调，都达到了"左联"时期及以后相当长一段时期内中国化的马克思主义文艺理论所不曾达到的理论高度。胡风的主客"化合"论批评一方面强调批评家首先要在生活实践上具有和时代脉搏合拍的感应能力；另一方面更强调批评家应当从自身的主体认知出发，主动地接近作家的精神世界，接近生活的本质，从而通过作家作品的评论而达到精神的彼岸。正是基于这种批评理念，胡风在《目前为什么没有伟大的作品产生》中针对20世纪30年代左翼文坛的创作实际，尤其是当时文学创作中的"客观主义""公式主义""艺术至上主义"等弊病进行了理性的剖析；在《林语堂论》和《张天翼论》中用"作家论"方式切入作家创作生活的发展轨迹及其艺术个性的形成，着力剖析的是作家的人生态度、人格素质和生活态度；对欧阳山的《新客》、禾金的《副型忧郁症》、奚如的《两个不同的情感》、艾芜的《南国之夜》等作品中所呈

---

① 艾晓明：《中国左翼文学思潮探源》，湖南文艺出版社1991年版，第9—16页。

现出的主题概念化、创作热情主观化则不失时机地加以批评与点拨。可以说，对作家创作个性与创造精神的珍视，对文学批评能否烛照出作家通过艺术真实能动地、热情地敞现了社会人生样相的看重，是"左联"时期胡风主客"化合"论文学批评的一个重要特征。

六　存在的问题

通过对马克思主义文艺理论的译介、传播和艰苦的中国化探索，"左联"在极端白色恐怖条件下以自己的努力不断获得文艺现场的存在感和介入感，形成了声势浩大的左翼文艺运动，影响甚至左右了后来中国文艺发展的基本方向，其历史地位毋庸置疑。但它的马克思主义文艺理论中国化的探索也留下一些缺憾。主要是：一、对马克思主义文艺理论的译介、传播，"左联"急于将其从"知识传播"的层面推到革命文学理论指导思想的地位，缺少相应的过滤和必要的吸收与消化。二、对马克思主义文学批评的理论探讨与实践运用，往往陷入两个误区：其一是以实践操作代替前提反思，即常常局限于意识形态、历史条件和文化传统，撇开对马克思主义文艺思想前提的反思，简单地把是否适用于本土文学现实和批评实践作为唯一的评判标准；其二是用政党意志和革命意识规范文学批评的进程和格局，进行政党框架内的组织化、体制化。三、马克思主义文艺理论知识谱系建构中的工具主义倾向。即其理论谱系的梳理，常常基于革命文学的现实需要去建立某些知识法规，如将马克思主义文艺理论知识夹杂在大量的决议、宣言、纲领、报告、组织书中，用以指示、选择、排斥其他的理论或批评的知识形态，使得其文艺理论与批评在谱系的梳理和知识质态的构成上充满工具主义的倾向。四、在文艺大众化实践中缺乏对高于实践的理性逻辑的深度思考，即只求理论趋同于现实，对文艺大众化的现实活动本身也须努力上升为某种理论的考量甚少，将马克思主义文艺理论俗化为一般认知的弊端非常明显。总的来看，在对"中国化"的认识和实践上，一定程度上还存在着在本体论上将中国文艺理论完全马克思主义化，而非马克思主义文艺理论的中国化，在认识论上将理论认识教义化，突出表现为将共产国际的有关决议和苏联革命文学的经验神圣化，在方法论上将理论斗争绝对化等弊端，对于马克思主义文艺理论的真理与伦理、历史尺度与价值尺度的内在有机统一特征认识不充分，对于如何处理批评的自律与制度权威的干预、个体批评与制度批评、文学批评的自主化与文学批评的社会化之间的辩证关系，以及对于如何从内容和形式、实践形态和理论形态、政治过程和文化过程相统一的角度建构马克思主义文学批评的中国形态还缺乏清醒的认知，这些一定程度上对后来中国文艺理论的发展产生了负面影响，也给当下中国文艺理论界进一步探讨马克思主义文艺理论的中国化问题提供了反思的基础。

（原载《社会科学辑刊》2016 年第 4 期）

马克思主义文论基本问题与当下批评生态重建之路[*]

许　徐

　　最近一个时期，越来越多的学者开始反思和批判当下中国文学存在的创作与批评乱象，他们或从解剖西方文论的核心逻辑缺陷入手，或从寻找中国古代的文论资源传统出发，或从一个一个具体的作家作品批评实践做起，以重新审视文学批评的价值、立场与方法，重建新的批评生态与批评伦理，进而推进中国文学的健康发展，构建中国特色的文学现实与文论体系，这是具有重大现实价值和历史意义的工作。这其中，探源"文学批评乱象"的症结所在，应当是一个基础性、首要性的工作，即所谓"物有本末"。

　　文学是社会意识形态的反映，影响文学发展的因素是多方面的，造成文学批评乱象的原因当然也是错综复杂的。但综观批评乱象的诸多因素，历史虚无主义无疑是其中一个关键性因素。历史虚无主义在文学批评领域的反映，就是理论虚无主义，更具体地说，就是解构和否定既有的理论主张和文学规范，解构和否定在这些理论和规范影响下的文学实践与文学成就。由于马克思主义文论是中国文学的指导理论，所以这种解构和否定，首先也主要地指向了马克思主义文论，试图以多元论来取消主导性，否定经过历史检验的马克思主义文论，否定马克思主义文论中国化的艰辛历程，否定在马克思主义文论指导下的左翼文学、延安文学、"十七年"文学等历史成就。由于这种否定不仅在很大程度上遮蔽了学界对马克思主义文论的正确认识，进而阻碍学界为马克思主义文论适应新时代、实现新发

---

　　* 本文系安徽省高校省级人文社科研究重大项目《皖籍群体与中国左翼文学的多元发生》[SK2014ZD044]，2016年高校优秀青年人才支持计划重点项目[GXYQZD2016268]阶段性成果。

展作出切实有效的努力，而且更重要的是，这种随意否定的同时并没有能够重新建立起新的合乎文学现实、文学规律的具有强大号召力的理论体系。这样，一方面，马克思主义文论本身由于未能与时俱进、充分发展而不能有效指导日新月异的文学实践以致渐趋边缘化；另一方面，各种从西方舶来的新理论，流派林立、众声喧哗、此消彼长，文学和批评变得无所适从，一会儿倒向人性，一会儿倒向消费，一会儿倒向艺术，一会儿倒向"历史"（虚构的历史），就是离社会、离时代、离生活、离民众越来越远，乱象丛生。因此，当下批评生态的重建之路，首先就要从扭转理论虚无主义的错误倾向开始，从回到马克思主义、回到马克思主义文论的基本问题开始。统观各种批评乱象，虽然面目各异，但归纳起来主要有两个根本性的趋势：一是批评与文本和作者的背离；二是批评与时代和社会的背离。因此，马克思主义文论的回归之旅，将主要围绕这些问题的分析与克服展开，以为廓清对文学批评的哲学基础、本质功能等根本问题的认识作出努力。批评与文本和作者的背离，归根结底主要是与马克思主义文论哲学基础的背离。"马克思和我，可以说是唯一把自觉的辩证法从德国唯心主义哲学中拯救出来并运用于唯物主义的自然观和历史观的人。"① 恩格斯在《反杜林论》中，明确地把辩证唯物论作为马恩哲学的基本原则和方法，这也是马克思主义文论的哲学基础。而辩证唯物论的基础，就是物质和意识的关系，具体到认识论领域，就是坚持实践第一的观点，主张实践是认识的基础和来源，是认识发展的动力、目的与归宿，也是检验认识是否具有真理性的唯一标准。文学批评作为对文学实践的认识，当然要首先从具体的文学创作实践、从客观存在的文学文本入手，来得出对一部作品、一个作家、一种文学现象、一类文学流派、一个文学发展阶段的准确评价，并且这个评价和认识最终还要回到文学实践，接受文学实践的检验，即这个评价是否得到作者的认可，是否能够推动文学创作的发展。这本来不是一个问题，但现在却成为一个问题。问题的根源就在于违背了科学的认识论路径，文学批评不是从文学文本而是从批评者的主观意志出发来进行解读，造成批评与文本、与作者的背离。比如 1980 年代末期以来的"重写文学史"思潮，其目的是否定所谓的"权力作用及意识形态操控下"的文学（如有的专著书名就直截了当地宣称"解构十七年"），是通

---

① 《马克思恩格斯文集》第 9 卷，人民出版社 2009 年版，第 13 页。

过否定文学史上已有定评的作家作品，来从根本上否定既有的价值体系和审美标准。也就是说，"重写"的并不是"历史"本身，"重写"的是"新的文学标准与文学观念"，历史只不过是"重写"的一个工具而已，因而"重写的文学史"也并不是"真实的历史"，而是主观选择的历史。受这一思潮影响，对以"三红一创、青山保林"等为代表的红色经典的再解读，就多是从前置的理论预设出发来否认这些经典的历史意义。如果使用审美本位主义观点，就认为这些作品"被夸大了的理论体系笼罩着全篇"，理论体系的"自我封闭性"直接"钳制了生活的真正丰富多样性"，妨碍"作家对现实生活本质的不断追求和艺术表现"①，是主题先行的庸俗社会学作品。如果用西方人道主义观点，又认为作品抛弃了五四传统，"非人化"倾向带来的是创作"模式化"问题，充其量只能是"御用文学"②。如果用现代性观点，红色经典作家作品又成了"反现代性""压抑的现代性"的化身，即"具备着顺应国家、民族现代化大潮的世俗现代性，而其审美现代性则明显不足"③。如果用西方叙事学观点，则指责红色经典"阶级，才是革命叙事的真正叙事人，作家只是一个被抽空了'我'的被叙述者"④。如果用分析心理学观点，又认为革命的集体无意识原型掌控着叙事逻辑，即"主流话语完全统摄了作者个体的生命记忆"⑤。如果用西方文化阐释学观点，红色经典乃至新中国成立后 30 年的文学又成了"大一统文化中的'宣传小说'"，⑥ 可以看到，从 1980 年代开始，但凡有一种新的理论"进口"，就会对"红色经典"有一番借用相关理论的重评，众说纷纭，莫衷一是，没有定论。一千个读者有一千个哈姆雷特，但首先它必须还是"哈姆雷特"。而这些批评从主观意图进行了各种解构，就是没有看到这些作品特定的生产环境和生产机制，就是没有看到这些作

---

① 宋炳辉：《"柳青现象"的启示——重评长篇小说〈创业史〉》，《上海文论》1988 年第 4 期。

② 丁帆、王世沉：《十七年文学："人"和"自我"的失落》，《唯实》1999 年第 1 期。

③ 刘保昌：《"十七年文学"的现代性问题》，《江汉论坛》2002 年第 3 期。

④ 程文超：《共和国文学范式的嬗变——现实主义长篇小说叙事 50 年》，《中山大学学报》（社会科学版）1999 年第 6 期。

⑤ 颜敏：《从自我危机到本体安全——重读〈青春之歌〉》，《江西广播电视大学学报》1999 年第 2 期。

⑥ 李运传：《中国当代小说五十年文化思考》，《暨南学报》（哲学社会科学版）2001 年第 4 期。

者执着的理想信念、扎实的生活体验和真诚的创作动机，就是没有看到这些作品对历史真实性和民族风格的创造与追求，就是没有看到这些具有崇高美学特征的作品在特定时代的巨大效应，就是没有看到这些作品对中国问题的中国分析，就是没有看到这些作品如何通过引导大众追求美好生活而实现对人的肯定。① 这一切，根子上都是因为没有深入文本内部，没有深入作者内部，没有从实践而是从观念出发的错误的认识路径导致。虽然有一些研究比如叙事研究似乎是基于文本结构的分析，但综观其结论，无论是"被抽空的作者"，还是"主流统摄个体"，都不难看出潜在的"人性论"立场。实际上，如果对上述观点作进一步总体的观察与概括，无非还是审美本位论和人性论这两类论调的你方唱罢我登场，无非还是要否定社会主义现实主义创作理论、否定文学与政治的内在关联。

出现这个问题，当然不排除学术体制的原因。批评其实是件苦差事，批评一个作家、一部作品，至少要看完这个作家的所有作品，最起码也是大部分代表性作品，要熟悉对这个作家作品的相关批评，还要熟悉中外文学史上的相关流派、风格、理论，这样，才能在文本分析的基础上发现文本和作者的个性，从而得出有创见的结论，但现在的学术体制不允许这样的"慢工出细活"。在和一位学术期刊的编辑朋友聊天时，他表示，CSSCI来源期刊等核心期刊发表作品有一个基本的选稿倾向，作家的系统论、作品论则需要长篇小说类，或获全国奖有影响的，中短篇、散篇作品批评，基本不考虑。但同时量化的科研评价机制又催逼着批评者要快出成果、多出成果。一方面是科研评价的压力；一方面是期刊录用的要求，一些批评者也就主动或者半推半就地开始起批评的批量化生产，闭门造车，投机取巧，写作家论只是百度一下作家的作品介绍，作一个浮光掠影的了解，这样的批评当然无法深入文本的内部，更无法深入作者的内部，所以有的作者才会有"关于我的批评从来不看"的激进言论。但学术体制仍然只是外在因素，最根本的原因还是批评者的主观因素。作家方方在谈到批评问题时曾指出："一篇作品发表后，我们经常会看到一些非常不舒服的批评文章。文章的措词或所提问题甚至会让你目瞪口呆。你完全想象不出来批评

① 21 世纪以来，这种研究偏见随着文学政治阅读的回归，得到了一定扭转。以柳青《创业史》为例，一些文学史著作如孟繁华、程光炜《中国当代文学发展史》、吴秀明《当代中国文学五十年》等给予了中肯评价，认为《创业史》"是一部反映我国农村合作化运动的'史诗性'的长篇巨著"（参见吴著第 48 页）。

者是怎么在理解你的作品，你甚至会觉得有一种来者不善的感觉，觉得他的严厉痛批，并非因为作品，而是因为其他。"① 所谓"其他"，暗指的其实正是批评者出于批评的"私欲"，为了佐证自己预设的观点，为了构建自己的文论或文学史体系，从文本中断章取义，甚至歪曲文本原意的主观化批评、概念化批评。今天的批评是为了宣扬各种引进的新论来对文学现象、作家作品作怀有"其他"而非文学目的的任性解构或随意批评，说到底也是将文学批评作为一种工具，或出于政治目的（比如"重写文学史"、"红色经典"重评、新历史小说等），或出于经济目的。两种批评工具化、主观化、概念化的本质，是一致的。解决的办法只有一个，就是老老实实地回到从实践到理论的认识论与反映论，老老实实地从读作品做起，按照鲁迅所说的，"好处说好，坏处说坏"，尊重作者，尊重作品，尊重自己。

关于我们这个时代的文学，有一个让人忧心忡忡的现实是：从 1980 年代中后期开始的中国文学"突然变成了一个非常狭小的圈子里面的东西，变成私人的东西，和大家没有关系了，大家看不懂了"②。为什么会出现这个问题呢？即为什么文学以及与之相关的理论与批评离这个时代和社会越来越远了呢？这背后，涉及的是一个关于如何认识文学本质的重大原则性问题。文学本质问题，从来都是文学理论的核心问题，也是决定批评立场的根本性问题。在这个问题上的争议与误区，是使批评与时代和社会背离的根源。我们知道，在 1859 年的《〈政治经济学批判〉序言》中，马克思对经济基础和上层建筑的关系作了集中总结："人们在自己生活的社会生产中发生一定的、必然的、不以他们的意志为转移的关系，即同他们的物质生产力的一定发展阶段相适合的生产关系。这些生产关系的总和构成社会的经济结构，即有法律的和政治的上层建筑竖立其上并有一定的社会意识形式与之相适应的现实基础。"③ 在历史唯物主义这一基本原理中，马克思明确了"法律的、政治的、宗教的、艺术的或哲学的"都是作为"上层建筑"的"意识形态的形式"而存在。也就是说，文学艺术的基本属性是意识形态性。但这个已经有共识的基本理论问题，在"文革"结束后的 1980 年代，却因为一场"为文艺正名"的大讨论而遭到质疑，引起

---

① 张江等：《批评为什么备受批评》，《人民日报》2014 年 7 月 15 日第 14 版。
② 李云雷等：《我们的时代及其文学表现——与著名作家座谈》，《文艺理论与批评》2012 年第 1 期。
③ 《马克思恩格斯选集》第 2 卷，人民出版社 1995 年版，第 32 页。

了思想界的混乱。

这次"正名",主要是为了解决长期以来的政治功利论问题的,通过让文学"告别革命""逃避政治",来重构文学与政治的关系。1979年,朱光潜在《华中师院学报》发表了《上层建筑和意识形态之间关系的质疑》一文,他从回溯马恩经典出发,以马克思和恩格斯没有或者偶尔将意识形态列入上层建筑为由,提出上层建筑和意识形态的二分问题,不同意在意识形态和上层建筑间画等号或以意识形态代替上层建筑,将文艺界定为"更高地悬浮于空中的思想领域",通过肯定意识形态相较于上层建筑的独立性,进而肯定文艺相较于政治的独立性。朱先生的文章引起了巨大争议,很多学者也作了纠偏的工作,但要看到的是,虽然是"高浮的",但朱先生首先还是承认文艺是一种"意识形态"。进一步说,这一时期的讨论是富有学理性和现实意义的,对文学的发展起到了促进作用。《上海文学》那篇引起巨大反响的评论员文章《为文艺正名——驳"文艺是阶级斗争的工具"说》,虽然强烈反对将文艺与政治等同、取消文艺的观点,但它同时明确文艺作为"人类掌握世界的一种方式",应该"用具有审美意义的艺术形象来反映社会生活"[1],即文艺首先不能离开社会生活。然而,随着西方形式主义批评、精神分析批评、原型批评、结构主义、解构主义等现代派文论的全面引人,文论界进而开始质疑认识论、反映论的哲学基础问题,主张文学从"认识本性"向"审美本性"的复归,王国维"纯文学"的提法开始大行其道。"一种文学上的'向内转',竟然在1980年代的社会主义中国显现出一种自生自发、难以遏止的趋势。我们差不多可以从近年来任何一种较为新鲜、因而也必然是存有争议的文学现象中找到它的存在。"[2]审美反映对情感、心理、生命等主体体验的重视,当然是文学的基本规律和特性,"审美意识形态"理论就是这一思考的集中成果。但当人道、主体、自我、内心生活成为"华山一条道",文学自律性问题的风头远远超过了他律性问题,使得原本应该相互融通的文学内外部研究,又一次对立起来,伤害了文学和文学批评的完整性,文学再一次走进"死胡同"。

---

① 本刊评论员:《为文艺正名——驳"文艺是阶级斗争的工具"说》,《上海文学》1979年第4期。

② 鲁枢元:《论新时期文学的"向内转"》,《文艺报》1986年10月18日第3版。

文学的意识形态性由此开始成为了一个问题。王元骧指出："自上世纪 80 年代中期以来，在我国文艺理论和文艺实践中确实存在着一股强劲的消解文学艺术意识形态性的思潮。"① 董学文同样担忧文论审美转型"视意识形态为政治斗争的一个领域，倾向于否定文学的意识形态性"，"这种界定模式将会对创作带来实际的危害"。② 否定文学的社会意识形态性，一个直接的后果就是否定了文学是对社会生活的认识和反映。这种错误认识越行越远，当然会使得创作空间越来越狭小，给创作带来了深重的伤害。特别是到了 1990 年代，受市场经济的冲击和商业利益的驱使，文学创作借"大众文化"之名越来越私欲化、私利化，变得更加畸形，所以才产生了"文学死了"的悲观看法。1990 年代的不少创作时尚，今天回头来看，不过短短 20 多年时间，却已然成过眼烟云。这种完全内心化的、商业化的生产，实际背离了"身体写作"的反抗和批判本质。就连一位新生代作家也指责这些后期新生代作家对意义的彻底消解。艺术自律的最终目的是为了律他，即以审美的方式来批判社会现实、拯救道德良心，而非自虐、自乐。"哲学家并不像蘑菇那样是从地里冒出来的，他们是自己的时代、自己的人民的产物，人民的最美好、最珍贵、最隐蔽的精髓都汇集在哲学思想里。"③ 而作为文学家，作为作家、理论家和批评家，不仅仅要把这个时代和生活中最美好、最珍贵、最隐蔽的精髓汇集起来，更要把这个最美好、最珍贵、最隐蔽的精髓用最优美、最真诚、最热情的方式表达出来，这样方能成就伟大的作品和伟大的批评。

习近平同志指出："文艺创作方法有一百条、一千条，但最根本、最关键、最牢靠的办法是扎根人民、扎根生活。"④ 同样，文艺批评的方法有一百条、一千条，但最根本、最关键、最牢靠的办法也是扎根人民、扎根生活。批评家要成为时代风气的先觉者、先行者、先倡者，首先自己就要成为深入时代生活的实践者、学习者、思考者。生活，是创作的源泉，也是批评的源泉。因此，重构当下的批评生态和中国特色的文论话语体系，

---

① 王元骧：《我对"审美意识形态论"的理解》，《文艺研究》2006 年第 8 期。

② 董学文：《文学本质界说考论——以"审美"与"意识形态"关系为中心》，《北京大学学报》2005 年第 5 期。

③ 《马克思恩格斯全集》第 1 卷上册，人民出版社 1995 年版，第 219—220 页。

④ 习近平：《在文艺工作座谈会上讲话》（http://culture.people.com.cn/n/2014/1015/c22219‑25842812.html）。

就需要我们以马克思主义文论的基本理论问题为指导，来投身当代中国鲜活的现实生活，在生活和文学实践中发现中国问题，思考中国问题，解决中国问题，形成中国话语。

（原载《文艺理论与批评》2016 年第 1 期）

延安时期知识分子与马克思主义
文艺理论的中国化[*]

李　立

20 世纪 30 年代末，毛泽东在论及知识分子在无产阶级革命中的历史作用时曾直言，革命的政权需要建立革命的文化队伍，而要建立革命的文化队伍，就必须广泛接纳、吸收以知识分子为代表的文化力量，"没有知识分子的参加，革命的胜利是不可能的"①。

毛泽东的上述论断，表明了知识分子在党的文化事业中的重要地位。而在延安时期的马克思主义理论建设中，知识分子作为理论系统建设的主体力量，同样承担着将之转化为"中国化"叙事话语的重任。尤其是在马克思主义文艺理论方面，这一时期的知识分子不但对"中国化"产生了构成性作用，同时还以其骨干地位深度参与了新中国的文化创构并对当代中国文艺理论产生持续影响。有鉴于此，对延安时期知识分子群体推进马克思主义文论中国化的特殊贡献进行研究，由此厘清该时期知识分子群体与马克思主义文艺理论中国化的紧密联系，具有重大的理论与现实意义。

一

所谓延安时期知识分子，主要指 20 世纪三四十年代中华民族危急之时，在党的知识分子政策感召下，以延安为中心凝聚形成的一个特殊的知

* 本文系陕西省社科界重大理论与现实问题研究项目"延安时期马克思主义文论中国化研究"阶段性成果，项目编号：2016Z060；陕西省社会科学基金项目"文本视角下马克思文艺思想解读研究"阶段性成果，项目编号：2015J017；陕西省教育厅科学研究计划项目"文本解读与马克思主义文论知识创新"阶段性成果，项目编号：15JK1572。
① 《毛泽东选集》第 2 卷，人民出版社 1991 年版，第 618 页。

识分子群体。从体量来看，该群体十分庞大，美国学者伊斯雷尔和克莱因就曾做过统计，"1938 年末，等待批准进入陕甘宁边区的青年学生有 2 万人，到 1940 年代初期，延安已经形成一个约 4 万人的知识分子群体"①。

延安时期知识分子不但是在特定历史条件下产生的，作为推进马克思主义中国化的重要力量，该群体亦有着深厚的思想文化渊源。事实上，从中国共产党建党直至 20 世纪 30 年代左翼文化运动，中国早期一批有觉悟的知识分子，就一直承担着系统推进"中国化"的重要使命。抗战爆发后，这些知识分子的一部分从四面八方汇聚延安，在新环境中与根据地知识分子一道，共同经历革命思想的淬炼与洗礼，最后终于形成相较以前更为坚定、稳固的"中国化"推进群体——延安红色士林。回望历史，正是这一延安红色士林，在文化领域探索、贯彻、实现着革命领袖所奠定的文化原则与立场，由此使该时期哲学、史学、文艺理论和科技思想等具体学科领域的"中国化"研究得以迅猛发展。

延安时期知识分子推进"中国化"是多学科、全面性的，但在不同的学科领域，其推进"中国化"的方式与成果又不尽相同。在文艺理论领域，这种推动作用主要体现为在延安革命政权领导下，大批文艺理论家、文学家、艺术家从多个向度对中国化马克思主义文艺理论的持续探索。事实也确是如此，据统计，1942 年 5 月 23 日延安文艺座谈会结束时参加合影的与会代表为 104 人。在这些人中，包括艾思奇、周扬、何其芳、冯雪峰、欧阳山、丁玲、艾青、刘白羽、贺敬之、杨松、萧三、罗烽等众多哲学家、文论家、作家、翻译家，不但承袭了左翼知识分子立足于世界无产阶级的价值立场，充分阐扬文艺在无产阶级革命中的重要作用，而且还积极宣传中国化马克思主义文艺理论重大成果——毛泽东文艺思想，为后者的经典性确立提供学理资源，更为重要的是，该群体还紧密结合延安时期革命战争和根据地建设的实际需要，对文艺与政治、文艺与人民、文艺与生活等马克思主义文论基本问题进行了扎实有效的研讨，并对具有中国民族风格的新文艺形态进行了大胆探索与实践。可以说，无论是在逻辑起点上还是在理论、实践进程上，延安时期知识分子的文化心理与价值观念本身已成为该时期"中国化"的一种构成性因素，而知识分子这一群体，对延安时期马克思主义文艺理论中国化也绝不仅仅起到"中介""宣传"

---

① 石岩：《圣地洪流：知识分子在延安》，《南方周末》2005 年 9 月 22 日。

"辅助"作用，而是以其骨干作用在"中国化"进程中发挥了多方面的、不可替代的重大贡献，甚至对解放后我国国家文化设计与创构，及至21世纪以来中国文化建设都产生了稳定、持续影响。

正如有国内学者所做的评价："延安红色士林，时代特征烈然鲜明，价值取向浑然整一。就人文现象而言，空前绝后，无法复制的历史独特性使他们裹带上浓密的时代气息。"① 有鉴于此，延安时期知识分子的相关贡献，需要当代研究者以冷静的、客观的、辩证分析的学术姿态，挖掘其丰富的理论与实践内涵，通过科学、公正、系统的研究对之加以分析与重估。

二

从历时的角度审视，延安时期知识分子对"中国化"的推进，是一个经历多层次、多向度思想转变的矛盾运动过程，对此过程的客观呈现有一定难度。不过，如果对该时期各期刊、报纸上的文章、讲话等专题性资料以及相关当事人回忆录等叙事性资料进行共时分析，我们仍可较为清晰的辨识出：延安时期知识分子至少在经典翻译、理论探索、毛泽东思想阐释与宣传、文艺实践的促动与参与四个方面，对延安时期马克思主义文艺理论中国化起到了重要推进作用，以下试论述之：

（一）延安时期知识分子对国外马克思主义文艺理论的翻译与介绍

正如有学者指出的："马克思主义中国化的第一道门槛，就是经典文本的翻译。"② 对于延安时期马克思主义文艺理论中国化而言，经典译介同样构成该时期"中国化"研究最为原初的理论视域。而在此理论视域中，知识分子的角色和作用鲜明而突出，以周扬、曹葆华、兰天、戈宝权、罗烽、萧三为代表的一大批延安时期的重要翻译家，均通过自身努力有效传播了马克思主义文艺思想。

延安时期知识分子的相关翻译活动并非对之前相关翻译活动的简单延续，而是与之前相关翻译活动有着较大差别。这种差别尤其突出地体现在

① 裴毅然：《延安一代士林的构成与局限》，《社会科学》2013 年第 3 期。
② 薄洁萍：《一群人一辈子一件事——记奋战在马克思主义中国化第一线的中共中央编译局优秀翻译家群体》，《光明日报》2011 年 6 月 26 日。

其与左翼时期知识分子"中国化"主体意识的阶段性差异，以及由之导致的翻译侧重上的不同。在历史上，左翼时期知识分子呈现出鲜明的追随世界左翼文艺动向的整体性特征，由于其将"指导翻译国际革命普罗文学作品及文艺理论书籍论文"① 确定为一项主要任务，因此从总体上看，其翻译活动的"中国化"主体意识相对模糊，其相关成就的"中国化"效应大多隐而不彰。与左翼时期知识分子相比，延安时期知识分子的相关翻译活动则呈现为从国际主义路线向现实原则的回归。例如：1942 年 11 月 21 日，戈宝权于《新华日报》翻译并发表了列宁的《党的组织与党的文学》，在该文中，列宁批评了有关文学的一系列错误见解，指出了党的文学的重要意义。值得注意的是，戈宝权翻译并发表此文，正值延安革命政权整顿"三风"、积极开展文艺问题论争之际，因此此篇译作的面世具有强烈的当下问题指向性和现实针对性。1944 年 5 月，周扬在其编译的《马克思主义与文艺》一书序言中，准确概括了毛泽东《在文艺工作座谈会上的讲话》（以下简称《讲话》）的重要理论与现实价值，其既指出《讲话》中"文艺从群众中来，必须到群众中去"的文艺创作原则与国外马克思主义理论家相关论述在立场方法上的一致性，同时更强调了《讲话》在中国特定历史条件下针对具体问题而发的特殊性，周扬的这些观点，最终贯彻到了《马克思主义与文艺》的方方面面，由此赋予了这部译作鲜明的"中国化"理论价值取向。除了戈宝权、周扬等大批翻译家从事相关翻译活动，早先为了配合整风运动，鲁迅艺术学院甚至专门设立整风学委会办公处，集中刊印了一大批国外马克思主义文艺论著，这些著述的出版，不但有效纠正了一部分文艺工作者脱离中国实际的创作观念，而且对整风运动中知识分子文艺思想的革命性转变也起到了重要促动作用。

从总体风貌上看，随着抗日战争爆发以及民族主义话语的兴起，延安时期知识分子的相关翻译活动显示出强烈的目的意识，其对译介作品适用性的追求，以及对革命问题的强烈关注，使得相关译介作品在"中国化"理论主体、实践主体的召唤方面发挥了比以前更为巨大的历史作用。

（二）延安时期知识分子对马克思主义文艺理论

中国化的理论探索。众所周知，"马克思主义中国化"这一命题，是

---

① 陈瘦竹：《左翼文艺运动史料》，南京大学学报编辑部，1980 年，第 181 页。

毛泽东于 1938 年 10 月在《论新阶段》的报告中明确提出来的。然而，毛泽东的"中国化"思想并非凭空而来，总体来看，该思想是毛泽东对之前国内知识分子相关思想进行涵化与改造的结果。

从历史上看，"中国化"问题被集中关注，得益于 20 世纪初以陈唯实、张申府、何干之、陈伯达等为代表的新启蒙学人对理论民族性与现代性的双重学术追求，这成为"马克思主义中国化"命题之所以产生的最早理论渊源。而到了延安时期，众多知识分子将新启蒙学人的学术追求继续落实到相关理论探讨之中，尤其是其探讨学习马克思主义和继承民族文化遗产之关系时，"中国化"问题成为一个无法逃避的重要理论命题。事实上，早在 1937 年 11 月，延安《解放》杂志第 23、24 期便刊发了"从贤"的《现阶段的文化工作》和李初梨的《十年来新文化运动的检讨》，这两篇文章中有关"中国化"命题的探讨，是延安时期知识分子独立探索"中国化"问题的最初成果，其对于初具规模的延安文艺界具有重要开创意义。到了 1938 年 5 月，《解放》杂志第 39 期又以"来信"的方式，刊发了署名为"陕甘宁边区文化界救亡协会"的《我们关于目前文化运动的意见》，该"意见"从继承"新启蒙运动"价值立场出发，同样积极倡导"新文化的民族化（中国化）和大众化"，并认为忽视民族化对于新文化建设而言"是抽象的而非现实的"①。在具体的文艺领域，延安时期知识分子对"中国化"问题也做了有益探索，例如著名文艺理论家黄药眠，就曾从文艺形式视角对"中国化"进行了辨析。他认为，所谓"中国化"，不能简单理解为"旧样翻新"或"过渡的形式"，而是应被看作"新中国文艺的生长向更高的阶段的发展"②。基于这一价值判断，黄药眠批判了那些将"中国化"贬低为技术或形式问题的观点，同时明确指出，文艺理论层面"中国化"的关键乃是大众化问题，这是因为"中国化"固然包含文艺形式的问题，但文艺形式问题受制于文艺内容，并最终取决于人民大众的生活，因此只有文艺工作者切实深入百姓生活，以百姓生活为镜鉴，在此基础上锤炼自己的文艺形式，其所创作的文艺作品才可能是中国化的。

从总体上看，1938 年 10 月之前的延安知识分子，通过创造性地对

---

① 陕甘宁边区文化界救亡协会：《我们关于目前文化运动的意见》，《解放》1938 年 5 月 22 日。

② 黄药眠：《中国化与大众化》，《大公报》1939 年 12 月 10 日。

"中国化"命题进行学理论证和学术解读，为后来毛泽东"马克思主义中国化"命题的正式提出提供了理论准备。正如西方学者雷蒙德·怀利所指出的，延安时期知识分子有关"中国化"的最初探讨与理论观点，有利于当时学界完成从"学术中国化"到马克思主义中国化的理论议程更新，其"实际上指向了后来'马克思主义中国化'的概念"①，其对后来的马克思主义的"中国化"命题（包括文艺理论层面的中国化）的正式提出与深化探索均具有重要奠基作用。

（三）延安时期知识分子与毛泽东文艺思想的形成

延安时期知识分子的"中国化"成就既有其最初在理论层面上的相对独立性，同时还有其之后与革命领袖"中国化"论述的紧密关联性。尤其是在阐扬毛泽东文艺思想方面，知识分子群体在其中发挥了不可替代的重要作用。这体现在：

首先，延安时期知识分子积极参与文艺"民族形式"讨论，扩大了毛泽东文艺思想的影响。1938 年 10 月，毛泽东提出"把国际主义的内容和民族形式"，"紧密地结合起来"，形成"新鲜活泼的、为中国老百姓所喜闻乐见的中国作风和中国气派"。②毛泽东提出文化的"民族形式"问题之后，在延安文艺界，众多知识分子围绕如何继承发扬文艺的民族形式这个问题展开热烈讨论。正如曾参与该问题讨论的张光年先生所指出的，对文艺的民族形式问题的思考，不能仅仅停留在形式本身的继承与创造层面，而是应该将之提升为弘扬民族文艺传统的历史责任。基于此，应该先对自己民族的文艺传统有正确评估，明确该传统对于建立"中国气派"文艺、文化产品的重要意义，这样才能更有效地开展文艺民族形式的清理与传承工作。张光年的这些看法比较典型地代表了当时知识分子对文艺民族形式问题的基本态度，这一态度既是在毛泽东相关思想影响下做出的，同时又在文化艺术界进一步扩大了毛泽东相关思想的影响。

其次，延安时期知识分子与毛泽东《讲话》的关系，体现出知识分子与革命领袖在理论探索方面交互行进的特性：一方面，众所周知，以毛泽

---

① Raymond F. Wylie, *The Emergence of Maoism*：*Mao Tse-tung*，*Chen Po-Ta & the Searchfor Chinese theory*，1935 – 1945，Stanford University Press，1980，pp. 35 – 36.

② 《毛泽东选集》第 3 卷，人民出版社 1991 年版，第 844—845 页。

东、张闻天为代表的政治领袖指导和规范着知识分子的研究活动，尤其是毛泽东《讲话》，其理论实绩首先便表现为文艺整风中对部分知识分子文艺观念的调整、升华与更新。不过，另一方面也须看到，文艺整风过程中的知识分子并非绝然的被动接受者，其同样也参与、配合乃至深化着革命领袖的理论建构。在这方面最为典型的代表非周扬莫属，周扬早期对马克思主义文艺思想的探索并未与毛泽东紧密相关，只是到了延安以后，其文论建树才显示出一个新动向——致力于对毛泽东文艺思想的宣传和阐释，在其于延安时期一手编译并得到毛泽东本人肯定的《马克思主义与文艺》一书序言中，周扬旗帜鲜明地突出了《讲话》作为中国化马克思主义文艺理论成果对于中国革命文艺的指导地位，他指出，"毛泽东同志的这个讲话一方面很好地说明了马克思恩格斯列宁等人的文艺思想；另一方面，他们的文艺思想又恰好证实了毛泽东同志文艺理论的正确"①，基于这一判断，周扬在历史上首次将《讲话》置于马克思主义文艺理论经典的行列，由此为毛泽东文艺思想权威性的确立提供了理论与文本依据。

（四）延安时期知识分子与马克思主义文艺理论中国化实践

延安文艺发展实际上是一个文艺理论同文艺实践相互融合，相互交流的过程。延安时期知识分子所推进的文艺领域的"中国作风与中国气派"，也因之不仅反映在理论预设上，而且反映在其通过各种艺术形式创造与文艺运动将此理论预设最终运用到文艺实践中，使得相关文艺理论观点转变为文艺事实。

众所周知，在延安时期，作为延安文艺界活动中心的鲁艺，无论在教学还是在表演方面都曾呈现出过分追求正规化、专门化的"偏向"，不过也正是在这一时期，特别是在延安文艺整风之后，鲁艺知识分子开始改变了以往的教学内容和方式，在创作、演出方面更注重借鉴为百姓喜闻乐见的民间艺术，通过对秧歌、通俗戏剧、民间诗歌、梆子、快板等大众艺术形式的吸收与改造，引导艺术家、作家创作出大量民族气息浓厚的文艺作品。以新秧歌运动为例，对于旧秧歌，整风运动前后人们对之普遍的看法是："这种舞，这种歌，这种乐，偶尔扭扭，唱唱，吹吹，间或还可聊解人颐，但也只能给人以肉麻之感，丝毫没有半点革命、战斗

---

① 周扬：《马克思主义与文艺》序言，《解放日报》1944 年 4 月 8 日。

的气息，因而到得今天，便形成了一种为看女人而看'秧歌'的现象。"①
而正是为了去除旧秧歌在题材形式方面的局限性，由鲁艺知识分子拉开帷
幕并亲自担纲表演的新秧歌应运而生，在新秧歌中，知识分子去掉了旧秧
歌中封建迷信成分，同时有意识地加入了工农商学兵等新人物形象，由
此，秧歌完成了从民间形式向民族形式的跃升，蜕变为带有强烈民族色彩
的革命秧歌。

除此之外，延安时期知识分子还积极开展"文章入伍""文章下乡"
等活动。包括西北战地服务团、抗战文艺工作团、边区文协民众剧团、延
安平剧研究院等文艺团体，深入前线描写抗战现实，有效激发了民众的抗
战热情。值得注意的是，"文章下乡，文章入伍"虽在表面上源发自抗战
动员，但其实际触及了中国化马克思主义文艺理论的一个重要问题，即文
艺"普及"与"提高"的关系问题。而其深层效果恰如有学者所指出的：
它们"使得作家真正放下架子贴近了生活，融入平民大众之中，在实践的
过程中切实地体味到文学普及与提高并非相互割裂，而是可以统一"②。这
也充分说明，知识分子群体只有与人民群众充分结合，利用民族文化在底
层民众生活中的深厚基础去影响动员民众，才真正探索出一条切实可行的
马克思主义文艺理论中国化的实践道路。

三

对延安时期知识分子推进马克思主义文艺理论中国化的相关贡献的
分析，有助于我们在 20 世纪文艺理论大发展的背景下客观而公正地评价
该知识分子群体推进"中国化"的历史作用与深远影响，应该说，这种
作用与影响不但体现在"此时""此地"的文艺功效上，同时更体现在
其对当代文艺、文论建设客体与主体的多重作用上。而在这种多重作用
中，最为显著而醒目的，乃是相关推进活动对知识分子理论主体性的重
塑，即：延安时期知识分子在推进马克思主义文艺理论中国化的过程中，
实现了自身社会关系、话语关系的重新置序，并初步完成了自身的"有
机化"过程。

---

① 冯宿海：《关于秧歌舞种种》，《晋察冀日报》1941 年 3 月 15 日。
② 杨承洪：《"文章下乡，文章入伍"的缘起及意义》，《文艺报》2016 年 2 月 29 日。

　　具体来看，延安时期知识分子的这种有机化过程又可分为两个方面：一个方面是知识分子与特定社会集团的"有机性"。正如葛兰西所指出的，为确保获得文化主导权，无产阶级需要培养自己的有机知识分子。在延安时期，紧迫的革命现实势必要求知识分子以更加组织化、制度化的方式站在红色政权一边，以其坚定的价值立场捍卫无产阶级文艺观念，并通过文艺领域的革故鼎新完成对延安革命精神的宣传与实践。正如艾思奇所言，先进的文艺工作者，势必将自己的文艺事业与党的革命事业紧密结合在一起，"通过他自己的专门技术，来为革命的政治目的服务"①。

　　延安时期知识分子"有机化"的另一层含义，具体体现在该时期知识分子与大众的"有机性"辩证关系。在马克思主义文艺理论中国化的理论探索与实践过程中，知识分子虽在最初承担着教育和启蒙大众的角色，但其自身的后续发展，其自身在数量、质量上的扩大和提高，均与人民群众紧密相连。尤其在延安时期，经由革命思想的淬炼与改造，知识分子与人民大众充分结合的"有机化"进程大大加快了——这种"有机化"不但意味着知识分子在立场上与工农商学兵站在一起，而且意味着知识分子在情感上实现与工农群众声气相通，实现其自身彻底的无产阶级化。正如毛泽东在《讲话》中所指出的："我们知识分子出身的文艺工作者，要使自己的作品为群众所欢迎，就得把自己的思想感情来一个变化，来一番改造。"② 可以说，情感态度的转变是一个人发自内心的深层次精神反映，它既体现出"中国化"进程中知识分子价值立场的巨大转变，同时又比单纯价值立场的转变更彻底，更具有穿透力与持久性。而在延安时期，正是这种情感态度转变，促使该时期知识分子与群众空前结合起来，由此大大增强了中国化马克思主义文艺理论的有效性，促进了延安时期文艺事业的繁荣。

　　值得注意的是，延安知识分子所经历的上述理论主体性重塑，不但对新中国成立后知识分子"有机化"进程深具影响，而且对 21 世纪以来知识分子的主体反思深具启示意义。尤其是随着西方文艺思潮的大量引入，新世纪文艺理论界的部分学者，因异质观念的过度移植、快速更新而出现

---

① 延安文艺丛书编委会：《延安文艺丛书》（文艺理论卷），湖南人民出版社 1984 年版，第 230 页。

② 《毛泽东选集》第 3 卷，人民出版社 1991 年版，第 851 页。

严重的价值淆乱倾向，由此极大地影响了当代中国文艺理论的健康发展，这就迫切要求当下知识分子站稳立场，通过彰显知识分子理论系统建设与创新的主体性价值，明确自身责任与担当，以理性而非漠然、建构而非解构的态度与时俱进地进行价值整合与意义创新，由此促进"中国化"研究中各类理论力量的汇聚，使之更有力地服务于社会主义文艺建设事业。

（原载《四川戏剧》2016 年第 10 期）

从赋比兴看马克思主义中国化
话语体系的方法论[*]

邓伯军

赋比兴是中国文论的核心方法论。作为文学创作过程中心物交互作用的方法，赋比兴立足于心物关系的"由物及心—由心及物—心物一体""言—不言—言不言""物—情—情物"等"三位一体"谱系结构，共同确立了中国文论的话语表达方式、文本解读模式、意义生成系统，进而形成了中国特色的学术话语体系。赋比兴最早见于《周礼·春官宗伯》："大师掌六律、六同以合阴阳之声……教六诗：曰风、曰赋、曰比、曰兴、曰雅、曰颂。"孔颖达《毛诗正义》进而明确："风、雅、颂者，诗篇之异体；赋、比、兴者，诗文之异辞耳……赋、比、兴是诗之所用，风、雅、颂是诗之所成形。用彼三事，成此三事，是故同称为义。"朱熹《朱子语类》认同孔氏六诗为体用："赋者，敷陈其事而直言之者也。""比者，以彼物比此物也。""兴者，先言他物以引起所咏之词也。"赋是比和兴的基础，舍赋无以成比兴，只有在赋的直言叙写基础上，才能比物连类、触物起情、化实为虚，以达到心物浑然一体的意境。比是赋和兴的桥梁，舍比无以连赋和兴，只有比的索物托情，才能连接叙物言情和因物起兴，达到虚实相生而又情景交融的境界。兴是赋与比之和，离兴则赋比无所归，只有兴的触物起情，才能使心与物相互激发，意与象相互包孕，达到实中有虚、虚中有实的审美境界。赋比兴以其空间思维建构了中国文论立象尽意、依经立义、比物连类、托物述情、以象明义的话语表达方式。中国文论"立足事物的类同

---
* 基金项目：国家哲学社会科学基金项目"马克思主义中国化话语语料库建设与应用研究"（14BKS017）；中国博士后科学基金第六批特别资助项目"马克思主义中国化话语体系的方法论研究"（2013T60829）；广西哲学社会科学规划研究课题重点项目"十八大对中国特色社会主义话语体系的创新及实践意义"（13AKS002）。

性、相似性、关联性的汉语表达，话语建构、文本结构，无须从事以逻辑关联为原则的体系建构而自成谱系，内在的逻辑关联自动生成"①。赋比兴以其空间思维建构了中国文论直觉意会、具象经验、意象感悟的文本解读模式。中国文论对文本的解读并不是着眼于文本的语法结构，而是在语法的逻辑结构之外，"由物象、物境、有我之境的直言，走向情象、情境、无我之境的不直言，最终达到意在言外、义生象下、意境两浑的言而不言、言而有言"②。赋比兴以其空间思维建构了中国文论原道、征圣、宗经的意义生成系统。中国文论的意义生成不是来自现实生活实践，也不是像西方文论的心外求法，而是在心物不二中本乎道、师乎圣、体乎经，从而建构起中国文论的意义生成系统。当然，我们也要清醒地看到中国文论的赋比兴方法论的时代局限性。赋比兴方法论遵循的是空间思维的技术路线，从事物空间的类同性、相似性、关联性中进行话语表达，缺乏时间的流动性、差异性、连续性，呈现出典型的非线性、非逻辑、非分析的特征。因此，以唯物辩证法的描绘叙述、归纳演绎、意义假设的时间思维来对中国文论的词句结构、段落结构、文本结构进行理论化改造，并将其应用到马克思主义中国化话语体系的建构之中，使时间思维和空间思维在马克思主义中国化话语体系中实现辩证统一。赋比兴是一种非知识性的意象方法论，将言象与物象比类，将物的具象、实象、形象转化为言的抽象、虚象、意象，缺乏对语法结构的逻辑分析，呈现典型的非知识、非逻辑、非确定的特性。所以，以唯物辩证法的分析、综合、判断、推理、抽象、假设等科学方法对意象进行思维加工，从中提炼反映本质属性的理性知识系统，并将其应用到马克思主义中国化话语体系的建构之中，使意象方法和逻辑方法在马克思主义中国化话语体系中得到完满呈现。赋比兴方法论是一种面向文本的方法论，通过对现实意象化与文本形象化的比物连类，达到心入于境、神会于物、情融于景的诗化境界，呈现出典型的非现实、非理论、非科学的特征。以唯物辩证法的理论性、现实性、科学性原则对中国文论的叙物言情、索物托情、触物起情的方法加以变革，推进中国文论的现代转型，并将其应用到马克思主义中国化话语体系的建构之中，使诗化思维和理论思维在马克思主义中国化话语体系中和谐共生。

① 徐杨尚：《中国文论的意象话语谱系》，中国社会科学出版社 2012 年版，第 45 页。
② 同上书，第 103 页。

一

"赋"字原通"敷""铺""陈""布"等；如果从字面上来解读，则"赋"字确实是直言、铺陈、叙述的意思。从本质上讲，赋不仅是文学创作的一种修辞手法和写作技法，而且是着眼于心物相连的基本哲学方法论。西汉辞赋家司马相如论赋云："合纂组以成文，列锦绣而为质，一经一纬，一宫一商，此赋之迹也。赋家之心，包括宇宙，总揽人物，斯乃得之于内，不可得而传览。乃作合组歌列锦赋而退。终身不复敢言作赋之心矣。"汉代郑玄注《周礼》"六诗"曰："赋之言铺，直铺陈今之政教善恶。"晋代挚虞的《文章流别论》言："赋者，赋陈之称，古诗之流也。古之作诗者，发乎情，止乎礼义。情之发，因辞以形之；礼义之旨，须事以明之。故有赋焉，所以假象尽辞，赋陈其志。"南北朝刘勰的《文心雕龙·诠赋》谓："赋者，铺也，铺采攡文，体物写志也。……原夫登高之旨，盖睹物兴情，故义必明雅；物以情观，故词必巧丽。丽词雅义，符采相胜，一如组织之品朱紫，画绘之著玄黄，文虽新而有质，色虽糅而有本，此立赋之大体也。"明代袁黄在《诗赋》中论"六义"时称："情见乎词，志触乎遇，微者达于宏，邈者使之悟，随性情而敷陈，视礼义为法度，衍事类而逼真，然后可以为赋。"清人刘熙载在《艺概·赋概》中指出："古人赋诗与后世作赋，事异而意同。意之所取，大抵有二：一以讽谏，《周语》'瞍赋矇诵'是也；一以言志，《左传》赵孟曰'请皆赋以卒君贶，武亦以观七子之志'……是也。"① 根据以上所述，赋不只是直言叙事，无关情意，因而，不能仅仅将其视为一种文学创作的修辞手段和写作技法，而应该将其视为文学创作中情物交融的意象本体论。因此，赋不能"拿西方文论的'主客两分说'来说，既离不开主体情意，也离不开客体物象，既不是单纯的作家主观的产物，也不是单纯的客观现实的产物，而是属于主体与客体、主观与客观、互包互孕、相互生成、互为中心的'情（物）—物（情）—情物'三元谱系结构"②。赋不只是言以明象，也不只是象以存意，而是以言沟通象与意的意象认识论。换句话讲，赋"属于言

---

① 刘熙载：《艺概》，上海古籍出版社 1978 年版，第 95 页。
② 徐杨尚：《中国文论的意象话语谱系》，中国社会科学出版社 2012 年版，第 364 页。

以明象、象以存意的'言—象—意'三元谱系结构，最终使意象建构与解读体现为言与象、象与意、意与言二元互为中心、相反相成，一元暨多元的认知模式"①。赋不只是直言铺陈，也不只是言以立象，而是在象与意之间构成一种举一反三的意义关联，与其发端、发展、结局相始终，并且体现为逐步深入、逐渐推进、逐层提升的过程，实现从无我之境到有我之境再到忘我之境的升华，从而建构起中国文论特有的意象审美模式。

马克思主义话语体系中国化就是以中国文论方法论嵌入马克思主义话语体系中，实现马克思主义话语体系的中国表达、中国陈述、中国叙说。以赋的意象本体论对马克思主义中国化实践进行叙写创作，赋的意象本体论的引入能够规避与超越认知理性的异化，扩展与突破自我感知的阈限，确证与建构自我存在的主体性，通过诉诸人们的心灵而直接归于生命精神的体验，实现对马克思主义话语体系的中国化诠释，以此完成对实践所导致的主体世界与客体世界的二元分化的超越，回到自然存在的本真状态，回归人生的自由境界，最终实现马克思主义中国化的最高奋斗目标：人的自由而全面的发展。正如恩格斯所言："人终于成为自己的社会结合的主人，从而也就成为自然界的主人，成为自身的主人——自由的人。"② 以赋的意象认识论对马克思主义中国化实践进行理论探讨，赋的意象认识论突破了概念思维和线性逻辑对马克思主义中国化话语体系的解读，从文字之象、声音之象、概念之象、范畴之象、内涵之象、规律之象、精神之象等诸种要素的相互作用、相互制约、互补互转、互渗互济中，建构马克思主义中国化话语体系意义的情境，并在全息形象的情境中达到对马克思主义中国化话语体系的全面性、动态性、功能性的诠释。以赋的意象审美观对马克思主义中国化实践进行情感表达，赋的意象审美观克服了实践美学以纯粹的理性能力对马克思主义中国化话语体系情感表达的局限性，将意象引入马克思主义中国化话语体系的情感表达中，以物态语言、肢体语言、色彩语言、韵律语言等非文字语言与文字语言相互影响、相互协调、互衬互托、互促互进，全方位立体地展现马克思主义中国化话语体系的审美意蕴，从而使马克思主义中国化话语体系完成从有我之境的实践审美到忘我之境的境界审美的飞跃。押韵、骈偶、敷陈、辞采作为赋的主要构成要

① 徐杨尚：《中国文论的意象话语谱系》，中国社会科学出版社 2012 年版，第 367 页。
② 《马克思恩格斯选集》第 3 卷，人民出版社 1995 年版，第 760 页。

素，将其应用于马克思主义中国化话语体系中，使马克思主义中国化话语体系在获得理性思维逻辑性的基础上，同时也获得一种风骨、一种气质、一种意境。押韵是赋的要素之一，在马克思主义中国化话语体系建构中可以将押韵应用于其中，押平声韵也可，押仄声韵也可，平仄混押均可，有的一句一押，有的隔句一押，有的三五句一押，并且还可以换韵，这样就会使马克思主义中国化话语体系读起来朗朗上口，富有亲切感、音乐感、历史感。骈偶是赋的要素之一，在马克思主义中国化话语体系建构中可以将骈偶应用于其中，构成对偶修辞格的上下两联，字数相等，词形、词性、词义互相匹配，语法结构相对称，这样就会使马克思主义中国化话语体系对仗工整、辞藻华丽，又清俊刚健、富于风骨，使话语更加典雅与清新。敷陈是赋的要素之一，在马克思主义中国化话语体系建构中可以将敷陈应用于其中，从不同的场合、不同的层面、不同的视角去表现客观事物，一环扣一环，一步挨一步，一节衔一节，使之得到充分展开，从而达到感人的目的，这样就会使马克思主义中国化话语体系呈现强烈的现实性和针对性。辞采是赋的要素之一，在马克思主义中国化话语体系建构中可以将辞采应用于其中，追求文质，讲究文雅，善用典故，做到华而不艳、质而不朴、平而不淡、清而不寡、秀而不媚、博而不繁、绮而不靡，熔风骨与文采于一炉，汇质朴与华美于一体，集高雅与通俗于一身，从而达到文质彬彬的境界，这样就会使马克思主义中国化话语体系质朴劲健、文采飞扬、才情洋溢。

二

"比"原通"譬"，是譬喻、摹拟、比喻、比拟、比方、比照的意思，有直喻、明喻、隐喻、类喻、转喻、诘喻、对喻、博喻、简喻、详喻、引喻、虚喻等十余种形式。在某种意义上讲，比不只是文学创作的一种修辞手段、行文技巧、写作方法，更重要的还是文学创作中寓心于物的哲学方法论。汉代郑众注《周礼》"六诗"言："比者，比方于物也。兴者，托事于物。"南北朝刘勰《文心雕龙·比兴》曰："故比者，附也；兴者，起也。附理者切类以指事，起情者依微以拟议。起情故兴体以立，附理故比例以生。比则畜愤以斥言，兴则环譬以托讽。盖随时之义不一，故诗人之志有二也。""夫比之为义，取类不常：或喻于声，或方于貌，或拟于心，或譬于事。"钟嵘《诗品序》云："文已尽而意有馀，兴也；因物喻志，比也；直书其事，寓言写物，赋也。宏斯三义，酌而用之，干之以风力，润之以丹彩，使味之者无极，闻之者动心，是诗之至也。"唐代孔颖达《毛诗正义》称："比之与兴，虽同是附托外物，比现而兴隐。当先显后隐，故比居兴先也。"宋代陈骙《文则》谓："《易》之有象，以尽其意；《诗》之有比，以达其情。文之作也，可无喻乎?"朱熹在《诗集传》中对比作出注解："比者，以彼物比此物也；兴者，先言他物以引起所咏之词也。""比是以一物比一物，而所指之事常在言外。兴是借彼一物以引起此事，而其事常在下句。但比意虽切而却浅，兴意虽阔而味长。"清人沈德潜《说诗晬语》言："事难显陈，理难言罄，每托物连类以形之，郁情欲舒，天机随触，每借物引怀以抒之；比兴互陈，反覆唱叹，而中藏之欢愉惨戚，隐跃欲传，其言浅，其情深也。"总体来看，"比独特地处于赋的'显'与兴的'隐'之间，可在一种'较显'的表意层面与赋构成'二项对立'，这是我们以雅氏隐喻与转喻的对立来阐释赋与比的对立的基础"①。比不只是一种文学创作的比喻修辞格，也不只是文学创作的一种写作技巧和表现手法，更重要的还是文学创作中心在物先的意象本体论。通过"比"将作为喻体的物与作为本体的心联系起来，运用比描述心中喜欢的事物，可以使之惟妙惟肖，给人以亲近之感；运用比表现心中厌恶的事物，可以使之暴露无遗，给人憎恶之感。这样才能获得文学创作真正的主题意义。比不只是景与情、物与志、此与彼的一而二、二而一的对待立义关系，而是以言为中心的借景言情、借物言志、借此言彼的意象认识论。"诗言情志，情志则需要通过语言文字的载体实现表达，而书不尽言，言不尽意，因此需要立象尽意，言以立象，象因言立，而言本身非象，象以尽意，而象本身非意，'言→象→意'的依次生成需要作者与读者之感悟，从而各自独立，互为中心，这是认识论。"② 比不只是心与物的类同性比拟，而是将心的情与物的境相融合的审美观，是作者的心与整个宇宙处于共振共鸣之中，是作者生命的律动。

比是中国文论最具代表性的方法论之一，将比应用于马克思主义中国

---

① 张进：《论"赋比兴"的语言结构和修辞系统》，《兰州大学学报》（社会科学版）1998年第 2 期。

② 徐杨尚：《中国文论的意象话语谱系》，中国社会科学出版社 2012 年版，第 369—370 页。

化话语体系的建构中，会使马克思主义与中国文化在文化基因层面实现深度融合，使马克思主义中国化话语体系更富有中国风格、中国气派、中国韵味。将比的意象本体论应用于马克思主义中国化话语体系的建构中，会从根本上克服教条主义把马克思主义抽象化所导致的脱离现实的弊病，将喻体的物与作为本体的心联系起来，使马克思主义中国化话语体系面对人物塑造、环境描写、氛围营造、习俗陈述、时间选择、意义表达等问题时，有来自意象本体论的支撑与参照，使马克思主义中国化话语体系能够更加准确地反映社会现实生活，使马克思主义走向普通百姓的日常生活中，实现真正意义上的马克思主义大众化，提升马克思主义中国化的话语权，提高马克思主义中国化话语体系的吸引力、说服力、感染力。将比的意象认识论应用于马克思主义中国化话语体系的建构中，打破了传统认识论从知识本身框架内去研究知识的弊端，通过话语实践将景与情、物与志、象与意、形与神、气与理、器与道、物与心、秀与隐、此与彼等对待立义项联系起来，在这些对待立义项的相互作用、相互制约、相互影响的动态过程中，使意象思维在马克思主义中国化话语体系建构中获得合法性，意象思维超越了表象意义的形象思维，使马克思主义中国化话语体系获得通俗性、生动性、形象性；意象思维超越了概念意义的理性思维，使马克思主义中国化话语体系获得抽象性、思辨性、逻辑性。将比的意象审美观应用于马克思主义中国化话语体系的建构中，消解了实践美学将审美局限于反映论领域以内的缺陷，通过将心的情与物的境相融合来提升马克思主义中国化话语体系的审美感染力；这种审美感染力不是在马克思主义中国化话语体系的感性认识阶段产生的快感或者痛感，也不是在马克思主义中国化话语体系的理性认识阶段产生的完美或者缺陷，而是在马克思主义中国化的话语实践过程中实现了对情与境的双重超越与升华的审美境界。因此，有必要运用比的方法再造马克思主义中国化话语体系，从而使作品形象鲜明生动，情感表达细腻深挚，富有强烈的审美感染力。以比的方法对马克思主义话语体系与中国文论的意象话语体系进行对比，对中国化马克思主义话语体系与西方马克思主义话语体系进行比较，对中国化马克思主义话语体系与世界上其他社会主义国家的马克思主义民族化话语体系进行对照，通过这种两两类比既要找出契合点，又要找出互补点，总结和提炼出马克思主义中国化话语体系创新的基本经验和基本规律。"如果说在马克思主义中国化的昨天的确需要找寻契合点的'共同语言'的话，那么当这种'文化婚姻'合法之后就进入到漫长的'文化磨合'期之后，最需要的并不是'共同语言'的交流与碰撞，而是文化的互补。"① 这样既推进马克思主义中国化话语体系的理论创新，又能以马克思主义打造中国文化升级版本进而实现中国文化现代化，最终通过马克思主义中国化路径实现中华民族的伟大复兴。

三

"兴"，起也，即有起始、发端、感发的意思。"兴"最早起源于《诗经》，即借助自然物作为诗歌发端，来引起所要歌咏的内容。在某种意义上讲，兴不只是文学创作的一种修辞手段、行文技巧、写作方法，更重要的还是文学创作中物我关系的哲学方法论。汉代郑众注《周礼》"六义"言："比者，比方于物也；兴者，托事于物也。"南北朝刘勰《文心雕龙·比兴》曰："观夫兴之托谕，婉而成章，称名也小，取类也大。关雎有别，故后妃方德；尸鸠贞一，故夫人象义。义取其贞，无疑于夷禽；德贵其别，不嫌于鸷鸟；明而未融，故发注而后见也。"唐代孔颖达《毛诗正义》云："兴者，起也，取譬引类，起发己心；诗文诸举草木鸟兽以见意者，皆兴辞也。"宋代朱熹《论语集注》称："兴，起也。诗本情性，有雅有正，其为言既易知，而吟咏之间抑扬反复，其感人又易入。故学者之初，所以兴起其好善恶恶之心而不能自已者，必于此而得之。"宋代罗大经《鹤林玉露》谓："诗莫尚乎兴。……盖兴者，因物感触，言在于此，而意寄于彼，玩味乃可识，非若赋比之直言其事也。"清代袁枚《随园诗话补遗》曰："惟其言之工妙，所以能使人感发而兴起；倘直率腐庸之言，能兴者其谁耶？"陈廷焯《白雨斋词话》言："所谓兴者，意在笔先，神徐言外，极虚极活，极沈极郁，若远若近，可喻不可喻，反复缠绵，都归忠厚。"综上所述，历代学者基本上都是从情与物、情与景、情与象、象与意、意与境的对待立义关系去概述和阐释兴的特征及其功能。兴所寄寓的材料是人类熟悉的自然物，如草木、鸟兽、鱼虫、风云、雷电等；兴赋予自然物以生命，甚至让自然物拥有人的意志，用以寄托诗人的思想感情，

---

① 邓伯军：《德意志意识形态在中国研究史》，南京航空航天大学马克思主义学院，2010年，第271页。

来展现自己丰富的精神世界，这样就把兴与所表现的内容合二为一，使诗歌具有了象征的性质，显得生动形象、丰富多彩、情趣盎然。正是兴在自然物和人类情感之间建立起完整浑融的结构系统，"使得隐喻和转喻之间、能指和所指之间构成举一反三的关联；也使兴句和应句、与整个诗篇、与其他诗篇、与文化背景之间构成秘响旁通、伏采潜发关系；使兴义在一种可称为文本间性的时空背景上交响叠变，无限衍生"①。由此，兴由文学创作的写作手法逐渐上升为哲学方法论。兴不只是一种文学创作的感发修辞格，还是文学创作中物在心先的意象本体论。兴通过沟通天人关系，将物情感化，将情感物化，达到心物交融的幻化状态，建立起能够震撼心灵的意象本体论系统。兴不只是兴物、兴象、兴境，还要兴言；不仅要做到言以明物、言以明象、言以明境，更重要的是得物忘言、得象忘言、得意忘言。这就超越了语言线性逻辑制约、以现象为认识起点而以意象为认识终点的意象认识论。兴不只是借物抒情、体物写志、以象明意，还经由情景交融、心物浑然、意境一体，最终达到神象、神境、神味、神悟乃至神韵。这就是人以意象方法实现对人与自然、社会、自身的审美体验，对人类社会或者个体存在的终极价值的追问和把握。

随着马克思主义中国化向纵深发展，马克思主义话语体系中国化进入文化融合层面，如何将中国文论的方法论传统切入马克思主义话语体系中，就成为马克思主义中国化话语体系研究的重大课题。兴是中国文论最具代表性的方法论之一，结合现代中国实践，对之进行一种现代诠释，使之作为一种方法论智慧深层地融入马克思主义中国化中，可以使马克思主义中国化话语体系更具有中国风格、中国风骨、中国韵味。将兴的意象本体论应用于马克思主义中国化话语体系建构中，克服了实践方法论所导致的主观世界与客观世界的二元分裂状态。兴的意象本体论的介入，使马克思主义中国化话语体系通过话语表达、话语理解、话语评价将客观世界情感化，从而使客观世界呈现出天生化成、寓情于景、情景交融的艺术境界。兴的意象本体论的嵌入，使马克思主义中国化话语体系通过话语行为、话语传播、话语实践将主观世界感物化，从而使主观世界映现天道自然的自由境界。这样，在马克思主义中国化话语体系中，主观世界与客观

---

① 张进：《论"赋比兴"的语言结构和修辞系统》，《兰州大学学报》（社会科学版）1998年第2期。

世界合一，这是自然的本真状态，也是人生的最高境界，是大自由、大自在、大无为的完美境界。将兴的意象认识论应用于马克思主义中国化话语体系建构中，将超越认知理性线性逻辑的制约，建构起以现象为认识起点、以意象为认识终点的真正中国化的马克思主义认识论。以真正中国化的马克思主义认识论建构马克思主义中国化话语体系，将通过感官而察看其外显，如言、情、形、实、秀、事、韵、器、物，与通过心灵而感悟其内蕴，如意、志、神、虚、隐、理、味、道、心，交相辉映、交互渲染、相得益彰，进而达至言与意、情与志、形与神、实与虚、秀与隐、事与理、韵与味、器与道、物与心的水乳交融，造就马克思主义中国化话语体系在对待立义中追求尚中致和的学术品格和精神境界。将兴的意象审美观应用于马克思主义中国化话语体系建构中，将规避认知理性对人类生存方式的设定所导致的虚无主义，为中国化马克思主义开辟一条追问和把握人类社会或者个体存在终极价值的意象路径。中国化马克思主义话语体系以意象方法把握人与世界的关系，经由情景交融、心物浑然、意境一体，最终达到神象、神境、神味、神悟乃至神韵的最高境界。这就是马克思主义中国化话语体系以意象方法在认知理性之外为人类所设定的对人与世界关系的审美体验。兴物、兴象、兴境、兴言是兴的意象方法论在文本创作中的基本写作技法和修辞方法，将其应用于马克思主义中国化话语体系中，会使马克思主义中国化话语体系不仅能够做到言以明物、言以明象、言以明境，更重要的是达到得物忘言、得象忘言、得意忘言的境界。将兴物应用于马克思主义中国化话语体系建构中，可规避因科学理性对客观事物的话语逻辑建构所带来的程式化问题，可使马克思主义中国化话语体系具有诗性智慧。将兴象应用于马克思主义中国化话语体系建构中，可避免因认知理性对表象符号的话语文采建构所造成的八股文风，使马克思主义中国化话语体系具有清峻爽朗之风骨。将兴境应用于马克思主义中国化话语体系建构中，可避开因数理逻辑对话语事实的结构主义建构所造成的实证化问题，使马克思主义中国化话语体系获得语境生成性和逻辑建构性的协调。将兴言应用于马克思主义中国化话语体系建构中，可避免因形而上学对思想理论的话语灌输所导致的文化专制问题，使马克思主义中国化话语体系获得一种互为主体的话语间性。

［原载《广西师范大学学报》（哲学社会科学版）2016 年第 4 期］

西方马克思主义文论研究

理论旅行中的批评意识[*]

——西方马克思主义文学批评形态刍议

王庆卫

西方马克思主义自 20 世纪 80 年代初进入中国学者的视野，至今已有三十余年。中国学术界虽已抛弃最初的"西马非马"的独断认识，转而对其思想成果抱以极高的研究热情和积极的认同态度，但在对马克思主义与西方马克思主义关系的认识上，一种隐约的犹疑仍不时显现：当谈到马克思主义作为对资本主义最深刻的洞察在当今时代的影响力时，我们倾向于认可二者的统一；而涉及"西马"的理论归属问题时，则往往强调二者的疏离。除了学术立场和意识形态原因，西方马克思主义自身理论形态的多样性和理论来源的复杂性确实带来了定位难题。纵观西方马克思主义产生与发展历程，它们是一系列由西方现代思想与马克思主义相遇合的产物，是马克思主义的思想根系植根于时代的土壤之中而结出的理论果实。相对于经典马克思主义思想家所创造的马克思主义原生形态而言，它们无疑带有某种疏离的姿态；然而，就马克思主义作为开放和发展的体系、立足实践并解答现实问题而言，它们对马克思主义基本问题域、世界观和方法论的不同程度的恪守与坚持，又与马克思主义的理论品格相符。

马克思主义在 20 世纪的传播过程中，形成了几个最重要的理论模式，即苏联马克思主义模式、西方马克思主义模式、东欧马克思主义模式和新时期的中国马克思主义模式。其中，西方马克思主义与西方资本主义当代社会问题相适应并与西方学术思想发展同步，在不断变化着的政治和社会情境中，马克思主义原典中的各种理论要素或被强化，或被抑制，或被重

---

* 本文系国家社会科学基金重大招标项目"马克思主义文学批评的中国形态研究"（项目编号 11&ZD078）的阶段性研究成果。

释，或与异质性的理论相结合，呈现出复杂多样的思考路径和学术走向；这也使西方马克思主义文学批评呈现出复杂多样的理论形态。

一 西马文学批评的哲学基础与使命意识

韦勒克在《二十世纪文学批评主潮》一文中，把马克思主义文学批评列于 20 世纪六种主要的文学批评首位[①]，评价其为"是一门研究文学作品的社会决定因素的客观科学，……在揭示文学作品潜在的社会和意识形态内容方面，独擅胜场"[②]。而西方马克思主义文学批评，既在哲学基础上有别于正统马克思主义批评，又在批判资本主义现实和追求人类解放的使命意识上有别于其他类型的文学批评。它与当代资本主义人文社会思想和文学美学理论展开历时性的交锋和交融，从而开启和生成了各种批评话语和批评形态。

经典马克思主义为考察资本主义社会提供了方法、视角和问题域，深刻剖析了早期资本主义的现实状况和基本矛盾；但当今的"后资本主义"时代在社会形态、阶级关系和政治经济方式等方面的变化，都溢出了马克思主义经典解释。经典马克思主义能够准确把握资本主义的根本性质和固有矛盾，却不可能预见资本主义社会在发展中的新变化：科技革命、知识经济以及社会福利的改进，更无法想象资本主义通过吸收马克思主义的观点和采取制度变革，在某种程度上使自己成了马克思主义的"革命遗嘱执行人"[③]。在整个 20 世纪，随着文献的发现、社会形势的变化和学术思想的发展，坚持马克思主义的西方学者纷纷寻找现实问题与马克思主义理论的新结合点，寻求马克思主义的观点、原则和方法与当代西方理论话语接轨的方法。

西方马克思主义文学批评从人类学、意识形态、艺术生产与政治学等诸多维度探讨西方现实主义、现代主义和后现代主义文学发展状况，揭示其观念、风格和形式等要素与时俱进的变化，由此形成了相应的批评视野

---

① ［美］R. 韦勒克：《二十世纪文学批评主潮》，丁泓、于徵译，选自韦勒克《批评的诸种概念》，四川文艺出版社 1988 年版，第 327—328 页。

② 同上书，第 330 页。

③ 陈学明等：《中国为什么还需要马克思主义——答关于马克思主义的十大疑问》，天津人民出版社 2013 年版，第 3—6 页。

和批评形态。尽管西方马克思主义文学批评流派和形态多样，但其马克思主义属性仍可以从它们的基本主张中辨认出来，它是一种有着历史使命意识的文艺批评，是从无产阶级的理论任务中提出的文学批评和美学的理论任务，拥有不同于其他文学美学批评的鲜明特征。文学反映论、文学意识形态论、艺术生产论、美与实践的关系、艺术与人的关系等问题，构成了马克思主义文学批评共同的基本问题和遵循的出发点；它们不仅是马克思主义文学批评的理论特征所在，体现着马克思主义的观点和方法，也是西方马克思主义批评据以考察 20 世纪新出现的文学问题的基本视域。

西方马克思主义把经典马克思主义关于认识和改造现实世界的任务转向改造人的主观世界，因此特别重视文化和艺术，注重考察文学艺术与意识形态之间的关联，突出文化哲学和社会文化批判的重要性，强调文学艺术和美学的社会功能。这些特征使西方马克思主义文学批评区别于从经济关系、阶级关系考察文学，以美学的和历史的标准来衡量创作的经典马克思主义文学批评观。正如佩里·安德森所指出的："西方马克思主义整个说来，似乎令人困惑地倒转了马克思本身的发展轨道。马克思这位历史唯物主义的创始人，不断从哲学转向政治学和经济学，以此作为他思想的中心部分；而 1920 年以后涌现的这个传统的继承者们，却不断地从经济学和政治学转回到哲学。"①

他们通过现代哲学的视角和理论路径，去观照和发展自己所理解的马克思主义，也使马克思主义经过时间和空间的迁徙，置身迥异于其初始条件的现实和理论语境中。西方马克思主义的发展历程是一段离出发地渐行渐远的旅行，在与当代西方学术思想的交融过程中，西方马克思主义诸理论之间并没有完全重合的哲学基础、整齐划一的理论主张和学术取向，但相近的马克思主义哲学问题域、相关的马克思主义方法视角和相同的社会使命意识，赋予了西方马克思主义诸理论之间，以及它们与经典马克思主义之间的"家族相似性"：没有严格意义上的共同本质，但有着大量的交叉和重叠的相似点；它们构成一个基于马克思主义而又充满对理论的批评意识的边界开放的理论集合。

---

① ［英］佩里·安德森：《西方马克思主义探讨》，高铦等译，人民出版社 1981 年版，第68—69 页。

二 范式转换，还是理论旅行？

国内一些学者喜欢用"范式转换"这样的术语来描述西方马克思主义相对于马克思主义原典的理论流变，但"范式"概念在此是否恰当，是个值得探讨的问题。考察"范式"的本义，库恩是在《必要的张力》(1959)一文中首次使用"范式"一词，后来在《对范式的再思考》一文中重新归纳了"范式"的含义，它是指"一个科学群体所共有的全部承诺"或"把其中特别重要的承诺抽出来，成为前者的一个子集"①；"一种范式是，也仅仅是一个科学共同体成员所共有的东西。反过来说，也正由于他们掌握了共有的范式才组成了这个科学共同体，尽管这些成员在其他方面也是各不相同的"②。可见，"范式"概念主要用于解释自然科学史的理论变迁，指常规科学赖以产生的理论基础和知识框架，也是某一科学群体所共有的世界观和行为方式。

社会科学和人文科学对这一概念的借用并未经过必要的论证，范式及其所涉观念被假定为对人文科学和社会科学同样有效，这就带来了认识上的一系列问题。例如，库恩认为，自然科学范式具有突现（emerge 或者 emergence）和不可通约等特征，即不把新旧两种范式之间的关系看作渐进积累的过程，而是认为转换之后的范式与先前范式没有共同的目标、价值和衡量标准，其理论形态差距之大，犹如化学史上关于燃烧的解释的"氧化反应"之于"燃素论"。这容易使我们联想到福柯对知识型的描述，但对"西马"和经典马克思主义之间显而易见的理论相关性而言，这一情形严重不符。如果说在人文社会科学中仅仅借用了"范式"这一称谓，而并不接受意义突现和"不可通约"等规定性，则这一概念的借用毫无意义。

后来，库恩在《必要的张力》一书中特别强调了"符号概括""模型"和"范例"这三个内涵来说明范式。"符号概括"即以数字符号和逻辑符号的形式对该范式的基本理论加以表述；"模型"则用来对具体现象加以认知性的解释，为科学研究提供精选的类比，"范例"亦即共同体的典型事例，是通过一些具体问题的解答而形成的一个学科内的意会知

---

① ［美］托马斯·库恩：《必要的张力》，范岱年译，北京大学出版社 2004 年版，第 288 页。
② 同上。

识（一个时期解决科学问题的学科观念、思维习惯）。

初看起来，似乎在"范例"的意义上自然科学与人文社会科学尚能找到共通点，但实际上，自然科学领域在某个时期共享一个"范式"，而人文社会科学则流派林立，缺少共享的信念、概念和价值。对此，学者韩东屏指出："倘若哲学真有范式，首先这将意味着哲学研究者们已经有不分国别、学派的'共同的基本理论'。可是自古以来，一直连自己的研究对象都说不清楚，而且也一直没有一个统一的共识性哲学定义的哲学，何曾有过这种东西？"① "范式"的这三个基本特征都表明了它的自然科学属性，而在社会科学和人文科学理论中鲜能找到类似之处。

由此看来，无论用"范式转换"来描绘马克思主义与西方马克思主义之间的关系，还是描绘西方马克思主义诸流派之间的关系，都是不合适的。

首先，西方马克思主义与马克思主义原生形态之间、西方马克思主义内部的各种流派主张之间，有着复杂却清晰的逻辑线索和历史脉络，而且有马克思主义的核心概念如意识形态、经济基础与上层建筑、阶级、实践等一以贯之，构成了共同的马克思主义理论问题域。它们的产生远非"理论的突现"，它们之间的关系也完全不是"不可通约"的。其次，从"西马"文学批评的实际状况来看，与其说"西马"诸流派是对马克思主义的范式转换，不如说是从经典马克思主义出发的一种理论延伸、拓展和再阐释。人文学科理论建构注重历史积累，其观念革命并不意味着旧概念的失效，而更多关乎价值的重建。动辄曰"范式转换"，实际上忽略了库恩本意中新旧范式的不可通约之规定。最后，把"西马"及其文学批评理论看作"范式转换"还显露了一种未经反思的正统意识，即把列宁主义——第三国际——苏联意识形态所体现的教科书体系作为马克思主义的正统理论脉络，而把其他马克思主义者的思想看作形形色色的理论变体。实际上，未经解读的经典马克思主义应看作一个处于自在状态的理论对象，其"范式"如何则有待于阐发，它不会自身展开为任何"范式"。西方马克思主义与正统马克思主义则都是在现实条件下对经典马克思主义的历时性阐释和发展，经典是源，"东""西"马克思主义皆是流。既然在阐发之前无法获知原始的"范式"，也就不应特意指出哪种阐发是"范式"的延续，

---

① 韩东屏：《哲学有范式吗？》，《理论视野》2009 年第 10 期。

哪种是"范式"的转换；如果把东西方马克思主义理论发展中出现的各种新观念和新形态都归为"范式转换"，则这一概念会因所指过宽而失去意义。

不顾"范式"概念的规定性而强行在社会科学、人文科学中使用，是出于对名词的偏爱而不惜以辞害意；而把经过附会性阐发或修正之后的"范式"概念拿来指称某种理论模式，则无异于理论上的削足适履。"范式"概念的滥用已经带来了很多语义上的纠缠和用法上的争议。鉴于此，笔者主张在文学批评问题域中弃用"范式"，而使用"形态"这一概念。后者源于"形态学"，在其基础理论向文学艺术理论的移植过程中，已经过了较丰富的论证和运用，消除了概念因跨学科而带来的水土不服。它注重对对象的外部形态、内在结构和变化规律的考察，有利于把文学批评作为一个由一定哲学基础、批评观念、价值取向以及话语方式所构成的批评系统加以研究。

西方马克思主义文学批评中，既有对经典马克思主义文学观的当代展开，也有对马克思主义文学命题的发展和重释，以及在马克思主义视角下提出的新问题。理论在现实情境的"质问"之下发生流变以应对挑战，这恰好应和了赛义德对"理论旅行"这一现象的描述。理论一旦离开源发地，就开始了时间和空间的旅行，与自己据以生成的初始条件相疏离。赛义德由此区分了"理论意识"和"批评意识"，提示了固守理论教条的危险，凸显了批评活动的重要意义，并指出一种有生命力的理论在不同的时空条件下发生变异是一种必然。

我们可以借助赛义德的理论，重新领略这一系列迥异于经典马克思主义，但又秉承马克思主义批判精神和问题意识的批评形态是如何构成的。赛义德将他的"理论旅行"思想描述为："相似的人和批评流派、观念和理论从这个人向那个人、从一情境向另一情境、从此时向彼时旅行。"[①] 一种理论在旅行至新环境的过程中，必然会遇到与原初不同的环境压力从而发生变化，这一过程可以划分为四个阶段：（1）起点或发轫环境；（2）时空转移；（3）理论自身具有的足以被接纳的条件；（4）为适应新环境而进行的改造。

---

① ［美］爱德华·W. 赛义德：《赛义德自选集》，谢少波、韩刚等译，中国社会科学出版社1999 年版，第 138 页。

为说明这一观念，赛义德采用历史分析的方法，详尽地阐述了作为卢卡奇的革命理论的"阶级意识"和"总体性"，如何在不同历史和社会情境下，"降格"为戈德曼的学术探讨对象即"世界观"，又经威廉斯指出总体性是"革命观念的形式"且带来自身的"方法论陷阱"这一理论旅行过程，描述了理论在哲学研究、文学批评和文化研究等领域中的变异。

在《理论旅行》一文中，赛义德着重论述了"批评意识"在理论活动中的重要意义。他强调运用批评意识来整理、改造和提炼从理论中借来的东西。一种理论如果被不加批评地、重复地、毫无限制地使用，突破就会成为陷阱，因为理论或观念在流布的过程中很容易被简化、编码和制度化，如卢卡奇对物化现象的出色论述就变成了一种简单的反映论①。

"理论的降格"可能引起两种情况：一是理论失去现实意义而退出实践领域；二是失去现实意义的理论通过外部力量被教条地运用于现实；这实际上都宣告了理论的死亡。一种理论若想保持其活力，就不能失去现实依据，不能不对具体的社会历史情境作出回应，这就需要批评意识不断调整理论以适应现实。赛义德这样阐述他的"批评意识"：

> 批评意识就是对各种情境之间的差异的感觉和意识，同时也意识到任何体系或理论都不能穷尽它所出自或它被植入的情境。……我甚至要说，批评家的本职工作就是对理论进行抵抗，使理论向历史现实敞开，向社会、向人的需要和利益敞开，指向取自处于阐释领域之外或边际的日常生活现实的那些具体事例。②

也就是说，批评意识是使理论向具体情境敞开的力量，是对理论的固化倾向进行抵抗的关键。在时隔约十年后的《理论旅行再思考》（*Traveling Theory Reconsidered*，1994）一文中，赛义德对这一观点做了修正，提出了"理论越界"（transgressive theory）的观点。这一观点认为，旅行的理论在离开源发地之后，可能"不是变得温顺驯服，而是通过移至另一个位置来重新表述和重新肯定其固有的紧张状态"③。他分析了卢卡奇

---

① ［美］爱德华·W. 赛义德：《赛义德自选集》，谢少波、韩刚等译，中国社会科学出版社1999年版，第151页。

② 同上书，第153—154页。

③ 赵建红：《赛义德的"理论旅行与越界说"探讨》，《当代外国文学》2008年第1期。

的异化理论对阿多诺的新音乐理论和后殖民批评家范农的暴力理论产生的不同影响。卢卡奇试图展现无产阶级意识在消除异化、超越现实困境中的救赎作用，而阿多诺则在《新音乐哲学》中通过对舍恩伯格、伯格和韦伯恩等人的新音乐作品的分析，指出当代主客体对立的不可调和及超越的不可能：救赎和超越只不过是乌托邦幻想，掩盖了现代性的堕落本质。[①] 范农通过分析阿尔及利亚的殖民异化和暴力状况，用殖民者和被殖民者的关系取代了卢卡奇的主客体关系；针对卢卡奇对意识的强调，指出地理空间比历史重要，历史又重于意识和主体。[②]

从以上理论旅行和理论越界的例证中可以看到，一种理论在新的政治和社会情境中可能被降格和弱化，也可以被重新解释而获得活力；原创的理论既可能得到旅行的理论的不断诠释，也可能被后者持续否定。正是理论向不同时间和空间的旅行激发了人们对理论的批评意识，而批评意识对理论的不断修正也不断构造着基于原典又疏离原典的新理论形态。这一认识对我们审视马克思之后马克思主义理论发展，进一步领会马克思主义作为随着社会实践不断发展的理论体系，提供了丰富的启发和佐证。

三　批评形态：从观念到方法

如果说西方马克思主义作为书斋中的马克思主义，有把革命理论降格或弱化的一面，那么，它也有着在新的历史和社会情境中对马克思主义进行重释和深化的一面；正因为有这样一种对理论中的非当下性因素的抵抗态度，生成于19世纪欧洲资本主义国家的马克思主义理论才得以调整自身，并针对20世纪的社会历史情境展开批判。这一切变化都源于回应现实情境的要求，有赖于"高于理论和驾驭理论"的批评意识的存在。如果说西方马克思主义对应着赛义德所说的理论旅行和理论越界的发展轨迹，那么被苏联定于一尊的正统马克思主义则较多地显露着"理论的简化、编码和制度化"的现象。

因此，当我们说西方马克思主义文学批评是一种具有马克思主义哲学

---

① Edward W. Said, *Reflections on Exile and Other Essays* (Boston: Harvard UP, 2002), pp. 440 – 443.

② Ibid. , p. 446.

世界观和社会使命意识并体现着"批评意识"的文学批评，并不存在定义上的同义反复。这里的"批评意识"针对的是文学批评所采用的理论本身，而文学批评正需要以这种经过"批评意识"洗礼的理论来面对文学现象。我们提出用"批评形态"这一概念来取代"批评范式"，目的正是要把握这些体现着批评意识的文学批评活动的整体面貌。

"批评形态"这一概念是从美学和文艺学领域的形态学研究中引申而来的。形态学（morphology）原属生物学的分支学科，后来又被语言学所接纳，着重研究词的内部结构及其形态变化。20世纪以来，形态学被运用于美学和文艺学研究，先后出现了 K. 季安杰尔的《长篇小说形态学》、B. 普罗普的《童话形态学》、托马斯·门罗《艺术形态学作为美学的一个领域》以及 M. 卡冈的《艺术形态学》等著作或论文，对艺术理论或文本的外部形状、内部结构及其形态变化的现象和规律进行研究[1]。托马斯·门罗从分类研究的角度阐发了"形态学"的内涵："用科学的方法对艺术进行分析、描述和分类，对这种尝试我们称之为'审美形态学'。"[2] M. 卡冈则更侧重对象的结构关系："形态学——这是关于结构的学说。"[3]

具体到对"文学批评形态"的界定上，我们会发现这仍是一个有待清理的概念，它不仅经常被使用在不同层级上，而且其内涵与诸如"理论模式""批评方法""话语方式"乃至流派、思潮等概念相互交叉，在使用中常常彼此置换。从其形态学源头而言，"批评形态"区别于上述概念的根本特性，在于强调其内部结构的有机系统性，即把一种批评形态看作在一定理论统辖之下，并体现着特定批评功能的范畴、方法和批评话语的总体。在当前学术语境中，追求系统性固然像是一种陈旧的本质主义野心，但若能以批评意识为视角，考察批评形态诸要素之间、不同形态之间的相关性，去发现同一形态下的具体批评和不同批评形态（对"西马"而言）之间的"家族相似"，可以深化批评形态这一领域的研究，且不失形态学之把握结构、探寻规律的本义。

笔者尚未发现国外学者有在这个严格定义下使用"文学批评形态"概

① 赖大仁：《形态学与文学批评》，《学习与探索》1997年第5期。

② ［美］托马斯·门罗：《走向科学的美学》，石天曙、滕守尧译，中国文联出版社1984年版，第239页。

③ ［苏联］M. 卡冈：《艺术形态学》，凌继尧、金亚娜译，生活·读书·新知三联书店1986年版，第15页。

念的例子。而国内一些学者已经认识到"形态"观念对文学批评的意义，从 21 世纪初开始展开对这一问题的研究，其中，冯宪光、赖大仁、胡亚敏、景国劲等人的相关论著引人注目。他们在界定和使用"批评形态"概念时，都显示出形态学理论和方法的自觉。综合对"批评形态"概念的已有界定，我们可以把它理解为：立足于一定理论基础和观念系统之上，并呈现出特定的问题域、批评方法和话语形式的文学批评类型。

具体而言，西方马克思主义文学批评拥有诸多批评形态，它们可以随不同的分类标准被划分。如，依据马克思主义原典中的不同范畴展开而形成的人类学、政治、意识形态和经济的批评形态，从哲学本体论着眼的主体性或主体间性的批评形态，依据艾布拉姆斯的四要素说形成的作家论、创作论、反映论和文本论等批评形态，以哲学形态和理论来源划分为基础的现代主义、后现代主义、女性主义和新历史主义等批评形态，以及从韦勒克的观点中借鉴而来的内部研究和外部研究，等等。诸批评形态基于马克思主义哲学问题域、社会使命意识和方法视角，呈现出马克思主义批评的家族相似性，而"西方马克思主义文学批评形态"则是对这一家族相似的批评理论群体的总称。

例如，依照伊格尔顿的看法，马克思主义文学批评主要分为四种，各自对应着马克思主义理论中的不同问题域和历史分期。"它们是人类学的、政治的、意识形态的以及经济的——模式，这些模式之间的种种细微的嬗变和移置构成了本书所讲的马克思主义批评的主要内容。"① 这四个领域的划分，实际上指明了马克思主义文学批评形态的问题域和方法层面的特征。这便于我们进一步深入具体批评家的批评理论文本中，把握西方马克思主义文学诸批评形态的连续与断裂，从而勾勒其历史与逻辑流变的脉络。

批评形态研究注重在不同层次上审视批评活动，把文学批评形态看作一个涵盖观念系统、批评方法和批评话语等诸层面的批评类型，这就使研究者可以把以往关于文学批评的划分标准——如理论基础、流派、方法、话语和问题域——纳入"形态"的不同层次中去，使具体的批评活动得到较为完整的呈现。一些按不同标准分类的批评形式，如主客对立和主体间

---

① ［英］特里·伊格尔顿：《马克思主义文学理论》，选自伊格尔顿《历史中的政治、哲学、爱欲》，马海良译，中国社会科学出版社 1999 年版，第 109—110 页。

性批评模式，现代主义、后现代主义、女性主义和新历史主义等批评模式，可以按照观念系统、方法和话语等层级划分找到自己相应的位置，从而可能使不同的分类标准并存于同一个批评形态中。这也为西方马克思主义文学批评研究指示了一个新的维度。

"批评形态"研究重视每一具体批评活动的生成条件和特殊性，尤其强调经由批评意识的审视和改造而赋予理论的当下性，使文学批评理论摆脱了被简化、固化和编码的命运。它消除了"范式"的歧义和抽象色彩，把对理论渊源的回溯和对具体批评的产生条件的探析结合起来，使对西方马克思主义文学批评的研究既有理论发展的总体意识，又有对理论发生的当下性的特别重视，从而使研究综合了思想史（探究初始起源）和谱系学（关注具体来源）两种学术取向。可以预见，这一思路将对马克思主义文学批评研究产生相当积极的意义。

（原载《文学评论》2016 年第 5 期）

走出理论循环，找回现实感[*]

——浅议"西马"文论难题性与马克思主义文论的实践品格

赵 文

建构"21世纪中国的马克思主义文艺学"是建设中国气派的文论话语的基础任务，也是时代摆在中国文艺理论工作者面前的责无旁贷的历史课题。是继续"拿来"，从各种"西方马克思主义"的现成"理论库存"中移置命题借以"制造"理论，还是转而求助于其他话语资源，通过嫁接、转换的方式来"构建"出21世纪的马克思主义文艺学体系？从现有的实践来看，这两种方法不仅无助于这一课题的成功解决，而且在某种程度上是有妨害的。本文将从"西方马克思主义"的理论出发点及归宿、其文论的实际效应等方面，对之做出一点反思，再从马克思主义文论历史功能这一角度对马克思和马克思主义的文学理论内在的三个生成要素做一浅说。

一 理论的循环："西方马克思主义"的难题

尽管国内理论工作者已经在很大程度上将"西方马克思主义"视为一种重要的话语资源，但却往往忽视了"西方马克思主义"与"国外马克思主义"之间重大而本质的区分。从"西方马克思主义"这一定义本身来看，它具有很强的"东方"与"西方"划分的色彩，历史地讲，带有着强烈的"冷战"时代的色彩。事实上，这一定义也正是出现于1950年代，

* 本文系中央高校基本科研业务费专项资金资助项目"'西方马克思主义'与艺术难题"阶段性成果。

源自莫里斯·梅洛－庞蒂（Maourice Merleau-Ponty）的《辩证法的历险》（*les aventures de la dialectique*，1955）一书。对梅洛－庞蒂及最早在西方语境中使用该词的人来说，"西方马克思主义"的理论重点在于以西方现代性话语"涵融"马克思理论的"理论实践"，更重要的是，这一"涵融"的机制从哲学基础、价值功能上与"东方"（共产主义）集团的马克思主义有着根本的不同。

处于"西方马克思主义"这一"潮流"中的理论家不仅大多是西方学院体制内——即便只具有边缘身份——的知识人，而且其理论生成方式也多是对西方既有学院知识话语的"移植"，希望使马克思主义话语与西方知识谱系实现"理论对接"。这批"西方马克思主义"学院知识分子在批判资本主义和批判"僵化"的马克思主义的双重要求下"创造"出加上了不同定语的"马克思主义"——"新马克思主义""存在主义的马克思主义""结构主义的马克思主义""弗洛伊德主义的马克思主义""基督教的马克思主义"，等等。① 所以，"西方马克思主义"文论，就其话语及其理论的哲学基础而言，是不具有同一性和统一性的。其理论生成的途径、方法毋宁说是从"理论"到"理论"的"嫁接式生产"。当然，这种"嫁接式生产"有其一系列对马克思主义文学理论系统的"价值转换"的作用，可以将其概括为：以个人风格化的"学术活动"取代具有历史感的"科学认识"，把文学艺术指认为映射着全部历史真理的"单子"，以"否定性批判"取代"武器的批判"。

"西方马克思主义"发展至今，无论是衍生为"新马克思主义"还是"后马克思主义"，其主要的理论代表人物的理论活动都带有极强的个人风格色彩。我们可以看到，"法兰克福学派"（及其文艺理论）在某种程度上带有 20 世纪三四十年代犹太知识分子的历史幻灭感的深刻烙印；作为学派中的个人研究者，阿多诺、本雅明等人的主要目标是在"纯粹的理论"活动中为自己创造并保留一种"辉煌的孤独"（splendid isolation）。② 雅克·朗西埃（Racques Rancière）的后结构主义背景、阿兰·巴迪欧（Alain Badiou）的数学存在论、斯拉热沃·齐泽克（Slavoj Zizek）的拉康主义"行话式写作"、

① ［美］罗伯特·戈尔曼编：《"新马克思主义"传记辞典》，赵培杰、李菱、邓玉庄等译，重庆出版社 1990 年版，第 13 页。

② ［德］罗尔夫·魏格豪斯：《法兰克福学派：历史、理论及政治影响·上》，孟登迎、赵文、刘凯译，上海人民出版社 2010 年版，第 6 页。

安东尼奥·奈格里（Antonio Negri）的斯宾诺莎－德勒兹主义的"唯力论"——所有这些具有代表性的"后马克思主义"理论家都把马克思主义话语"转写"到自身的"书写"当中，用特殊的"理论行话"延续了那种"辉煌的孤独"。同样，在"西方的"这种"马克思主义"文艺理论的内部一直存在着"艺术救世论"的内核。这一点不仅表现在马尔库塞（Herbert Marcuse）的"感性解放"的艺术观、阿多诺（Theodor W. Adorno）的"星丛"的艺术自律理论之中，也同样体现在"后马克思主义"者们对"书写的政治"（Politiques de l'écriture）的普遍信奉之中。在他们的理论视域中，艺术不是社会意识形态的一般产物，而是以二元形态存在的"场地"：一方是大众文化工业，另一方是"真正的艺术"（法兰克福学派）；一方是"非事件"的单数的艺术，另一方是"像数学范例一样严密精确，像黑夜伏兵一样令人惊讶，像星星般崇高肃穆"的"复数的"艺术过程（阿兰·巴迪欧）；[1] 一方是当代社会景观之一的"艺术"，另一方是"打开另一个世界的可能性之门"的作为真正艺术、作为"例外事件"的"非—艺术"（安东尼奥·奈格里）[2]……二者择一的选择在"理论上"总是容易做出的。"西方马克思主义"的理论家们在选择后一种"真艺术"作为"思辨"对象的同时，以"大拒绝"的姿态对前者表达出了彻底否定性的态度。

当然，不可否认的是，服膺于马克思主义的这些西方学者从对资本主义的否定性态度出发、从对马克思学说的一定理论背景（marxistischen Hintergrund）[3] 出发，发展出了针对现代及当代资本主义文化的一些敏锐观察和尖锐批判，足以供我们借鉴和学习，但同样应该看到的是，不从历史的宏观去把握"精神生产随着物质生产的改造而改造"以及如何改造等问题，[4] 不把"意识形态"特殊重要性放在私有制扬弃过程中去理解，不把对文学艺术的理论认识当作这一过程中的有效积极力量去建构，"西方

① Alian Badiou, *Thèses sur l'art contemporain*, Performance Research：*A Journal of the Performing Arts*，Volume 9，Issue 4，2004 Special Issue：On Civility，New York，Routledge，p. 86.

② Antonio Negri, *Art and Culture in the Age of Empire and the Time of Multitude*, Substance，Vol. 36，No. 1，p. 54.

③ 哈贝马斯作为晚年阿多诺的助手，敏锐地指出阿多诺那里并不存在连贯的马克思主义理论，只存在着某种马克思主义的"背景"。参看［德］罗尔夫·魏格豪斯《法兰克福学派：历史、理论及政治影响》，孟登迎、赵文、刘凯译，上海人民出版社 2010 年版，第 6 页。在很大程度上"西方马克思主义者"都可作如是观。

④ 《马克思恩格斯选集》第 1 卷，人民出版社 1995 年版，第 292 页。

的马克思主义话语"就不可能走出马克思曾讥讽过的"词语对词语的斗争"①的"难题"。

二　从"西马"到"后马"，从想象的理论到批评的碎片

应该看到的是，"西方马克思主义"是从马克思理论的整体中退却的结果。早在 1923 年卢卡奇出版了引发争议的著作之一《历史和阶级意识》开了从"人道主义"和"历史主义"方面阐释马克思学说整体的先河。《历史和阶级意识》这部"西方马克思主义"的经典著作描述了历史"异化"的展开过程，这一历史的目的仿佛"就是"生成"无产阶级意识"，并通过这种对"异化"的"批判意识"实现真正"世界历史"的生成，实现"人的本质的全面占有"人道主义和历史主义的结合使得《历史与阶级意识》充满了强烈的对资本主义的批判精神和行动的乐观主义，但是，正如有学者敏锐地指出的那样，这种结合实际上是"韦伯的理性化理论、马克思商品拜物教理论与空想的阶级斗争历史哲学的结合"②。

如果说在卢卡奇那里，"人道主义"和"历史主义"结合还体现了某种具体革命实践的需要的话，那么在法兰克福学派那里，即使连"空想"的革命实践也不复存在了。霍克海默、阿多诺、马尔库塞等人阐释的着眼点只剩下了"人道主义"，将人的理想视为某种终极总体，以此对资本主义进行"总体的"批判。因此不难理解他们发现《1844 年经济学哲学手稿》这样的马克思早期作品时的"兴奋"——"马克思在 1844 年写的《1844 年经济学哲学手稿》的发表必将成为马克思主义研究史上一个划时代的事件"，这部手稿中包含着关于"共产主义革命的科学"，"这种革命本身与经济上的激变无关，它意味着人的全部历史的革命，人这一存在物的定义的革命"③。

---

① "青年黑格尔派玄想家们尽管满口讲的都是所谓'震撼世界的'词句，却是最大的保守派。如果说，他们之中最年轻的人宣称只为反对'词句'而斗争，那就确切地表达了他们的活动。"《马克思恩格斯选集》第 1 卷，人民出版社 1995 年版，第 66 页。

② ［德］罗尔夫·魏格豪斯：《法兰克福学派：历史、理论及政治影响·上》，孟登迎、赵文、刘凯译，上海人民出版社 2010 年版，第 103 页。

③ ［美］赫伯特·马尔库塞：《历史唯物主义的基础》，见《西方学者论〈一八四四年经济学—哲学手稿〉》，复旦大学哲学系现代西方哲学研究室编译，复旦大学出版社 1983 年版，第 93、95 页。

法兰克福学派的代表人物之一马尔库塞就《1844年经济学哲学手稿》给出了一种"开拓性"的阐释。他在这些手稿中看出，"为经济学打下了哲学基础，在某种意义上说这是一种理论革命"①，也就是说，他看到了马克思的"存在论"。按照马尔库塞的说法，马克思的"存在论"与黑格尔的"存在论"不同，因为事实上马克思主义的"存在论"是"以生命及其历史性的生存论概念为旨归的"②，因为马克思主义的存在论，总是历史性人类之存在论。同时马尔库塞还试图解决使历史必然性和特殊生存形式的更高价值相互联系起来的问题，试图解决"作为历史必然性的自由存在"为什么会成为通向"生存之真理"的进步的一种手段的问题。海德格尔的存在论使"艺术"成为"沉沦此世"的人的避难所，"艺术作品以自己的方式开启存在者之存在。这种开启，也即解蔽（Entbergen），亦即存在者之真理，是在作品中发生的。在艺术作品中，存在者之真理已自行置入作品。艺术就是自行设置入作品的真理"③。与此相同，与海德格尔处于相同文化传统和文化环境之中的"法兰克福学派马克思主义"也将艺术视为保存着"人的总体性"的一个"容器"："无论艺术是怎样地被现行的趣味和行为的价值、标准，以及经验的限制所决定、定型和向导，它总是超越着对现实存在的美化……艺术即'异在'。"④可以说，马尔库塞的这种态度，代表了法兰克福学派的普遍倾向。从这种态度出发，法兰克福学派对资本主义时代的"精神生产"进行了"二元切分"。切分的结果是，一类艺术是富有"灵韵"（auratic）的作品，"神秘地"保持着"人的总体性"；另一类艺术是受控于资本主义生产总体性的"文化工业产品"，即"技术艺术作品"（technological works of art）。⑤

我们前面已经说到，这种"切分"在"后马克思主义"中继续存在，只是形态不同。但另一方面，随着西方1960年代的知识环境以及政治环

① Herberbt Marcuse, *Neue Quellen zer Grundlegung des histo-rischen Materialismus*, Die Gesellschaft 9 (1932), pp. 136–74; in Schriften, Vol. 1, p. 509.

② Herbert Marcuse, *Hegels ontologie und die Grundlegung einerTheorie der Geschichtlichkeit* (Frankfurt am Main, 1932), p. 3.

③ ［德］马丁·海德格尔：《艺术作品的本源》，见孙周兴选编《海德格尔选集·上》，上海三联书店1996年版，第259页。

④ ［美］赫伯特·马尔库塞：《审美之维》，李小兵译，生活·读书·新知三联书店1989年版，第27页。

⑤ 这是阿多诺从本雅明的"文学生产"学说中借用来的区分，见泰奥多·W.阿多诺《美学理论》，王柯平译，四川人民出版社1998年版，第59页。

境的改变，"后马克思主义"的"退却"策略还表现得更为彻底，无论如何，弗洛伊德、索绪尔，还是列维－斯特劳斯都构成了"后马克思主义"更欢迎的"同盟"，甚至是过度依赖的"同盟"，"理论"在"意识形态批判"的喧声中衍生出各种"批评"，甚至是"批评的批评"。这种批评或批评的批评可以表现出非常激进的"姿态"，但它仍然停留在"解释"——那甚至还不是"解释世界"，而仅仅是"解释"以及"解释的解释"——的层面，它的"激进性"只是再次印证了列宁的这一论断："剥削的存在，永远会在被剥削者本身和某些'知识分子'代表中间，产生一些对抗这一制度的理想。"① 而问题在于以现实的方式改变现实。

三　重申马克思主义文学理论的实践品格

不难想象，简单的"移植""西方马克思主义"的文艺理论"成说"，不仅对建设马克思主义文学及艺术理论无甚裨益，而且也必然将内在于那种"理论循环"的难题一并移植过来。在这里看一看马克思主义理论家葛兰西（Antonio Gramsci）针对19世纪末20世纪初意大利"文艺理论界"的认识，将是非常有益的。尽管葛兰西在理论上受惠于克罗齐甚多，但他对后者所代表的欧洲精神哲学精英主义对意大利文学艺术氛围造成的伤害提出了尖锐的批评。在葛兰西看来，只要理论还只是抽象的思辨，还只是与不断发展的文化和"民族情感"无关的"构造"，它就越无法具有人民性。② 在这种远离现实发展和人民性的"精英主义"文化理论的话语氛围中，文艺家们大多热衷追摹时兴于"国外"流行的或欧洲发达地区的文学模式和创作范式，邓南遮（Gabriele D'Annunzio）就是这些文艺家中的典型之一——他的艺术才华固然出众，但精英主义的尼采主义世界观和对左拉、莫泊桑、托尔斯泰、陀思妥耶夫斯基及法国象征主义的风格模仿却使他创作出的作品充满了荒诞、离奇的情节和颓废的情绪，给人以一种空洞的炫技感，也远离广大意大利人民的情感，在意大利民众中应者乏人。葛兰西讥讽他说："邓南遮同意大利中产阶级一样，将古炮当做现代大炮的

---

① ［苏联］列宁：《民粹主义的经济内容及其在司徒卢威先生的书中受到的批评》，见《列宁全集》第1卷，人民出版社1984年版，第377页。

② ［意］葛兰西：《论文学》，吕同六译，人民文学出版社1983年版，第5—6页。

部件在摆弄着。"① 在葛兰西那个时代的意大利，邓南遮这样的作家不在少数。知识精英和文艺精英被外国的"流行"思想支配，他们无法生产出符合人民精神需要的文学及文学的理论，相应地，意大利人民也感觉自己同外国作家的联系比同本国作家的联系还近一些，"意大利文学不是'民族的'文学；就是说，它不是人民的文学，它如同人民一样接受外国的统治"②。普通民众更愿意去读《基度山伯爵》这样的国外商业文学。

葛兰西的批评让我们看到仅仅借助移植"国外"话语进行文化生产背后的实际原因。概括地讲，原因之一是追摹、仿制"国外"理论和文艺实践的理论家和文艺家们不是立足于有机的现实，不是面向着人民的需要，不是回应着特定的、具体的历史要求。但是，更为深层的原因是，这些知识人同人民还保持着等级关系或观念上的等级关系，而更服膺于已经成为某种文化制度和话语权力的"资产阶级文化领导权"，而没有意愿在理论上打破这种领导权的理论构造，也不会在文艺实践中去召唤走出那种话语范式的创作，没有新范式的、符合人民需要的创作，反过来也不会启发替代性的理论生产——如此循环，以至于有着自己鲜活经验的本民族广大人民也把自己的阅读经验托付于受文化资本控制的"商业文学"。

我们在这里无法展开来谈作为马克思主义者的葛兰西对占有文化领导权的方案设计、文化阵地战等理论细节，但从葛兰西的这个批评中我们可以清晰地看到马克思主义文艺理论的重要创造机制的几个要素。首先，马克思主义文艺理论是马克思学说内在的组成部分，而不能被视为与马克思学说的历史任务仅具外在的联系。其次，马克思主义文艺理论因而负有全新的、鲜明的价值功能。最后，与之相关的是，要实现这一价值功能，马克思主义文艺理的创造不是来自从理论到理论的"建构"，而是源自对已有一切人类文艺成果的批判，从批判中析取概念、范畴，借以总结规律，并为新形态的文艺实践可能性提供话语支持。

实际上，马克思本人的文学理论思考及实践也是以这三个要素为主要支点展开的。我们只需要看看马克思的一般历史科学探究与他的文艺理论

---

① 参看张世华《意大利文学史》（第三版），上海外语教学出版社 2013 年版，第 277 页。
② ［意］葛兰西：《论文学》，吕同六译，人民文学出版社 1983 年版，第 36 页。

重要命题提出之间的对应关系，就能看到后一项工作是前一项工作的必要延续。1842—1848 年，是马克思完成一系列具有"马克思主义"特征的重要著作的阶段，《黑格尔法哲学批判》《1844 年经济学哲学手稿》《关于费尔巴哈的提纲》《德意志意识形态》《哲学的贫困》以及《共产党宣言》都完成于这一时期。这一组文献在对人类一般历史和资产阶级特殊历史的科学研究基础上，初步形成历史唯物主义理论体系的科学表述，而"意识形态"在社会结构中的根源，美感作为社会感性、共产主义时代的美学原则等全新的文艺理论提法恰恰是这一科学表述的逻辑延续。1857—1863年，马克思进入《资本论》的准备阶段，这一时期里，马克思在《政治经济学批判（1857—1858）》和由一系列草稿、笔记本构成的"经济学手稿"中提出的重要的历史科学洞见，本身就是历史唯物史观的文艺理论的命题，如艺术生产与艺术消费的关系、物质生产的发展与艺术生产的不平衡关系、"世界文学"的历史条件及可能性、上层建筑及其变革的特殊性等。更值得指出的是，这些涉及艺术生产一般规律的文艺理论科学命题也使马克思本人在具体的文艺批评中形成了独特、科学的判断标准。这一时期，马克思围绕拉萨尔的《济金根》提出的"莎士比亚化"并非偶然，而是基于艺术这一特殊社会意识形式的内部规律所形成的"典型论"有机批评的直接表现——"用的是真正的比较批判的方法。这种比较批评法并不是简单地把不同的作品互相比较一下，它涉及对文学传统的不同流派、不同种类的评价"①。马克思在历史科学和历史的文艺科学的理论探索过程中，已经获得了全新的"价值"立场，正因如此，才能在更高的历史高度上占有人类精神生产的成果，并对之做出深刻的批判，正如我们能够在他对古典经典、莎士比亚乃至欧仁·苏、拉萨尔的评论中看到的那样，他的批评目的不是对古典的、资产文化的"趣味"进行"重申""欣赏"和"概念化"，而是内在于批判的继承已有文化同时建立全新的无产阶级文化领导权这一任务，所以我们能看到马克思能恰当地让荷马、伊索、塞万提斯、莎士比亚、伏尔泰、维吉尔、歌德、席勒、笛福、巴尔扎克、海涅、狄更斯、狄德罗、阿吉罗斯卡、布瓦洛为《资本论》第一卷这部"工人阶

---

① ［英］柏拉威尔：《马克思和世界文学》，梅绍武、苏绍亨、傅惟慈、董乐山译，生活·读书·新知三联书店 1980 年版，第 302 页。

级的圣经"服务。① 马克思对欧仁·苏《巴黎的秘密》的文艺批评，是他反对德国唯心主义体系，反对空想社会主义和建立科学社会主义的斗争的有机组成部分，这种鲜明的价值立场一直为马克思（以及恩格斯）所坚持。直到晚年，马克思在一封给佐尔格的信中，还重申了科学的批判和批评"为了什么"以及"为了谁"的这一核心价值立场："几十年来我们做了许多工作和花了许多精力才把空想社会主义，把对未来社会结构的一整套幻想从德国工人的头脑中清除出去，从而使他们在理论上（因而也在实践上）比法国人和英国人优越。"②

从中外马克思主义文艺发展史上看，恩格斯、蔡特金、普列汉诺夫、列宁、卢那察尔斯基、李大钊、沈雁冰、鲁迅、毛泽东等提出原理性理论命题的重要贡献者们，无不是将文艺理论与具体的解放斗争实践及相关的文艺分析密切联系在一起。20 世纪中国马克思主义文艺理论的发展的历史是确证了这一点的。鲁迅的文艺理论创造具有强烈的现实感，正因如此他才能坚定而彻底地反对封建文化、半封建半殖民地的买办文化，在文艺创作和理论思考中逐步进入马克思主义。在接受马克思主义之后，在反对"笔墨总不免伸缩于描写身边琐事和小民生活之间"③ 的"上层智识"对底层的想象、反对"把天然艺术化"的为艺术而艺术的"主观主义"④ 的同时，在反对"欺和瞒"的文艺及文艺观的同时，鲁迅创造性地发展了马克思主义"典型"理论——"真诚地，深入地，大胆地看取人生并且写出他们的血肉来"⑤ 成为了一面旗帜，旗下集结起了众多为人生、为中国的文艺工作者和文艺理论家，共同走出了一条"鲁迅方向"。1940 年毛泽东在《新民主主义论》中提出"鲁迅方向"，并结合中国历史实际、革命实际，把这一文艺及文艺理论的方向表述为"无产阶级领导的大众的反帝反封建文化"的方向，形成了科学的（吸收中外古今）、大众的（为民众服务，以民众为源泉）、民族的（经过民族形式改造）的新民主主义文化理 ·

---

① 董学文：《马克思美学活动年表》，见《马克思与美学问题》，北京大学出版社 1983 年版，第 260 页。

② 《马克思致弗·阿·佐尔格（1877 年 10 月 19 日）》，见《马克思恩格斯选集》第 4 卷，人民出版社 1995 年版，第 627—628 页。

③ 鲁迅：《〈中国新文学大系〉小说二集序》，见《鲁迅全集》第 6 卷，人民文学出版社 1972 年版，第 239 页。

④ 同上书，第 241 页。

⑤ 同上。

论表述，至 1942 年形成更为系统、科学和方向性的《在延安文艺座谈会上的讲话》。20 世纪中国马克思主义文艺理论的创造性发展再次证明马克思主义文艺学是实践的理论、发展的理论、创新的理论，它不断为真理开辟着道路，不断随着实践变化而丰富和发展，记取这一点是成功解答建构"21 世纪中国的马克思主义文艺学"的这一历史课题的必要前提。

（原载《文艺理论与批评》2016 年第 3 期）

西方马克思主义文学批评的"大众"范畴[*]

周晓露

自 19 世纪后半叶以来，大规模的工业化进程快速推动着西欧现代资本主义社会的发展，随着工人阶级政治力量的日渐壮大，"社会基础已经不再是'人们'，而是'大众'"。"大众"这个概念直接指涉了随着资本主义社会形构的逐渐成熟，而在城镇与工厂里所出现的许多人的"大量的集结"①。"大众"浮出历史地表的事实，既带来了西方社会政治、经济和文化的历史变迁，也对西方马克思主义文学批评产生了决定性的影响。"大众"是西方马克思主义文学批评中使用频率颇高的词语。在我们对西方马克思主义文学批评有关文学与大众关系问题的论述展开研究之前，须要厘清"大众"范畴在西方马克思主义文学批评中的用法与含义。

一

"大众"一语在英文中曾用 people、multitude、mass、popular 等词语来表达。就"大众"范畴的用法而言，其中比较有代表性的论述主要体现为以下方面：第一，"大众"是一个群体性的概念。威廉斯（Raymond Williams）认为，people 一词可溯源至希腊文 demos，它的范围在历史上曾被刻意限定为"某一群具有资格的人"，例如自由人、财产拥有者、智者、

＊ 本文系贵州省教育厅高校人文社会科学研究基地项目"20 世纪 90 年代以来中国大众文化批评的范式转换"课题的阶段性成果，项目编号：JD2014057；国家社科基金重大项目"马克思主义文学批评的中国形态"子课题的阶段性成果，项目编号：11ZD078。
① ［英］阿兰·斯威伍德：《大众文化的神话》，冯建三译，生活·读书·新知三联书店 2003 年版，第 2—3 页。

男性白人、男人等意涵。Masses 一词则包括了以下三个集合，其一是伴随着工业化、城市化的进程而出现了总人口的增加，由此产生的"人的实体的集合"；其二是机器生产使得工人在工厂得以集中，由此产生的"社会性的集合"；其三是"有组织的，而且能够自我组织的工人阶级的发展"所产生的"社会性和政治性的集合"①。霍尔（Hall Stuart）也指出，事物之所以被称为"大众的"②，是因为成群的人听之、读之和消费之。

第二，由特定阶级所构成的"大众"处于社会结构的下层，是与权力集团及其文化相对的存在。霍尔提出，对"大众"定义的确认不能放弃"阶级维度。""大众"指的是"构成'大众阶级'的阶级和力量之间的同盟"，包括了"被压迫者的文化、被排除在外的阶级"③。

第三，"大众"的描述性定义。霍尔认为，"大众"的言行举止是某种意识形态话语和审美倾向的表征，也是他们的"特殊生活方式"④ 的标志。威廉斯指出，"大众的"是指一般化的政治态度和大众欣赏趣味的结合，如"犯罪、丑闻、罗曼司和体育运动"，还体现出"一种对习惯趣味和市场的越来越公开的依赖"⑤。

第四，作为具有正面/负面意涵的社会政治范畴来使用的"大众"。马尔库塞（Herbert Marcuse）曾提出，"大众"拥有承担社会解放重任的革命潜能，因为生活在底层的"不同种族、不同肤色的被剥削者和被迫害者，失业者和不能就业者"⑥，遭受社会一体化趋势的影响最少，还存在一定的批判性和否定性的向度，所以他们能够成为"社会团结的酵素"。本雅明（Walter Benjamin）则指出，大众既具有"主宰性的革命可能性"，也具有"反革命的可能性"⑦。对威廉斯而言，popular 包含了激进的"为

---

① ［英］雷蒙·威廉斯：《关键词——文化与社会的词汇》，刘建基译，生活·读书·新知三联书店 2005 年版，第 281—282 页。

② ［英］斯图亚特·霍尔：《解构"大众"笔记》，戴从容译，陆扬编《大众文化研究》，上海三联书店 2001 年版，第 47 页。

③ 同上书，第 56 页。

④ 同上书，第 49 页。

⑤ ［英］雷蒙·威廉斯：《出版业和大众文化：历史的透视》，严辉译，陆扬编《大众文化研究》，上海三联书店 2001 年版，第 119 页。

⑥ ［美］赫伯特·马尔库塞：《单向度的人：发达工业社会意识形态研究》，刘继译，上海译文出版社 2011 年版，第 202 页。

⑦ ［德］瓦尔特·本雅明：《机械复制时代的艺术作品》，王才勇译，中国城市出版社 2002年版，第 36—37 页。

人民"① 的意义。The people 及其变异形式的词语——common people（普通百姓）、working people（劳工）、ordinary people（一般百姓）往往被视为具有正面意涵的词语。Mass 的用法则较为复杂。Masses 曾被描述成一个正面的或可能是正面的社会动力，但在许多保守的思想里 masses 是一个轻蔑语，用来表达低下的、无知的与不稳定的"多头群众"（many headed）或是"乌合之众"（mob）②。约翰·费斯克（John Fiske）强调"大众"（people）有别于"群众"（the masses）③。"群众"是心甘情愿地或毫无知觉地被奴役地被动存在，是有着"虚假"意识的群体集合，而"大众"并非一个固定的社会学范畴。

第五，"大众"的异化是由异化的社会建构出来的。霍克海默（Max Horkheimer）和阿多诺（Theodor W. Adorno）指出，"大众"是被动消极的劳苦无产者。文化工业从物质和精神层面对"大众"进行了限制，所以他们安于自身所扮演的社会角色和所处的社会地位。"自神话时代起，无产者们就已不再具有比沉稳老成的占有者们更多的优越条件，他们总是逆来顺受，眼花耳聋。社会的过度成熟，靠的就是被统治者的不成熟。"④ 马尔库塞也认为，"单向度的社会"导致了大众的"单向度"思维，导致"大众"沦落为"丧失否定、批判和超越的能力的人"⑤。

第六，作为想象的共同体而存在的"大众"。威廉斯认为，"群众"更多的是一想象性存在，是凭借某种"政治公式"而建构的多数人的集合。"群众往往是其他人，我们不知道，也不可能知道的其他人。然而在我们这种社会中，我们一直都看到这些其他人，看到无数形形色色的其他人；我们的身体就站在他们身边。他们就在这里，我们就和他们在一起。当然，最重要的一点就是，我们和他们在一起。对于其他人来说，我们也是

---

① ［英］雷蒙·威廉斯：《出版业和大众文化：历史的透视》，严辉译，陆扬编《大众文化研究》，上海三联书店 2001 年版，第 118 页。

② ［英］雷蒙·威廉斯：《关键词——文化与社会的词汇》，刘建基译，生活·读书·新知三联书店 2005 年版，第 285—286 页。

③ ［美］约翰·费斯克：《理解大众文化》，王晓珏译，中央编译出版社 2006 年版，第 23 页。

④ ［德］霍克海默、阿多诺：《启蒙辩证法——哲学断片》，渠敬东等译，上海人民出版社 2010 年版，第 29 页。

⑤ ［美］赫伯特·马尔库塞：《单向度的人：发达工业社会意识形态研究》，刘继译，上海译文出版社 2011 年版，第 205 页。

群众,群众就是其他人。”① 在此,问题的关键在于看待“群众”的方式及其影响,问题的难点在于如何把“群众”概念的意义再现于经验。约翰·费斯克也指出,工业社会中“大众”② 不是以客观实体的形式而存在,所以它不易成为经验研究的对象。

还须要注意的是,后现代马克思主义的代表人物迈克尔·哈特(Michael Hardt)和安东尼奥·奈格里(Antonio Negri),结合全球化政治秩序的变化和发展趋势,对 the multitude(诸众)和 the people(人民),the masses(民众)等概念重新进行了区分。哈特和奈格里指出,“人民”“民众”和“诸众”有着根本区别,而且这个区别对构造主权秩序来说,意义非同一般。“人民”历来被视作整一而不可分的概念。人的集合是以各种各样的差异为基本特征,而“人民”消解了那种多样性,并且为所有的人制造了一个单一的身份:“‘人民’是一个。”③(“The people” is one.)他们还提出,“民众”具有不同的个性;“人民”则排斥异己分子,体现出同质性。“民众”是不确定的、尚在生成之中的关系;“人民”则是有明确主体的、已经形成的复合体。“民众”中包含了“多种意志和行动”,体现出多质性;而“人民”提供的则是“单一的意志和行动”,体现出同一性。然而,差异是不可忽视的,也是不可回避的。由此,包含了多样性、独特性的“诸众”,可以帮助我们更好地认识社会运动机制中所存在着的内在差异与共通之处。

通过对 multitude、people、mass 和 popular 等词语的多重用法的考察,我们不难发现,西方马克思主义文学批评中“大众”的用法,描述和展示了这一范畴的多重规定性,“大众”既被看作消极被动的外在因素,也被厘定为具有政治经济优越性的建构／解构力量,还被视为把差异性与可能性统一于自身的流动性存在。可见,西方马克思主义文学批评的“大众”概念并非一个抽象、静止的封闭概念,其中包含了种种裂隙和复杂分化的因素。

---

① [英]雷蒙德·威廉斯:《文化与社会》,吴松江等译,北京大学出版社1991年版,第378页。

② [美]约翰·费斯克:《理解大众文化》,王晓珏译,中央编译出版社2006年版,第23页。

③ Michael Hardt and Antonio Negri, *Multitude*: *War and Democracyin the Age of Empire*, Penguin Group(USA),2004,p. 14.

二

西方马克思主义文学批评家中的保守派，如法兰克福学派的霍克海默、阿多诺和马尔库塞把"大众"视为有待教导的平庸之辈和凡夫俗子，从类似的论述中我们不难发现利维斯主义的影响。显而易见，要客观认知西方马克思主义文学批评的精英主义大众观，必然要假道于阿诺德（Matthew Arnold）和利维斯（F. R. Leavis）等人。

英国的文化批评家阿诺德认为，人类社会的阶层划分是高低有别、前后有序的。英国社会包括了贵族阶级、中产阶级和劳工阶级这三大阶级，他分别称之为"野蛮人"（Barbarians）、"非利士人"（Philistines）和"群氓"（Populace）。"群氓"包括了社会底层和广大平民百姓，代表了一种政治动向并不明确的新生力量。阿诺德对此满怀疑虑与担忧，平民百姓是"粗暴又鲁莽""为所欲为"的"群氓"，是为数众多却桀骜难驯的乌合之众，他们容易受他人利用而沦为"暴民"。如果没有资产阶级的"良善价值观与理想"的引导，处在"无政府状态"之中的"群氓"势必流于"非理性"的政治举动与社会行为。在阿诺德看来，"无政府状态"可以用来形容"大众"所具有的某种破坏性与颠覆性力量。不过，"野蛮人""非利士人"和"群氓"都未能得到充分和谐的发展，他们都缺少人性的"完整性"，有待于从"普通自我"提升为"优秀自我"。值得注意的是，这三大阶级中都有"一心追求完美的人"，"在各种阶级的内部都存在着一定数量的异己分子，也就是说，有这么一些人，他们的指导思想主要不是阶级精神，而是普泛的符合理想的人性精神，是对人类完美的热爱"①。为了避免社会因大多数人的道德沦丧而走向毁灭，阿诺德提出应以文化作为实施阶级支配的工具，通过少数的、"伟大的文化使者"来传播世界上"最优秀的"思想和知识，以引导大众克服自身的无政府倾向。

利维斯继承了阿诺德的理论衣钵，对平庸"大众"采取鄙视与责难态度。他强调，"在任何时代，具有洞察力的艺术欣赏和文学欣赏都依赖于极少数人"。"少数人保存了传统中最精致、最容易毁灭的部分，正是仰赖

---

① ［英］马修·阿诺德：《文化与无政府状态》，韩敏中译，生活·读书·新知三联书店2012年版，第76页。

他们，我们才有能力从过去的最美好的人类经验中获益，安排一个时代的美好生活的固定标准才得以确立。"① 利维斯强调"精英"所具备的文化创造力，却对"民众所喜"和"民众所望"的文化不抱奢望。他认为，17世纪后半叶，民众的文化与最优秀的文化还是统一的，但其后两百年来资本主义生产方式已经败坏了大众的文化趣味。也就是说，伴随着大众媒介的发展和生产过程的标准化而来的，是大众文化的水准的下降和民众辨别力的消退。只有极少数的人既对文艺敏感又有鉴别力，而"高品质的生活取决于这少数人不成文的标准，文化的精粹就是这些人辨别优劣的语言"②。利维斯在对大众进行极度贬低的同时，高度褒扬精英的创造能力，把精英看作真理的掌握者、社会的立法者和历史的造就者。也就是说，利维斯之类的文化精英主义者自视为知识分子的典范，在文化与意识形态领域中扮演着领导者的角色。在利维斯们看来，优秀的作品拥有强大的现实认知能力和显著的道德关怀意义，大众趣味则形成了对优秀作品或者说"少数人文化"的围追堵截。

　　法兰克福学派的霍克海默、阿多诺和马尔库塞继承了阿诺德和利维斯等人的政治学批评理念，他们的观点有许多相通之处，如把"大众"视为"平庸之辈"，并把拯救社会的希望寄托于精英等。不过，法兰克福学派认为，无产阶级和资产阶级的对立不再是历史变革的动因，因为资本主义的发展已经改变了两大阶级的结构和功能。霍克海默和阿多诺指出，如今的"大众"已不再是社会主体，而是被操控的消极存在，特别是在现代传媒的操纵之下，"大众"很轻率就被主流意识形态话语所收编。他们提出，不要指望"大众"能够独立思考，"大众"是逆来顺受、安于奴役、既看不清也听不明的消极存在。"今天，受骗的大众甚至要比那些成功人士更容易受到成功神话的迷惑。他们始终固守着奴役他们的意识形态。普通人热爱着对他们的不公，这种力量甚至比当权者的狡诈还要强大。"③ 也就是说，面对被压迫与被蒙蔽的现实麻木不仁，"大众"既不能祛除神话化的

---

　　① ［英］F. R. 利维斯：《大众文明与少数人的文化》（节选），李媛媛译，《外国美学》2012年第20辑，第360—361页。

　　② ［英］F. R. 利维斯：《伟大的传统》，袁伟译，生活·读书·新知三联书店2009年版，第7页。

　　③ ［德］霍克海默、阿多诺：《启蒙辩证法——哲学断片》，渠敬东等译，上海人民出版社2010年版，第120页。

启蒙形式加诸自身的蒙蔽，也毫无能力去触及事物的真相。此外，作为"单纯的类存在"，"大众"同质性极高且欠缺集体意识，其内部成员之间是孤立无助的关系。"随着财富的不断增加，大众变得更加易于支配和诱导。社会下层在提高物质生活水平的时候，付出的代价是社会地位的下降，这一点表现为精神不断媚俗化。"[①] 可见，霍克海默和阿多诺认识到，虽然对"大众"的界定必然要考虑到"数量"的因素，但仅仅依靠一个量化指标是不足以对"大众"一词本身进行充分说明的。他们对"大众"的主体意识和自觉意识充满疑虑，对"大众"毫无分辨力的"劣质"进行了严厉批判，但更注重这种人性的堕落与"文化工业"之间的复杂关联。

马尔库塞倡导的则是寻求人的现实解放的政治美学，强调对文化批判、意识形态理论的批判与对资本主义社会现实的批判的结合。文化工业作为现代社会秩序的卫道者，维护的并非"大众"的利益。当代发达工业社会是"单向度的社会"，这种社会中出现了"单向度的思想和行为模式"，凡是超出这一模式所确立的话语领域的思想观念，不是受其排斥就是被其同化。在这一社会中，"不能想像一个本质上不同的话语和行为领域，因为遏制和操纵破坏性想象和尝试的能力是这个既定社会的重要组成部分。那些生活在富裕社会底层的人被一种复活了中世纪和近代初期野蛮行径的手段压制在自己的生活界限之内"[②]。"单向度的思想与行为模式"与政治权力的密切结合，则造成了社会的同化趋势，具体体现为政治对立面的一体化、生活方式的同化和单向度思维方式的胜利。这一由否定性思维向肯定性思维的转化，抑制了"大众"内在的否定性、批判性和超越性的向度，削减了各种"替代性选择"的存在可能，导致无能为力和听天由命思想的增长，和对社会中的异己者及不同声音的压制，也阻碍某种政治理想的生发。可见，"单向度的社会"使生活于其中的大众都成了"单向度的人"。

如果说阿诺德和利维斯认为"大众"是对既有社会政治秩序和文化秩序的威胁，那么霍克海默、阿多诺和马尔库塞则认为"大众"主要维护了现存社会体制；如果说阿诺德和利维斯忧心于"大众"的"无政府状

---

① ［德］霍克海默、阿多诺：《启蒙辩证法——哲学断片》，渠敬东等译，上海人民出版社2010年版，第4页。

② ［美］赫伯特·马尔库塞：《单向度的人：发达工业社会意识形态研究》，刘继译，上海译文出版社2011年版，第21页。

态",那么霍克海默、阿多诺和马尔库塞则看到"大众"对权力的服从;如果说阿诺德和利维斯宣扬的是脱离政治实践和具体行动的"文化"原则,那么霍克海默、阿多诺和马尔库塞则强调应结合现实经济和政治发展的需要来反思理论的系统阐述和人的现实解放。

三

不过,就阿诺德、阿多诺等人有关"大众"的悲观论调,有学者表示了质疑,例如法兰克福学派的本雅明,以及伯明翰学派的威廉斯、霍尔和费斯克就认为,"大众"并非毫无分辨力的麻木存在。如果说阿诺德、阿多诺等人所宣扬的是一种基于文化差异与文化驯服原则的精英主义"大众"观,那么本雅明、威廉斯等人倡导的则是立足于一种文化平等与文化民主立场的反精英主义"大众"观,并对利维斯们的陈旧观念进行猛烈抨击。这一反文化精英主义的大众观,标志着本雅明、威廉斯等人与利维斯主义的彻底决裂,以及对霍克海默、阿多诺和马尔库塞等人的理论修正。

本雅明认为,机械复制时代的到来彻底改变了"大众"的文学地位。机械复制时代之前,大众与传统文学的距离往往是遥不可及的,而机械复制时代的到来使得文学作品得以大量复制,使得作者与读者的界限日益模糊,也使得大众的文学活动有了更多的可能。"越来越多的读者——首先是个别地——变成了作者。""从事文学的权力不再植根于专门的训练中,而是植根于多方面的训练中,因此,文学成了公共财富。"① 也就是说,机械复制技术令大众成为文学活动中重要的参与者与接受者,推动了文学的公共化和民主化进程,也增强了世间万物皆平等的意识。值得注意的是,本雅明也不无批评地提出,大众的艺术参与方式有别于"专业人士",如果说传统的艺术爱好者把艺术作品视为凝神观照的对象,"进行消遣的大众则超然于艺术品而沉浸在自我中,他们对艺术品一会儿随便冲击,一会儿作洪流般地蜂拥而上"②。大众把可机械复制的艺术看作消遣的对象,大众的艺术消遣则显现出非理性、随意性和盲目性的特征。例如,大众在电

① [德] 瓦尔特·本雅明:《机械复制时代的艺术作品》,王才勇译,中国城市出版社 2002年版,第 43—44 页。

② 同上书,第 126 页。

影院中的观影是一种群体性的共时接受行为，极易导致对观者个人的批判态度和欣赏态度的制约。而作为"电影资本的补充"的"明星崇拜"，则会导致大众的堕落心态及其阶级意识的消解。

雷蒙德·威廉斯直接批评了阿诺德对"群氓"/劳工阶级的偏见，他认为，阿诺德把"大众"视为被动的外围力量，实质上只是对现实政治秩序的一种维护。"英国工人阶级自起源于工业革命以来，最显著的事实就是工人阶级运动有意识地、认真严肃地避免普遍的暴力而坚定地相信有其他的前进方法。英国工人阶级的这些特征，……代表的是一种积极的态度：这不是怯懦的产物，也不是麻木不仁的产物，而是道德信念的产物。我认为这是英国工人阶级对'追求完美'的更大的贡献。这是只看到了工人阶级那个放大了的粗野形象的马修·阿诺德所不能意识到的。"① 利维斯主义往往把"群众"与"工人阶级和中下层阶级""群氓"混为一谈，认为"群众"是容易受骗、反复无常、兴趣低级、有群体偏见的。对此，威廉斯指出，"群众"是包含了"多数人"的集合，但不能将其等同于"群氓"，这个范畴所包含的不只是体力劳动者或者只受过初等教育的人。利维斯主义者把"文化"视为少数人的专利，以一种自以为是的倨傲和尖刻的贬损来对待"群氓"，他们所倡导的"文化"是难以对普通大众产生任何积极影响的。威廉斯对所谓"少数派"及其自命不凡的骄傲也进行了批判，"对利维斯来说，这少数派本质上是一个文学上的少数派，其功能是保持文学传统和最优秀的语言能力。……主张以文学上的少数派作为'中心'的呼声是软弱无力的，这一点已越来越明显"②。

约翰·费斯克也认为，一切基于"大众"是"文化傻瓜"的论调皆不足信，"大众"并非消极被动或孤立无援，他们有辨别是非的能力，更不能任掌控政治、经济和文化特权的阶层所控制和奴役。他指出，如果我们能正确认识自身所处社会内在的异质性，看到不同个体的本质差异，那么就会发现"大众"是一个并不简单的概念。"大众"指称"一组变动的社会效忠从属关系"③。"大众"跨越了阶级、性别、年龄、种族等各种因

---

① ［英］雷蒙德·威廉斯：《文化与社会》，吴松江等译，北京大学出版社 1991 年版，第 173 页。

② 同上书，第 327 页。

③ ［美］约翰·费斯克：《理解大众文化》，王晓珏译，中央编译出版社 2006 年版，第 23 页。

素，包含了形形色色的不同个体，这些个体在不同的时间内属于不同的大众层理，并在各种层理间流动。换而言之，在现代工业社会结构中造就了"游牧式的主体性"，不同权力关系之间的"对抗性与差异感"生成了"流动性"，而"流动性"则是资本主义工业社会中"大众"的特征。"大众"中的不同层理作为主动的行动者而存在，"他们不用太费力劳神，便可交替采取或同时采用相互抵牾的立场"①。"大众"内部所存在的分裂是由繁复的社会结构层级及其内部矛盾所带来的。作为一个多元化和流动化的概念，"大众"处于不断地重新构造之中，其中潜藏着妥协与抵抗等不同的力量，包含了遵从或反对主流意识形态话语的不同社会群体，他们具有相对的自主性和不妥协性。费斯克还提出，"'人民'这个词带有浪漫主义内涵，我们必须避免因此产生理想化的看法，把人民看做反抗的力量，认为他们的文化和社会经历在一定意义上是自足的。……应该把它看作一个由不断变动的和相对短暂的构成体组成的联盟"②。霍尔也认为，作为不同阶级和社会力量的联盟，"人民"概念具有不确定性和包容性，它包含了"变化的、不均衡的"③各种张力关系。

四

伴随着全球化市场和全球化生产流水线的形成，出现了一种新的主权形式，"帝国"作为统治世界的最高权力，控制着全球的交流。"帝国"并非建立在民族国家主权基础之上的现代帝国主义，这一概念描述了一种超越国家的新形式，它是对当今尚在建构之中的世界秩序的描述。帝国的革命主体是"诸众"。由于"帝国"模糊了国家与国家之间的界限，其权力远远地超越了民族国家，因而它是一种无中心无边界的全球化权力网络，其统治对象是全人类，由此我们应立足于"全球视野、在地行动"的态度来看待"诸众"。另一方面，"诸众"的活动生产和再生产了整个生

① ［美］约翰·费斯克：《理解大众文化》，王晓珏译，中央编译出版社 2006 年版，第 24 页。

② ［英］约翰·费斯克：《大众经济》，戴从容译，陆扬编《大众文化研究》，上海三联书店 2001 年版，第 133 页。

③ ［英］斯图亚特·霍尔：《解构"大众"笔记》，戴从容译，陆扬编《大众文化研究》，上海三联书店 2001 年版，第 51 页。

活的世界。"诸众"的活动既有建设性又有破坏性，他们将是反抗、颠覆和超越帝国的革命主体。"维持着帝国的芸芸众生的创造力也能够自主地构造一个反帝国，一个可供替代的全球流动和交流的政治组织。"① 全球化的权力网络一方面维护了某种政治秩序和文化等级制度；另一方面也提供了另一种可能，即在设法保留个体差异的同时，努力促进群体平等交流和共同行动的可能。哈特和奈格里还认为，"诸众"虽然强调其自身作为共同体的有序性与内聚力的意义，但并不遮蔽社会差别而是推崇多重差异。"诸众"本身就是无数的独特差异的组合，具体如文化、种族、族群和性别的差异，以及劳动形式、生活方式、世界观和愿景的差异②。在此，"诸众"被构想成一个开放的和扩张的网络，在其中所有的意见分歧能得到自由而平等的表达。也就是说，文化全球化语境中的"诸众"所指向的是对一种文化的差异性与多样性的维护。

通过对西方马克思主义文学批评大众范畴的粗略叙述，我们不难发现"大众"与"群氓""群众""人民""劳工阶级"等概念之间的密切联系。"他者的在场"部分消除了"大众"概念的界定困难，与此同时，这些话语也从不同角度丰富和充实了马克思主义文学批评"大众"观的内涵。通过对以上概念的比较分析，我们还可以发现，"大众"并非一僵化静止的固定范畴，对这一范畴的历史解读中包含了各种各样的批判视角。霍克海默、阿多诺和马尔库塞一以贯之的是文化批判和意识形态批判的思想，他们未能彻底揭示社会弊端和民众疾苦的根本缘由，因而最后得出"大众"主体意识和政治潜能已经弱化以及解放前景不容乐观的消极结论。本雅明、威廉斯、霍尔和费斯克则对文化精英主义颇有微词，他们反对把"诸众"视为有待救赎的对象，而是强调"大众"的主体意识与能动性。特别是费斯克赋予"大众"无上地位，对特权阶层在物质与精神领域的霸权表示了质疑。后马克思主义的代表人物哈特与奈格里在对资本主义进行批判反思的同时，倡导本土化行动与全球化视野的结合，以检视"诸众"参与其中的社会斗争的多方向性和斗争内容的多样性。哈特和奈格里强调，任何一个国家都不可能脱离全球权力网络中的其他力量而单独行事，

---

① ［美］麦克尔·哈特、［意］安东尼奥·奈格里：《帝国——全球化的政治秩序》，杨建国等译，江苏人民出版社 2003 年版，第 5 页。

② Michael Hardt and Antonio Negri, *Multitude*: *War and Democracyin the Age of Empire*, Penguin Group (USA), 2004, p. 13.

建构良好的世界秩序的关键在于不同区域力量的共同参与,"诸众"则是对具有流动性、差异性、不确定性和跨区域性的新型政治组织形式的概括。

(原载《当代文坛》2016 年第 2 期)

卢卡奇话语在马克思主义文论
本土化中的意义与问题[*]

傅其林

在现代性与后现代性的全球文化话语空间，逃避他者无疑是故步自封。文学理论的建设也是如此。但凡文学理论焕发生机与活力的时代，都充满着不同文艺观念的激荡，《文心雕龙》《沧浪诗话》《人间词话》等原创性的文艺经典著述皆为中外文化激荡的结晶。当代中国马克思主义文艺理论的话语形态不断在不同话语体系的碰撞中发展、嬗变，在面临阐释危机的同时更新文艺知识体系，不断在现实需求、文学事实与文学观念之间催生新形态。全球化与本土化的问题是中国马克思主义文学理论建设的瓶颈，是文学事实与文学价值所提出的新的理论问题，这渗透到文学具体的理论思考与鲜活的文学活动之中。本土化问题涉及外来话语、本土问题意识与现实需要的碰撞，关乎接受主体的审美经验问题、认知体系及其意识形态选择，既是本土化历史进程的描述性事实，也内含着规范性考量。卢卡奇作为20世纪最重要的马克思主义文艺理论家之一，他的著述在国外马克思主义文艺理论本土化的过程中具有重要的启示性，同时也带来诸多困惑。他的话语进入中国文学场域，促进了中国马克思主义文艺理论关于文艺本质、文学批评与文化批判的思考，具有颇为复杂的功能意义：既推动了中国马克思主义文艺观念的建构，又加速了传统马克思主义文学理论的危机。我们可以从正统马克思主义模式、批判理论模式与后现代视野模式中窥测这些功能意义。无疑，这对反思国外马克思主义文论的本土化以及建设中国当代文学理论话语具有某种参照价值。

---

* 基金项目：国家社科基金重点项目"国外马克思主义文论的本土化研究——以东欧马克思主义文论为重点"（12AZD091）。

一　文学审美意识形态论的构建功能

卢卡奇话语参与中国当代文学本质观念的构建，主要体现在文学审美意识形态论、主体性理论与实践论三个方面。这三个方面在中国当代文学观念的构建中并不具有系统性与有机联系的特征，而是充满张力甚至是对立的。

对文学是什么这一基本问题的回答，是中国当代文艺理论的核心命题。在中西思想交集的当代语境中，这个问题显得尤为突出，尤为关键，因为对此问题的回答为整个文学活动奠定了重要的基础。中国当代文学理论自新时期接受苏俄文论话语与欧美文论话语以来，对这一基本问题做出了多种视角的回答。艾布拉姆斯的四因素说可以视为当代文学理论文学本质观的四种主要角度。而在这四种角度中，马克思主义文学理论观主要是提出文学与世界的关系。"文学是社会生活的反映""文学是一种社会意识形态"等文学本质观成为学界共识。当代中国马克思主义文艺理论的重要贡献，是对苏联影响下的作为社会意识形态的文学观念进行批判性思考，提出了文学审美意识形态论，从而把审美反映的观念整合到文学的本质之中。卢卡奇的话语参与并促进了这些思考。

卢卡奇颇为重视反映论文学观念，从20世纪30年代到60年代，反映论是卢卡奇文学本质观的重要维度，这是从认识论角度思考现象与本质的问题，强调文学是社会现实的普遍性本质的反映。虽然卢卡奇的反映论受到恩格斯、列宁的反映论的直接影响，但是作为有着丰厚的文艺审美体验的马克思主义文艺理论家，一直受到康德的审美规范性思想的影响，故他特别注重文学艺术的审美特性的合法性建构。卢卡奇的审美反映论是建构审美领域的规范性基础，提出了审美领域与科学领域、伦理道德领域的差异性。卢卡奇对审美与反映的内在关系的思考深化了马克思主义文艺反映论，可以说适应了新时期以来对文艺自身审美特性的关注，也契合中国20世纪80年代的文学热、美学热。虽然卢卡奇的《审美特性》一书直到1986年才第一次有部分中文翻译，但是他关于现实主义文学的论述与欧洲现实主义文学批评，已经凸显了文学反映的审美性。可以说，卢卡奇的审美反映的文学本质观在中国新时期的马克思主义文艺理论界具有重要的影响，扭转了以往简单的反映论文学观，改变了以前强调政治第一、艺术第二的文学评价观念。在新时期注重文学艺术自身规律的思考的文学语境下，在强调文学不直接从属于政治的思想解放的政治语境下，卢卡奇的审美反映论与中国学者对审美特性的思考，尤其与在审美反映基础上构建的文学审美意识形态论相呼应，成为马克思主义哲学美学坚实的基础。但是，起初中国学者是在哲学反映论与认识论意义上接受并整合卢卡奇的审美反映论的，这是时代的知识框架的必然与限度，也是马克思主义哲学认识论文艺观点的延续，也是在经典现实主义文学观念基础上的接纳与解释，体现出西方启蒙现代性追求真理与真实的特征。卢卡奇影响下形成与发展的审美反映论与文学审美意识形态论更多地整合了审美与意识形态的范畴，也就是把审美感性融入反映与意识形态的关系之中。关键在于，卢卡奇在审美领域的合法性思考切合了中国文学审美意识形态论的文艺本质观，促进了中国当代马克思主义的文艺本质观的理解，也就是反思了文学与非文学的本质属性问题。

为了确立文学自身的合法性，立足于文学现象本身进行审美体验与思考的中国文学审美意识形态论不断关注审美形式，突出文学语言的审美特性，分析文学语言与科学理论语言的区别，探讨文学节奏的形式意义，关注"有意味的形式"。"既然语言都具有意义，那么，文学语言与科学语言分离开来的标志是什么呢？区别就在于科学语言的指实性特征，与文学语言的非指实的虚拟性特征。使用科学语言的结果，目的在于通过语言的实际意义，揭示出这语言以外的一个实在的世界，或是正确的反映，或是一种谬误的描述。文学语言使用的结果，就在于通过语言实际意义，创造出一个并非真实的虚设的世界。这就是两种语言不同的实质所在。文学使用的语言，与科学语言同属一种语言，自然具有同样意义，但何以与科学语言不同，却创造了一个虚构的世界？其关键就在于文学创作避开了语言的陈述功能，而充分利用了其表现功能。"① 卢卡奇的审美反映理论激发并深化了中国文学审美意识形态论的审美形式维度，甚至在一定程度上引领了中国审美反映论的论述框架。当然，这种中国文学观念的建构是复杂的，还受到中国学者的世界文学审美经验的积淀、20 世纪 80 年代现代主义的审美纯粹性思想乃至语言符号学等形式主义文学理论的影响，也与马克思主义的美学观点和历史观点的批评模式内在地联系着。事实上，中国文学

---

① 钱中文：《论文学形式的发生》，《文艺研究》1988 年第 4 期。

审美意识形态论立足于文学领域，古今中外不同的话语被挪用以达到深入理解文学审美反映与审美意识形态的知识性目的以及对于审美经验性的把握，从而体现了话语意识形态本身的多元性与复杂性，既有现实主义因素，也有现代主义因素。而卢卡奇的审美反映理论除了文学的思考之外，还涉及绘画、音乐、建筑等艺术，尤其重要的是，卢卡奇注重从马克思主义美学、历史哲学等哲学话语高度来思考审美反映的特性，更偏重于现实主义美学建构，对现代主义表现出固执的偏见。其理论的深刻性与系统性、抽象性、历史哲学性、宏大叙事性在中国文学审美意识形态论中没有得到过多思考与讨论，而中国哲学界也没有对之进行深入论述，这既体现出中国当代文学本质形态的话语在一定程度上延续着中国传统文学批评的特点，也透视出文学审美意识形态论的碎片化与过程性推进的特征——主要是通过"论文"形式不断推进的。

可以说，初期的中国文学审美意识形态论几乎是卢卡奇审美反映理论的具体化与本土化体现，但是在理论发展过程中不断超越卢卡奇的审美反映的知识结构与现实主义审美经验的视野，融入了语言符号意义理论、言语行为理论、话语理论、中国传统比兴修辞审美系统，从而在中国文学话语空间拥有了更多的合法性与阐释力量。

二 主体性与实践性之文学观念的推进

卢卡奇话语是复杂的、多维度的统一，既有对现实主义美学的马克思主义历史唯物主义的建构，也有对现代性物化现象的尖锐批判，还有实践性的哲学构建，鲜明地体现了东欧马克思主义、西方马克思主义人道主义特色。由于政治斗争与意识形态的干预，卢卡奇在新时期以前的30年间主要是作为反面的批判对象出现在中国学界的。20世纪五六十年代中国主流意识形态延续苏联模式，展开对东欧马克思主义人道主义批判，卢卡奇无疑是其中一个重要典型代表。80年代又涌现关于人道主义的论争，卢卡奇的话语在遭受怀疑的同时带来新的机遇，开始扭转中国当代马克思主义文学话语形态。中国文学审美意识形态论并没有凸显主体性意识，更没有深刻地反思个体性问题，只是偶尔涉及审美反映的拟人化特征。因此主体性命题是中国当代马克思主义文学观念的另一个重要维度。新时期的主体性凸显是中国第二次现代性启蒙的表现，是改革开放面对他者的自我意识的确认，是审美自律性的张扬，其原因复杂多样，但是东欧马克思主义、西方马克思主义人道主义的力量是不可忽视的。王若水对人道主义马克思主义哲学的探索涉及东欧马克思主义关于异化问题的思考，他说："异化这个概念在西方已经流行好几十年了。讨论得非常热闹。研究马克思主义的人，不管是马克思主义者还是非马克思主义者，都参加了讨论。南斯拉夫对这个问题很重视，苏联理论界长期对这个问题避而不谈，要谈也是抱否定态度，说这是马克思的早期思想，没有什么价值。"① 在新时期，这种局面发生了逆转，1981 年中国社会科学院翻译出版了《关于马克思主义人道主义问题的论争》（生活·读书·新知三联书店），1982 年编译出版《马克思主义人道主义问题》（陕西人民出版社），1983 年出版《人性、人道主义问题讨论集》（人民出版社）等，其中有波兰的雅罗舍夫斯基的《马克思主义奠基人著作中的人道主义问题》、弗雷特兹·汉德的《青年马克思著作中的伦理学问题》，南斯拉夫的辩证唯物主义派斯托伊科维奇的《马克思主义哲学的人道主义实质》《列宁对人道主义的看法》和实践派马尔科维奇的《工业文明社会彻底人道化的可能性》、彼得洛维奇的《马克思思想中的人道主义与革命》，波兰沙夫的《反人道主义，还是反马克思主义？》，罗马尼亚的《人道主义——从原则到现实》等。这些著述包括了人道主义与人的实践本质的探究，包含着重要的实践美学思想，尤其强调青年马克思对人的实践创造性的思想。② 对主体性的重视在新时期引发了热烈的争论，在争论中主体性问题成为中国当代马克思主义文艺理论的重要观念之一。这是对传统马克思主义反映论的深化与转型，从而把审美反映理解为人道化的主体性意识的重要维度，而不是视之为科学反映的客观性与人之缺失。

无疑，卢卡奇的审美反映论在参与中国主体性文学理论建构中，释放了审美反映的主体性与人性价值，涉及对个体性的自我意识的重视。在 20 世纪五六十年代，卢卡奇这种主体性的审美观受到中国学者基于政治意识形态影响下的尖锐批判与质疑，被视为现代修正主义或者老牌修正主义，但是在新时期受到正面的积极肯定，这当然不是对资产阶级人性论的青

---

① 王若水：《谈谈异化问题》，《新闻战线》1980 年第 8 期。
② 傅其林：《中国学界对东欧马克思主义美学文献的整理与研究》，《中外文化与文论》2016 年第 33 期。

睐，而是基于社会历史基础和动态过程的人道化主体的体认，属于社会主义人道主义的文艺观念，也是对青年马克思的《巴黎手稿》中的人道主义的阐释。虽然中国在 1956 年翻译出版了马克思的《巴黎手稿》，但是真正产生实质性的文学理论影响，还是在新时期以来。这也是在艰难的现实中曲折推进的事情。王若水提出，认识论不要忘记了人，马克思主义并不冷冰冰，人是马克思主义的出发点，衡量实践的标准要看人的目的性，"社会主义生产的目的是人及其需要，包括物质需要和文化需要，既然这样，我们就应该用有没有满足这种需要和满足的程度如何来估价生产实践的成功、失败和成绩的大小"①。在中国马克思主义文艺理论家看来，不仅审美反映有着拟人化的特征，而且审美反映的重要机制模仿也联系着人的命运的问题。"卢卡奇的艺术本质论将艺术观念推进到人本身，强调文学艺术以完整的人性而达到审美性，这是大大有助于人们对艺术的审美特性的研究的。这不仅符合一般的人道主义原则，也符合社会主义人道主义的原则。"② 因而在中国当代马克思主义文艺理论中，卢卡奇的文艺人性主体性理论成为马克思提出的作为人的本质力量彰显的艺术观的有力注释。卢卡奇从青年时期到老年一直关注人的存在价值，不断在与客观世界的接触中、在实践的历史性生成中建构主体性意识以及阶级意识，从而使马克思主义真正成为解放的现实实践行为，以克服现代性过程中人的非人状态，即物化或者异化生存状态。晚年的卢卡奇对青年时期的著作尤其是被称为西方马克思主义经典著作之一的《历史与阶级意识》颇有不满，但是《审美特性》与《历史与阶级意识》都贯穿了对人道化主体性建构的思想。模仿不仅仅是反映的重要机制，而且涉及人的命运与自我实现，因此艺术涉及人的世界，是人的自我意识的记忆，是人的自由性彰显。我们以之来反思中国当代文学理论，用卢卡奇的人道化思想深化了文学研究的主体性意识，使中国文学研究具备了某些批判性，这是卢卡奇话语作为西方马克思主义、东欧新马克思主义批判理论的特征的凸显。在当代中国文学理论建构及文学艺术研究中，物化与异化批判逐步呈现，改变了传统话语的你死我活的残酷战争状态，体现出人道化的主体性的建构特征。这对社会主义

---

① 王若水：《为人道主义辩护》. 生活·读书·新知三联书店 1986 年版，第 82 页。
② 黄力之：《艺术本质论发展马克思主义文艺学的不同尝试》，《文艺理论与批评》1991 年第 4 期。

政治文化的审视，对现代资本主义文化的批判性理解提供了有益的思路，无疑带来马克思主义话语的活力。在中国当代文学理论的主体性建构中，卢卡奇的话语无疑起到了中介意义，如果说哲学界更多从《巴黎手稿》中获得人道主义与异化的理解，那么文学理论界既有《巴黎手稿》，又有现代美学的主体性启蒙美学，而卢卡奇的话语是沟通巴黎手稿和启蒙审美主体性的重要推手之一。

卢卡奇的实践美学思想也渗透到中国当代文学理论有关实践性的思考，促进了中国当代文学理论的实践本体论的建设。中国当代马克思主义文艺理论的实践维度是比较突出的，而且具有深厚的马克思主义哲学基础，主要体现在对《巴黎手稿》中有关实践的本体论的阐释与发展以及对列宁实践哲学的继承，也与毛泽东的实践论息息相关。卢卡奇关于实践的观念切合了当代马克思主义文艺理论的实践维度。中国当代文艺理论高度认同卢卡奇作为历史过程的实践本体论思想，注重他关于文艺与审美的本质同社会生产的历史过程的实质性联系，正如卢卡奇所说，"文学的存在和本质、产生和影响因而也只有放在整个体系的总的历史关系中才能得到理解和解释。文学的起源和发展是社会的总的历史过程的一个部分。文学作品的美学本质和美学价值以及与之有关的它们的影响是那个普遍的和有连贯性的社会过程的一个部分"①。但是实践概念在中国马克思主义文艺理论和卢卡奇话语中具有某些不同的意义，这导致了中国文艺理论界的实践命题长期没有得到深入研究与重要推进，反而在实践美学方面更切中卢卡奇对于实践丰富性的理解。当代中国马克思主义文学理论经历了从认识论、主体性与实践维度的转型与深入，经历了近 30 多年的学术探索，而卢卡奇在 20 世纪 60 年代就完成了这一马克思主义文艺理论基本问题的建构。不难看到，当代中国文学理论建构充满着诸多知识学、政治与意识形态的波折。

回顾中国当代文学理论，不能不感受到卢卡奇话语在显在层面和潜在层面刺激中国学者对马克思主义文学基本观念的思考，深化了审美反映论、文学审美意识形态、文学主体性、文学实践性的理论建构，促进了中国马克思主义文艺理论形态的复杂化与多元结构化。卢卡奇话语参与中国当代文论建设，恰恰透视出中国当代文论话语的多元性与碎片性，也显示

---

① ［匈］卢卡契：《卢卡契文学论文集》（一），中国社会科学出版社 1980 年版，第 257 页。

出中国当代马克思主义文艺理论话语的丰富性与矛盾张力。卢卡奇关于马克思主义美学的系统建构在中国当代文学理论中被选择性吸收与突出，其系统性与完整性在一定程度上被不同的文学理论家解构了。

三　知识话语的游戏与本土化问题

中国当代文学理论的文学审美意识形态论、主体性理论、实践美学建构与卢卡奇话语本身有所疏离，但是在某种意义上，卢卡奇话语促进了中国当代文学理论困境的解决，譬如在改革开放的全球文化语境中，应该如何从学科知识的意义上回答文学究竟是什么的问题。面对纷繁多样的文学观念，中国学者做出了自己的独立思考，并把这些思考用于文学现象的阐释之中，体现了中国学者审美经验的理论化。可以说，卢卡奇话语从最初被认为是修正主义到后来获得高度肯定，这一转型是其话语在中国本土化的重要标志，而它也正是中国当代文论话语学科化的标志，只要在审美经验、知识学和学科意义上审视文学的基本观念以及卢卡奇的话语逻辑，文学的审美性与主体性、实践性、意识形态性就会不断喷涌出来。

不过，由于中国文化政治环境的限度、中国学者知识学的限度以及审美经验积淀的限度，卢卡奇话语在文学审美意识形态理论、主体性理论与实践美学理论中的激发功能是有限度的，这是阐释的限度和本土化的限度。就此而言，卢卡奇话语不可能达到马克思、恩格斯、列宁话语在中国本土化的深度与宽度。这在文本翻译、意义阐释、话语体系挪用、本土化创造实践等方面可以清楚地看到。譬如，虽然卢卡奇的《历史与阶级意识》《审美特性》《社会存在本体论》《理性的毁灭》《小说理论》等著述在新时期陆续被翻译出版，但是一些著述诸如《现代戏剧发展史》《心灵与形式》《海德堡美学》《历史小说》等至今没有中文翻译。因此，卢卡奇话语本土化在中国当代文学观念的建设中充满着诸多误解、浅见、曲折，同时也激发了中国学者新的思考与创造。

在21世纪，在不断学科化与全球化的文学理论界，卢卡奇话语本土化变得更加矛盾，其参与中国当代文学理论话语建设也是复杂的，有如巴赫金的杂语似的推动与激发。这主要不是文学观念建构的历史需要、现实情怀与文化政治选择的本土化，而是知识话语本身生产意义的本土化。21世纪是卢卡奇话语参与后现代语境下中国文学理论话语构建的时代。这主要体现在五个新维度。一是日常生活维度的美学建构。卢卡奇的文艺理论与美学一直重视日常生活命题，从青年卢卡奇对资本主义日常生活的琐碎、无意义、庸俗性的批判到现实主义对日常生活的描绘与总体把握，再到审美反映的日常生活基础，都可以见出日常生活命题的重要性、基础性与本体性。这不仅是历史唯物主义反映论问题，更多是存在论与现象学的命题，卢卡奇长期批判的现象学、存在论却反讽地内在于其自身话语之中。二是卢卡奇的形式符号论思想得到重视，这与西方马克思主义传统密切相关，尤其与伊格尔顿、詹姆逊的"文本意识形态""形式的意识形态"的阐发有关，也与形式符号论在中国学界的逐步得到认可有关。三是卢卡奇在后现代语境下被视为宏大叙事的立法者而被诟病，被视为固执的现实主义者而被批判，同时他也与后现代主义的对话性、碎片性联系在一起，因为卢卡奇的著述中充满着碎片性，随笔成为其重要的文艺美学思想的载体，异质性不可避免，审美误解不可根除，这些思想与东欧新马克思主义、后马克思主义者的阐释联系在一起。四是物化批判与物化美学建构相互关联。物化本来是卢卡奇批判现代资本主义人的异化的关键性概念，但是中国文艺理论家从中找到了积极的物化美学建构的可能性。例如，王一川从传统中国美学的物感说与比兴修辞诗学找到了应对当代物化时代的新型诗学。五是学术研究超前于文本翻译。21世纪以来中国文学理论的一个重要标志是越来越多的文学思考直接借助于外文文献，文献越来越翔实，引述也越来越直接真实。20世纪八九十年代中国文学理论涉及卢卡奇的话语主要借助于已经翻译的中文著述，而且大多限于卢卡奇的现实主义批评、《审美特性》《历史与阶级意识》等，而21世纪以来卢卡奇的重要文献不论翻译还是未翻译的，都涉及了，既包括德语文献、英语文献，也涉及匈牙利语文献，不仅关注他在斯大林时期的现实主义、晚年的马克思主义美学系统建构、他作为西方马克思主义者的批判性文艺美学，而且探讨了青年卢卡奇的《现代戏剧发展史》《心灵与形式》《小说理论》《海德堡美学》，还把他与克尔恺郭尔、海德格尔、本雅明等内在联系起来。这是中国当代文学理论深度切入卢卡奇话语的标志，而结果是：卢卡奇的文艺理论思想的复杂性、悖论性不断被揭示出来，他的真实形象在中国越来越清晰，也扭转了以往的修正主义者、正统马克思主义者、现实主义者、西方马克思主义者、东欧马克思主义者等固定形象，一个具有后现代悖论形象的卢卡奇开始出现在中国当代文学理论空间中。这可以说是卢卡奇话语在中国本土化不断推进的表现。

　　然而，这种本土化推进更多的是知识话语的创造与生产，是中国学者在世界知识话语谱系中，在后现代主义、后马克思主义、西方马克思主义等知识体系中建构的卢卡奇形象，这是基于文本本身的话语分析、阐释与构建。这些本土化在深度上表现明显，但是在宽度上极大地缩小了，与中国丰富的现实距离显然疏远了，与中国人的直接生活现实及其文化文学需要隔离了。新世纪中国学者的卢卡奇话语阐释仅仅在极为狭窄的空间存在，甚至只是在少数几个人之间存在，自娱自乐，自在于读书的快乐与书写的乐趣以及知识生产的制度性常规呈现。学者研究领域的固定化与当代中国学术研究的制度性机制使得中国的卢卡奇话语细腻而深刻，复杂而深邃，自存于一块飞地。可以说，21 世纪的学术机制促进了卢卡奇话语的游戏状态。这无疑有积极意义，但是就本土化进程与效果而言，这悬置了中国当代文学理论话语建构，文学理论研究失去了现实的土壤，缺失了问题意识，也丧失了文化政治意义，这不是文学之死，而是理论游戏娱乐至死。在此意义上，卢卡奇话语的本土化是中国当代学术的一个镜像。尽管如此，在对卢卡奇话语的多元阐释中，中国学者的理论意识与主体性日益突出。基于深度本土化之上的中国文学话语体系建构，也许会更加坚实与厚重，更具有强大的话语力量与阐释的有效性。

（原载《探索与争鸣》2016 年第 12 期）

走向"文化唯物主义"之路[*]

——雷蒙·威廉斯与马克思主义文论的"关键时刻"

徐 蕾

雷蒙·威廉斯是第二次世界大战后英国最重要的马克思主义文论家，也是"新左派"的核心人物、"文化研究"的理论奠基人之一。这位集作家、文学评论家、思想家、社会活动家等多重角色于一身的公共知识分子被誉为"英语世界最权威、最坚定、最有原创性的社会主义思想家"[①]，"战后独一无二的最重要的批评家"[②]，"成千上万人的思想之父"[③]。他的学术研究以马克思主义的历史唯物主义为旨归，从文学到文化再到社会和历史，廓清、修正了一度被庸俗化和绝对化的马克思主义文学观，并将其发展到"文化唯物主义"的"关键时刻"[④]，大大丰富了马克思主义文学批评的内容和实践。

事实上，威廉斯与马克思主义的关系并不单纯、清晰，有时还颇为令人费解。20世纪50年代，马克思主义风行英国大学校园，他则对庸俗化的经济决定论、反映论持鲜明的批判态度；70年代，结构主义将文学批评引入"语言的牢笼"，他又不顾"保守""老派"的指责，强调文学与意识形态的内在联系，坚持从文本出发，揭示文学作品背后广阔的社会画卷

---

　* 本文是教育部人文社科项目"当代英国小说中的后现代现实主义研究"（10YJC752044）的阶段性成果。

① Robin Gable（ed.），*Resources of Hope Culture, Democracy, Socialism*, London：Verso, 1989, p. ix.

② Terry Eagleton, *The Function of Criticism：From the Spectator to Post - Structuralism*, London：Verso, 1984, p. 108.

③ Patrick Parrinder, "Diary", in *London Review of Books*, Feb. 18, 1988, p. 25.

④ ［英］弗朗西斯·马尔赫恩：《当代马克思主义文学批评》，刘象愚等译，北京大学出版社2002年版，第16页。

和文化语境,继而将文学批评提升至文化唯物主义的范畴。威廉斯是一位学养丰富、视野恢宏的思想家和批评家,其著述主题庞杂、观点复杂、立场微妙,很难笼统地将其视为传统马克思主义的衣钵继承人,但他的思想又始终没有脱离对马克思主义的强烈关注,研究者称他"始终是马克思主义各路矛盾思潮中一位有创造性的、非传统的弄潮儿"①。

在谈到自己与马克思主义思想的关系时,威廉斯表示更愿意把自己视为一个革命的社会主义者、共产主义者以及历史唯物主义者,而不是马克思主义者;但几十年间自己"所做的每一点工作,都以某种复杂或直接的方式(虽然常常没有记载下来)同马克思主义的观念和讨论发生着联系"②。可以说,与马克思主义的复杂关系贯穿了威廉斯学术生涯的不同阶段:左派利维斯主义(20世纪40年代末至50年代末)、新左派(20世纪60至70年代)以及文化唯物主义(20世纪70年代末之后)。本文将以这三个阶段为线索,简要勾勒威廉斯学术思想的演变轨迹,探讨他是如何在继承与创新马克思主义思想的过程中逐步走向"文化唯物主义"之路的。

一 对"文化与生产"的再思考

威廉斯在20世纪三四十年代就读剑桥的时候,正值利维斯主义文学批评的全盛期。利维斯继承了文化/文明研究传统中前辈人物柯勒律治和阿诺德的人文教诲,认为知识分子的首要任务是维持文化的连续性,在面对20世纪大众文明时尤其需要培养一种异常的灵敏性,因为大众文化产品的泛滥几乎中断了传统所珍视的思想与感觉方式。利维斯等人还发展了一种专业的文化批评技能:通过细节分析探寻文本的组织方式——"实践批评"的方法。威廉斯初入剑桥求学时并未关注到彼时已颇具盛名的利维斯,直到"二战"结束、重返校园时才发觉"满耳听到的是有关利维斯的争论"③。威廉斯欣赏利维斯赋予文学研究的文化关切功能,视其为同代人

① J. McIlroy and S. Westwood (eds.), *Border Country: Raymond Williams in Adult Education*, Leicester: National Institute of Con-tinuing Education, 1993, p. 267.

② Raymond Williams, *Marxism and Literature*, Clarendon: Oxford UP, 1977, p. 2.

③ Raymond Williams, *Writing in Society*, London and New York: Verso, 1984, p. 178.

中最令人关注的批评家、英国文化的主要贡献者。① 利维斯创立的论坛杂志《细察》（1932—1953）保卫文化标准、防止其堕落的立场，也吸引了初出茅庐的威廉斯，因为这和他的个人经验是一致的。"它没有告诉我，我的父亲和祖父是无知的工资奴隶；它没有告诉我，时髦的、繁忙的商业文化正是我必须追赶的。"②

然而，随着威廉斯学术视野的扩大和对民众文化运动的广泛参与，利维斯文化立场的悖论越来越清楚地呈现在他的眼前。在日后的采访中，他时而将利维斯的思想概括为"文化激进主义"，时而又称之为"文化保守主义"。这种看似自相矛盾的描述，其实正体现了他对后者批判地继承与扬弃的阶段性过程。利维斯对工业革命和商业文化的激越批判，契合威廉斯作为文学研究者的基本人文立场和对新秩序构建的道德关怀，但这种强调"有意识的少数派"和"精英文化"的文化激进主义，又在漠视甚至反对新兴的大众文化中暴露出其根深蒂固的保守立场。威廉斯认同利维斯的看法，即传统的最微妙和最脆弱的部分体现在语言和文学中；但他反对利维斯的另一个观点，即语言和文学代表了全部文化遗产。③ 他认为利维斯夸大了英文研究维系文化传统的重要性，在他看来，"英语的确是所有教育中的一件中心大事，但英语显然不等于是整个教育"，被英语教育所挟制的文化概念必须被拓展，"直到它几乎等同于我们的整个共同生活"。④ 文化在本质上是民主的、日常的。不仅如此，各种文化的差异不可能是绝对的，也没有等级高低可言，它们相互渗透、彼此融合，是不可分割的整体。威廉斯对文化的宽泛理解，显然吸收了马克思主义唯物主义传统中关于"文化与生产"的关系论述，从而认同"一种文化是共同的意义，是所有人的产品，是被展示的个体意义，是一个人的所有承担的个人性和社会性经验的产物"的观点。⑤

马克思主义的唯物主义文化观印证并提升了威廉斯从孩提时代积累起

---

① Raymond Williams, "Our Debt to Dr. Leavis", *Critical Quarterly 1* (1959), pp. 245 – 247.

② Raymond Williams, "Culture is Ordinary" (1958), in *Resources of Hope: Culture, Democracy, Socialism*, ed. by Robin Gable, London: Verso, 1989, p. 9.

③ ［英］丹尼斯·德沃金：《战后马克思主义在英国——历史学、新左派和文化研究的起源》，李丹凤译，人民出版社2008年版，第124—125页。

④ Raymond Williams, *Culture and Society* 1780 – 1959, London: Chatto & Windus, 1958, pp. 253 – 256.

⑤ John Higgins (ed.), *Raymond Williams Reader*, Blackwell Publishers, 2001, p. 15.

来的经验认知，他说："文化是整体生活方式，艺术是社会有机体的一部分，而经济变化清楚地剧烈影响着社会有机体。"① 但威廉斯对 20 世纪 50 年代英国国内盛行的各种马克思主义文学批评模式极为反感。1958 年威廉斯发表的《文化与社会》，从某种意义上说就是他对这种流行模式的回应之作。在《马克思主义和文化》一章，威廉斯尖锐批评了英国马克思主义批评家韦斯特、考德威尔的庸俗马克思主义，认为文学创作与社会经济生活之间的关系不能简化为缺乏弹性和质感的经济决定论。一方面，包含着过去的延续和现存的反映的上层建筑内容复杂，从经济史入手考察文学虽然凸显了经济生活对文学的深刻影响，但与整个社会生活方式相关的文学不应化约为社会经济生活的记录；另一方面，文学创作的活力源头在于"作家和现实的全部复杂关系之中"②，把作家是否参与某种特定的社会活动视为活力的唯一源泉，或依据阶级原罪来评判一个作家的价值的做法过于褊狭和教条。这些庸俗马克思主义文学批评的标准化操作模式在深受剑桥英文研究熏陶的威廉斯看来，不仅"牵强、浮浅"，甚至"空泛到不够错的份"③。

20 世纪 50 年代备受推崇的考德威尔，便是这批马克思主义批评家中的代表。威廉斯认为，虽然考德威尔对经济决定论的驳斥和对艺术能动作用的阐释，在一定程度上修正了传统的马克思主义经济基础/上层建筑模式，但一旦涉及具体的资产阶级作家，他的论述在方法和逻辑上都经不起严格推敲。威廉斯批评他"不是依据社会整体，而是依据经济情况与研究主体之间主观武断出来的互相联系的阐释方法"来阐释"资本主义诗歌"④，把"是否有助推进社会里最具创造性的活动"视为评判文学作品价值的唯一标准，所以才会得出以叶芝、T. S. 艾略特、乔伊斯为代表的资产阶级作家沉湎于自然主义描写和资产阶级温情幻觉，代表颓废文学倾向的肤浅论断。

威廉斯对考德威尔机械唯物论的批判，在一定意义上折射出他对马克

---

① Raymond Williams, "Culture is Ordinary", in *Resources of Hope*: *Culture*, *Democracy*, *Socialism*, Robin Gable (ed.), London: Verso, 1989, p. 7.

② Raymond Williams, *Culture and Society* 1780 - 1959, London: Chatto & Windus, 1958, p. 265.

③ Ibid., p. 277.

④ Ibid., p. 281.

思文艺思想的矛盾态度。他赞赏马克思在《〈政治经济学批判〉导言》中提供的生产力和生产关系、经济基础和上层建筑之间的互动模式，认同经济基础对上层建筑的决定性作用，上层建筑的变革随着经济基础的变革"或快或慢地发生"。然而，威廉斯眼中的上层建筑具有高度的复杂性和多样性，因为涉及人类意识的上层建筑始终是历史的，同时包含着对现实的反应和对过去的延续。在这一点上，他更倾向于恩格斯1890年给布鲁赫信中的观点。恩格斯认为，尽管"历史的决定因素最终是现实生活中的生产与再生产"，上层建筑的各种因素"也影响了历史斗争的过程"①。威廉斯从中看到"马克思启用的公式效用被削弱"，建筑与上层建筑虽然表达了一种既绝对又固定的模式，"但马克思与恩格斯承认的现实状况既没有那么绝对，也没有那么清晰"②。

受到种种主客观因素的限制，20世纪50年代威廉斯对马克思主义的理解并不完善，且不无自相矛盾之处。但是不可否认，威廉斯看待物质与意识之关系的开阔视野和历史唯物主义立场，超越了同时代许多被视为"正统"的马克思主义文学评论家，对文化概念进行政治学批判的取向此时已初露端倪，日后将得到更加充分地展现。

二 "替代性传统"与"情感结构"

1956年爆发的"匈牙利事件"和"苏伊士运河事件"，让一批英国左翼知识分子和专业人士放弃了对社会主义苏联和国内统治阶级的幻想，开始反思和探索符合英国实际的马克思主义理论，努力开辟新的理论空间。在新左派的众多思想人物群像中，威廉斯被认为是英国新左派最权威、最一贯和最激进的声音。③威廉斯是新左派阵营《新左派评论》的创刊人之一，他发表的近20篇文章涵盖了杂志的每一个发展阶段。20世纪60年代后期他与E. P. 汤普森、霍尔等人共同编辑《五一宣言》（1968），深入剖析了60年代政府执行货币贬值政策的负面效应和积重难返的代议制民主，

---

① Raymond Williams, *Culture and Society* 1780－1959, London：Chatto & Windus, 1958, p. 267.

② Ibid. , p. 268.

③ ［英］罗宾·布莱克伯恩：《雷蒙·威廉斯的新左派政治学》，《英国新左派思想家》，张亮编，江苏人民出版社2010年版，第53页。

指出"仅由左派抱怨共识政治（consensus politics）或凭借一拨气势汹汹的工人的参与不足以解决问题，必须要由如新左派一样的知识分子为主体的组织，来承担起分析和发现联合劳工运动中每一位社会主义者和有组织工人的职责"①。

新左派对于威廉斯的感召力还在于他们"对马克思主义传统内教条主义的普遍进攻"②。有趣的是，推动这一攻势的智力后盾便是从欧陆舶来的西方马克思主义思想。自 1963 年开始，一直到 20 世纪 70 年代中期，《新左派评论》陆续翻译和出版了大量欧洲马克思主义者的作品，包括萨特、葛兰西、卢卡奇、马尔库塞、阿尔都塞、本雅明、阿多诺等。随着这股欧陆之风，威廉斯也逐渐开始结合来自意大利、法国的马克思主义理论，从卢卡奇、戈德曼、晚期葛兰西等思想家那里寻求援助。有评论家把威廉斯重新燃起的马克思主义兴趣归因于吕西安·戈德曼 1970 年的剑桥之行③；实际上，威廉斯对马克思主义的重温早在这以前就已揭开序幕，他在阅读戈德曼、卢卡奇、葛兰西等人的思想萍踪中，找到了期冀已久的"替代性传统"。戈德曼和戈德曼身后的卢卡奇与其说是影响了威廉斯，不如说是确认了与他相近的观点。戈德曼提出的跨个体主体（transindividual subject）或复数主体概念，呼应着浓缩一代人集体经验和深层感受的"情感结构"。卢卡奇对潜在（possible）和实际（actual）意识的区分，也呼应着威廉斯把意识定位为首要活动的倾向——当然，"这个意识依然是社会性的，以历史为中心"④。

戈德曼等西马思想家所代表的替代性传统无疑激发了威廉斯重新评估马克思主义的热情，一个首要的问题就是让他久久不能释怀的经典马克思主义对基础与上层建筑关系的解释。威廉斯 1973 年发表的《马克思文化理论中的基础与上层建筑》挑战了传统的经济基础决定上层建筑的单向性因果关联，认为这种简单决定论忽视了社会存在与意识之间交错复杂的矛盾关系。他特别吁求对"基础"这一业已成型的概念进行彻底重估，指出

---

① Raymond Williams, *May Day Manifesto*, London: Penguin Books, 1968, p. 130.

② Raymond Williams, "The British Left", in *Resources of Hope: Culture, Democracy, Socialism*, ed. by Robin Gable, London: Verso, 1989, p. 140.

③ John Higgins, *Raymond Williams: Literature, Marxism, and Cultural Materialism*, London: Routledge, 1999, p. 111.

④ Raymond Williams, "Lucien Goldmann and Marxism's Alternative Tradition" (1972), in *The Listener* 87. 23 (March), p. 376.

所谓的"基础"并不是某种状态，而是一个过程，它更多地是对意识生活设定界限、施加压力，而非"某种可预知、可预想、可操控的内容"①。当基础变为过程，文化就不再是从属的、反映的，一跃成为构成性力量。在这里，葛兰西的"霸权"概念给了他极大的启发和支持。葛兰西认为，霸权是真正整体性的，浸透在社会的各个方面，以至于构成了影响多数人基本常识的内容和限度，意识形态因而绝非某种可以简单终止或撤销的被人操控的结果。威廉斯据此提出，霸权就是运作和过程中的决定，它作为一种可变的、异质的、移动的体系，受制于主导文化（dominant culture）、新兴文化（emergent culture）、残余文化（residual culture）与社会意义之间的互动。

接下来在《马克思主义与文学》中，"反映论"成了威廉斯着重探讨的对象。他认为"反映论"对艺术与现实的关系作了公式化的理解，无论是现实世界"表层现象"之反映、现实世界"内在本质"之反映，抑或"艺术家内心世界"之反映，都将艺术化约为反映，压制了艺术家对素材的实际加工和加工过程中的想象，未能动态把握住艺术活动的物质性与能动性。威廉斯汲取了法兰克福学派对唯心主义哲学"中介"（mediation）概念的改造，提出了挑战"反映论"的"中介论"。他指出，如果将艺术视作一个中介过程，文学作品就不再是对社会生活（客体）的简单反映，因为在创作过程中，语言不仅仅是摄入社会生活，同时也转换了原有的社会内容。文学作品基于社会生活，但其本质是对社会生活的转换，这与反映论、决定论有着本质的区别。在中介论中，文学作品的创造力与再创造力得到了充分的认同。这样，语言、文学不再是与社会物质生活相对独立的活动，而是整个社会物质生活的一部分，其功能不仅是"反映"，更是"创造"（production），对新的意义和观念的创造。

威廉斯认为，在艺术把握现实世界的复杂中介过程中，人类语言发挥着至关重要的作用。这一观点来自他偶然阅读遭遇的灵光一闪。1973年，苏联哲学家、语言学家 V. N. 沃罗西诺夫写于20世纪20年代的《马克思主义和语言哲学》的英文版问世，书中阐述了语言作为社会构建的符号体系对于意识形态的生成性和创造性意义。威廉斯欣喜地在沃氏的语言理论

---

① Raymond Williams, "Base and Superstructure in Marxist Cultural Theory", in *Problems in Materialism and Culture: Selected Essays*, London: Verso, 1980, p. 34.

中发现了马克思主义在 20 世纪中期一再失误的原因——后者忽视了语言的重要性。[①] 在他看来，沃氏的语言观不仅弥补了庸俗马克思主义对意识形态和社会现实关系的粗糙理解，而且在一个共时性研究大行其道的年代预先指出了考察语言的另一种路径，即在研究语言作为符号指征的形式要素时，还应向指征体系之外的社会空间延伸，因为作为人类理解现实的媒介，语言既被全部社会活动（包括生产活动）所浸透，又浸透着全部社会活动。[②] "在对社会活动的延续中，它（语言）能够修改和发展"[③]，这种可变的特质必然要求对语言符号意义的变化范围，及其无穷多样的语境下面各种关系进行深度发掘。

威廉斯对语言的关注其实由来已久，其独特的历史语义学分析模式早在《文化与社会》等论著中已经初具规模，沃氏的语言哲学则为他进一步提供了语言作为主体构成和自我意识之物质基础的依据。1976 年发表的《关键词：文化与社会的词汇》既延续了《文化与社会》未竟的工作，又是威廉斯从语言到文化的研究方法的实际运用。该书精心筛选一百多个意义模糊、用法普遍的词汇，细致梳理其词义的转变、创新、限定、转移、延伸、变异等动态过程，以揭示词源流变为线索，着力考察词语之间的共联关系（community），解说词义延续和断裂背后的不同价值观及其激烈冲突。

发表于 1961 年的《长期的革命》，堪称威廉斯文化研究的一个里程碑，他一方面大胆刷新了人们对文化的理解；另一方面基于唯物主义文化观，深入阐发了"情感结构"的概念与批评范式。威廉斯认为文化普遍具有三重意义。首先，作为理想（ideal）的文化是人类完善的一种状态或过程，即我们称为伟大传统的那些超越时代的思想和艺术经典。其次，"文献式"（documentary）的文化是知性和想象作品的整体，是文本创作和文化事件经验的记录。最后，文化的"社会"（social）属性指向一种整体的生活方式的文化。文化的"社会"定义不仅涵盖了前面两种定义所包含的内容，而且还包括了被前两种定义排斥的、在很长时间里就不被承认是文化的内容，有"生产组织、社会结构、表现或制约社会关系的制度的结

---

① Raymond Williams, "Two Interviews with Raymond Williams", in *Red Shift* 2, pp. 15 – 16.

② Raymond Williams, *Marxism and Literature*, Oxford：Oxford UP, 1977, p. 37.

③ Ibid. , p. 39.

构、社会成员借以交流的独特方式等等"①。因此，广义的文化必然具有三个层次，即被记录的文化（recorded）、选择性的文化传统（a selective tradition）、亲历的文化（lived culture）。文化在理论上可以记录一个时代，这种记录在实践上被吸收成为一种选择性的传统，而两者都不同于亲历的文化。

威廉斯的文化概念构成了他分析英国 18 世纪中叶以来伴随工业革命、民主革命而发生发展的文化革命的理论基础。既然文化包括一个社会的全部生活方式，文化研究当然不能局限于对文学作品和文献材料的分析，而"必须包括（三重）定义指向的三方面事实"②。被记录的文化、选择性文化传统、亲历的文化及其互动关系，都应进入文化研究的视野。与文化有关的文本资料，影响文化生产、传播和接受的政策制度、生产组织、结构方式等，共同构成了文化研究的横坐标系。艺术和文学研究不是简单地把艺术与社会相联系，而是对所有活动及其互动关系的考察。③ 由此，艺术和文学的研究必然奔向视野更开阔、内容更丰富的文化史领域，"无论是在亲历的文化或某一过往的时代，还是在本身即为社会组织的选择性传统中，'文献'分析必将引向'社会'的分析"④。

《长期的革命》所展现的文化史转向，是威廉斯首度从理论上探讨文化多重属性的尝试。他认为心理学家弗洛姆的社会性格（social character）和人类学家 R. 本尼迪克特的文化模式（pattern of culture）概念要么过于抽象，要么带有明显的选择性，不能复原某时某地的全部生活方式；要揭示整体文化生活各因素之间的关系、寻找包含这些关系群的复合体，必须借助"情感结构"（structure of feeling）这一核心概念。早在 1954 年与他人合著的《电影序言》（1954）中，威廉斯就提出了这个术语，作为分析艺术表达和社会变迁之关系的工具，强调社会生活的复杂性在文学作品中的渗透。在《文化与社会》中，威廉斯以 19 世纪 40 年代欧洲（尤其是英国）作家作品中表现出来的"极为深刻和广阔的沉着"为例，来说明一代人的思想与感受的形成，认为新时代所塑造出的对已经改变了的环境的反应，已经熔铸到一代人变化了的"情感结构"之中。不过，虽然"情感结

---

① Raymond Williams, *The Long Revolution*, London: Chatto & Windus, 1961, p. 42.
② Ibid., p. 43.
③ Ibid., p. 45.
④ Ibid., p. 53.

构"的概念早已广泛应用于威廉斯对具体文学作品的解读，但一直到《长期的革命》发表，这一概念才从审美领域进入文化分析的语义场。情感结构表征的是一种特定的社会生活感受或难以言表的经验，与主导的社会性格相关，得到社会最杰出的团体频繁而有力的表述。这种表述是中产阶级、贵族和工人阶级观念相互作用的结果，不仅包括被公开陈述的典范，也包括同样重要的省略和沉默。在威廉斯看来，要复原一个社会鲜活的生活经验及其完整性、把握人们在特定时空中感觉到的生活质量，就必须重构和进入当时人们的感知模式，了解什么是被强调的因素、什么是被忽略的因素，以打破精英对文化的选择和控制。

情感结构维系着最深层的社会经验、浓缩了一个时代最深刻的文化内核，在新旧时代交替之际尤为突出。作为"溶解流动中的社会经验"①，它既有别于已经沉淀的、更加明显的、直接可用的社会意义构型，又并非经济、政治等上层建筑内容的消极反映，而有其独立性和创造力。这一点在《马克思主义与文学》中得到了充分的论证。威廉斯在讨论"情感结构"与意识形态之间的关系、尤其是与"霸权"（Hegemony）的关系时指出，"情感结构"表明的是"客观结构"与"主观感受"之间的张力，突出了个人的情感和经验对思想意识的塑造作用，以及文本与实践的特殊形式。"情感结构"的理论化过程，对应着威廉斯关注重心从个人领域、个人过程向普遍经验和社会过程的转移，巧妙地维系和修复了文化与社会之间的纽带。

三 马克思主义文论的"关键时刻"

威廉斯对文化与生产、意识形态与基础之关系的反思早在 20 世纪 50年代就开始了，但是要到 70 年代末，尤其是 1977 年《马克思主义与文学》和 1981 年《文化》（又译《文化的社会学》）的出版，其"文化唯物主义思想"才正式成型。可以说，一步步走向文化唯物主义是威廉斯文学与文化理论演进的一条主线，它发轫于 20 世纪 50 年代，生长于 60 年代，成型于 70 年代，既是威廉斯早期文化观点在马克思主义启发下的深化，

---

① ［英］雷蒙德·威廉斯：《马克思主义与文学》，王尔勃、周莉译，河南大学出版社 2008年版，第 143 页。

也是其文化/文学批评实践的理论化尝试。

"文化唯物主义"概念最早由美国人类学家哈里斯（Marvin Harris）于20世纪70年代提出，用以考察文化进化过程中的技术因素。威廉斯在《马克思主义与文学》和《文化》中所阐发的"文化唯物主义"，则更多地出于对英国传统文化批评将文化与物质生活相剥离，以及马克思主义脉络中文化史（相对经济过程和政治过程）之次生性的反应。由此出发，"文化唯物主义"的首要冲动在于证实文化实践的物质属性，并确认这些实践在社会中的构成性。[①] 威廉斯认为文化在本质上是一种生产意义的物质实践。多元的文化活动包含着相应的劳动者和劳动对象，比如画家和他的颜料、画笔，工匠和他的木头、工具，没有哪一种艺术行为可以离开体能资源的运用和发展，以及外在的非人类物质，这些能力、工具和社会技术标准的提升反过来也影响着文化实践者的技艺。制造者和作品，以及文化物品与使用者之间的关系同时也受制于变化的历史性惯例和社会关系——包括获取和控制文化生产方式的问题。制造者不能脱离所在历史情境下的物质条件限制或政治权力关系的左右，随心所欲地开展某种文化实践。

在论证文化实践的物质属性时，威廉斯特别关注语言的物质性与社会性，指出语言是历史的，被物质实践所渗透，同时又渗透在实践的全过程中，因而语言既不能简单地被抽离社会生活经验、孤立为上层建筑的内容，也不能被视作附属于经济政治过程的意识产物。威廉斯对语言物质和社会属性的大胆探讨，有力支撑了《马克思主义与文学》第三部分对西方占统治地位的文学观念的挑战。英语国家中普遍认可的文学观念，通常把文学视为一系列专门表达人类丰富、重大和直接体验的有价值的书面作品，这实际上隐含着文学与社会、政治、意识形态等抽象概念的相对性。威廉斯认为所有这些观念都是以语言实践为基础的，排斥对"文学"价值的一味拔高，指出原来的文学概念不过迎合了某一特定社会阶级、某种特定学术组织的恋旧怀古心态[②]，主张用"写作语言实践"置换"文学"这一范畴。

---

① H. Gustav Klaus, "Cultural Materialism: A Summary of Principles", in *Raymond Williams: Politics, Education, Letters*, W. John Morgan and Peter Preston (eds.), New York: St. Martin's Press, 1993, p. 90.

② Raymond Williams, *Marxism and Literature*, Clarendon: Oxford UP, 1977, p. 57.

　　威廉斯对文学概念的重构，批判了文学批评界试图将审美的写作情境与其他写作情境相区分的做法。无论是卢卡奇对审美类别的甄别，还是形式主义的"诗性语言"标签，都忽视了现实文化实践的变异性、关联性与多样性，任何保留艺术范畴或诗学范畴的尝试都具有显著意识形态功能的行为。[1] 在作者与客体对象之间相互影响的意义上，自然科学写作也被纳入写作语言实践的范畴。这种看似离经叛道的概念整合有其独特的语境，即对统治剑桥大学几十年的英文研究传统的不满。20 世纪 20 年代文学研究进入高等学府，成为大学学科体制的一部分（核心部分），看似肯定了文学的价值、护佑了文化的精髓，实则乃"阶级专业化和控制某种普通社会实践的形式，以及一个阶级对可能出现问题的局限性形式"。[2] 英文研究所预设的学科观把文学框定为关乎高雅学识、趣味、感受力的领域，选择性地构建了一个只能被少数人认知、理解、欣赏的文学经典传统，据此规定了文学批评实践的对象范围、价值标准、分析方法和终极旨归。为抵制这"非同寻常的意识形态之举"，威廉斯采取了一系列反击措施。首先要理解文学作为专业化的社会和历史范畴概念；接着要寻访文学概念发展过程中被压制的基本内容，这意味着对文本边界的拓展，吸收如电影、电视、影像等新的创作和传播模式；更重要的是，要用一种全面的文学社会理论来打破英文研究的主导范式，将文学置于全部社会过程中，考察它的工具、表达、内容以及各种现存的文学概念，让文本的、理论的和历史的维度交汇，既抛弃利维斯等人重文本、轻理论和历史的分析视角，又避免结构主义者突出理论、忽视文本与历史的倾向。

　　概言之，威廉斯的文化唯物主义思想在文化立场和研究方法上都有其鲜明特色。就文化立场而言，威廉斯告别利维斯文化精英主义，重新审视马克思主义文学理论，一方面调整、稳固了唯物主义的理论底色；一方面又开启了将文化作为社会实践、生产过程乃至指意体系进行考察的新维度。就研究方法而言，威廉斯结合了比一般社会学更深刻复杂的历史分析方法和类结构主义的文本分析，实践了一种他所谓的"历史符号学"（historical semiotics）[3]，旨在从符号系统的意义上进行文化与物质的全面研究。

---

　　① Raymond Williams, *Marxism and Literature*, Clarendon：Oxford UP, 1977, p. 154.

　　② Ibid. , p. 49.

　　③ Raymond Williams, "Crisis in English Studies", in *Writing in Society*, London and New York：Verso, 1981, p. 210.

借此，威廉斯批判性地继承了马克思主义文学理论的伟大传统，将其成功推进到一个令人瞩目的"关键时刻"①。

四 结论

威廉斯的文化唯物主义是 20 世纪西方文论发展史上一个不可或缺的环节，它对当时的文学批评领域具有双重意义："物质主义"针对的是英文研究的制度、理论和方法，展示了威廉斯对英国文论传统的批判和反思；"文化"面向的则是马克思主义理论，体现了他对马克思唯物主义思想的回应和发展。② 从另一个角度来看，文化唯物主义理论体系的形成，恰恰是 19 世纪以来阿诺德、艾略特、利维斯等前辈树立的英国文化批评传统与 20 世纪 30 年代英国马克思主义理论启蒙相互影响、相互融汇的结果。

威廉斯的高明之处，恰在于他的博采众长、吐故纳新。既批判文化批评传统的精英主义倾向，又承袭了英国知识界对文化与社会之关系的考察；既反对英文研究的学科化、专业化加剧文化与大众之间的鸿沟，又把利维斯的一套实践批评方法运用得炉火纯青；既质疑马克思主义理论的经济决定论和反映论，又心悦诚服地将历史唯物主义的观点运用于文化/文学分析中。作为威廉斯文化理论遗产的核心，文化唯物主义彰显了一个独立思想家站在各种传统交汇的十字路口，基于批评实践与社会观察的学术志趣和理论洞见，不仅为方兴未艾的英国文化研究开辟了新方向，也大大丰富了马克思主义文化理论的内容，成为 20 世纪后半期西方马克思主义理论领域一面极具感召力的旗帜。

（原载《南京社会科学》2016 年第 11 期）

---

① ［英］弗朗西斯·马尔赫恩：《当代马克思主义文学批评》，刘象愚等译，北京大学出版社 2002 年版，第 16 页。

② John Higgins, *Raymond Williams*：*Literature*，*Marxism*，*and Cultural Materialism*，London：Routledge，1999，p. 125.

西方马克思主义文艺理论
中国化之反思
——以特里·伊格尔顿在中国为例

李 开 王 峰

前 言

自 20 世纪初以来，欧美各国的文艺研究领域产生了各种各样的理论，各派学者都别出心裁地提出自己对文艺问题的一家之言，逐渐形成了蔚为壮观的理论大潮。因此，20 世纪已被贴上"理论的世纪"的标签。面对势不可当的科技革命和人文学科的日渐式微，西方人文社会科学的学者们充分挖掘、综合利用各学科领域的资源，先后从各种角度对文学进行独特的解读，产生了众多文论流派，如俄国形式主义、英美新批评、结构主义、符号学研究、精神分析、诠释学、现象学、解构主义、后结构主义、后现代主义、女性主义、后殖民主义、西方马克思主义、新历史主义、生态批评、文化研究、空间理论等，而且经过持续百年的、跨时空的对话、碰撞和激辩，最终形成多家共存、充满张力的格局。

20 世纪 70 年代末以来，这个西方文论借助经济全球化、信息技术革命和金融资本之力，加速在全球范围内传播流通，如今已遍地开花结果。在中国，自改革开放初，在解放思想的号召和指引下，中国学者开始大量学习并引入西方各种文化思想，西方文论才得以迅速地在国内传播。一方面，国内学者不但大量译介了各种西方文论流派的书籍和论文，编写了名目繁多的西方文论教科书，撰写了不计其数的相关学术论文，而且通过各种文学课堂、文学讲座、学术会议传播西方文学理论；另一方面，研究文艺理论的学生也争相选择撰写与西方文学理论相关的毕业论文。有学者已经指出，西方文论正在不断地侵占当代中国文论的发展空间，在文学研究领域不但占据了主导地位，而且构筑成为一种话语霸权①，而且这种现象已经造成了中国文论的"失语症"②。钱中文先生曾严肃地指出，自 20 世纪 80 年代以来"美国人的文学理论中的种种概念，又成了我们文学理论中的常用语"③，并向文艺理论界问道："我们自己在哪里？我们是否能在文学研究中形成自己的话语？我们跟了别人一百多年，不知何时有个转机？我们能否建立我们文学理论的自主性?"④ 无独有偶，王岳川教授也一针见血地指出，"当代文学理论的体系毫无疑问已经相当程度上西化了，文学批评的话语同样已经西化了。20 世纪已经过去，中国文艺理论家还提不出自己的原范畴、体系、思想，那我们还不应深切反省吗?"⑤

　　针对诸如此类的问题和危机，一些中国学者发出了重建当代中国文论的声音，他们的观点被很多学者理解并认同，逐渐形成了反思西方文论对中国当代文论的影响的普遍共识。笔者主要以特里·伊格尔顿在中国的影响和接受为例，并通过文献整理和问卷调查来梳理出西方文论在国内传播的方式和路径，为西方马克思主义文艺理论中国化研究提供一点参考。在很大程度上，笔者主要是对现有文献进行描述、分类和归纳。大部分研究伊格尔顿的学术论文来自中国知网，虽然这些学术论文本身是二手资料，但在笔者的研究中，这些资料却成为真正的原始资料。伊格尔顿作品的中文版以及多种文学、文艺理论教材也是本课题研究的一手资源。除此之外，笔者还设计了一份关于伊格尔顿在中国的影响和接受状况的问卷调查，问卷调查的对象主要是文艺学、比较文学与世界文学、中国语言文学、外国语言文学等专业的在读硕士生、博士生以及从事文艺、文学理论研究工作的高校教师。鉴于有限的条件和资源，本次调查对象主要分布在北京、江苏和安徽等地高校，共发放问卷 100 份，回收有效问卷 76 份，相关分析结果将在后文作为佐证材料。

---

① 丁国旗：《对引入和接受当代西方文论的理论反思》，《湖北大学学报》（哲学社会科学版）2015 年第 1 期。

② 曹顺庆：《文论失语症与文化病态》，《文艺争鸣》1996 年第 2 期。

③ 钱中文：《会当凌绝顶：回眸二十世纪文学理论》，《文学评论》1996 年第 1 期。

④ 同上。

⑤ 王岳川：《新世纪文论应会通中西守正创新》，《山东师范大学学报》（人文社会科学版）2012 年第 5 期。

一 特里·伊格尔顿在中国的影响

特里·伊格尔顿是一位具有国际声誉的西方当代马克思主义文学理论家、批评家和文化理论家。近 40 年来，伊格尔顿一直致力于文学和文化理论研究。从 20 世纪 60 年代的科学转向时期到七八十年代的系统化、学院化的高峰期，再到世纪之交的理论反思期，最后到 21 世纪初以来的"后理论"时期，伊格尔顿在世界文艺理论发展中作出了巨大的贡献，他的学术生涯基本上可以代表西方当代文艺理论的发展史。因此，掌握伊格尔顿在中国的影响和接受现状有助于了解西方文艺理论对中国当代文艺理论的影响和价值。

伊格尔顿的学术思想传播的主要途径是原著翻译、学术论文、大学教材、课程和讲座。1980 年，文宝翻译的《马克思主义和文学批评》标志着伊格尔顿思想正式进入中国，虽然这只是薄薄的一本小书，但其影响也不容小觑，因为它简要地介绍了马克思主义文学批评的核心问题，引起了国内不少学者的关注。从此以后，伊格尔顿获得了越来越多的读者和跟随者。通过在中国知网的搜索和筛选，笔者发现，在过去 35 年时间里，约有 450 篇与伊格尔顿紧密相关的学术论文发表。根据国内关于伊格尔顿论文发表数量的变化曲线（见图 1），伊格尔顿在中国的影响和接受基本可以分成三个阶段。

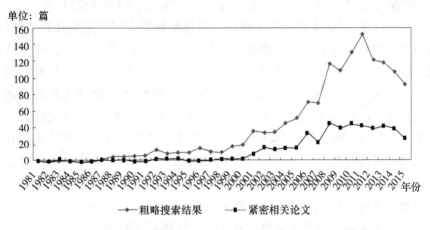

图 1　1981—2015 年国内关于伊格尔顿的学术论文发表数量

第一阶段是介绍期（1980—1990）。伊格尔顿刚被介绍到中国，当时发表的相关论文数量极少，他还没有受到太多的关注。在这一时期，中国也正处于改革开放初期，人们对西方思想文化的接受也需要一个过程。中国的文艺理论体系也正处于初创阶段。在这一阶段，最重要的事件是 *Literary Theory：An Introduc-tion*（1983）这本教材的翻译。1986 年，伍晓明、王逢振和刘峰三位中国学者几乎同时开始各自独立翻译此书。之后三年，这本书的三个不同的中文版（《二十世纪西方文学理论》《当代西方文学理论》《文学理论引论》）分别在国内出版。后来，伊格尔顿增补了他的这本教材，因此国内也出版了相应的翻译修订版。可见，当时的文艺理论界十分渴望了解西方文艺理论。

第二阶段是发展期（1991—2001）。随着大批西方文艺理论的引进，伊格尔顿也逐渐受到关注。越来越多的学者开始研究并应用伊格尔顿的学术思想。他的一些文学观念被国内一些文艺理论教材所采用。国内学者对西方文论充满了热情和兴趣，大学文学理论课堂和讲座都被各种时髦的西方文艺理论所占据。据不完全统计，这一时期共有 15 篇关于伊格尔顿的论文发表，最重要的事件应该是 *The Ideology of the Aesthetic*（1990）这本书的翻译出版。一开始译者所采用的译名是《审美意识形态》（1997），但这一译法引起了国内学者的争议。经译者本人亲自向伊格尔顿求证后更名为《美学意识形态》于 2001 年出版发行。这本书的翻译为国内学者对意识形态的长期关注又提供了新的视角。另外，1999 年马海良编译的《历史中的政治、哲学、爱欲》是对伊格尔顿的文学观念的全面介绍。

第三阶段是从 21 世纪初到现在。伊格尔顿在中国的影响达到了顶峰，他的地位和名气在国内文艺理论界日趋稳固。在这一阶段，大约有 430 篇关于伊格尔顿的学术论文发表，其中包括 18 篇博士论文，而且有些博士论文已作为专著出版发行。此外，对伊格尔顿原著的翻译又掀起新的高潮，其新作出版不久之后就不断地被译介到国内。例如，《马克思为什么是对的》（*Why Marx Was Right*，2011）这本书刚出版不久，国内出版社立即组织人员进行翻译，并于同年在国内出版。在 2008 年金融危机爆发以后，《马克思为什么是对的》批驳了十种否定马克思主义的观点，指出了马克思主义对当代社会的重大价值和意义，引起了人们对马克思主义的深刻反思。这无疑又提高了伊格尔顿在国内社科领域的知名度。

二 国内译介特里·伊格尔顿著作的目的

从 20 世纪 80 年代起，国内学者开始大批引进西方文艺理论。如王逢振和希利斯·米勒主编的《知识分子图书馆》丛书就编译了 26 位当代西方文艺理论家的代表性著作。不少出版社还不遗余力地原版引进一些文艺理论著作。在这些译介的作品中就有伊格尔顿的著作，如 *Literary Theory*：*An Introduction*。编者们引进这些理论著作的初衷基本上都是为了吸收借鉴西方先进的理论，满足中国文艺理论建设需要，因而都非常注重立场和方法问题。这些著作中有的是"为了有目的、有计划的了解世界文艺现象，了解外国文艺理论和美学的研究状况，⋯⋯供文艺界及从事文艺理论教学和研究的广大读者参考"①。比如，王逢振认为引进西方文艺理论应该"像经济建设那样，采取一种对外开放、吸收先进成果的态度"②。他还进一步指出，"一切文化的发展，都离不开与其他文化的联系；只有不断吸收外来的新鲜东西，才能不断激发自己的生机"③，要"把那些有影响的、有代表性的外国文艺理论批评论著翻译、介绍过来，先了解，再分析，然后取其精华，为我所用"④。

具体来看，中国学者译介伊格尔顿著作的目的也是介绍国外当代马克思主义文艺批评的状况，希望经过分析和鉴别，来提高国内马克思主义文艺理论水平。⑤ 例如，马海良指出自己译介伊格尔顿是因为"伊格尔顿的声音已经突出地刻录在西方当代批评话语的马克思主义目录之下，因为他的理论对于我们这面的'文化热'很有参考和对照作用，还因为他的批评文本的可读性不亚于德里达的'书写'"⑥。伍晓明翻译《二十世纪西方文

①　［英］伊格尔顿：《文学原理引论》，刘峰译，文化艺术出版社 1987 年版，外国文艺理论研究资料丛书编辑说明。

②　［英］伊格尔顿：《历史中的政治、哲学、爱欲》，马海良译，中国社会科学出版社 1999 年版，总序第 4 页。

③　同上。

④　［英］伊格尔顿：《当代西方文学理论》，王逢振译，中国社会科学出版社 1988 年版，第 1 页。

⑤　［英］伊格尔顿：《马克思主义与文学批评》，文宝译，人民文学出版社 1980 年版，第 4 页。

⑥　［英］伊格尔顿：《历史中的政治、哲学、爱欲》，马海良译，中国社会科学出版社 1999 年版，前言第 21 页。

学理论》目的之一就是"帮助中国读者概括地了解二十世纪西方文学理论的产生和流变,并且了解它们的问题和局限性"①。这些编者、译者在传播西方文艺理论方面确实做出了突出的实绩,但他们并没有关注其接受过程,特别是青年学者对西方文艺理论的接受状况,也没有评估引进西方文论的实际效果。

三 特里·伊格尔顿最具影响力的著作

Literary Theory:*An Introduction* 是英美高校文学理论课程最受欢迎的教材之一,这本书的出版曾被评为 20 世纪西方文学理论史上十大最重要事件之一。而且,皮特·巴瑞宣称这本书"不但对文学理论地位的巩固贡献极大,而且稳稳地确立了文学理论在本科生课程中的地位,给予教师有足够的信心去系统地传授文学理论……它标志着理论崛起的巅峰"②。这本书在中国也有类似的地位和被接受状况。毫无疑问,*Literary Theory*:*An Introduction* 的译介是中国当代文学理论发展史上具有里程碑意义的事件之一。如前文所述,这本书在中国有 5 个中文版,其中大陆有 3 个中文版,台湾有 2 个中文版。被译介进入中国近三十年以来,*Literary Theory*:*An Introduction* 不但已被众多高校的文学理论课程当作教材或考试参考书,而且其中文版已不能满足国内读者的需求,因为在教学研究中,学者们普遍认为原版更权威。因此,外语教学与研究出版社又于 2004 年原版引进了这本教材。直到现在,这本书的中英文两种版本都已成为高校学生、教师和研究人员的必备参考资料。笔者所进行的调查问卷结果也印证了这本教材的流行程度。根据表 1,*Literary Theory*:*An Introduction* 的三种中文版总共获得 82 票,成为伊格尔顿在国内最具影响力的著作。除此之外,这本书的中英文版在亚马逊、当当等网上书店文学理论类图书销售排行中也是名列前茅。调查显示读者阅读伊格尔顿的主要目的是写论文、做科研、教学和准备考试(见表 2)。由此可知,*Literary Theory*:*An Introduction* 帮助伊格尔顿在中国文艺理论界获得巨大的成功。

---

① [英]伊格尔顿:《二十世纪西方文学理论》,伍晓明译,陕西师范大学出版社 1986 年版,第 305 页。

② Barry P. , *Beginning Theory*:*An Introduction to Literary and Cultural Theory*, Manchester:Manchester University Press, 2009, p. 273.

表1 "在伊格尔顿的下列著作中，对您影响最大的是哪一部？"调查结果

选 项	数 量
《马克思主义与文学批评》	15
《沃尔特·本杰明或走向革命的批评》	5
《二十世纪西方文学理论》	42
《文学理论引论》	20
《当代西方文学理论》	20
《美学意识形态》	11
《后现代主义幻象》	15
《文化的观念》	4
《理论之后》	18
《甜蜜的暴力》	6
《马克思为什么是对的》	8
《批评家的任务》	6
《人生的意义》	7
《论邪恶》	4
其他	6
空	11

表2 "您读伊格尔顿著作的目的是什么？（可多选）"调查结果

选 项	数 量
写论文/做科研	35
教学工作需要	22
准备考试	18
个人爱好	17
其他	5
空	11

除了这本书之外，伊格尔顿的另外三本专著巩固了他在国内的地位和权威，它们分别是《理论之后》（2003）、《马克思主义与文学批评》（1986）和《后现代主义幻象》（2000）。这三部学术著作的翻译一方面反映了国内文艺理论界对伊格尔顿的持续关注；另一方面则反映了国内文艺

理论的发展过程。因为这三部专著不但满足了文艺理论界的需求，而且回答了国内文艺理论界所关注的一些问题。特别是在西方进入后现代主义之后，国内文艺理论界也掀起了一场研究后现代主义的热潮。此时，《后现代主义幻象》提供了一种对后现代主义思想的批判，给中国文艺理论提供了参考。在《理论之后》中，伊格尔顿开篇就宣布理论的黄金时代已经过去。这一断言恰好和中国当代文艺理论反思和重建时代主题相契合。既然文艺理论的黄金时代已经过去，那么文艺理论现在不但要面对具体的现象和问题，而且要反思西方文艺理论的价值和意义。最近几年，伊格尔顿本人也开始思考具体的文化现象和社会问题，他先后完成了《人生的意义》（2007）、《论邪恶》（2010）和《文化与上帝之死》（2014）等著作。

四 特里·伊格尔顿的学术贡献

伊格尔顿不仅仅是一位马克思主义文学理论家，他在多个领域都有所建树，如文学批评、文化研究、美学、哲学、政治学、社会学和历史学。伊格尔顿强调批评的社会功能，并坚信所有的批评最终都是政治批评。在文艺理论方面，伊格尔顿凭借自己的独特视角曾对文学性、意识形态、文学生产、后现代主义、文化批判、解构主义、身体，以及现代悲剧等问题提出过不少独到见解。根据笔者所做的问卷调查结果（见表3），有32位读者认为伊格尔顿在文学理论领域影响最大，17位读者认为伊格尔顿在文学批评方面影响最大，14位读者认为伊格尔顿在文化批评方面影响最大，但没有读者认为伊格尔顿在美学上有影响，这个结果有些出人意料。事实上，伊格尔顿的《美学意识形态》是马克思主义美学的一部力作，但调查结果显示，伊格尔顿在美学上的贡献没有获得多少中国学者的认同。在文艺理论上，伊格尔顿所受关注的学术思想依次为文化理论、意识形态、政治批评、解构思想和身体理论。在中国知网搜索到的论文中，笔者发现学者们主要关注的理论依次为意识形态、文化理论、身体理论、文学生产论和现代悲剧。如表4所示，中国读者之所以接受伊格尔顿主要是因为他是一位马克思主义者，还有伊格尔顿自己的原创性和独特性，以及中国学者的学术研究需要。

表3　　　　"您觉得伊格尔顿在哪个研究领域的影响最大？"调查结果

选　项	数　量
文学理论	32
文学批评	17
美学	0
文化批评	14
其他	2
空	11

表4　"您认为中国学者接受伊格尔顿思想的主要原因是什么？"调查结果

选　项	数　量
他是一个马克思主义者	28
他的创新和独特之处	26
因为纯粹学术研究需要	26
出于求知欲望	10
其他	2
空	11

实际上，伊格尔顿的一些文艺思想和主张已经被中国学者融入教材、教学、和学术研究之中。例如，在中国的一些文艺理论或文学概论教材中，当讨论到文学或文学性的问题时，国内学者往往参照伊格尔顿在《二十世纪西方文学理论》中关于"什么是文学"的阐释。此外，伊格尔顿关于意识形态的论述也颇受关注，国内有些学者或多或少、直接或间接地受到过他的影响。除了钱中文教授，童庆炳教授也一直主张审美意识形态是文学的基本特征之一。[①] 类似地，董学文教授也在《文学原理》中指出社会审美意识是文学本体构成中的一个重要方面。[②] 虽然他们的出发点都是相同的，但他们因视角和侧重点不同而就文学的意识形态性展开了一次讨论。[③] 实际上，他们的主张应该是关于文学意识形态性的不同表述方式。

---

① 童庆炳：《文学理论教程：教学参考书》（修订二版），高等教育出版社 2005 年版，第 57 页。

② 董学文、张永刚：《文学原理》（第二版），北京大学出版社 2014 年版，第 13 页。

③ 许娇娜：《审美意识形态：走出文学本质论——对"审美意识形态"论争的反思》，《文艺争鸣》2008 年第 3 期。

尽管如此，他们在这场争论之后并没有达成共识。从一个角度看，这场争论的意义显示出了伊格尔顿在中国文艺理论界的影响，但从另一个角度来看，这场争论也说明中国当代文艺理论迫切需要独立和复兴。

五　特里·伊格尔顿思想的价值和启示

显然，伊格尔顿的学术思想对重建中国当代文艺理论的贡献和意义不可忽视。在国内传播三十多年以后，伊格尔顿和整个西方文艺理论对新时期中国文艺理论的影响亟须客观的评价，既不能夸大也不能低估。虽然大多数问卷回答者都认为当代西方文艺理论对中国的影响很大（见表5），但实事求是地讲，伊格尔顿的影响也仅限于几个学科领域，如文艺学、比较文学与世界文学、英语语言文学和中国语言文学等。调查结果显示，在回收的问卷中，还有21位问卷调查对象没有听说过伊格尔顿（见表6）。总的来看，文艺理论的受众范围相对较小，而且和中国庞大的在校大学生总人数、高校教师及科研人员总人数相比，专业从事文艺理论研究的人员数量也显得寥寥无几。

表5　　　　"当代西方文论对中国文论的影响有多大？"调查结果

选　项	数　量
很小	3
比较小	1
一般	11
比较大	19
很大	31
空	11

表6　　　　"您听说过伊格尔顿吗？"调查结果选项

选　项	数　量
听说过	46
听说过但印象不深	9
没有听说过	21

从长远来看，开放包容的态度有益于中国当代文艺理论的健康发展，但盲目跟从西方文论的发展可能会导致消化不良。习近平总书记在文艺工作座谈会中指出，中国当代文艺理论的发展不但"要以马克思主义文艺理论为指导，继承创新中国古代文艺批评理论优秀遗产，批判借鉴现代西方文艺理论"①，而且还要"推进马克思主义文艺理论中国化、时代化、大众化"②。这一讲话将成为新时期文艺理论工作者的行动指南。不言而喻，文艺理论工作者必须要从文艺实践和实际出发，特别是在西方马克思主义文艺理论中国化的问题上要具体问题具体分析。问卷调查结果显示，虽然多数回答者都认为西方文艺理论对中国当代文艺理论的影响很大或较大（见表6），但大部分调查对象在回答"您觉得伊格尔顿的理论可以中国化吗？"和"您觉得当代西方文论可以中国化吗？"这两个问题时选择了"具体问题具体分析"（见表7、表8）。

表7　　　　"您觉得伊格尔顿的理论可以中国化吗？"调查结果

选　项	数　量
可以	18
不可以	6
不知道	11
具体情况具体分析	30
空	11

表8　　　　"您觉得当代西方文论可以中国化吗？"调查结果

选　项	数　量
可以	26
不可以	8
不知道	4
具体情况具体分析	27
空	11

---

①　中共中央宣传部：《习近平总书记在文艺座谈会上的重要讲话学习读本》，学习出版社2015年版，第33页。

②　同上书，第136页。

可见，广大文艺理论研究者对西方文艺理论中国化的问题的态度十分谨慎。一方面，在国内马克思主义中国化研究的大背景之下，西方当代文艺理论中国化的问题也处于探索之中；另一方面，西方当代文艺理论处于理论反思阶段，中国当代文艺理论也正在重建过程之中，这应该可以成为两者对话融合的良好契机。

自改革开放以来，我国的综合国力不断增强，各方面都取得了巨大成就。这一时期，中国文艺理论也获得了很大的发展，但其国际影响力还有待提高。目前，大多数国内学者都意识到中国当代文艺理论需要重建（见表9），并且已经做出了不少有益的尝试。伊格尔顿在中国的影响和接受这个案例给国内文艺理论界最大的启示应该是必须加强文艺理论教材建设，因为大多数读者特别是高校学生首先是通过教材学习了解文艺理论。一部经典教材必须是经过历史检验的。三十多年来，伊格尔顿的 *Literary Theory：An Introduction* 影响了一代又一代的读者，已经成为西方文艺理论必读经典之一。但在国内，至少目前来看，和 *Literary Theory：An Introduction* 一样有影响力和竞争力的教材非常少。所以，十分有必要"加强基础理论研究，改进高校文艺理论教材，把马克思主义中国化文艺理论的最新成果贯穿到课程设置和教学实践等各环节，推动基础理论面向实际"①。除此之外，增强对中国文艺理论的自信对中国当代文艺理论的重建也十分有益，应该建设具有中国文化特色的文艺理论，而不是盲目跟从西方文艺理论。王岳川曾指出，"不应照搬和移植西方文艺理论，而应在与西方文论参照对比中，整理、分析、总结自己的当代文艺理论，进而建设中国当代文艺理论体系"②。要重建和创新中国当代文艺理论，中国甚至全世界当代的文艺创作实践、文化现象和社会问题等都应该成为国内文艺理论工作者的关注对象。伊格尔顿不仅持续关注文学作品和创作，还不断探索新的文化和社会问题，真正身体力行马克思主义的基本原理、立场、观点和方法。因此，解放思想、实事求是、一切从实际出发、理论联系实际和与时俱进也应该成为国内文艺理论工作者的指导思想和方针，这也是伊格尔顿的典范作用所昭示的应有之义。

---

① 中共中央宣传部：《习近平总书记在文艺座谈会上的重要讲话学习读本》，学习出版社2015年版，第141页。

② 王岳川：《新世纪文论应会通中西守正创新》，《山东师范大学学报》（人文社会科学版）2012年第5期。

表 9　　　　　　　"您觉得当代中国文论需要重建吗?"调查结果

选　项	数　量
需要	38
不需要	4
不知道	4
具体情况具体分析	19
空	11

〔原载《苏州科技学院学报》（社会科学版）2016 年第 5 期〕